# 朱子理学与家国情怀

## ——安海朱子文化研讨会论文选编

福建省炎黄文化研究会
中共安海镇委员会　安海镇人民政府　编

海峡出版发行集团
THE STRAITS PUBLISHING & DISTRIBUTING GROUP
福建教育出版社

**图书在版编目（CIP）数据**

朱子理学与家国情怀：安海朱子文化研讨会论文选编/福建省炎黄文化研究会，中共安海镇委员会，安海镇人民政府编. —福州：福建教育出版社，2023.12

ISBN 978-7-5334-9521-3

Ⅰ.①朱…　Ⅱ.①福…　②中…　③安…　Ⅲ.①朱熹（1130—1200）—理学—学术会议—文集　Ⅳ.①B244.75-53

中国版本图书馆 CIP 数据核字（2022）第 180500 号

Zhuzi Lixue Yu Jiaguo Qinghuai

**朱子理学与家国情怀**

——安海朱子文化研讨会论文选编

福建省炎黄文化研究会
中共安海镇委员会　安海镇人民政府　编

---

**出版发行**　福建教育出版社
（福州市梦山路 27 号　邮编：350025　网址：www.fep.com.cn
编辑部电话：0591-83716190
发行部电话：0591-83721876　87115073　010-62024258）
**出 版 人**　江金辉
**印　　刷**　福州印团网印刷有限公司
（福州市仓山区建新镇十字亭路 4 号）
**开　　本**　710 毫米×1000 毫米　1/16
**印　　张**　28.5
**字　　数**　406 千字
**插　　页**　2
**版　　次**　2023 年 12 月第 1 版　　2023 年 12 月第 1 次印刷
**书　　号**　ISBN 978-7-5334-9521-3
**定　　价**　80.00 元

---

如发现本书印装质量问题，请向本社出版科（电话：0591-83726019）调换。

# 序

2017年，福建省炎黄文化研究会受晋江市委宣传部和安海镇党委政府委托，牵头组织朱子研究学者，开展朱子与安海学术研讨。之后，又两次联合召开研讨会。学者们着重研讨了朱松与安海闽学开宗，朱子与安海，朱子的家国情怀，朱子文化的时代价值，以及朱子后学研究等。从论文可以看出，这三场高质量的研讨会，主题鲜明，内容充实、新见迭出，不仅厘清了朱氏三代与安海文化的关系，也有力回应了朱子研究的时代关切。因此，《朱子理学与家国情怀》的出版，正当其时，必将助力于安海文化建设，助力朱子学研究的深化与朱子文化的推广。

朱子是继孔子之后的伟大思想家，是与孔子前后相继的又一座文化高峰。朱子理学集孔子后一千五百年思想文化之大成，是宋元后我国哲学、政治、教育、礼制、文化的主导思想，同时支配东亚文化数百年，还为欧洲思想启蒙提供了新思想资源。很可惜，很长的一段时间里特别是在“文化大革命”中，朱子理学和朱子理学的研究受到严重的歪曲和破坏。

值得庆幸的是1978年12月召开的党的十一届三中全会改变了历史，彻底否定了“文化大革命”，中国走上改革开放之路。20世纪80年代改革开放的最重要成果之一就是学术界的思想解放与拨乱反正。体现在朱子学研究上就是打破了“左”的思想束缚，提倡注重历史自身演变，强调研究真实的朱子，使学术研究绕过了历史的弯道而步入坦途。1987年12月，由邹永贤、高令印、何乃川等教授主持，在厦门大学召开国际朱子学术会，之后，朱子家乡武夷山也召开规模宏大的国际朱子学术会议，由此拉开新时期朱子学研究的序幕。这些年，全国各地相继召开数十场朱子论坛和研讨会。作为朱子学重要学术基点晋江安海，连续三年举办的研讨活动，具有特殊的意义。

安海是著名的文化古镇。有“天下无桥长此桥”的美誉，也因朱氏三代与安海的密切关系，被称为“二朱过化”和“闽学开宗”之地，在文化史和学术史上千年流芳。宋绍兴二年（1132）夏至绍兴四年秋，饱读诗书的理学先驱朱松，被任命为石井镇监税，他携小名沈郎的朱熹及全家到安海上任。在安海，他首开“义理之学”，受到士子们热烈欢迎。于是，里人在官署旁建“鳌头精舍”，作为朱松讲学场所。朱松是在泉州开讲理学第一人，为安海赢得“闽学开宗”之誉。20年后，任泉州同安县主簿的朱熹，每每途经安海，回忆少时生活，“数访朱松故旧，相与论说义理，士因益勤于学”。他讲学于安海乃至泉南各地，开智安海，开化闽南，影响深远。嘉定年间，朱熹三子朱在任泉州通判，主持修建了安海石井书院。石井书院“如州郡学之制”，是当时泉州地区县属建院最早、规模最大、设备最完善的书院。诚如时人留元刚之感叹：“天下如石井者凡几！”

朱松、朱熹开启了一代学风。考察《安海志·选举》，以朱熹同安任满的绍兴二十六年（1156）年为界，统计对比了绍兴二十六年前100年（1056—1156）和绍兴二十六年后100年（1156—1256）的科第人文，前百年进士17名，后百年进士32名。可见朱松、朱熹而后，科第远盛于前。朱熹之后，安海及其所在的晋江县及至整个泉州地区的文化发展，学术风气更是呈现空前的盛况。这与“二朱过化”密切相关。

闽南朱子后学坚定捍卫朱子学，继承与发展朱子学。清代探花黄贻楫曾为北京的泉州会馆题联云：“清紫葵罗钟间气，蒙存浅达有遗书。”上联“清紫葵罗”指泉州的四大名山；下联“蒙存浅达”则指明代泉州儒林的四部专著，即蔡清的《四书蒙引》、林希元的《四书存疑》、陈紫峰的《四书浅说》、王振熙的《四书达解》。这四部专著曾经是莘莘学子应举考试必备的指导读物，在全国产生过很大的影响。明清时代泉州成为理学重镇。《易》为《五经》之首，且最难。泉州人研究易学的风气，朱熹而后，史称“天下言易，皆推晋江”。泉州历代研《易》且有著作达89部之多，明代就达69部。理学家除上述外，还有如张岳、黄道周、李光地、蔡世远等都是在全国有影响的人物。清初李光地作为康熙皇帝的理学大臣，涉学广博，著作等身，他大力倡导朱子学，为弘扬朱子学发挥重要作用。论文集收辑了若干篇关于真德秀、蔡清、李光地等朱子后学的研究成果。近年来闽南的泉州、厦门、漳州各地又陆续点校、注释、出版了朱子后学的著作，这都是很有价值的学术收获。

习近平总书记高度重视朱子研究和朱子文化普及。习近平总书记在福建工作期间，大力推动以朱子学为文化遗产的武夷山，成功申报世界自然和文化遗产；支持并大力推动建立宋明理学研究中心；亲自部署福建朱子文化研究宣传。2021年3月22日，习近平总书记到福建考察朱熹园，深刻指出：“我们走中国特色社会主义道路，一定要推进马克思主义中国化。如果没有中华五千年文明，哪里有什么中国特色？如果不是中国特色，哪有我们今天这么成功的中国特色社会主义道路？我们要特别重视挖掘中华五千年文明中的精华，把弘扬优秀传统文化同马克思主义立场观点方法结合起来，坚定不移走中国特色社会主义道路。”

我们要以出版论文集为新的起点，深入贯彻落实习近平总书记考察福建重要指示，以强烈的时代意识，推动朱子研究创造性转化、创新性发展，激活朱子文化的生命力，使之更好地服务于全面建设社会主义现代化国家新征程。

是为序。

朱崇实

2022年5月20日

（作者为厦门大学原校长、朱子学会会长）

# 目　录

## 朱子家国情怀研究

## 朱门后学家国情怀研究



## 朱子理学研究

## 朱子与闽南安海文化研究

# 朱子家国情怀研究

# 朱子家国情怀的内涵及其当代价值

马照南

朱子是宋代具有热烈而深沉家国情怀的伟大思想家，他以前无古人的创造性转化、创新性发展的理论勇气和智慧，融汇自孔孟以来儒学家国文化成果，写成《四书章句集注》《朱子家礼》《朱子家训》等中华文化新经典，全面论述家国天下的理论和实践准则。尤其是朱子天道天理的哲学思想理念，生生大德、亲亲仁民，家国同构、忠孝一体的观点，以仁爱温馨的大爱情怀，深深地爱着他的家国，坚定地接续传承并强化了中华民族家国天下的文化基因，开辟中华民族家国文化、家国情怀的新境界，产生广泛而深远的影响。

朱子家国情怀具有鲜明的时代特征。朱子生活的宋代，既是经济科技社会百业兴盛时期，又是思想文化领域在剧烈变动中走向高峰的时期。首先，在经济领域，宋代农业、印刷业、丝绸业、瓷器业、茶业空前繁荣，海外贸易发达。其次，在思想文化领域，自汉以来，印度佛教传入中国，本土的道教产生，与儒家伦理道德、社会心理、思维习惯、生活习俗发生矛盾冲突。许多人沉湎于佛道，远离“五经”经典，致使孔子创立的原始儒学逐渐边缘化。唐末及五代十国的长期混乱，社会道德失落、信仰丢失、精神迷惑。在国家民族矛盾方面。南宋的前半期，金人占据了中原又不断南下侵掠。南宋朝廷分化为主战、主和两派。在当时历史条件下，主战派是爱国派，主和派是投降派。在民族存亡的危急时期，朱子坚定站在主战立场，反对与金人议和，渴望收复失地。他时时关心抗金的前途。早在隆兴元年（1163）十月，朱子应诏入对垂拱殿，向宋孝宗面奏三札：一札讲论正心诚意、格物致知之学，反对老、佛异端之学；二札讲论外攘夷狄之复仇大义，反对和议；三札讲论内修政事之道，反对宠信佞臣。他讲到对金兵南侵，“非战无以复仇，非守无以制胜，是皆天理之自然”（《晦庵先生朱文公文集》卷十三《垂拱奏札二》）。他认为应“断以义理之公，……闭关绝约，任贤使能，立纲纪，励风俗”（《晦庵先生朱文公文集》卷十一《壬午应诏封事》）。朱子晚年遵父遗嘱，定居其入籍地建阳，横遭“庆元党禁”。他仍呕心沥血注释《楚辞集注》，肯定屈子其作“皆出于忠君爱国之诚心”（《晦庵先生朱文公文集》卷七十六《楚辞集注序》），其“忧时之意，屡形于色，因注《楚辞》以见志”（〔清〕王懋竑《朱子年谱》卷四）。朱熹一生时时挂念着国家大事。他悲痛地对弟子说“某要见复中原。今老矣，不及见矣”（《朱子语类》卷一百三十三）。朱子爱家爱国情怀，如长风浩浩、昭如日月。作为具有独创精神的思想家，朱子的伟大贡献，还在于在中华文化面临选择的重要关头，他以极大的理论勇气和高度智慧，返本开新，融汇佛道思想精华，以毕生心血写成《四书章句集注》《朱子家礼》《朱子家训》等中华文化新经典，全面论述家国天下的理论和实践准则。拨乱反正，成功解决当时家国信仰缺失、理论滞后、价值混乱、家国情怀淡漠等问题。

朱子的理论，博大精深，历史定论其思想体系“致广大，尽精微，综罗百代”。朱子深刻研究家国关系，把对家国关系的研究与自然社会发展规律结合起来，体现了对国家命运的担忧，对百姓命运的关注，对祖国河山的挚爱，对华夏正统观念的维护。八百多年来，朱子思想作为社会主流意识形态，锻造了民族伟岸人文性格，浸润民族温馨绵长的家国情怀。朱子家国情怀具有深厚的哲学基础和丰富内涵。

**生生大德、仁爱之情**。生生大德是朱子家国情怀的哲学前提和基础。朱子哲学的本质是生命哲学，其哲学思想的核心是尊重自然、尊重生命、尊重社会。朱子继承发展“天人合一”思想，始终把“天人合一”作为哲学探索的主轴，把“天、地、人”，自然、人类、社会作为整体加以阐述。

朱子继承发展了孔子“仁者爱人”、孟子“亲亲而仁民，仁民而爱物”的思想，提出“生的意思是仁”，仁是“生生不已之意”（《朱子语类》卷六）。这是对孔子“仁”的思想的忠实继承和重大发展。朱子认为，“仁者，天地生物之心”（《朱子语类》卷五）。“仁即理”，即“天理”。在朱子看来，万事万物都源自天地之仁心，“所谓仁者天地生物之心，而人物之所得以为心”（《晦庵先生朱文公文集》卷四十《答何叔京》）。朱子以生论仁，从自然界发育流行、生生不息的生命过程出发，到人类社会，家国天下，认为都是天地的本心，即物质世界发展具有必然性。这种必然性蕴涵着天地之“仁心”。从而将自然界的“生”与人类社会的“仁”完美结合在一起，仁即生，生即仁。同时，“仁”是“公”，是“公理”。在朱子眼里，仁就是“生生之理”，就是天命之流行，天理之流行；就是天地人，就是人类社会，家国天下生生不息，永不停息地创生、发展。

朱子认为，天地以生物为心，人得之以为仁心。天地生物之心具有道德意义，这个道德意义就表现为仁，体现在人心之中，由此达到天人合一。因此，要实现仁的自觉，将仁的普遍性原则推及社会生活的方方面面，以爱心对待社会万事万物，公而仁，仁而以天地万物为一体。人与人、人与社会、人与宇宙天地紧密联系在一起，“仁者爱人”“己所不欲，勿施于人”“己欲立而立人，己欲达而达人”，在家国天下、在社会生活的方方面面体现仁爱思想。钱穆评价说：“朱子专就心之生处、心之仁处着眼，至是而宇宙万物乃得通为一体。当知从来儒家发挥仁字而到此境界者，正惟朱子一人。”①

朱子还对民本思想、仁爱思想作了阐释和发展。他认为，“国以民为本”“得民心为本”“平易近民，为政之本”，强调“富民为本”“视民如伤”“爱民如子”“取信于民”“与民同乐”等爱民、重民、亲仁爱等思想。这对后世民主思想、仁爱思想的发展一直产生重大积极的影响。

“问渠那得清如许，为有源头活水来。”朱子认为，世界万物统一于“仁”，统一于“理”，统一于“生生不已”。物质世界永远是处在“生生不已”

① 钱穆：《朱子新学案》（第一册），九州出版社，2016 年，第 61 页。

的生长、成长、消亡的过程之中。在这一过程中，天地“生生之理”是无条件的、绝对的、永恒的。家国天下也是永恒的。朱子“生生不已”“生生大德”“仁爱思想”思想，为家国天下、家国情怀注入永不停息的强大活力。家国天下、家国情怀、仁爱思想不再是僵化的教条，也不是如同西方哲学思想认为是由外力注定的。恰恰相反，我们民族的家国天下、家国情怀、仁爱思想是存活在人们的生活之中，是人们时刻能够感受到的“源头活水”。

**家国同构、忠孝一体。**家国同构理念是朱子“生生大德”“仁是理”及“仁爱之情”理念的自然延伸，并由此构成与西方“家国理论”明显不同的理路。家是国的基础，国是家的延伸。国与家紧密相连、休戚与共。家是最小的国，国是最大的家，在民族的精神文化谱系里，国家与家庭、社会与个人是相互联系的整体。

家国同构是自然历史的过程。孟子指出：“天下之本在国，国之本在家，家之本在身”（《孟子·离娄上》）。距今六千年前的仰韶文化遗址考古证明，“家”是部落的组成单位，由“家”扩大到社会联盟，此构成最早的国家和社会。西周以封建为形式，“国”的范围逐渐扩大，家与国有了更紧密的联系。秦汉以降，家国关系一直延续，在社会关系中发挥重要作用。可以说，与西方政治家鼓吹“个人至上”“个人第一”“个人唯一”不同，在中国，家与国从来就没有被割裂开来，“家”与“国”是一体的。血缘关系和政治生活的相互联系与深度渗透，彰显了家国同构政治模式的内生性、合法性、合理性。这种家国一体的政治模式和政治理念就是“家国同构”。

马克思认为，“人是一切社会关系的总和”。家国一体、家国同构，是以家为本，把个人、家庭，乃至民族与国家有机结合起来。国与家紧密相连，家庭、个人的命运与民族存亡息息相关。人在家、国关系中处于主体地位，家国同构以血缘关系、文化关系为基础。作为一种与道德和政治联系的价值理念，我国的民族具有自然的、文化的血缘性。最明显的例证是，中华民族有明显的共祖意识，炎帝和黄帝不仅仅是华族的共祖，也是诸多少数民族的共祖。如《山海经》记载，“黄帝生苗龙，苗龙生融吾，融吾生弄明，弄明生白犬，白犬有牝牡，是为犬戎”，等等。虽然《山海经》是具有神话性质的著作，但其记载这种诸多民族之间的自然血缘性，以及相联系的文化上的共性，无疑是值得重视的。

家国一体、家国同构的逻辑延伸是“天下为公”。学界曾认为，“公共性”是现代性的表现，是西方首创的。从思想源流看，“天下为公”“仁是公”这种“公共性”，在中国却是源远流长。中国历史的社会治理先后出现的禅让制、举孝廉、九品中正制、朝议制、廷议制、君臣共治制，民间的乡村自治历史，都体现国家社会治理的“公共之理”。朱子认为，“道者，古今共由之理，如父之慈，子之孝，君仁，臣忠，是一个公共底道理。德，便是得此道于身，则为君必仁，为臣必忠之类，皆是自有得于己”。“尧所以修此道而成尧之德，舜所以修此道而成舜之德，自天地以先，羲黄以降，都即是这一个道理，亘古今未尝有异，只是代代有一个人出来做主。做主，便即是得此道理于己，不是尧自有一个道理，舜又是一个道理，文王、周公、孔子又别是一个道理。”（《朱子语类》卷十三）朱子认为，尧、舜、文王、周公、孔子关于家国天下道理，家国天下情怀，一以贯之，体现了“理一”。这个道理，是“古今共由之理”“亘古今未尝有异”。朱子肯定的“尧之德”“舜之德”等都体现了国家社会的“公共治理”。华夏先贤始终关注人与天地、人与人的关系，重视天人合一，形成独具特色的人本主义民主治理模式，闪耀着协商民主和文明体制的光辉。

忠孝是家国一体、家国同构的精神支撑。万事孝为先。历经五千年历史风霜雪雨，在民族的意识中，国家、国土、国民是融为一体的。自古以来，中国就有报恩父母的传统。这种情感早已升华和发生蜕变。行孝尽忠就是对家庭，对亲人，对国家，构成了一种特殊的“爱”的情感。人类之爱首先从亲情开始，以“爱有差等”之原则，推及他人，“老吾老以及人之老，幼吾幼以及人之幼”（《孟子·梁惠王上》），是差异性与普遍性的密切结合，这使人民产生并内化为仁的品德与自觉行为。这种全民道德的最终养成，构成三代同堂、四代同堂、五代同堂的生活方式。人们的幸福生活、子孙繁衍，都能够得到理想的安顿，都顺理成章。行孝、尽忠让人们因此血脉相连，反对数典忘祖，忤逆不孝。为国尽忠，成为尽孝观念的延伸，体现了朱子倡导的经世济民、忠孝一体、家国同构的崇高人格追求。

**明德亲民、正心诚意。**家国情怀在于养成。如何养成？朱子以《礼记》中的原本《大学》，用四十年时间加以调整注释，重分经传，补“格物致知”章，形成《大学章句》。朱子少年时即从父学习《大学》，之后更是加以深入细致研究。据其门生蔡沈日记记载，朱子直至临终前三天仍在修改《大学章句》“诚意章”。可以说朱子对《大学》倾注了一生精力。朱子对《大学》作了根本性的理论改造，尤其是增添了格物致知的认识论内容。朱子对《大学》的改造，无疑是代表了创造性转化、创新性发展的正确方向，体现了高度的理论勇气和智慧。朱子注释《大学》的意义，在于明确提出中华家国文化和家国情怀的宗旨和纲领，以此引导国民成为具有高尚的家国情怀的君子圣人。这是朱子全面深刻论述家国天下的理论和实践准则，拨乱反正，强调“明明德”，以“明德引领风尚”，解决当时家国信仰缺失、理论滞后、价值混乱、家国情怀淡漠的关键。朱子确认“《大学》是为学纲目”，为学要“先通《大学》，立定纲领”，“通得《大学》了，去看他经，方见得此是格物致知事，此是诚意正心事，此是修身事，此是齐家、治国、平天下事”（《朱子语类》卷十四）。朱子使《大学》从默默无闻的一般论文变成中华文化经典中的权威著作和首要经典。朱子在家国理论、家国情怀问题方面，鲜明地树立起中华文化纲领，改变原始儒学内容丰富而繁杂、体系意义不明等弊端，使中华文化重回文化发展的正确道路，并由此构建八百多年来中华文化知识和信仰世界的风景线。

习近平总书记赞赏朱子任漳州知州时为白云岩书院写过的一副对联：“地位清高，日月每从肩上过；门庭开豁，江山常在掌中看。”对联体现朱子心系家国天下、胸怀全局、敢于担当的境界追求。对于朱子呕心沥血的《大学章句》，习近平总书记高度评价，并作了创造性转化、创新性的独特阐述。他深刻指出，“古人说：‘大学之道，在明明德，在亲民，在止于至善。’核心价值观，其实就是一种德，既是个人的德，也是一种大德，就是国家的德、社会的德。”他又说，“中国古代历来讲格物致知、诚意正心、修身齐家、治国平天下。从某种角度看，格物致知、诚意正心、修身是个人层面的要求，齐家是社会层面的要求，治国平天下是国家层面的要求。”（习近平《青年要自觉践行社会主义核心价值观——在北京大学师生座谈会上的讲话》）

朱子提出的“三纲领”，即“明明德、亲民、止于至善”。“明明德”是要通过修身使人的善良本性恢复起来，弘扬光明正大的品德。他提出“亲民”即新民，也就是通过革旧图新，道德教化成为新民；“止于至善”是要不断努力、与时俱进，力求达到最好的境界。这是教育的目标，是治国理政，也是培育家国情怀的道德纲领。“正心诚意”是朱子家国情怀的基本主张，也是朱子对自己的信奉者、传承者的基本要求。正心就是端正自己的心思。诚意就是“勿自欺”，不要“掩其不善而著其善”（《朱子语类》卷十六）。朱子强调“格物致知”。“格物致知”即认识事物，“诚意、正心”是格物致知的目的。朱子认为，君子要慎言慎行，戒躁戒傲，更要心怀天下，所谓“君子动而世为天下道，行而世为天下法，言而世为天下则”（《中庸》）。孔子曰：“我未见好仁者，恶不仁者。好仁者，无以尚之；恶不仁者，其为仁矣，不使不仁者加乎其身。有能一日用其力于仁矣乎？我未见力不足者。盖有之矣，我未之见也。”（《论语·里仁》）《大学》云：“一家仁，一国兴仁；一家让，一国兴让；一人贪戾，一国作乱。”《中庸》曰：“仁者人也，亲亲为大。”都说明一个人具备“正心诚意”是非常重要的。只有在家孝顺父母，品行端正，言有信、行必果，必然家风正、行为端，在工作岗位上也会尽职尽责。

有人曾对朱子说，“‘正心诚意’之论，皇上所厌闻，戒勿以为言”。朱子正色道：“吾平生所学，惟此四字，岂可隐默以欺吾君乎？”（《宋史·朱熹传》）他每次上奏、面见皇帝，直到当“帝师”，都深入浅出讲《大学》。他总是规劝国君要坚持抗战，收复国土，要爱养民力，存恤百姓，减轻百姓负担。朱子把历代“君德说”发展成为“限君说”“正君说”。确实，与当时许多官员、士人不同的是，朱子与其祖父、父亲相同，一生颠沛流离，与基层百姓、乡绅、士子相处时间长，对普通百姓有着更多的了解和同情。朱子认为，国家以民为本，社稷是为民而设立的，国家的存亡、君主地位的轻重及巩固与否，都是由人民决定的。朱子强调，“自天子至于庶人，壹是皆以修身为本”（《大学章句》）。他在《孟子集注》中解释：“丘民，田野之民，至微贱也。然得其心，则天下归之。天子，至尊贵也，而得其心者，不过为诸侯耳，是民为重也。”（《孟子集注·尽心章句下》）

明德亲民、正心诚意是文化认同、民族认同、国家认同的根基。只有明德亲民、正心诚意，才能形成全民族的团结，才能形成亲和力、吸引力和向心力。只有提高全民族的个人修养，不忘初心，充满忧患意识，充满使命担当，才能有家有国、保家保国。

**立心立命、修齐治平。**“为天地立心，为生民立道，为去圣继绝学，为万世开太平”，张载这四句话，首见朱子与吕祖谦在福建建阳（治所在今福建省南平市建阳区）编辑的《近思录》，后人常作“为天地立心，为生民立命，为往圣继绝学，为万世开太平”。其意思是“为天地确立起生生之心，为百姓指引康庄大道，继承孔孟等往圣断续的学问，为天下后世开辟永续太平的基业”。“人心”也就是所谓“人者，天地之心也”（《朱子语类》卷八十七），说的是人在天地万物中的地位就像心在人体中的地位。“为天地立心”，“天地之心”就是“仁心”，就是格物致知，正确理解掌握自然界的事物和规律。“为生民立命”，“命”即命运。“为生民立命”源于《孟子·尽心上》：“尽其心者，知其性也。知其性，则知天矣。存其心，养其性，……所以立命也。”“立命”是“立心”的继续。“立命”就是人认识天地万物，顺应天地自然，使人与自然和谐共存共处，永续发展。

“为万世开太平”，实现“大同”，是一种宏大抱负和远大政治理想。天下顺应规律、走幸福康庄大道，天下太平，永世太平。有意思的是，有学者考证是朱子加上“为万世开太平”一句的，当然也有专家认为这本是张载的原话。因为这句话在现在史料中只能在朱子和吕祖谦共同编著的《近思录》中看到，是否真正为张载所说找不到别的证据。朱子的这个评语在朱子学中也得到尊重。“‘为万世开太平’，就是士大夫们表明自己的一种面向未来、治理现在的气概。宋代士大夫们的心里一直有着一种家国天下的责任。”①

“修身、齐家、治国、平天下”指修己齐家，为国家为社会服务，实现天下太平人生最高价值和理想。“修身齐家治国平天下”，由内到外，加强自身修养，提高自身素质，管理好自己的家庭家族。治国、平天下是谈治理国家的事，家国情怀是一种哲学意识。在生活中，家国情怀更多地体现为厚重绵长的家国情。同时，中华民族的家国情怀还指向家国情怀的放大版——“天下情怀”。

其实，天下大同、协和万邦的理想追求在先秦典籍当中就已经有所体现。《礼记·礼运》说：“大道之行也，天下为公，选贤与能，讲信修睦。故人不独亲其亲，不独子其子，使老有所终，壮有所用，幼有所长，鳏寡孤独废疾者皆有所养。”中国历史上有过战乱和分裂，但大一统始终是主流。英国历史学家汤因比和日本学者池田大作的著名著作《展望21世纪》这样论述：“（历史上中国）比世界任何其他民族都成功地把几亿民众，从政治文化上团结起来。他们显示出这种在政治上、文化上统一的本领，具有无与伦比的成功经验。”英国学者马丁·雅克曾在《洛杉矶时报》发表文章认为，不能拿西方对国家形态的分析生硬地套中国的国家形态，中国不同于西方的政治型国家，其本质上是一个基于文明而存在的国家，其身份认同都是源自悠久的传统历史文化。这是一种有意义的分析。

朱子家国情怀作为中华优秀传统文化的基本内容之一，被赋予了重要的时代价值。

首先，要增强文化自信，培育家国情怀。中国的国家认同，更多的是一种文明认同。中国的国家存在，是以历史文化为存在前提的，管理者都是保护统一的文明化身。可以说，家国情怀是对国家文明的认同。从文明认同而言，家国情怀如上善如水般的柔情浸润心灵。要重视家庭、重视家教、重视

① ［日］小岛毅：《中国思想与宗教的奔流：宋朝》，何晓毅译，广西师范大学出版社，2014年，第192页。

家风，家庭的前途命运同国家和民族的前途命运紧密相连。朱子倡导的“读书起家之本、循礼保家之本、和顺齐家之本、勤俭治家之本”精神对当今抓好家庭教育，传承良好家风具有重要影响。朱子《家训》《家礼》对整齐风俗、化正人心起到重要作用，对当今培养良好社会风尚亦具有现实意义。

其次，培育仁爱之情，正心、修身、慎独。“一室之不治，何以天下家国为?”（〔清〕刘蓉《养晦堂文集·习惯说》）“君子戒慎乎其所不睹，恐惧乎其所不闻”（《中庸》）。强调不仅要慎言慎行，而且要戒躁戒傲。修身、慎独，是家国情怀主体的基本构成。正是在国家统一、民族融合的大背景下，要有心怀天下之抱负与内蕴家国情怀的内在超越，中华文化才能生生不息、不断发扬光大。

第三，要胸怀天下，追求天下太平。家国情怀就是要胸怀天下，达到天下太平，人人和谐的社会终极理想。天下为公思想具有时代价值，当代中国的社会文化建设，就需要这种文化基因。“天下为公”追求公共权力运作的普遍合理性，其终极目的并不是仅仅停留在所谓的“家”“国”圈子里，而是“天下”，天下太平是在天下公平基础上的提升。我们要打破各种隔离和限制，把不同文明和社会熔为一炉，实现人类共同进步，以构建人类命运共同体。

# 试论朱子文化的时代新价值

黎　昕

朱熹是我国古代继孔子之后又一位具有国际影响的杰出思想家，他继承和发展了孔孟之学，并吸收道家、佛家思想，是理学集大成者。朱熹理学是13世纪之后的中国思想文化的重要代表，是中华文明、东亚文化圈的主要思想形态。朱熹在长期的教书过程中著书立说，总结读书法，开办书院，制定学规，是伟大的教育家。朱熹在有限的仕途中，用正心诚意、格物致知上书皇帝，在基层任职时试图正经界，着力整顿吏治，改善学风，可谓是当时的改革家。朱熹还制定《家礼》《家训》，增损《吕氏乡约》，为基层社会治理、改变乡风民俗提供制度建设。朱子思想“致广大、尽精微，综罗百代”，不仅深刻影响南宋后700余年我国的政治生活、文化结构、思维方式、伦理道德乃至生活方式，而且对当代仍具有重要的文化价值。

## 一、朱子文化是当代中国文化和道德体系的“历史根系”之一

朱熹一生著述丰富，但《四书》对于朱熹及其理学有着十分重要的意义，对于儒学的发展也有着不可替代的作用。《四书》之于朱熹，正如《六经》之于孔子。《四书》《五经》（或《六经》）在中国学术史乃至中华文明史中的地位是不言而喻的。

朱熹将原本属于子学的《论语》《大学》《中庸》《孟子》合编为《四子》，又称《四书》。《四书》的合编标志着经学新体系的形成，一方面，因为《论语》《大学》《中庸》《孟子》无论从儒家道统角度，还是从其自身的内容看，

确实具有成为经学新体系的条件。就儒家道统来说，孔子、曾子、子思、孟子是公认的儒家传承谱系，而《论语》《大学》《中庸》《孟子》正是他们的主要著述。就《四书》内容来看，《大学》提出了修身治人的要求，《中庸》阐述了天道性命之学，《论语》记录了孔子的思想，《孟子》则提出了性善论。天道性命之学和性善论非常有利于宋儒发挥，并创造出一套与佛教相抗衡的学说，《大学》中的内圣外王思想则是儒家区别于释老的主要特征。另一方面因为朱熹不仅合编《四书》，而且毕生都在注释《四书》，将理学的重要思想注入《四书章句集注》当中。朱熹说："某于《论》《孟》，四十余年理会，中间逐字称等，不教偏些子。学者将注处，宜子细看。"（《朱子语类》卷十九）又说："某《语孟集注》，添一字不得，减一字不得。""《论语集注》如秤上称来无异，不高些，不低些。"朱熹临终前还在修改《大学章句》。由于《四书章句集注》融合了汉儒和宋儒的注释成果，发展了原始儒家的思想，实现了子学的理学化转化，兼具传承性和创新性，故而能从无数注释文本中脱颖而出，成为元明清三代科举考试的指定教材。经过科举考试的推动，《四书》的实际地位超过了《五经》。随着《四书章句集注》及其他理学著作远播朝鲜半岛、日本等地，朱熹理学对东亚文化圈产生了深远影响。

朱熹不仅合编、注释《四书》，而且对《五经》也有注释或创造性的阐发。于《周易》，有《周易本义》和《易学启蒙》。于《尚书》曾作《书集传》，惜乎未传，然蔡沈之《书集传》多受朱熹指点。朱熹又怀疑《孔传》《孔序》，乃至怀疑《古文尚书》，开启《尚书》学的考据学。清儒阎若璩说其《古文尚书疏证》"不过从朱子引而伸之"。于《三礼》，不仅编有《家祭礼》《家礼》等实用礼仪手册，影响了中、日等国的社会习俗八百余年，而且合《三礼》而作《仪礼经传通解》，厘清《仪礼》《礼记》之经传关系，尽管没能亲自完稿，但黄榦、杨复的《续编》亦受到朱熹治礼理念的深刻影响。于《春秋》，朱熹自幼便在父亲的耳濡目染之下熟读《春秋》，虽终身不做《春秋》注，但对读《春秋》及其《三传》以及治《春秋》之法，乃至各学派治《春秋》之得失，都能了然于胸。可以说，朱熹在任何一部经典之中所做出的成就都具有总结前人，开创后学的意义。

朱熹一生为后世留下了70余部凡460多卷著作，把中国传统文化发展到了一个新阶段。朱子这种重视对文化的传承和创新，用毕生精力对《四书》进行了集结与诠释，对古代文化作了全面整理，担当起了自尧舜禹文武周公孔孟一脉相承的道统，尤其是对儒家核心价值体系的传承，对中华民族价值观的形成和巩固发挥了重要作用，是当代中国文化和道德体系的“历史根系”之一，加强对朱子文化的研究，具有传承中华历史文脉的重要价值。

## 二、朱子文化中蕴含的丰富哲学思想和道德理念是当代中国文化和道德建设的宝贵资源

朱子文化作为中华优秀传统文化的重要组成部分，蕴含的丰富哲学思想、人文精神、教化思想、道德理念等不仅对于维护当时的社会稳定和民族统一，调整社会关系发挥了积极的作用，而且对当代社会仍有积极的意义，经过创造性转化，创新性发展，可以为解决当代人类面临的难题提供有益启迪，可以为治国理政提供有益启示，也可以为道德建设提供有益启发，为培育社会主义核心价值观提供丰厚滋养。择其要者，如：

理一分殊。理一分殊包含了普遍性和特殊性。理一分殊最初是指在社会伦理领域，一般的道德原理可以表现为不同的具体规范，不同的具体规范中涵有共同的道德原理。理一分殊也适用于宇宙论，朱熹说：“盖合而言之，万物统体一太极也；分而言之，一物各具一太极也。”（朱熹《太极图解》）这是说宇宙万物的本体只是一个太极，而每一事物中也都包含着与那本体的太极完全相同的太极作为自己之本性。朱子认为，事物的具体规律性质是有差别的，但从更高层次上看，又都是同一普遍原理的表现，而具有统一性。朱子对普遍性和特殊性之间的认识是非常深刻的，理一分殊的理念要求正视宇宙万物间的共同性和差异性，对我们认识世界、处理人生问题，对解决当下社会人与人之间、国与国之间的利益冲突，构建人类命运共同体仍具有一定的启发意义。

主敬涵养。朱熹继承了程颐的“涵养须用敬，进学则在致知”的工夫论，主张道德涵养和知识学习缺一不可。他说：“主敬者存心之要，而致知者进学之功。二者交相发焉，则知日益明、守日益固，而旧习之非自将日改月化于冥冥之中矣。”（《晦庵先生朱文公文集》卷三十八《答徐元敏》）在朱熹看来，主敬涵养和格物穷理就好比人的两只脚，必须相互配合，才能实现前进的目标。他说：“学者工夫，唯在居敬、穷理二事。此二事互相发。能穷理，则居敬工夫日益进；能居敬，则穷理工夫日益密。譬如人之两足，左足行，则右足止；右足行，则左足止。又如一物悬空中，右抑则左昂，左抑则右昂，其实只是一事。”（《朱子语类》卷九）又说：“涵养、穷索，二者不可废一，如车两轮，如鸟两翼。”（《朱子语类》卷九）穷理和主敬相互促进，相互配合，所以二者其实是一事。所谓“主敬、穷理虽二端，其实一本”（《朱子语类》卷九）。主敬就是要做到内无妄思、外无妄动。“敬有甚物，只如畏字相似，不是块然兀坐，耳无闻、目无见、全不省事之谓，只收敛身心、整齐、纯一，不恁地放纵，便是敬。”（《朱子语类》卷十二）敬是敬畏。敬是时刻收敛身心，使内心保持一种敬畏状态，使内心总处于一种警觉、警省的状态，即所谓“惺惺”。敬是专一、主一无适。朱熹说：“主一之谓敬，只是心专一，不以他念乱之，每遇事与至诚专一做去，即是主一之义。”（《朱子语类》卷六十九）敬畏是儒家对彼岸世界等未知领域的基本态度，是对重要人、物、事等的基本立场。畏不是对某一具体对象的恐惧，而是以一种严肃、谨严的态度看待，就像爱国、敬业这样的公民道德要求我们对自己的国家、职业要有敬畏之心，对国家、职业的爱、敬不同于儿女情长的感性之爱，更倾向于严肃、谨慎地敬畏。

在朱熹看来，主敬对一个人的身心成长大有裨益，他说：“主敬之说，先贤之意盖以学者不知持守，身心散慢，无缘见得义理分明，故欲先且习为端庄整肃，不至放肆怠惰，庶几心定理明耳。”（《晦庵先生朱文公文集》卷五十九《答方子实》）朱熹认为，“‘敬’字工夫，乃圣门第一义，彻头彻尾，不可顷刻间断”（《朱子语类》卷十二）。“‘敬’之一字，真圣门之纲领，存养之要法。一主乎此，更无内外精粗之间。”（《朱子语类》卷十二）朱熹的主敬说是对孔子以来的儒家对“敬”的论述的总结，他主张在探索知识的时候时刻不忘提升个人的道德修养，强调要以敬畏之心对待人、物、事，做任何事情都应该专心一意，不能三心二意。这对于培养爱国、敬业、诚信、友善的公民道德，做到干一行爱一行，认真做好本职工作仍有启示意义。

格物致知。朱熹的格物致知基本思想体现在《大学·格物致知补传》中，曰：“所谓致知在格物者，言欲致吾之知，在即物而穷其理也。盖人心之灵莫不有知，而天下之物莫不有理，惟于理有未穷，故其知有不尽也。是以大学始教，必使学者即凡天下之物，莫不因其已知之理而益穷之，以求至乎其极。至于用力之久，而一旦豁然贯通焉，则众物之表里精粗无不到，而吾心之全体大用无不明矣。”

朱熹指出，致知必须“即物而穷其理”，也就是格物。换言之，格物必须做到即物、穷理、“求至乎其极”。朱熹在这段补传中还对格物的方法、目标做了阐述，即格物必须持久用力，直到“豁然贯通”，最终实现“众物之表里精粗无不到”和“吾心之全体大用无不明”的目标。当然格物致知说的理论前提是基于“人心之灵莫不有知，而天下之物莫不有理”。在朱熹看来，人心中已有一个天理在，外在物事之间的理与人心中的理有统一性。事情无论大小，都蕴含一样的天理，所以一件一件去理会，必能穷得天理，当穷尽事物之理时，人心中的理和天理合二为一，如此行事既符合天理，又符合人心中的理，自然就是内外合一，所以向外格物与修养自身具有同步性。格物之“物”并非单纯指物，还指事。穷理不仅穷物理，还要穷事理。格物穷理既包括对草木鸟兽等客观自然界的关注，也包括日常生活事务的实践。“格物，是穷得这事当如此，那事当如彼。如为人君，便当止于仁；为人臣，便当止于敬。又更上一着，便要穷究得为人君，如何要止于仁；为人臣，如何要止于敬，乃是。”（《朱子语类》卷十五）格物致知的方式有读书、应事，所谓“如读书而求其义，处事而求其当，接物存心察其是非、邪正，皆是也”（《朱子语类》卷十五），主张切实从日用常行之事上寻求理。他认为格物穷理要事无巨细，必须用心理会，件件用心，层层积累，最终量变引起质变，达到豁然贯通。朱熹说："上而无极、太极，下而至于一草、一木、一昆虫之微，亦各有理。一书不读，则阙了一书道理；一事不穷，则阙了一事道理；一物不格，则阙了一物道理。须要逐一件与他理会过。"（《朱子语类》卷十五）朱熹的格物学说既包括了对外在客观事物的认知，也包括对社会道德实践活动的理解，同时也包括了对人自身的心理性情等问题的认识。这种认知方式既强调对外在世界的考察，又不忽视认识主体自身的道德修养和心理状态。既具有科学理性的精神，又具有儒家特有的道德实践性。对于当代道德的养成和社会主义核心价值观的培育，对于立德树人，培养担当民族复兴大任的时代新人具有深刻的启示意义。

此外，朱子文化提倡人在处理与自然的关系时要"顺时爱物"，"取之有时，用之有节"，使"万物并育不相害，众道并行不相悖"，这种生态伦理学说，对于帮助人们培育生态道德观，促进人与自然和谐共生具有重要价值。除了理学观点外，朱熹还归纳了很多有效的读书法等都具有现实意义。

## 三、朱子文化中的社会教化思想与实践是当代中国文化和道德建设的重要借鉴

朱熹在构造庞大性理之学时，从不曾忽略经世致用的外王之学和社会教化。礼向来为儒家所重视，也是古代中国治国理政的重要手段。儒家认为，"夫礼者，禁于将然之前，而法禁于已然之后，是故法之所用易见，而礼之所为难知也"。因此，朱熹非常看重礼学，他不仅对《礼经》进行注释，而且还制定《家礼》《家训》，增损《吕氏乡约》，对古礼进行简化，为普通民众制定日常礼仪，实现社会教化、改变社会风俗的目标。

朱熹采古礼之精要，借用司马光的《居家杂仪》，汇编成《家礼》。朱熹认为，"凡礼有本，有文，自其施于家者言之，则名分之守，爱敬之实，其本也。冠婚丧祭，仪章度数者，其文也"（《晦庵先生朱文公文集》卷七十五《家礼序》）。《家礼》本着"名分之守，爱敬之实"的原则，对冠婚丧祭等礼

仪做了规定。这些规定相较于繁琐的古礼而言，非常平民化，因此很快就成为民间习俗的主要规则。《朱子家训》倡导“诗书不可不读，礼仪不可不知”“子孙不可不教”，朱熹倡导要从家风抓起，训以治家、训以育人、训以养德，将“格物致知、正心诚信、修身齐家、治国平天下”具体化、平民化、普及化，对我国优良家教的形成产生了广泛深远的影响，对当前培育良好家风等都具有现实的意义。

《增损吕氏乡约》是朱熹在蓝田吕大钧作的《吕氏乡约》基础上修订而来，在《增损吕氏乡约》中，朱熹以德治为基本导向，以礼治为主要手段，以教化为终极目标，重新整理了吕大钧的《乡仪约》，完善了礼俗相交的内容，并增加了读约礼的仪式。随着朱子学的发展和传播，《增损吕氏乡约》影响远远超过了最初的关中地区，明代王阳明的《南赣乡约》，朝鲜李朝的《退溪乡约》《栗谷乡约》等，无不以此为蓝本。朱子文化坚持德业相劝，德性为先，重视发挥礼俗在乡村治理中的作用，对构建德治、自治和法治三位一体的乡村治理体系具有一定的借鉴与启示意义。

朱子文化重民本，主张“明明德”“公天下”。朱熹为官时间不长，但他在朝为官劝皇帝“正君心，立纲纪”；在基层做官着重整顿吏治、士风，为当地百姓移风易俗。朱熹理欲观的基本看法是要求把个人的感性情欲制约于社会道德规范之中。他在几次上书中，都直言不讳地劝说皇帝要正心诚意、格物致知。如，在绍兴三十二年（1162），朱熹应诏上封事云“古者圣帝明王之学，必将格物致知以极夫事物之变，使事物之过乎前者，义理所存，纤微毕照，瞭然乎心目之间，不容毫发之隐，则自然意诚心正，而所以应天下之务者，若数一二、辨黑白矣”（《晦庵先生朱文公文集》卷十一《壬午应诏封事》）。次年入对垂拱殿曰：“臣闻《大学》之道，‘自天子以至于庶人，壹是皆以修身为本’。而家之所以齐，国之所以治，天下之所以平，莫不由是出焉。然身不可以徒修也，深探其本，则在乎格物以致其知而已。”（《晦庵先生朱文公文集》卷十三《癸未垂拱奏札一》）朱熹在《延和奏札五》中语重心长地告诫皇上：“自今以往，一念之萌，则必谨而察之，此为天理耶？为人欲耶？果天理也，则敬而扩之，而不使其少有壅阏。果人欲也，则敬以克之，而不使其少有凝滞。”（《晦庵先生朱文公文集》卷十四）这里直接劝皇帝要“存天理、灭人欲”。

朱熹为官主要在基层，他不仅提倡为官者应清廉自守，“度量无私本至公，寸心贪得意何穷”（朱熹《题米仓壁》），而且每到一地，必施行一套振民革弊的措施，整吏治、明教化、敦风俗便是其任职期间的系列措施。在同安任职时，主持县学，修经史阁，整顿学风；在漳州任职时正经界，得罪权贵，黯然收场。

朱熹一生大部分时间是教书育人，著书立说，推行社会教化，他还修复书院、创办书院，其中福建的武夷书院和考亭书院就是他亲自主持创办的。朱熹对书院的成就不仅表现在亲自创办书院上，更表现在亲自制定学规——《白鹿洞书院揭示》，成为各地书院共同遵守的准则。《白鹿洞书院揭示》又称“白鹿洞书院学规”“朱子教条”，是朱子为白鹿洞书院所制，后来成为全国各类学校共同遵行的教育指导方针。它不仅成为我国宋末及元、明、清时期文化教育的“金规玉律”，而且对朝鲜半岛、日本和越南也产生了不同程度的影响，至今仍具有重要价值。朱熹晚年知漳州时曾为白云岩书院题写一副对联“地位清高，日月每从肩上过；门厅开阔，江山常在掌中看”，充分体现了他所要的理想人格和历史担当精神，这种担当精神仍是今天我们要大力弘扬的一种宝贵精神。

朱子文化作为中华优秀传统文化的重要组成部分，实际上在许多方面反映着中华民族的精神追求，许多内容已经成为中华民族最基本的文化基因，深深地扎根于中国人内心，潜移默化影响着中国人的思想方式和行为方式。朱子文化发源于福建，远播于世界各地，是实现海峡两岸文化认同和推动“一带一路”建设的重要文化桥梁，对促进海峡两岸和平发展和推动“一带一路”建设，不断提升中华传统优秀文化影响力具有重要的文化价值。习近平总书记在全国宣传思想工作会议上的讲话指出，“中华优秀传统文化是中华民族的文化根脉，其蕴含的思想观念、人文精神、道德规范，不仅是我们中国人思想和精神的内核，对解决人类问题也有重要价值。要把优秀传统文化的精神标识提炼出来、展示出来，把优秀传统文化中具有当代价值、世界意义的文化精髓提炼出来、展示出来”。这就要求我们必须立足新时代，紧密结合社会主义核心价值观建设和国家文化发展战略，进一步加强对包括朱子文化在内的中华优秀传统文化的挖掘和阐发，在去粗取精、去伪存真的基础上，坚持古为今用、推陈出新的方法，有鉴别地加以对待，有扬弃地加以继承，努力实现创造性转化、创新性发展，使中华民族最基本的文化基因与当代文化相适应、与现代社会相协调，以人们喜闻乐见、具有广泛参与性的方式推广开来，把跨越时空、跨越国度、富有永恒魅力、具有当代价值的文化精神弘扬起来，把继承优秀传统文化又弘扬时代精神、立足本国又面向世界的当代中国文化创新成果传播出去，大力向国际社会展示中华文化的独特魅力。我们只有从这样的高度去认识朱子文化的历史地位和当代价值，努力实现其创造性转化、创新性发展，才能进一步把朱子文化研究推向深入，不断提升中华优秀传统文化的影响力，实现中华民族的伟大复兴。

# 感悟朱子文化　厚植家国情怀

戎章榕

习近平总书记指出，“我们要在全社会大力弘扬家国情怀，培育和践行社会主义核心价值观，弘扬爱国主义、集体主义、社会主义精神，提倡爱家爱国相统一，让每个人、每个家庭都为中华民族大家庭作出贡献”。

新时代之所以特别强调大力弘扬家国情怀，是因为我们遇到了前所未有的历史机遇，正处于重要的历史节点上，我们国家比历史上任何时期都更接近、更有信心和能力实现中华民族伟大复兴的目标。实现中华民族伟大复兴是一项光荣而艰巨的事业，不只是关乎千千万万个家庭的福祉，更需要全体中华儿女共同为之努力奋斗。家是最小国，国是千万家。家国情怀不仅是维系中华民族赓续演进的重要精神支撑，更是为新时代中华儿女实现中华民族伟大复兴提供了强大动力。我爱我的国，我爱我的家。有了强的国，才有富的家。爱国不能停留在口号上，而是要把自己的理想同祖国的前途、把自己的人生同民族的命运紧密联系在一起，扎根人民，奉献国家。只有把爱家和爱国统一起来，把个体价值、家庭价值的实现与国家民族的命运紧密相连，把自身的梦想融入国家和民族的梦想，才能成就事业、实现价值。

十八大以来，习近平总书记高度重视传承与弘扬中华优秀传统文化，赋予中华优秀传统文化时代内涵，并将其作为治国理政的重要思想文化资源。习近平总书记关于中华优秀传统文化的深刻论述，尤其是强调弘扬家国情怀的重要论述，表明了中国共产党人传承民族精神血脉的文化自觉和历史担当，彰显了中国共产党人不忘本来、开辟未来的文化情怀与思想价值。

家国情怀是中国优秀传统文化的基本内涵之一，是中华儿女最真挚的情感共识和最浓烈的精神底色。在中华民族漫长发展的历程中，成为凝聚和支撑中华民族栉风沐雨、砥砺前行的不竭动力。中华民族之所以能饱经磨难而浴火重生，中华文明之所以能绵延数千载而生生不息，根植于民族文化血脉深处的家国情怀起到了至关重要的作用。

在中国古代，家国情怀从一种集体无意识到固有的文化基因，历经世代传承积淀，又在不断推陈出新中赓续绵延，是从情感和理智上认同和维护民族共同体、将爱亲敬长这一天然血缘亲情上升为报效国家服侍黎民的社会责任。从《礼记·大学》的“修身、齐家、治国、平天下”，到范仲淹的“先天下之忧而忧，后天下之乐而乐”；从张载的“为天地立心，为生民立命，为往圣继绝学，为万世开太平”，到顾炎武的“天下兴亡，匹夫有责”……都是不同时代的家国情怀的经典表达。中国是一个文化底蕴深厚的文明古国，历代文人借诗言志、以文咏情，诗词歌赋成为他们表达家国情怀的重要方式。“烽火连三月，家书抵万金。”“一寸丹心图报国，两行清泪为思亲。”“但使龙城飞将在，不教胡马度阴山。”“醉卧沙场君莫笑，古来征战几人回。”“向北望星提剑立，一生长为国家忧。”“王师北定中原日，家祭无忘告乃翁。”“繁霜尽是心头血，洒向千峰秋叶丹。”“安得广厦千万间，大庇天下寒士俱欢颜。”等等，读之让人回肠荡气、振聋发聩、醒世励志，愈加感到忠孝一体、家国同构、小我与大我统一、个人与集体共存是中华文化的一大鲜明特征。

朱子是宋代理学的集大成者，朱子文化是中华传统文化的重要组成部分。钱穆先生曾予高度评价：“在中国历史上，前古有孔子，近古有朱子，此两人，皆在中国学术思想史及中国文化史上发出莫大声光，留下莫大影响。旷观全史，恐无第三人堪与伦比。”“北孔南朱”，是后人将孔子与朱子的师承学说相提并论。朱子不仅与时俱进地继承发展了孔子思想，而且构建了儒、佛、道融合的文化体系。尤其是总结了宋代理学思想，建立了庞大的理学体系，以其真知睿见和“致广大，尽精微，综罗百代”的恢宏格局而名彰后世。在宏富的朱子文化中，浸润了深沉的家国情怀。

朱子文化中的家国情怀，比较集中体现在《朱子家礼》《朱子家训》等著作中。《朱子家礼》是朱子所著的主讲纲常伦理、礼节礼仪的书。内容包括日常生活的通礼、冠礼、婚礼、葬礼、祭礼等，是朱子为后世留下最简明的实用手册，集孔子、孟子到荀子等大家的孝道思想之长，从祠堂、丧服、土葬、忌日、入殓等仪式来体现孝道主张，进而使“孝”从理念的、抽象的孝转化为世俗的“孝”，使之平民化，泽被天下。朱子中年修成《家礼》，晚年又以《仪礼》为经，以《礼记》为传，以《周礼》为纲，会通三礼，建立了一个前无古人的礼学体系《仪礼经传通解》，对东亚世界产生了深远的影响。《朱子家训》是划定了人之所以为人的基本底线，展现了超越时代意义和普遍意义的人伦观、修养观、道德观、社会观、价值观，是中华民族贡献给全人类的共同价值。《朱子家训》与明末清初朱伯庐的《治家格言》，两者互为羽翼，《治家格言》是对《朱子家训》的阐发与延伸。朱子的《家礼》《家训》不仅是对朱子一家或朱姓人家有意义，而且对南宋以来的社会风俗、正化人心都起了重要作用。即便在当今新时代转化和发展优秀传统文化，大力弘扬家国情怀之时，同样也有借鉴意义和现实意义。

那么，朱子文化中的家国情怀，主要体现在哪些方面呢？

**一、从传统文化中汲取家国情怀**

“天下之本在国，国之本在家，家之本在身。”（《孟子·离娄上》）家国情怀源远流长。追根溯源，家是国家的起源。中华文化为什么能生生不息、延绵不绝，五千年薪火相传，赓续发展？是因为中华文化的特色既不是以个人为本位，也不是以国家为本位，而是以家庭为本位。家是中华传统文化的根基，齐家是链接修身和治国平天下的桥梁与纽带。“治国必先齐其家”“一家仁，一国兴仁”是也。朱子对传统文化倍加推崇，在研习文化传统中，自然传承了家国情怀。发扬光大了中华文化的核心：重视亲情、崇尚德性、和睦关系，道始于家庭又不止于家庭，进而扩展至家国天下。故此朱子明确表示“循理保家之本、和顺齐家之本、读书起家之本、勤俭治家之本”。这是一个从“家”建构的系统缜密的哲学体系。既有“天理”的本体论，又包括了读书穷理、居敬涵养、克己复礼、勤俭治家的力行实践，还指明家国一体、万物一体、宇宙一家的最高境界。朱子自觉担当起自尧舜禹文武周公孔孟一脉相承的道统（即中国文化的传承谱系），修德讲学，教化百姓，弘扬斯学，第一次揭示出道统的十六字心传“人心惟危，道心惟微，惟精惟一，允执厥中”，朱子因此成为文化继往开来、传承创新的典范。

历数朱子的贡献，最能体现他的这种文化传承创新精神的是他不遗余力地推动南宋书院教育活动。根据《文献通考·学校考·书院》的记载，南宋初年共建书院167家，其中与朱子直接有关的书院有40所，加上后人纪念朱子读书、生活、讲学之处而兴建的27所书院，与朱子相关的书院共计67所，占40%以上。中国古代四大书院中的白鹿洞书院和岳麓书院，都和朱子的讲学与教育实践有关。尤其是他亲自订立的《白鹿洞书院学规》，一方面提倡博学、审问、慎思、明辨，另一方面强调修身、处事、践行的原则，这在中国书院历史上影响深远。众所周知，朱子能够在宋代理学集大成而开世纪，与他一生致力于《四书》的重新集结与对其阐释有关。“集大成”是继承，“开世纪”则是创新。其《四书章句集注》是他承传经典的经典之作。难能可贵的是，当他步入暮年，发现当时儿童尚没有令人满意的教材时，尽管他其时已著有小学蒙学读本，如《童蒙须知》《增损吕氏乡约》等，对儒学价值的大众化、通俗化，对培养少年儿童，养成德性，已起到了积极作用。但他并不满足，不顾年迈体衰，仍投入大量的精力，将历代家训收集起来并进行改造，重新写成《小学》，用精练通俗的语言把传统家训中最根本的思想提升到哲学的高度。

我们今天厚植家国情怀，首先要学习朱子对传统文化孜孜以求的态度，学习他“致广大，尽精微，综罗百代”的学术品格，学习他文化上的承续创新精神。家国情怀有赖于长期历史发展的积淀，有赖于传统文化潜移默化的熏陶滋养。因此，我们要像朱子那样，从传统文化中汲取家国情怀。处理好守正与出新、传承与弘扬之关系，既要“有鉴别地加以对待，有扬弃地予以继承”，又要“创造性转化和创新性发展”；既要把家国情怀与中华民族的关系、家国情怀与中华历史的关系、家国情怀与中华文化的关系讲清说透、从本源和根脉上寻找力量，又要将家国情怀与社会主义核心价值观对接、互鉴和贯通、培育和践行适应社会主义核心价值观的家国情怀；既要深入发掘中华民族文化资源、寻找其中跨越时空超越国度、与当代文化相适应、与现代社会相协调的文化宝藏，又要勇于表达中华民族传承至今、富于时代精神的世界观、人生观、价值观，赋予家国情怀以更新鲜营养、更强生命力和更大艺术魅力。

## 二、从身边小事中涵养家国情怀

涵养家国情怀从何做起？朱子崇尚从家庭做起，倡导父慈子孝、兄友弟恭、夫和妇柔的理想家庭人际关系；从身边小事做起，倡导“日用常行之道”，如同衣服之于身体，饮食之于口腹，甚至要求每天“黎明即起，洒扫庭除”。

长期以来，许多人将《朱子家训》与《朱子治家格言》混淆。其实是两个作者的不同版本。尽管作者不一、表述上也有所不同，但在内容上，尤其在家国情怀和治家上有许多相近相似之处，可谓是异曲同工，精辟地概括了修身齐家、为人处世、为人为官等方面的行为规范。

《朱子家训》是以“仁”为道德教育核心，阐明待人之道和修身处世之礼。开篇即言“君之所贵者，仁也”，从君臣、父子、兄弟、夫妇、师友等社会个人主体角度提出了基本道德准则；以“善”为道德教育目标，强调善性的发掘和培育。人际和谐、家庭和睦是维持社会秩序的关键。朱子认为道德修养过程或道德教化目的是去恶存善，即是追求善之本性；以“义”为道德实践导向，倡导合理的利益观。朱子注重“礼”，讲社会分工，重家庭秩序，强调忠孝一体、长治久安。通览全篇，朱子不只是站在一家一族的立场来教育后辈，而是借“家训”的结构，道出了治家治国的道理。

《朱子治家格言》亦可谓是字字皆为立身处世之根本，句句皆为懿德善行之基础。它教人厚道待人，勤俭持家，礼仪处世；教人未雨绸缪，莫贪意外之财；教人正直从善，勿恃势而凌逼孤寡；教人遇贫苦亲邻，给予安慰关照，教人行善乐施，不求名念；教人受滴水之恩，当涌泉相报；教人凡事留余地，得意不宜再往；教人为人处世，恭敬有礼，教人不轻信是非谣言，遇事当忍耐三思，教人读书志在圣贤，非徒科第，教人为官心存君国，岂计身家等观点，是中华美德的重要组成部分，是留给后世子孙弥足珍贵的精神财富。

《朱子家训》与《朱子治家格言》亦有所不同，前者是从“君—臣”开篇，由“国—家”再到“个人”；而后者则从“个人”到“家”再到“国”的依序阐述。通过对照研读，抽丝剥茧地分析，有助于我们进一步地感悟。应当说，两者都堪称经典，难分伯仲，格局高、眼界宽、思想深，故此在中国古代汗牛充栋的“家训”著述中卓尔不群、世泽绵长。

我们今天厚植家国情怀，同样需要坚持从小事做起，从身边事做起，积尺寸之功，累严实之效。小事小节是一面镜子，小事小节中有党性、有原则、有人格。“道自微而生，祸自微而成。”坚持从小事小节上加强修养，从一点一滴中完善自己，严以修身，正心明道，防微杜渐，崇德向善。朱子尚且借用前人“勿以善小而不为，勿以恶小而为之”的警句来要求自己，我们更应当铭记“患生于所忽，祸发于细微”“小者大之源，轻者重之端”“莫见乎隐，莫显乎微”等古训；更应当做到见微知著、防微杜渐，拒毫末之错于千里之外；更应当培养和强化自我约束、自我控制的意识和能力，做到“心不动于微利之诱，目不眩于五色之惑”。

**三、从现实实践中砥砺家国情怀**

纵观朱子一生，致力于学术研究、著书讲学，卓有建树，但他不是一个躲进书房的书呆子、脱离社会实际的空头理论家。一方面他仕宦 9 载，立朝 46 天，上书请辞 64 次，把毕生的精力都花在了研究、著述、育人之上，“绝意仕途，以继二程绝学为己任，奋发读书著述”；另一方面，他一生又多次上奏，倡议天下大计，留下的封事 7 篇，奏札、奏状 142 篇，这些上书基本都是劝勉皇上实践儒家内圣外王的理想。朱子能够向宋孝宗大胆进言，提出“辅翼太子、选任大臣、振举纲维、变化风俗、爱养民力、修明军政”六项举措，固然是针对国家的时弊，更是其家国情怀使然。他指出只有正己，才能正家人、正朝廷、正百官、正天下，实现三代之治。对于普通民众，他强调经由《大学》之教，让每个人通过格致诚正而修齐治平，不仅要成就自我，完成内在道德的提升，而且要实现“修己安人”“化民成俗”的政治理想。只要每个人都在其社会职位上尽心尽力，国家也就自然可得化民成俗之效。化民成俗，教化天下，不仅是君王的职责，也是每个人应有的社会关怀和责任担当，而平治天下则应是每个人的生命格局和终极关怀。正是通过身心—家—国—天下的一体建构，朱子文化中的人文关怀也从自我扩充到家族、国家和整个世界。

我们今天厚植家国情怀，需要从博大精深的朱子文化中感悟，更需要在现实实践中不断砥砺；需要唤起对家庭的深情，对祖国的热爱，更需要激起万众一心追梦圆梦之力。在新时代新征程上，大力弘扬在家尽孝、为国尽忠之风，坚持追求国家统一、民族兴盛的目标，以强烈的责任感担当起新时代赋予的使命与重任，立大志、干大事，以民族大义为念，以家国天下为重，将个人志向建筑在为国家、为人民有益的事业中，脚踏实地，实干苦干，撸起袖子加油干，努力在新时代的追梦中建功立业。只要我们每个人把爱家和爱国统一起来，把实现个人梦、家庭梦融入国家梦、民族梦之中，心往一处想，劲往一处使，就一定能够汇聚起实现“两个一百年”奋斗目标、实现中华民族伟大复兴的中国梦的磅礴伟力，共同开创国家富强、民族振兴、人民幸福的美好未来。

# 朱熹与中华民族精神培育

张品端

中华民族精神是高层次的中国文化传统。它发端于先秦时期，体现于诸子思想之中，后在漫长岁月里，不断地得到丰富和发展，形成了自强不息、兼容并包、自我批判、重视人生、爱国主义等民族精神。朱熹是这一发展过程中，承前启后的关键人物。他对培育中华民族精神作出了努力，提出的一些思想、观点，在今天仍有其现实意义。

## 一、自强不息的精神

《易传》讲“天行健，君子以自强不息”。“健”是刚健有力，运行不止。自强不息就是积极努力向上，永不停止。它表现出中华民族奋斗拼搏、勇往直前的精神。在中国历史上，它激励着一代一代的中国人，成为他们奋发有为的精神力量。

在治学上，朱熹继承并身体力行了“自强不息”的精神。他对《四书》的诠释，耗费了他后半生大部分的心血与精力。所以，他对同道们说：“某于《语》《孟》，四十余年理会，中间逐字称等，不教偏些子，学者将注处宜子细看。”（《朱子语类》卷十九）“君子之学，不为则已，为则必要其成，故常百倍其功。”（《中庸章句》）也正是这种“自强不息”的治学精神，使朱熹成为理学集大成者。

朱熹还认为：“言山成而但少一篑，其止者，吾自止耳；平地而方覆一篑，其进者，吾自往耳。盖学者自强不息，则积少成多；中道而止，则前功尽弃；其止其往，皆在我而不在人也。”（《论语集注·子罕》）《四书》对朱熹来说，是一种精神客体。“其止其往，皆在我而不在人”是指人的主体性而言，是朱熹用来诠释求知过程中的“自强不息”。这种主体性，是指人表现出来的能动性、创造性。“其止吾自止”“其进吾自往”，则是指人的主体性中的自主性。自主性是主体人发挥其能动性和创造性，主动进取积极有力的内在潜力。

朱熹“自强不息”的精神，不仅体现在治学上，而且表现在对待人生态度上。他讲人格，主张“人要有骨气”，在横逆面前要“硬着脊梁，无所屈挠”，敢于斗争。朱熹是这样说的，也是这样做的。如南宋“庆元党禁”，禁毁理学，朱熹弟子蔡元定被流放，甚至有人上书“乞斩朱熹以绝伪学”。在这样险恶的形势下，朱熹表现得异常镇定。他说：“死生祸福久已置之度外”。在“庆元党禁”中，朱熹讲学不辍，学术研究不断，临死前三天，还在修改《大学》“诚意章”，真正做到了鞠躬尽瘁，死而后已。这种进取不挠，顽强拼搏，其背后则是一种“自强不息”的精神。

“自强不息”的精神是儒家也是朱熹留给我们中华民族的一份极为珍贵的精神财富。它不但造就了为数众多的思想家，而且产生了相当数量的熠熠生辉的鸿篇巨著。今天，我们弘扬这一民族精神，是不应忘记朱熹在这方面所作出的榜样的。

## 二、兼容并包的精神

朱子理学，是以孔、孟思想为主干，兼取佛、道，特别是禅宗、华严宗的学说，并吸纳了北宋五子的部分观点，构成了一个融儒释道为一体的庞大思想体系。其兼容并包不同于先秦哲学的兼容并包。先秦时期，佛教这一外来文化还未传入中国，因此先秦哲学的兼容并包，主要是本土文化中各种学派之间的相互吸取与融合。如当时主张无为而治的黄老之学，就是兼收了阴阳、儒、墨、法各家学说之所长。而朱熹的兼容并包不只是局限在对本土文化各种学说的兼收并蓄，而是对外来的佛教，也采取了综合融会的态度。他通过批判来融合佛教思想，从而为儒学的哲理化开出了一条可供应用的途径。这是朱熹对儒学发展所作出的一个重大贡献。

朱熹对知识的追求，包括对自然界的客观事物观察后得出的睿智，以及他在人类社会中显示出的人文精神，都是值得称道的。朱子的兼容并包，具有鲜明的创新精神。正如钱穆先生所说："自有朱子，而后孔子以下之儒学，乃重获新生机，发挥新精神。"陈荣捷曾立专文论"朱子之创新"。他说："学者每谓朱熹集理学之大成""其实朱子多创新，乃完成理学"。

朱熹的"兼容并包"，主要解决人生的指导思想问题。只有解决这个问题，儒家思想才能真正成为整个社会生活的指导思想，才能真正深入人心，为多数人所接受。而在两汉时期，儒学的兼容并包的主体是董仲舒之学。他继承了孔子的为政治国思想，把主要注意力放在政治指导思想的解决上，而没有注意到一般百姓的道德修养问题。于是最终，董仲舒的学说，走向政治化，没有成为百姓日用的儒学。朱熹的学说，从重五经转向重四书，这说明他的着眼点已经集中到道德修养和指导人生的方面。

朱子理学的兼容并包精神，深刻影响了宋以后的中国文化的各方面。在中西文化、哲学合流发展的今天，朱熹兼容并包精神仍有其重要的现实意义。

## 三、自我批判精神

自我批判在先秦儒学中就已出现，秦汉时期得到进一步发展。经学内部展开的古文与今文之争，就表现了一种自我批判的精神。这种自我批判，经王充、张衡、荀悦等人的发展，成为一种传统。朱熹继承了这一传统，并把它贯穿在理学思想体系的建构中。如他对释、老的批判，并通过批判建构了有别于释、老的新儒学。

冯友兰先生对宋代理学的自我批判有一个很精辟的见解。他说："程氏兄弟是道学的创始人，他们兄弟二人创造了理学，也分别创立了道学的两派；理学和心学。张载以气为体，可以称为'气学'，朱熹以理、气并称，可以说是集大成者，……用黑格尔的三段话说，二程是肯定，张载是否定，朱熹是否定之否定。”冯先生在这里说的“否定”是批判，“否定之否定”是更高层次的批判。

就哲学而言，它批判的本质，在于不断地超越已有的理论。朱子理学是自我批判所形成的。如他将张载学说中“气”，由“生物之本”改造成“生物之具”，这是一种批判。朱熹继承二程学说，又超越二程学说。他把程颢、程颐理学思想中的不同倾向统一起来，并吸纳到自己的思想体系中。从某种意义上说，这就超越了二程，这种超越就意味着批判。

朱熹是理学的自我批判者。这种自我批判，一直延续到理学的终结。对此，冯友兰先生说：“朱熹是前期道学的否定之否定，到了道学后期就成为肯定了。在后期中，朱熹是肯定，陆、王是否定，王夫之是否定之否定……”在道学的前期，朱熹是批判者，而到后期朱熹是被批判者。明清时期，朱子学说受到批判，其中突出者，有从朱熹思想发展成的心学集大成者王阳明，有从朱子学说分化出来的罗钦顺、王廷相。王夫之开始对理学的总批判，戴震立誓要“发狂打破宋儒中的《太极图》”，来建构他自己以道为气化流行的哲学体系。随着戴震哲学体系的建立，便宣告朱子理学的终结。

朱熹特别重视批判方法，注重理性主义的分析。他说：“学问须严密理会，铢分毫析。”（《朱子语类》卷八）在朱熹看来，思辨工夫主要在于分析，他用吃果子作比喻。他认为，吃果子先要去其皮壳，再食其肉，还要把里面核子也咬破，才算到“极至处”。这也就是朱熹常对门人所说的，不能只“理会得个皮肤便休”，要步步深入，见其“所当然而不容已者”，还要进一步“求其所以然者何故”，直到“表里精粗，无所不尽”为止。所以，朱熹的“严密理会，铢分毫析”的分析方法，把儒学的思辨性推进了一大步。

## 四、重视人生的精神

人们重视人生，从先秦就开始了。荀子说：“善言天者必有征于人。”这说明荀子注重思考人与自然，即主客的对立统一问题。但对人与自然如何统一，用什么方法去统一，他没有作出更多的说明。朱熹是最重视人生的思想家之一。他对于“人”的问题，主要讨论人与自然、人与人之间的关系，以及人在宇宙间的地位和作用等问题。朱熹认为，道德行为的积累，是人与自然界统一起来的一种方法，而行为判断的标准是看你为己还是为他。如果一个人是为己，他就是不道德的；如果是为他，就是道德的。在朱熹看来，道德行为的积累，意味着为己私心的不断克服。道德行为积累到一定的程度，量变转化为质变，自私完全被克服了，“天人合一”便随之实现。

儒家认为，在“仁义礼智”四德中，仁是四德之首，并且包括其余三德。在仁者的精神境界中，天地万物同为一体，一切人、物都是这个宇宙大家庭的平等成员。这种仁者，是理学家所追求的理想人格。朱熹就是通过发挥儒家的仁学，来达到人与自然界的和谐统一，使早期儒家的“仁学”上升为“生的哲学”。这种用“生的哲学”来拓展仁学，深化爱的内涵，突出了生命的价值和意义。

朱熹还用“生的仁学”把人道与天道贯通，将人道之仁扩展为天道之仁，使仁具有超道德的生态哲学的普遍意义，把早期儒家仁的伦理思想大大提升了。所以，钱穆先生说：“朱子专就心之生处、心之仁处着眼，至是而宇宙万物乃得通为一体。当知从来儒家发挥仁字到此境界者，正惟朱子一人。”

朱熹认为，达到仁者精神境界的人，就能得到“至乐”。而这种“至乐”的获得，不像佛教所说，需到“彼岸”中去寻找，它就在我们这个现实的世界，即“此岸”中。所以，朱熹特别强调在平常生活中，不断地积累道德行为，不断地祛除非道德行为，以达到“直与天地万物上下同流，各得其所之妙，隐然自见于言外”（《论语集注·先进》）的一种精神境界。这种精神境界就是理学家们寻求的所谓“孔颜乐处”。

朱熹还明确告诉我们，明义利之辨，公私之分，是达到仁者精神境界的“入手处”。也就是说，分别义和利、公与私的界限，然后进行非道德行为的克服和道德行为的积累，这是实现仁者精神境界的出发点和必由之路。这里所说的道德行为的积累，就是不断地积公集义，直到把公和义这个本来就是社会中一种道德的行为，变成不仅是社会中的道德行为，而且有了超社会意义。有了这样的意义，这个人的境界就是仁者的精神境界。

## 五、爱国主义精神

爱国主义是中华民族的优良传统。两宋时期，这一传统表现得尤为突出。在南宋内忧外患的情况下，朱熹曾多次上书朝廷，如对孝宗皇帝说："今日之计，不过乎修政事，攘夷狄而已矣。"（《壬午应诏封事》）朱熹认为，当时朝政腐败、国力虚弱，须先整顿朝纲、励精图治，才能收复故土。

朱子学说中所蕴含的"大一统""华夷之辨"等爱国主义思想，经过长期的启迪教化，代代相传，已成为中华民族共同的民族精神和文化心理，沉淀为中华民族的黏合剂。它对于维护祖国统一，增强民族凝聚力发挥了重要作用。

总之，朱熹对培育中华民族精神所提出的有益思想，经过历史的洗礼，早已融会在中华民族性格中，成为中华民族精神的有机组成部分。这在今天也是值得持续发扬的。

# 略论朱熹的精神品格

粘良图

朱熹（1130—1200），字元晦，一字仲晦，号晦庵，别号紫阳，是我国宋代有名的哲学家、教育家。朱熹在福建讲学多年，带出一大批门人，形成福建朱子学派，或称为闽学。他在晋江的影响十分深远，晋江安海的石井书院就与朱松、朱熹父子有渊源，时人喜称泉州为“二朱过化之地”，引以为耀。明清时奉朱子的学说为儒学正宗，各地纷纷建立朱祠，科举考试以朱子学说为主要内容，朱熹的理学成为整个国家社会意识形态的官方哲学，成为政治、法律、道德、艺术、教育等上层建筑各领域的指导原则。

时过境迁，朱子理学研究现在成为书斋中的一门学问，与平民百姓的关系已经不是那么密切。然而，作为历史上一个受人敬仰的贤者，朱熹的诸多精神品格在今天仍然是值得称道和弘扬的。

## 一、探求学问　精进不懈

朱熹的祖籍在宋徽州婺源（治所在今江西省婺源县），父亲朱松是北宋政和八年（1118）进士，来福建做官。南宋建炎四年（1130），朱熹出生于福建尤溪。朱熹小时候就聪颖好学，如他自己回忆：“某五六岁时，心便烦恼天体是如何，外面是何物。”（〔清〕王懋竑《朱子年谱》卷一）得父亲及老师教导，很早就读《孝经》《论语》等儒家经典，十一二岁已能作诗文，而且赢得父亲及其挚友“笔扛鼎”“笔生风”的赞叹。绍兴十三年（1143），年四十七岁的朱松因病逝世于建安（治所在今福建省建瓯市）环溪寓舍，将家人交托于好友刘子羽，命十四岁的朱熹就学于“武夷三先生”，即籍溪胡宪、白水刘勉之、屏山刘子翚。刘子羽为朱熹母子筑室于崇安（治所在今福建省武夷山市）五夫里屏山之下。朱熹先随刘子翚读《中庸》《大学》和北宋理学家程颢、程颐的著作。刘勉之则将长女刘清四许配朱熹。二刘早死，朱熹又随胡宪求学，除读《论语》《孟子》等外，“无所不学，禅道、文章、楚词、诗、兵法，事事要学，出入时无数文字，事事有两册”（《朱子语类》卷一百四）。年轻的朱熹有旺盛的求学精神，在接受儒家经典之外，他还访道问禅，欣赏佛家、道家的“空妙”。绍兴十七年（1147）朱熹举建州（治所在今福建省建瓯市）乡贡，次年考上进士，年方十九岁。据说他中进士的那篇文章，便带有禅学的意味。

过去很多人读书应试，把读书当成敲门砖，考中进士，当上一官半职就不想再读书了。朱熹却不同，他是想通过读书，“以古圣贤远大自期”，做些“有补于天下”的事。考上进士之后，朱熹还拜李侗为师。李侗是程颢、程颐的第三代传人（二程—杨时—罗从彦—李侗），与朱熹交谈之后，指出他好佛老之误，要求他从“面前事”“日用间”下工夫，好好到儒家经典中去探求理义。朱熹通过认真思考，比较鉴别，最后认定只有入世的儒家思想才能匡救时弊，于世有补。于是逃禅归儒，专心于儒家经典的探研，把《大学》看作“为学的纲目”“修身治人的规模”，把《中庸》当作“是孔门传授心法”。穷尽四十年对《四书》进行注释，建立了一整套儒学的理论体系。

朱熹很早就名闻天下，生徒众多，但是他一生追求学问，总是虚怀若谷。乾道三年（1167），三十八岁的朱熹在潭州（治所在今湖南省长沙市）会见道学家张栻，两人对学术上的一些分歧反复论辩，交流探讨，朱熹认为对自己在认识“天地之心”“圣人之心”方面的研究很有启发，作诗谓：“昔我抱冰炭，从君识乾坤。始知太极蕴，要眇难名论”（《二诗奉酬敬夫赠言并以为别》），有豁然开朗的感觉。朱熹的弟子蔡元定对周易卜爻、风水术数深有研究，朱熹对其十分尊重，著书立说时经常与他交流探讨。直至庆元二年（1196），因“伪学党禁”，朱熹被褫职罢祠，蔡元定被窜放道州（治所在今湖南省道县），时年朱熹已经六十七岁了，临别前夜，他还同蔡元定“会宿寒泉，相与订正《参同契》，终夕不寐”（〔清〕王懋竑《朱子年谱》卷四）。庆元六年（1200）三月初六，朱熹逝世前三天，他还在病中修改其著作《大学·诚意》一章的文字。

## 二、屡辞官职　清贫自守

旧时读书人，大抵想“学成文武艺，货与帝王家”，有机会总要谋个官职，一级一级往上爬。但是朱熹是个例外。尽管有多次机会可以出任官职，但他总是推辞，向朝廷要求“奉祠”的职务（宋代设有宫观使、判官、都监、提举、提点、主管等职位，用来安置五品以上不能任事或年老退休的官员等。他们只领官俸而无职事。朱熹很早就考上进士，算是“体制中人”，如果不做官，可以申请到一份这样“奉祠”的闲职，有时间用于著书立说，讲学授徒）。根据朱熹年谱，朱熹自绍兴二十八年（1158）从同安主簿卸任后，就“以养亲丐祠”，差监潭州南岳庙。绍兴二十九年，得执政陈俊卿推荐，召赴行在（当时将杭州称为行在，即临时京城），朱熹“以疾辞”。孝宗隆兴元年（1163），新上台的皇帝“诏求直言”，朱熹蒙召入对，因所提意见不合，授官武学博士，朱熹“请祠，再监南岳庙”。乾道三年（1167），由于大臣陈俊卿、刘珙等推荐，授朱熹充枢密院编修，辞。梁克家主持政务，再申前命，又辞，“凡五年三促就职不受”。乾道六年，召赴行在，以母丧未终辞。乾道七年，复召，以禄不及养（官俸已不及养亲，有悼念母亲之意）辞。乾道九年守制终了，乞差监岳庙，朝廷让他改职主管台州崇道观，朱熹“以求退得进，于义未安，辞”。直到淳熙元年（1174），朝廷一再坚促才就职。淳熙三年，有秘书郎之命，再辞，主管武夷冲祐观。五年，朝廷派他任知南康军州事，“四辞，不许”才到南康履职。

朱熹这样一再推辞官职，家居近二十年，贫困自守，除了看到朝政昏暗，不愿与人同流合污之外，更多是为了践行自己讲学育人的理想。他在《与吕伯恭书》中说：“平生自知无用，只欲修葺小文字以待后世，庶小有补于天地之间，而今若一出，此事便做不成。”（《晦庵先生朱文公文集》卷二十五）又在《答韩尚书书》中说：“狷介之性，矫揉万方而终不能回；迂疏之学，用力既深而自信愈笃。以此自知决不能与时俯仰，以就功名。以故二十年来自甘退藏，以求己志。所愿欲者，不过修身守道，以终余年，因其暇日，讽诵遗经，参考旧闻，以求圣贤立言本意之所在，既以自乐，间亦笔之于书，以与学者共之，且以待后世之君子而已。此外实无毫发余念也。”（《晦庵先生朱文公文集》卷二十五）

这样一种信念，朱熹贯彻了一生。计其一生从政不足 9 年——任同安主簿 4 年；知南康军 2 年；提举浙东常平茶盐公事 9 个月；任知漳州 1 年，知潭州兼荆湖南路安抚使 2 个月；任焕章阁待制兼侍讲才 46 日。其余的时间都用来讲学论道，著书育人。

## 三、拯民救荒　恩泽百姓

绍兴二十三年（1153）至二十七年朱熹任同安（治所在今福建省厦门市同安区）主簿，“莅职勤政，选秀民充弟子员。同安人柯国材瀚行峻不苟合，教授常百余人，延为学职，学者翕然从化”，地方有“三年之绩，有百年之思”之颂。

淳熙五年（1178）十二月到八年二月，朱熹任知南康军兼管内劝农事。“至郡，兴利除害。值岁不雨，讲求荒政，多所全活。讫事，奏乞依格推赏纳粟人。间诣郡学，引进士子与之讲论。访白鹿洞书院遗址，奏复其旧，为《学规》俾守之。”由于朱熹在南康救荒措施妥当及时，成效显著，“所活饥民老幼三十余万口”。

淳熙八年（1181），朱熹任提举浙东常平茶盐公事，“始拜命，即移书他郡，募米商，蠲其征。及至，则客舟之米已辐辏。熹日钩访民隐，按行境内，单车屏徒从，所至人不及知，郡县官吏惮其风采，至自引去，所部肃然。凡丁钱、和买、役法、榷酤之政，有不便于民者，悉厘而革之。于救荒之余，随事处画，必为经久之计。”（《宋史·朱熹传》）“大抵悉如南康时，而用心尤苦。”（〔清〕王懋竑《朱子年谱》卷三）连本来被朱熹直言上书触怒，故意派他到地方理政，想看他笑话的孝宗皇帝也不得不服，对宰相说：“朱熹政事，却有可观。”（《宋史·朱熹传》）时值蝗灾、旱灾相继，百姓嗷嗷待哺，但是朱熹奏请对百姓减免、救援的措施，有关方面“多阻抑不行，行亦稽缓”，朱熹不得不上书要求皇帝拨出内库之钱以救灾民。

淳熙十六年（1189），朱熹知漳州，“奏除属县无名之赋七百万，减经总制钱（自北宋末起因军事需要对百姓增设的一种附加税）四百万。以习俗未知礼，采古丧嫁娶之仪，揭以示之，命父老解说，以教子弟。土俗崇信释氏，男女聚僧庐为传经会，女不嫁者为庵舍以居，熹悉禁之。常病经界不行之害，会朝论欲行泉、汀、漳三州经界，熹乃访事宜，择人物及方量之法上之。”（《宋史·朱熹传》）但是因地方豪绅的反对，朱熹提出的“经界”（重新测量土地以确定赋税）方案最终被搁置。

绍熙五年（1194），朱熹任知潭州兼荆湖南路安抚使。“会洞獠扰属郡，熹遣人谕以祸福，皆降之。申敕令，严武备，戢奸吏，抑豪民。所至兴学校，明教化，四方学者毕至。”（《宋史·朱熹传》）

在从政的有限岁月里，每到一地，朱熹都深入了解百姓的疾苦，想方设法减轻百姓的负担，同时注重教育，改良风俗，所以到处得到百姓的爱戴。

## 四、斥奸除恶　正气凛然

朱熹一生坚守道学，清贫自守，不图富贵利禄，对国家大事敢于直言，对邪恶势力敢于斗争，在当时朝政昏暗的时代，不时受到邪恶势力的压制，但他从不低头，坚定不移。

受到父亲朱松的影响，朱熹一直是个主战派，这是同南宋初年主和派当政的政治环境格格不入的。但是朱熹从来不隐瞒自己的观点。孝宗初即位，诏求直言，他就上书言：“修攘之计不时定者，讲和之说误之也。夫金人于我有不共戴天之仇，则不可和也明矣。愿断以义理之公，闭关绝约，任贤使能，立纪纲，厉风俗，数年之后，国富兵强，视吾力之强弱，观彼衅之浅深，徐起而图之。”“君父之仇，不与共戴天。今日所当为者，非战无以复仇，非守无以制胜。”（《宋史·朱熹传》）当时从皇帝到宰相都是主和派，朱熹当然要被晾到一边去。

时因大旱，朝廷让各地方官谈谈“民间利病”，在南康任上的朱熹遂上疏言：“天下之务莫大于恤民，而恤民之本，在人君正心术以立纪纲。盖天下之纪纲不能以自立，必人主之心术公平正大，无偏党反侧之私，然后有所系而立。君心不能以自正，必亲贤臣，远小人，讲明义理之归，闭塞私邪之路，然后乃可得而正。今宰相、台省、师傅、宾友、谏诤之臣皆失其职，而陛下所与亲密谋议者，不过一二近习之臣。上以蛊惑陛下之心志，使陛下不信先王之大道，而说于功利之卑说，不乐庄士之谠言，而安于私暬之鄙态。下则招集天下士大夫之嗜利无耻者，文武汇分，各入其门。所喜则阴为引援，擢置清显。所恶则密行訾毁，公肆挤排。……莫大之祸，必至之忧，近在朝夕，而陛下独未之知!”（《宋史·朱熹传》）朱熹对当时的政治现实进行无情地揭露，结果孝宗皇帝看了大怒，说：“是以我为亡也（真把我当作死人了）。”还好当时有一二大臣为他解说，才免去一场灾祸。

淳熙九年（1182），朱熹在浙东视事，主持拆掉当地的秦桧祠。他发现台州前知州唐仲友“违法扰民，贪污淫虐”，就公正无私地向朝廷举报。时任宰相王淮正是唐仲友的同乡姻亲，自然替他包庇，把朱熹的奏章藏起来。朱熹连上六道奏章，王淮才不得不拿出一份上奏，经过查实罪状，唐仲友被罢了官，可是这一来便得罪了王淮。王淮想方设法与朱熹过不去，让监察御史陈贾奏请“禁伪学”以攻击朱熹，迫他退出政坛。但是朱熹仍以国事为重，再上封事，对孝宗陈说“辅翼太子、选任大臣、振举纲纪、变化风俗、爱养民力、修明军政”六项急务。又奏陈内侍勾通将领事：“则今日宫省之间，禁密之地，而天下不公之道，不正之人，顾乃得以窟穴盘据于其间。而陛下目见耳闻，无非不公不正之事，则其所以熏蒸销烁，使陛下好善之心不著，嫉恶之意不深，其害已有不可胜言者矣。”（《宋史·朱熹传》）

绍熙五年（1194），大臣赵汝愚、韩侂胄拥立嘉王赵扩登基，是为宋宁宗。是年七月，朱熹被召往行在奏事，被授任焕章阁待制兼侍讲。立朝伊始，他就劝告宁宗不要大治宫室，不得让左右干预朝政。当时韩侂胄自谓有定策功，居中用事，朱熹几次劝皇帝不能让他擅权营私。韩侂胄大怒，与其党羽谋逐朱熹出朝，又加诬宰相赵汝愚不法，将其流放永州。当时回到崇安家居的朱熹知道了，就写了几万字的封事，极陈奸邪蔽主之祸，为赵汝愚辩冤。在众门人一致劝阻下，才把奏稿烧掉。明知不可为而为之，表现了朱熹与奸恶势力斗争的勇气。

## 五、讲学传道　闽学开宗

朱熹的一生，除了“仕于外者九考（九次考绩），立于朝者四十六日”外，大多时间都在讲学授徒，注解儒家经典。据学者统计，国内与朱熹有关的书院有 27 所，正式门人 387 人（另一资料是 514 人），分别来自福建、浙江、江西、湖南、安徽、江苏、四川、湖北、广东、河南、山西等地。朱子学说流传全国。因为朱熹一生活动多在福建，所以福建的门生最多，有 164 人（另一资料是 175 人）。后来人们也将朱熹的学说称为“闽学”。

朱熹家本清贫，教学的收入有限，平日经常要向朋友称贷，但是对一些不应接受的赠与，他会坚决拒绝。因为家贫，平时吃的常是豆饭藜羹，远来的学生、朋友也只能用这样的饭菜招待。曾经有一个叫胡纮的读书人来访朱熹，吃了一顿这样的糙米饭，心中不悦，说是朱熹不近人情，山中“岂无只鸡斗酒”？后来胡纮做到监察御史，还耿耿于怀，千方百计排挤朱熹。而朱熹的情怀就与他截然不同。相传，他有一次到女婿家，女婿不在，女儿家贫，只能煮麦饭、葱汤招待父亲，心里很不安，朱熹就写了一首诗宽慰她：“葱汤麦饭两相宜，葱补丹田麦疗饥。莫道此中滋味薄，前村还有未炊时。”他心中记挂着广大的贫苦百姓。

更难能可贵的是，朱熹能抵抗朝廷“禁伪学”的政治压力，坚持讲学授徒。因为南宋统治者对于当时社会上私人讲学，传播新思想、新学术感到不放心，害怕不利于统治，有些官员出于打击异己的目的，时不时会提出“禁伪学”这个议题。当韩侂胄打击朱熹时，他的手下就乘势上疏言朱熹“十罪”：“剽窃程颐、张载之余论；以吃菜事魔之妖术；簧鼓后进；张浮驾诞；私立品题；收召四方无行义之徒，以益其党与；飨粗食淡，衣褒带博；或会徒于广信鹅湖之寺，或呈身于长沙敬简之堂；潜形匿迹；如鬼如魔。”结果朱熹被夺去奉祠之职，他的门人蔡元定以“佐熹为妖”定罪，被流放道州。庆元三年（1197）正月，朝廷派人来逮捕蔡元定，朱熹与蔡元定等生徒“不为动”，“百余人会别净安寺，元定寒暄外无嗟劳语，众皆感叹，有泣下者。先生微视元定不异平时，慨然曰：‘朋友相爱之情，季通（元定的字）不挫之志，两得之矣。’明日，独与元定会宿寒泉，相与订正《参同契》，终夕不寐”。庆元四年，当朝廷公布“伪学逆党籍”五十九人名单，形势越来越严峻的时候，有人劝朱熹谢绝生徒，避难乡下，但朱熹决心殉道，他说：“今为避祸之说者，固出于相爱。然得某壁立万仞，岂不益为吾道之光!”（〔清〕王懋竑《朱子年谱》卷四）他还在《答李季章》中说：“蔡季通、吕子约皆死贬所，令人痛心……所以未免惜此余日，正为所编《礼传》已略见端绪而未能卒就，若更得年余间未死，且与了却亦可以瞑目矣。”（《晦庵先生朱文公文集》卷三十八）他把生命的一切都献给了学术，直到临终之时还在修改著作文字。

朱熹为后人留下丰富的学术成果，计有《学庸章句》《学庸或问》《论语集注》《孟子集注》《论孟或问》《周易本义》《易学启蒙》《太极图传》《参同契解》《蓍卦考误》《通书解》《西铭解义》《诗经集传》《孝经考误》《小学》《困学恐闻编》《伊洛渊源录》《资治通鉴纲目》《近思录》《程氏遗书》《程氏外书》《程伊川先生年谱》《家礼》《楚辞集注》《楚辞后语》《东归乱稿编次》《礼书》《八朝名臣言行录》《三先生论事录》《韩文考异》《经济文衡》等，还有门人为其编辑的《朱子语类》一百四十卷，诗文集一百一十卷。

我国古代有“立德、立功、立言三不朽”的说法，把“立德、立功、立言”当作为人处世的最高标准。像朱熹这样，一生效仿圣贤，弘扬道义，出而为政则心系国家黎民，退而著作则建立完整的儒家思想体系。宋代以来人们将他与先圣孔子并提，称为“朱子”，大力推崇其学说，这是有道理的。

# 朱子家哲学论纲*

朱人求

家文化是中国文化之根，中国文化就是以家为本位的文化。中国家文化与西方家文化有着根本的差异，它最能彰显中国文化的特质。与西方文化与哲学完全不同，“家”的问题不仅成为中国古代哲学普遍关注的话题，① 而且始终被置于中国哲学的腹地和中心；在本质上，中国哲学乃是一种地地道道的“家本主义”哲学。在漫长的中国哲学长河中，朱子是中国家文化和家哲学的集大成者，他的《朱子家礼》《朱子家训》《小学》《大学章句》《童蒙须知》《戒子书》《周易本义》及后人所编之《朱子语类》等文本，对“家”的哲学多有阐发。元明清时期，朱子学成为东亚世界普遍的意识形态，朱子的家哲学也风靡东亚。在东亚世界，家家户户都学习朱子，日常生活中都遵循《朱子家礼》，朱子的家哲学已经成为东亚人普遍的“地方性知识”②。

---

* 本文系国家社科基金重大招标项目“东亚朱子学的承传与创新研究”（13&ZD062）的阶段性成果。

① 在西方思想世界里，家哲学严重缺席，这与许多一流的思想家都是独身有关，如柏拉图、奥古斯丁、阿奎那、笛卡尔、斯宾诺莎、莱布尼茨、洛克、贝克莱、休谟、卢梭、康德、叔本华、尼采、维特根斯坦等都是单身，缺乏对家的深刻认知与体验。柏拉图的《理想国》要取消家庭，《圣经》宣称要与家庭宣战，马克思的共产主义设计最终也要消灭家庭。

② 参见［美］吉尔兹：《地方性知识》“英文版序言”，王海龙、张家瑄译，中央编译出版社，2004年。

## 一、家之理

朱子哲学以“理”为最高本体，一切事物都是“理”的派生物。天有天之理，地有地之理，人有人之理，家有家之理，国有国之理。普天之下，万物流行，一理而已。“理一分殊”是宋明理学家广泛论及的哲学话语，朱子把它发展到了一个崭新的高度。“理一分殊”是朱子学建构的基本方法，朱子把它形象化比喻为“月印万川”。朱子认为，天底下终极的理只有一个，但它派生了万事万物，每一个事物中又蕴涵了这个终极的理，就好像天上只有一个月亮，但所有的江海湖泊中都有一轮明月，水中的每一轮明月都分有了天上那一轮明月。“理一分殊”论证了宇宙本体与万物之性的同一性，论证了本原和派生的关系，论证了普遍规律与具体规律的关系，一理摄万理，万理归一理。理只有一个，但万事万物分享了此理而成为自身。“宇宙之间，一理而已。天得之而为天，地得之而为地，而凡生于天地之间者，又各得之以为性。其张之为三纲，其纪之为五常，盖皆此理之流行，无所适而不在。”（《晦庵先生朱文公文集》卷七十《读大纪》）一旦以“天理”为核心的哲学本体论与儒家伦理相结合，“天理”也流行发用到人间世界，发展出了以“三纲五常”为核心的人伦秩序。

“理一分殊”适用非常广泛，可以对应一与多的关系，共性与个性的关系，用“理一分殊”来诠释“家哲学”，“家”之理无非是“天理”在家庭或家族中的具体体现。“万物皆有此理，理皆同出一原。但所居之位不同，则其理之用不一。如为君须仁，为臣须敬，为子须孝，为父须慈。物物各具此理，而物物各异其用，然莫非一理之流行也。”（《朱子语类》卷十八）万物都存在一“理”，而“理”同出于一个源头，但是由于所处的境遇不同，“理”的作用也就不一样。孝和仁、敬、慈一样，都是“理”的具体表现，这便是“理一分殊”。《大学》的天下格局无非此理的认知、体验与发用，可分为三节来看，“致知、格物，是穷此理；诚意、正心、修身，是体此理；齐家、治国、平天下，只是推此理”（《朱子语类》卷十五）。可见，齐家不过是理的发用与推广。与佛老重视“理一”不同，朱子重点强调的是“分殊”，提出要在“理一分殊”的指引下，重建伦常，重构以“三纲五常”为核心的人伦秩序。这个方向，实质上就是“家哲学”的建构。儒家的“三纲五常”的核心讲的是家庭伦理，三纲之中就有“父为子纲”与“夫为妻纲”属于家庭伦常关系，“君为臣纲”也无非是“父为子纲”的放大而已；至于“五常”，其中的仁（父子有亲）、礼（夫妇有别）、智（长幼有序）主要是指家庭伦理，而义（君臣有义）与信（朋友有信）也可视为是家庭伦理的放大。朱子的“居家四本”首先强调的是“循理保家之本”。维护家族（或家庭）的兴旺发达必须遵循天理的指导。

朱子认为，天下道理，只是一个包两个，只是“一阴一阳之谓道”。“天下道理，只是一个包两个。《易》便只说到八个处住。《洪范》说到十数住。五行五个，便有十个：甲乙便是两个木，丙丁便是两个火，戊己便是两个土，金水亦然。……自暗室屋漏处做得去，到得无所不周，无所不遍，都是这道理。自一心之微，以至于四方之远，天下之大，也都只是这个。”（《朱子语类》卷六十）家由男女构成，男为阳，女为阴，无非阴阳之理。阴阳又指乾坤，指天地，指父母，指夫妇，可见，天地之道、夫妇之道、男女之道无非阴阳之道。《中庸》亦云：“君子之道，造端乎夫妇；及其至也，察乎天地。”中国古代伦理的家本位主义体现为一切伦理关系无不始自夫妇关系，无不以夫妇伦理为其伦理原型。《诗经》所谓“刑于寡妻，至于兄弟，以御于家邦”（〔汉〕毛亨《毛诗》卷十六），《白虎通·婚娶》所谓“人伦之始，莫若夫妇”（〔清〕陈立《白虎通疏证》卷十），吕坤所谓“有别先自夫妇始”（〔明〕吕坤《呻吟语》卷一），杨时所谓“齐家自夫妇始”（〔清〕程廷祚《大易择言》卷二十），即此明证。朱子注解说：“君子之道，造端乎夫妇之细微，及其至也，著乎天地。”（《中庸章句》）又曰：“君子之道，近自夫妇居室之间，远而至于圣人天地之所不能尽，其大无外，其小无内，可谓费矣。然其理之所以然，则隐而莫之见也。盖可知可能者，道中之一事，及其至而圣人不知不能。则举全体而言，圣人固有所不能尽也。”（《中庸章句》）家庭是人类存在的基本形式，是人伦之道的起点，我们的道德生活以及理想人格的塑造开始于我们仍依赖于家庭的时候，儿时的依赖性，知识能力、道德、责任、判断力等不充分的地方，对我们进行补足的都是家庭，家庭是人类社会最最原始的存在结构。君子之道，源于夫妇，起于夫妇，推而广之，可扩充到整个世界。可见，古人对于宇宙对于天理的理解源于男女两性的理解，所谓“乾道成男，坤道成女”，人伦之道造端于夫妇一样，其在宇宙论上也提出“男女正，天地之大义也”（《易经·家人》），把在阴阳名下的男女结合视为宇宙生生不息的原点，把男女的正道原则视为人类社会永续承传的原点。

## 二、仁礼智与家本位主义伦理学

中国文化是以家为本位之文化，中国哲学是以家为本位之哲学，中国传统文化所秉持的价值观就是以家为本位的价值观。在“三纲五常”的价值体系中，家的比重最大，“三纲”之中，父子、夫妇为家庭最重要的关系，君臣关系只不过是父子关系的放大；“五常”之中，仁礼智与家的关系最为密切，义（君臣有义）与信（朋友有信）也无非“仁”的扩充，家庭伦理的放大而已。

孔子自觉地承接上了自尧舜禹文武周公所开创的文化传统，并创立充满主体自觉精神的仁学，打开了中华文化的新局面，启迪着一代又一代后继者的文化慧命。有意思的是，孔子把仁与家紧密联系在一起。“其为人也孝弟，而好犯上者，鲜矣；不好犯上，而好作乱者，未之有也。君子务本，本立而道生。孝弟也者，其为仁之本与！”“弟子入则孝，出则悌，谨而信，泛爱众，而亲仁。行有余力，则以学文。”（《论语·学而》）“君子笃于亲，则民兴于仁。”（《论语·泰伯》）在《孟子》中，仁与亲亲的联系表现得更加明显。孟子云：“仁之实，事亲是也。”（《孟子·离娄上》）“亲亲，仁也。”（《孟子·告子下》）《中庸》也认为：“仁者，人也，亲亲为大。”《说文解字》也说：“亲也，从人从二。”由此可知，从亲亲来释仁、训仁是孔孟以来的一贯理念。

亲亲为仁，仁的事实就是侍奉双亲。故孔孟对孝悌的原则十分重视，把它视作“为仁之本”。程颢对此解释为：“‘孝弟也者，其为仁之本与!’言为仁之本，非仁之本也。”朱子十分赞同程颢的观点，并进行了更为深入的阐释：“仁便是本，仁更无本了。若说孝弟是仁之本，则是头上安头，以脚为头，伊川所以将‘为’字属‘行’字读。”（《朱子语类》卷一百十九）又曰：“谓行仁自孝弟始，孝弟是仁之一事。谓行仁之本则可，谓是仁之本则不可。盖仁是性也，孝弟是用也，性中只有个仁、义、礼、智四者而已，曷尝有孝弟来。然仁主于爱，爱莫大于爱亲，故曰孝弟也者，其为仁之本与!”（《论语集注·学而》）天下万事万物都有“性”，在“性”之中只体现出“仁、义、礼、智”四种品德，而“孝悌”并没有直接表现出来，“仁是性，发出来是情，便是孝弟。”（《朱子语类》卷二十）“性”属于体是未发，“孝弟”属于情是已发。“本只是一个仁，爱念动出来便是孝。”（《朱子语类》卷二十）仁的表现形式是情爱，而情爱最根本的发源是父子亲情，爱的念头表现出来就是孝心，所以孝悌便成为仁最根本的表现形式。关于“仁是性，孝弟是用”，朱子也作了详细说明，《朱子语类》记载：“仁是孝弟之母子，有仁方发得孝弟出来，无仁则何处得孝弟?”（《朱子语类》卷二十）当朱子的弟子将爱直接理解为仁的时候，朱子提出了指正：“爱非仁，爱之理是仁。”（《朱子语类》卷二十）仁并不等于爱，仁却能够表达爱，朱子把“仁”与“孝弟”比喻成母子之关系，有仁的存在才会有孝悌的情感流露。关于仁与孝悌的问题，朱子曾多次讨论，在他看来，这个问题涉及哲学的根本问题。仁义礼智四德之用体现在人们的日常行为之中，仁德之性是孝悌之心的本源，而孝悌是仁德的外在表现形式。至此，朱子将其天理本体论、人性论与儒家人伦关系紧密联系起来。

家是中华传统文化的根基，齐家是链接修身和治国平天下的桥梁与纽带。朱子以家为本的理念集中体现了儒家文化的基本精神。朱子将原属上层社会的儒家礼仪世俗化和平民化，推广至民间，编成《朱子家礼》，成为后世最简明的通礼、冠礼、婚礼、丧礼、祭礼实用手册，规定了日常生活的方方面面。元世祖至元年间（1264—1294），朝廷更依《朱子家礼》婚礼程序制定官方婚礼制度并颁布施行，将《朱子家礼》由私家之礼上升为官方之礼。从此，朱子学广泛应用于庶民，落实到民间，并且深入到社会的最基本细胞——家庭，落实为一种普遍的生活方式。《朱子家礼》一书，成为对宋元以降的中国及其东亚社会的基本礼仪规范，对东亚世界产生了深远的影响。

朱子对于“礼”最完整的观点应该是对于有子所说的“礼之用，和为贵”的注释，“礼者，天理之节文，人事之仪则也”（《论语集注·学而》）。“礼”是天理与人事的统一，体用兼备，本末一贯。所谓“节文”，“节谓等差，文谓文采。等差不同，必有文以行之”（《朱子语类》卷三十六）。可见，礼是天理的等级差别并加以文饰，是人事的礼仪规则。“礼”源于天地自然之“理”，而“礼仪三百，威仪三千”所代表的繁文缛节，千条万绪的经礼、曲礼都是“天理”的体现。“礼是那天地自然之理。理会得时，繁文末节皆在其中。‘礼仪三百，威仪三千’，却只是这个道理。”（《朱子语类》卷四十一）朱子提倡“以理释礼”，“盖言理则隐而无形，言礼则实而有据。礼者，理之显设而有节文者也，言礼则理在其中矣。故圣人之言，体用兼该，本末一贯。”（《晦庵先生朱文公文集》卷五十九《答赵致道》）一方面赋予“礼”以“天理”的内涵，另一方面，又成功地将形而上的“理”融于可凭据的实践形态——“礼”之中，使“礼”为沟通天人之际提供桥梁。

礼是“天理”在人间世界的具体落实，其内容就表现为“三纲五常”。“三纲五常，礼之大体，三代相继，皆因之而不能变。其所损益，不过文章制度小过不及之间，而其已然之迹，今皆可见。则自今以往，或者继周而王者，虽百世之远，所因所革，亦不过此，岂但十世而已乎!”（《论语集注·为政》）“三纲五常”是天理自然所具备的差序等级，反映在人间的礼仪秩序上也具有相同的特点。朱子认为“礼”以“夫妇有别”为起点（见前论述），其中所蕴含的“君为臣纲、父为子纲、夫为妻纲”以及仁、义、礼、智、信等都是不变的“天理”，也是夏商周以来历代礼制相因袭继承而不能轻易变更的依据。

智与家的关联似乎不太明显，当古人以“长幼有序”来规范“智”德的时候，“智”就是指对长幼秩序的分别和认知。朱子还明确地说：“智本是明辨之理，其发便知有是非。”（《朱子语类》卷五十九）智本来就是明辨之理，它的发用便知是知非。“明辨之理”和“知是非”之间是体和用的关系。智能知万物，它通过“格物”“致知”等方式展示了自己。“序”指次序，指人伦秩序。“长幼有序”，重点在明人伦，也就是明是非事理，即智。朱子引述张子韶的话说：“学，所以明人伦也。”（《晦庵先生朱文公文集》卷五十一《答董叔重》）陈淳在《北溪字义》中也说：“就事物言，父子有亲便是仁，君臣有义便是义，夫妇有别便是礼，长幼有序便是智，朋友有信便是信，此是竖观底意思。”（〔宋〕陈淳《北溪字义》卷上）吕大临认为，“君臣、父子、长幼、夫妇之伦，吾性之所固有也。君子之所以学，先王之所以教，一出于是而已。故舜明于庶物，察于人伦，三代之学，皆所以明人伦也”（〔宋〕卫湜《礼记集说》卷一百五十九）。三代之学，无非就是“明人伦”，辨明是非邪正，深察人伦物理，是一种智慧。

朱子说：“智只是知得了，便交付恻隐、羞恶、辞逊三者。他那个更收敛得快。”（《朱子语类》卷六）然而，智不仅是连接仁、义、礼的纽带，而且正是它把仁、义、礼都藏在自己之中，这就是朱子著名的“智藏说”。朱子说：“智本来是藏仁义礼，惟是知恁地了，方恁地，是仁礼义都藏在智里面。如元亨利贞，贞是智，贞却藏元亨利意思在里面。”（《朱子语类》卷五十三）这样，智的重要性就凸显出来了，它看起来毫无作为，可是它本身却包含了仁、义、礼在里面。如果没有智，仁、义、礼不仅无法运作，而且也竟无藏身之处了。仁义礼智如春夏秋冬，春之生物，夏是生物之盛，秋是生意渐渐收敛，冬是生意收藏。四德本来就是一个整体。朱子认为，仁、义、礼、智四德之中，仁“偏言”则一事，“专言”则包含其他四者。以仁、义、礼、智而言，与义、礼、智并置的仁是偏言的仁，这叫作“爱之理”。包含义、礼、智的仁是专言的仁，这叫作“心之德”。“故合而言之，则四者皆心之德，而仁为之主；分而言之，则仁是爱之理，义是宜之理，礼是恭敬、辞逊之理，知是分别是非之理也”（《朱子语类》卷二十）。不仅如此，“五常”也是一个整体。

朱子高弟陈淳指出，“若横而观之，以仁言，则所谓亲、义、序、别、信，皆莫非此心天理流行，又是仁。以义言，则只那合当亲、合当义、合当序、合当别、合当信底，皆各当乎理之宜，又是义。以礼言，则所以行乎亲、义、序、别、信之有节文，又是礼。以智言，则所以知是五者当然而不昧，又是智。以信言，则所以实是五者，诚然而不妄，又是信。”（〔宋〕陈淳《北溪字义》卷上）朱子与陈淳都认为，仁义礼智信还可以交错而言，有仁之仁，仁之义，仁之礼，仁之智，仁之信；有义之仁，义之义，义之礼，义之智，义之信；以此类推，“五常”是一个横贯、纵贯、立体交叉的有机系统，是一个彼此之间纵横交错、不可分割的整体，当然，其核心源于夫妇之别，源于家庭。概而言之，儒家的道德规范形成于家庭，家本位主义的伦理观产生的机制就在家庭内部。

## 三、“居家四本”之工夫论

朱子继承了传统的齐家思想，撰写《朱子家训》，提出“居家四本”[①]——“循理保家之本、和顺齐家之本、读书起家之本、勤俭治家之本”，建构了一个系统而缜密的家哲学工夫系统。“天理”构成朱子家哲学的本体论，循理乃是保持家族兴旺发达的终极依据，读书穷理、居敬涵养、克己复礼、勤俭治家则是家哲学的力行实践。

### （一）读书起家之本

读书是入道之门，不仅能变化气质，还可以光耀门庭。朱子认为，“为学之道，莫先于穷理。穷理之要，必在于读书。读书之法，莫贵于循序而致精”（〔宋〕张洪《朱子读书法》卷一）。朱子还说：“一书不读，则阙了一书道理。一事不穷，则阙了一事道理。一物不格，则阙了一物道理。”（《朱子语类》卷

① 20世纪80年代中期，朱子寓居之所郑氏馆舍的后人郑大育先生将这四块朱子手迹板联赠送给尤溪县博物馆珍藏。后来，“居家四本”文本被收入由朱杰人等主编的《朱子全书》第26册《朱熹佚诗佚文全考·朱子遗集卷四》中，上海古籍出版社、安徽教育出版社，2002年，第722页。

十五）格物就是通过接触事物，来达到对事物真理性的认识，以穷极事物背后的本质，最后的道理。本质就是人情物理，是一种道德知识。朱子认为我们今日格一物，明日格一物，一旦豁然贯通，则众物之表里精粗无不到，吾心之全体大用无不明。格物到最后见道了，就是圣人，若没有悟道，则是凡夫俗子。所以格物是圣凡关，是梦觉关，一旦打通格物致知，即可成圣成贤，光耀门庭。故朱子云："所谓读书者，只是要理会这个道理。治家有治家道理，居官有居官道理。"（《朱子语类》卷一百二十）

至于读书的次序，我们首先要读《大学》，然后次读《论语》，再读《孟子》，最后读《中庸》。因为《大学》能看到整个儒家心法，包括儒学规模和阶梯次序。我们沿着三纲领、八条目，一步一个阶梯，逐步通到仁人、圣人完美的理想人格境界。唯有读书才能使人"朝为田舍郎，暮登天子堂"，改变个人和家庭的命运。因此，朱子也把"读书"看作"起家"的第一要务，作为兴家、发家的根本。

朱子作为天地间最伟大的一个读书人，他的读书法是我国古代最完备的读书法。朱子读书心法就是要熟，要虚心，要细心，要去反复地体会，最后才能自得。读书要虚心、平心、静心、公心、专心、切己。读书既是为学的工夫，也是身心修炼的工夫。朱子的读书方法，还重视小学与大学之间的连接，小学是学其事，大学是明其理，小学主敬，大学穷理，经由格物致知诚意正心，然后可以修身齐家。读书的目的在于成圣成贤，实现自我，也完成家族兴旺发达的使命。

**（二）和顺齐家之本**

在朱子哲学中，"和"既是一种状态，也是一个过程，一种境界，它是一种生命创造和社会发展的积极力量。朱子的心和、人和、协和、中和，分别代表了人与自我、人与人（社会）、国家与国家、人与宇宙自然之间的关系和活动。朱子的和谐观具有多维性和普遍性，是一个逐步放大的同心圆，一个逐步上升的理想境界。朱子的和谐四重奏，由低级到高级，由自我到他人，由人际到国别，由人类到宇宙，奏响了一曲美妙的乐章。[①]

和谐首先指个体身心的和谐，其次就是社会和谐，也就是人际关系的和谐。朱子要求人们处世要以“和”为纲，谨守仁和礼的原则。朱子反复重申，“仁”是“心之德，爱之理”，只要我们每个人都扩充这份仁德，由自己而他人，由人类到万物，“亲亲而仁民，仁民而爱物，所谓以其所爱及其所不爱也”（《孟子集注·尽心下》），整个社会充满了爱，社会也会因此而和谐。如果说“仁”是人和的内在道德要求，那么，礼就是人和的外在约束机制。这是朱子晚年最终礼仪制度的设计，以《家礼》的落实与推广为实践。

家庭是社会的细胞，而夫妻则是家庭的核心。具体到家庭和谐，朱子提出：“夫之所贵者，和也。妇之所贵者，柔也。”（《紫阳朱氏宗谱·家训》）朱子在《己酉拟上封事》中有一段关于“齐家”状态的具体描述：“盖男正位乎外，女正位乎内，而夫妇之别严者，家之齐也。妻齐体于上，妾接承于下，而嫡庶之分定者，家之齐也。采有德，戒声色，近严敬，远技能者，家之齐也。内言不出，外言不入，苞苴不达，请谒不行者，家之齐也。”（《晦庵先生朱文公文集》卷十二《己酉拟上封事》）“男先于女，刚柔之义也。……无别无义，禽兽之道也。”（《小学集注》卷二）可见在朱子眼里，男女有别、刚柔有义，是人禽之间的根本区别。家庭和谐还需要家庭成员各安其位，《周易·家人卦》训“父父，子子，兄兄，弟弟，夫夫，妇妇，而家道正；正家而天下定矣”（《周易本义·家人》）。朱子认为《周易·家人卦》蕴含的道理是要使家庭内部父子、兄弟、夫妇之间秩序井然、尊卑分明，重视并坚持恩义。“或问：‘修己如何能安人?’曰：‘且以一家言之，一人不修己，看一家人安不安!’”（《朱子语类》卷四十四）家庭的和谐还需要有良好的自我修养，正己才能正人，才能安人，才能实现家庭和谐。和既是持家的真理，也是宇宙的真理。

**（三）循理保家之本**

天理是朱子哲学的最高范畴，在朱子看来，万物都出于“天理”本源，

---

① 朱人求：《朱子和谐四重奏与当代社会》，《合肥学院学报》2011 年第 4 期。

“家之理”就是“天理”在家庭中的落实。“循理”就是遵循宇宙自然运行的基本规律，遵循人间世界的伦理纲常。“人”可以通过遵循“天理”而归复善性，“家”也能通过遵循“天理”而保持和睦稳定。

在《西铭解》中，朱子严厉批评了违背天理伦常的种种现象：“不循天理而循人欲者，不爱其亲而爱他人也，故谓之悖德。戕灭天理，自绝本根者，贼杀其亲，大逆无道也，故谓之贼。长恶不悛，不可教训者，世济其凶，增其恶名也，故谓之不才。若夫尽人之性，而有以充人之形，则与天地相似而不违矣，故谓之肖。”（〔宋〕叶采《近思录集解》卷二）天地就是一个大家庭，人人相亲相爱，爱护自己的亲人，家庭才能和谐，才能保存。如果违背天理，将是天地的罪人，是为悖德之人、为贼子、为不才不肖之徒。反之，“畏天以自保者，犹其敬亲之至也；乐天而不忧者，犹其爱亲之纯也”（〔清〕江永《近思录集注》卷二）。朱子通过“天道”与“人道”、“天道”与“家道”的类比，意在告诉世人若不“循理”则“家道”必乱；唯有“循理保家”，才能使家庭和乐美满。“所谓天理，复是何物？仁、义、礼、智岂不是天理？君臣、父子、兄弟、夫妇、朋友岂不是天理？”（《晦庵先生朱文公文集》卷五十九《答吴斗南》）朱子提倡“以理释礼”，赋予“礼”以“天理”的内涵，并成功地将形而上的“理”融于可凭据的实践形态——“礼”之中。“礼”即是“理”，形而上的天理在家庭中的具体规范与实践就是“家礼”，“礼”也为沟通天人之际提供桥梁与纽带，齐家之“礼”也被赋予了本体的意蕴。

天理不仅是最高的世界本体，也是最高的人间秩序——人伦道德，“正家”之道就在于“正伦理，笃恩义”。朱子的弟子曾向他问及“正家之道”“《易传》云：正家之道在于‘正伦理，笃恩义’。今欲正伦理，则有伤恩义；欲笃恩义，又有乖于伦理。如何？”朱子回答说：“须是于正伦理处笃恩义，笃恩义而不失伦理，方可。”（《朱子语类》卷七十二）正伦理与笃恩义并非水火不容，在家中“正伦理”处可使亲情更加真诚而厚重，反之亦然。那么，如何才能做到“正伦理”呢？朱子注解说：“家人者，一家之人。卦之九五、六二，外内各得其正，故为家人。”（《周易本义·家人》）正伦理需要自我修养，正己才能正人，才能安人。“或问：‘修己如何能安人？’曰：‘且以一家言之，一人不修己，看一家人安不安！’”（《朱子语类》卷四十四）何谓“笃恩义”？朱子在其所撰写的《紫阳朱氏宗谱·家训》开篇中写道：“父之所贵者，慈也；子之所贵者，孝也。君之所贵者，仁也；臣之所贵者，忠也。兄之所贵者，友也；弟之所贵者，恭也。夫之所贵者，和也；妇之所贵者，柔也。”这里，朱子为父子、兄弟、夫妇不同的伦理角色，赋予了慈、孝、友、恭、和、柔不同的恩义德行。可见父慈、子孝、兄友、弟恭、夫和、妻柔，便是朱子“笃恩义”的具体要求。

**（四）勤俭治家之本**

朱子把“勤俭”视为“治家之本”。朱子在其《家礼·通礼》章中引用司马光《居家杂仪》篇来告诫后人：“制财用之节，量入以为出，称家之有无，以给上下之衣食，及吉凶之费，皆有品节，而莫不均壹。裁省冗费，禁止奢华。”（《朱子家礼》卷一）所谓勤俭，即勤劳节俭，不仅要求人们积极参加劳动，用自己的双手创造和丰富自己的生活，而且要求人们节制自己的欲望，量入为出，禁止奢华的行为。因此，朱子反复告诫说：“顽劣轻率，奢侈骄傲，皆败家之由也。”（《小学集注》卷五）

朱子一生安贫乐道，勤俭持家。据《宋史·朱熹传》记载：“熹登第五十年，仕于外者仅九考，立朝才四十日。家故贫，少依父友刘子羽，寓建之崇安，后徙建阳之考亭，箪瓢屡空，晏如也。诸生之自远而至者，豆饭藜羹，率与之共。”黄榦《朱子行状》记录恩师的生活状况：“其自奉，则衣取蔽体，食取充腹，居止取足以障风雨。人不能堪，而处之裕如也。”（《黄勉斋先生文集》卷八）可见，朱子也如颜回那样箪食瓢饮，在艰难的人世中仍彰显出人性的光辉。

朱子一生绝大多数时间寓居乡野，深知百姓的疾苦。在政事上也主张“节财用以固邦本”，曾多次上书奏事。南宋光宗绍熙年间，光宗欲修葺东宫房数百间，朱子上书进谏：“臣恐不惟上帝震怒，灾异数出，正当恐惧修省之时，不当兴此大役，以咈谴告警动之意；亦恐畿甸百姓饥饿流离、阽于死亡之际，忽见朝廷正用此时大兴土木，修造宫室，但以适己自奉为事，而无矜恻悯怜之心。”（《晦庵先生朱文公文集》卷十四《经筵留身面陈四事札子》）朱子认为“百事节用”是符合“天理”的，进而引申出爱惜民力的主张。他在南康军任内修建白鹿洞书院时也“不敢妄有破费官钱，伤耗民力”（《晦庵先生朱文公文集》卷二十《申修白鹿洞书院状·小贴子》）。

“勤俭治家”乃君子之德。朱子十分称许《诸葛武侯戒子书》：“君子之行，静以修身，俭以养德。非澹泊无以明志，非宁静无以致远。”他注解说：“静即宁静也，俭即澹泊也。宁静则心不逐于物，故可以修身致远。澹泊则心不汩于欲，故可以养德明志。”（《小学集注》卷五）朱子认为，静就是内心的宁静，俭就是澹泊，就是人心不追逐于物欲，不沉迷于物欲，故可以修身致远，养德明志，成就君子，成就大业。

## 四、家国天下之境界论

朱子家哲学并不以齐家为目的，齐家之后还需治国平天下。家国同构、天下一家的境界才是家哲学的最终归宿。“家国同构”是宗法社会的显著特征。所谓“家国同构”，是指家庭、家族和国家在组织结构方面具有共同性，均以血亲—宗法关系来统领，等级森严，普遍采用典型的家长制和威权制度。“家国同构”的前提是家与国的结构、功能以及逻辑推衍都具有内在的一致性。其中，家族是家庭的扩大，国家则是家族的扩大和延伸。在“家国同构”的格局下，家是小国，国是大家，君臣如同父子。在家中，父权至上；在国内，君权至上。家长在家庭内是一把手，君王是国家的一把手，是全国子民的严父。不仅国君如父，而且各级地方政权的首脑亦被视为百姓的“父母官”。

朱子认为，“爱亲爱兄是行仁之本。仁便是本了，上面更无本。如水之流，必过第一池，然后过第二池，第三池。未有不先过第一池，而能及第二、第三者。仁便是水之原，而孝弟便是第一池。不惟仁如此，而为义礼智亦必以此为本也”（《朱子语类》卷二十）。“道理都自仁里发出，首先是发出为爱。

爱莫切于爱亲，其次便到弟其兄，又其次便到事君以及于他，皆从这里出。如水相似，爱是个源头，渐渐流出。”（《朱子语类》卷二十）仁是万物的源头活水，故有了仁心，才有亲亲（孝弟，第一池），才能仁民（第二池），才能爱物（第三池）。朱子又说：“人本来皆具此明德，德内便有此仁义礼智四者。只被外物汩没了不明，便都坏了。所以《大学》之道，必先明此明德。若能学，则能知觉此明德，常自存得，便去刮剔，不为物欲所蔽。推而事父孝，事君忠，推而齐家、治国、平天下，皆只此理。《大学》一书，若理会得这一句，便可迎刃而解。”（《朱子语类》卷十四）这里的“明德”就是“性”，就是“仁”，它包含仁义礼智四德，并能推广到家国天下，呈现出一种“家国同构”的社会格局。

孟子曰：“天下之本在国，国之本在家，家之本在身。”（《孟子·离娄上》）儒家提倡“家国同构”，即强调家庭和国家在内部构造机理上具有同质性。家庭是社会最基本的细胞，是社会和谐稳定的基础，是国家秩序的前提和保障。治家是治国的起点，“一屋不扫，何以扫天下”“一室不治，何家国天下之为”表达的就是这样的含义。朱子云：“身修，则家可教矣；孝、弟、慈，所以修身而教于家者也；然而国之所以事君事长使众之道不外乎此。此所以家齐于上，而教成于下也。”（《大学章句》）所谓不家而成教于国，就是因为“孝以事亲，而使一家之人皆孝；弟以事长，而使一家之人皆弟；慈以使众，而使一家之人皆慈，是乃成教于国者也”（《朱子语类》卷十六）。

儒家强调孝悌是为仁之本，其背后的理论支撑也是“家国天下”的逻辑。孔子说：“其为人也孝弟，而好犯上者，鲜矣；不好犯上，而好作乱者，未之有也。君子务本，本立而道生。”（《论语·学而》）即如果人能在家庭这一相对自然而紧密的人伦关系中培养成孝悌的德行，则能推己及物，孝悌的德行在家庭之外也会自然延伸，起到不会犯上作乱的社会效果。孔子认为在家行孝即是为政，如《论语》记载：或谓孔子曰：“子奚不为政?”子曰：“《书》云：‘孝乎惟孝，友于兄弟，施于有政。’是亦为政，奚其为政?”（《论语·为政》）孔子认为在家行孝悌就是为政，可以说用孝悌这一德行非常密切地把家庭伦理与政治实践联系起来。朱子曰："在我者孝，则人皆知孝；在我者弟，则人皆知弟，其政岂不行于一家?"（《朱子语类》卷二十四）中国文化有一特色，即非常强调政治，大多思想家的理论都是围绕着如何为政以达到天下太平，这是一种深刻的洞见。侯外庐先生把这种家国一体的社会政治体制称之为"亚细亚"形态，也就是古代所讲的"社稷"。他说："'亚细亚的古代'是由家族到国家，国家混合在家族里面，叫做'社稷'。"[①] 这种"亚细亚"社会政治体制，既是中国古代宗法社会的基本制度形态，也是中国特色传统文化的社会现实基础。

家国可以同构，天下可为一家，家天下构成了儒家独特的世界情怀。其实质在于把一己之私的小我之身无限放大，锻造成一个无间尔我的大我之身，视"天下犹一家"。正是在此意义上，朱子认为，天地就是一个大家庭，苍茫之天就是我们的父亲，大地就是我们的母亲。人生于天地之间，彼此之间充满着仁爱的精神，万民都是我们的同胞，万物都是我们的朋友，我们要用侍奉双亲的精神来侍养天地。这一观念来源于北宋理学创始人之一的张载，他在《西铭》中说："乾称父，坤称母，予兹藐焉，乃混然中处。故天地之塞，吾其体；天地之帅，吾其性。民，吾同胞；物，吾与也。大君者，吾父母宗子；其大臣，宗子之家相也。尊高年，所以长其长；慈孤弱，所以幼其幼；圣，其合德；贤，其秀也。凡天下疲癃、残疾、茕独、鳏寡，皆吾兄弟之颠连而无告者也。"朱子继承并发展了张载"民胞物与""万物一体"的思想，从天理本体的视角出发，将父母、子女的关系与天、地、人的关系联结在一起。"天，阳也，以至健而位乎上，父道也；地，阴也，以至顺而位乎下，母道也。人禀气于天，赋形于地，以藐然之身，混合无间而位乎中，子道也。然不曰天地而曰乾坤者，天地其形体也，乾坤其性情也。乾者，健而无息之谓，万物之所资以始者也；坤者，顺而有常之谓，万物之所资以生者也。是乃天地之所以为天地，而父母乎万物者，故指而言之。"（〔清〕江永《近思录

① 侯外庐主编：《中国思想通史》第一卷，人民出版社，1957 年，第 11—12 页。

集注》卷二）朱子和张载都认为人与天地万物为一体，是一个大家庭，是一个宇宙生命共同体，这也与孟子“万物皆备于我”“上下与天地同流”的思想一致。天命在人身上体现为人性，而“仁”就是人的天性。程颢曾提出“仁者，浑然与物同体”（《河南程氏遗书》卷第二上）的命题，也可以理解为仁者与天地万物为一体。朱子也认为“盖仁之为道，乃天地生物之心”（《晦庵先生朱文公文集》卷六十七《仁说》）。《周易》中“与天地合其德”，在朱子等理学家这里“人之道，即为天地之德”，循“天理”也可理解为“循仁之道”。而“行仁自孝悌始”，亦即“循仁自孝悌始”。家庭内“各亲其亲，各子其子”就是循仁之始，社会、国家、天下、宇宙不过是家庭的放大。整个宇宙之间充满着仁爱的精神，家庭是仁的起点，国家是仁的推行空间，而天下则是仁的终点，万物一体、宇宙一家是我们追求的最高境界。

# 朱子《家训》与格言的当代价值内涵

吴吉民

朱子重视家规家训教育，曾留下了著名的《朱子家训》和一些齐家治国格言。缅怀先贤遗训，传承家国情怀，本文选取朱子代表著作中有关这部分主题重要的论述和格言，总结出这些论述和格言对当代道德教育、政风、民风建设的现实意义。

## 一、遵守自然规律与为政规矩的一致性

“天理”是朱子哲学的核心内容，朱子提出天理学说的根本目的是让人们认识天理，敬畏天理，按天理行事，按规律办事，按规矩做人。他认为，“日用之间，见得天理流行。”（《朱子语类》卷一）“举天下之事，莫不有理”（《朱子语类》卷十三）。循理，就是按照自然规律和社会规范处事，即“人物各循其性之自然，则其日用事物之间，莫不各有当行之路，是则所谓道也”（《中庸章句》），所以，“遵道而行，则能择乎善矣”（《中庸章句》），“事事理会得个是处，便是道也”（《朱子语类》卷十三）。凡事要顺势而为，则会取得更大的成效。“循理保家之本”（《朱子遗集》卷四），意思是家庭的平安关键是要顺势而为，要知书达理。并指出“循天理，则不求利而自无不利。殉人欲，则求利未得而害已随之”（《孟子集注·梁惠王上》），意思是只要按照自然规律办事，即使初心不是获得某种利益，但遵循自然规律去办了，就会自然而然获得你想象不到的效果。反之，如果以私心办事，违背规律，不但微利都得不到，反而会留下许多意想不到的后果。

在朱子理学中，“理”和“道”是一致的，“理学”也称为“道学”，“道”要求按规律办事。在为政实践中，天理体现在“公”，朱子认为，一人一事都有公私。“人只有一个公私，天下只有一个邪正。”（《朱子语类》卷十三）“凡一事便有两端，是底是天理之公。”（《朱子语类》卷十三）“大抵君子小人只在公私之间。”（《朱子语类》卷四十三）按公办事的就是“君子”，按私办事就是“小人”。“公”是天下的大道理、硬道理，“仁则公，公则通，天下只是一个道理。不仁则是私意故变诈百出而不一也”（《朱子语类》卷九十七）。如果“将天下正大底道理去处置事，便公；以自家私意去处之，便私”（《朱子语类》卷十三），处理行政事务公道，就是公，按自己的欲望去办事，就是私，如果“公明正大之人用于世，则天下蒙其福；私暗邪僻之人得其治，则天下受其祸”（《晦庵先生朱文公文集》卷七十六《金华潘公文集序》），提出了官员行事公正对国家和社会的和谐、稳定起着积极重要的作用。

朱子还要求为官要遵守规矩，他认为，“为政必有规矩，使奸民猾吏不得行其私，然后刑罚可省，赋敛可薄”（《晦庵先生朱文公文集》卷四十五《答廖子晦》）。规矩是什么呢？就是法度，要高度重视法度的建设，他认为，“夫法度不正，则人极不立；人极不立，则仁义无所措；仁义无所措，则圣人之用息矣”（《晦庵先生朱文公文集》卷七十六《三先生论事录序》）。“人极”就是做人的准则，朱子告诉人们，法度是一把标尺，是一根准绳，他为人们树立行为准则，告诉人们是非的标准，故法度要正。否则，黑白混淆，是非不分，社会就会陷入混乱！

朱子指出，“官无大小，凡事只是一个公。若公时，做得来也精采，便若小官，人也望风畏服。若不公，便是宰相，做来做去，也只得个没下梢”（《朱子语类》卷一百一十二）。做事公道，做官守规矩是循理在为政时的基本原则。

## 二、坚持修身与自律廉洁的一致性

朱子继承和弘扬了儒家经典《大学》中“自天子以至于庶人，壹是皆以修身为本”的精神，意思是包括君主在内的所有社会成员，都应以“修身”为起点。“壹是，一切也。正心以上，皆所以修身也。齐家以下，则举此而措之耳。”（《大学章句》）即无论是齐家还是治国的首要条件就是“修身”，“修身”应该贯彻人一生的始终。朱子认为，“圣贤之道，进则救民，退则修己，其心一而已矣”（《孟子集注・离娄下》），即通常所讲的“达则兼济天下，退则专门修己”，即人生的境遇可以不同，但自我完善和修养的目的始终不变，二者殊道同归，都是圣贤之道。朱子还认为，能够修身者，可为自己树立崇高的威信，“盖君子不患人心之不服，而患吾身之不修。吾身既修，则人心之难服者先服，而无一人之不服矣”（《孟子集注・离娄上》），就是说，修身者，无人不服，自律者，无威而有威！

“修身奉法，节用爱人”（《晦庵先生朱文公文集》卷八十六《谒诸庙文》）。廉洁是为政时修身的重要内容和目的，也是朱子为政时倡导的为政操守，他认为，“士人先要识个廉退之节，礼义廉耻，是谓四维。若寡廉鲜耻，虽能文要何用?”（《朱子语类》卷一百六）朱子把“礼义廉耻”列为做官为士首要条件，把政风、士风看成了引导民风，改变社会风气的必要条件，“朝廷重教化，士人知廉耻，天下有风俗”。要做到这点，首先，“大抵守官且以廉勤爱民为先”（《晦庵先生朱文公文集》卷四十九《答滕德粹》）。其次，在为官时不可与民争利，他说：“宁过于予民，不可过于取民。且如居一乡，若屑屑与民争利，便是伤廉。”（《朱子语类》卷十六）应具有“君子宁亡己之财，而不忍伤民之力”（《大学章句》）的风度，意思是说：宁可让百姓多点利益，也不能过分取利于民，宁可损失自己的私人利益，也不伤害民众的利益。同时，朱子强调法纪对廉政建设的重要性，认为“做官须是立纲纪，纲纪既立，都自无事”（《朱子语类》卷一百六）、“为政必有规矩，使奸民猾吏不得行其私，然后刑罚可省，赋敛可薄”（《晦庵先生朱文公文集》卷四十五《答廖子晦》）。他告诫官员：“富贵易得，名节难保，此虽浅近之言，然亦岂可忽哉!”（《晦庵先生朱文公文集》卷五十四《答石应之》）法网恢恢疏而不漏，即朱子讲的“法者，天理之当然者也”（《孟子集注・尽心下》）。

## 三、倡导齐家与治国的一致性

《朱子家训》曰："君之所贵者，仁也。臣之所贵者，忠也。父之所贵者，慈也。子之所贵者，孝也。兄之所贵者，友也。弟之所贵者，恭也。夫之所贵者，和也。妇之所贵者，柔也。"朱子在这里强调，君、臣、父、子、夫、妇的义务和权利是相应相向的，没有人只有权利，没有义务，也没有只有义务而没有权利的君臣父子。在权利和义务的关系上揭示"家国一体"的关系。

朱子阐述了治国与齐家之间的关系。他认为，"为人孝弟，则和逊温柔，必能齐家，则推之可以仁民"（《朱子语类》卷二十），即如要治理好一个国家，必须治理或经营好自己的家庭，还没听说过自己家庭搞得很糟的人，能够教化百姓。对父母尽孝的人将能对君主和国家尽忠，对兄弟尊敬的人将能遵从上司的安排，对子女仁慈的人对广大子民必将仁慈。因此，如果把家治好了，也能治理好国家。朱子强调要把"治家"放在国家长久治安和生死存亡的基础性的建设来看待。

朱子认为，对父母之"孝"和对国家之"忠"是相互联系的。"内则孝友著于家庭，外则仁义信于朋友"（《晦庵先生朱文公文集》卷八十七《祭潘叔度文》），如此方能"孝顺父母，恭敬长上，和睦宗姻，周恤邻里"（《晦庵先生朱文公文集》卷一百《揭示古灵先生劝谕文》）；在朝廷上，则要正确处理"君仁臣忠"的关系："为君当知为君之道，不可不使臣以礼；为臣当尽为臣之道，不可不事君以忠。君臣上下两尽其道，天下其有不治者哉！"（《朱子语类》卷二十五）即君有君的职责和义务，臣有臣的职责和义务，二者有不同的"道"，千万不可混淆。为臣要尽忠，"忠"在人格上是一种崇高的美德，他说："忠信如圣人，生质之美者也"（《论语集注·公冶长》）、"尽己之谓忠，推己之谓恕"（《论语集注·里仁》）。履行忠孝还必须尽力而为，不能留有余地，"得为而不为，与不得为而为之，均于不孝"（《论语集注·为政》）。此外，忠孝还必须具有感恩的情怀，要以自己的勤奋和业绩来回报先祖的期望。"为人孙者，当思祖德之勤劳；为人子者，当念父功之刻苦。孜孜汲汲，以成其事；兢兢业业，以立其志”（《朱子遗集》卷四《不自弃文》）。

朱子认为，仁爱是最大的忠孝，是忠孝的最高境界，即用“仁爱”贯穿于家国。“仁”是先秦儒学的核心观念。孔子曰：“仁者爱人”。朱子认为，“仁者，爱之理，心之德也”（《论语集注·学而》）。他指出，“爱是仁之情，仁是爱之性”（《朱子语类》卷六）、“爱之理，至于爱人爱物，皆是此理”（《朱子语类》卷二十）。朱子指出了一条由“自爱”到“博爱”的道路。“谓行此仁道，先自孝弟始，亲亲长长，而后次第推去，非若兼爱之无分别也”（《朱子语类》卷二十）。“仁如水之源，孝弟是水流底第一坎，仁民是第二坎，爱物则三坎也。”（《朱子语类》卷二十）即每个人都必须有“仁爱”的情怀，这种情怀像水一样，从爱家人、忠君国、亲百姓到爱宇宙万物，一直往下流淌，达到与自然共存，参赞化育的目的。朱子说：“道理都自仁里发出，首先是发出为爱。爱莫切于爱亲，其次便到弟其兄，又其次便到事君以及于他，皆从这里出。如水相似，爱是个源头，渐渐流出。”（《朱子语类》卷二十）即“仁爱”从爱自己开始，到对父母的“孝”，到对兄弟的“悌”，然后延伸到对君主和国家的“忠”，对百姓的“亲”，以及对宇宙万物的“爱”等，从而形成一套完整的忠孝价值体系。

## 四、崇善明德与包容互鉴的一致性

“明德至善”是儒家的基本思想精髓。《大学》开篇指出：“大学之道，在明明德，在亲民，在止于至善”。“明明德”，就是弘扬自身光明的美德，明德之后才能实践“亲民”，只有这样才能达到“至善”的人生境界。朱子指出：“自新新民，皆欲止于至善也。”（《大学章句》）即作新民就要经常自我反省，祛除不良欲望，弘扬传统美德，崇德向善，弘扬美德的最高境界就是“善”。“新民者止于至善，能使天下后世无一物不得其所，所以既没世而人思慕之，愈久而不忘也。”（《大学章句》）即使是一般百姓，也没有什么突出的业绩，如果行善了，他留下的名声将很长久，后人将永远记住他。“内圣”为“善”的德性，其次为“至善”；“外王”表现为奋发向上的人生态度。“内圣外王”

的现代意义是“向善向上”或“崇德向上”。朱子认为，用人必须德才兼备，缺一不可，否则“德而不才，德匪其德；才而不德，乃才之贼”（《晦庵先生朱文公文集》卷九十四《承务郎李公墓志铭》）。即如果德不配位，即使有大才，亦有可能反过来伤害了他自身的发展，对社会危害也很大。

善行是朱子追求“化民成俗”的根本目标。所谓风俗就是“使人皆知善之可慕而必为，皆知不善之可羞而必去也”（《晦庵先生朱文公文集》卷十二《己酉拟上封事》）。即人人向慕善事而争着去做，鄙视恶行而抛弃它，这才是良好的社会风气。他指出：“善为传家宝，忍是积德门”。对于自身：“有善于己，然后可以责人之善；无恶于己，然后可以正人之恶。皆推己以及人。”（《大学章句》）于家庭：“善事父母为孝，善事兄长为弟。”（《论语集注·学而》）于功业：“己之善盖于一乡，然后能尽友一乡之善士。推而至于一国、天下皆善，随其高下以为广狭也。”（《孟子集注·万章下》）正如后人评价朱子的老师——李侗：“独使一乡，化为善良。”

善行另一个原则是讲究“诚信”。“信”是中国伦理思想的重要范畴，《朱子家训》指出：“交朋友贵乎信也。”朋友之间交往最基本的原则是“诚信”，“信”的含义与“诚”“实”相近，又与“善”紧密联系。朱子说：“人不忠信，则事皆无实，为恶则易，为善则难。”（《论语集注·学而》）即如果不诚信，他所干的工作都是虚的，走入邪道就很容易了，转向善行就很难了。朱子论述了不同角色必须遵守内涵不同的“信”。“如君止于仁，臣止于敬，父止于慈，子止于孝，与国人交止于信。”（《朱子语类》卷十四）同时，朱子指出：即使以国君之尊，父母之亲，也要遵守诚信，他尖锐地说：“有信则相守而死，无信则相欺相诈。臣弃其君，子弃其父，各自求生路去。”（《朱子语类》卷四十二）也就是说，即使是一国之君、一家之父都要有诚信，如果失信了，都会众叛亲离。

“中和”是中华优秀传统文化的基本精神，“中和”的本质是包容精神和海纳百川的气魄。有子云：“礼之用，和为贵。先王之道斯为美。”（《论语·学而》）以“中和”的精神贯穿“家”与“国”，达到社会的和谐与包容。朱子指出，“天覆地载，万物并育于其间而不相害。四时日月，错行代明不相悖。所以不害不悖者，小德之川流；所以并育并行者，大德之敦化。小德者，全体之分；大德者，万殊之本。”（《中庸章句》）提出了“万物各得其理就是‘和’”的重要结论，即把“中和”定位为宇宙和社会的最高原则。二者的关系是：“理，礼也；乐，和也。阴阳理而后和，君君，臣臣，父父，子子，兄兄，弟弟，夫夫，妇妇，万物各得其理然后和，故礼先而乐后。”（《朱子语类》卷二十二）也就是说，天地万物自诞生之日起都具有包容精神，他们共同发展而并不相害，共同化育而并不相悖，其根本的原因是他们在自然界都有适宜位置，都有自己明确的发展空间。所以，人要效法天地“并育、并行”的智慧，有容乃大的格局，认清自己的发展方向，明确在家庭和社会中的定位，促进事物并存发展，达到互补互惠、互鉴共赢、互容互动的境界，即朱子所说的“和顺齐家之本”。总之，人与人之间，人与社会之间，国与国之间要和睦相处，包容并生，和谐共处。

# 朱子《大学》诠释中的道德世界*

王凯立

朱子一生尤重《大学》，在他看来，"《大学》如一部行程历"（《朱子语类》卷十四），揭示了学问由始至终的基本规模，因此是"初学入德之门"（《大学章句》）。朱子认为，《大学》具有普遍适用性，它不只是针对资质好的人，"此圣人作今《大学》，便要使人齐入圣人之域"（《朱子语类》卷十四）。朱子理学的根本目的在于成就人的道德，对于个人人格而言，圣人是最高的道德理想。在这个意义上，朱子的《大学》诠释为我们勾勒了一个道德世界，这个道德世界就是要通过范导修身治人的工夫使人学而成圣，从而安顿我们人生的方方面面，可以说，它奠定了朱子理学全体大用的基本思想框架。如果说朱子理学在现代社会仍具活力，那么揭示朱子《大学》诠释中的这个道德世界，不仅对理解朱子理学同时也对我们反思当今社会的道德问题都大有裨益。

朱子常常用"规模""坯模""行程"等词来形容《大学》一书，这暗示了《大学》一书的各项内容并非支离零散，而是相互关联，具有某种结构性特征。朱子教学生读《大学》时说："此书前后相因，互相发明，读之可见，不比他书。他书非一时所言，非一人所记。惟此书首尾具备，易以推寻也。"（《朱子语类》卷十四）中国哲学的话语往往旨在引导现实的工夫践行，因此《大学》中各话语内容之间的结构性关联，将通过对工夫的范导，从而渗透于

* 本文系国家社科基金重大招标项目"东亚朱子学的承传与创新研究"（13&ZD062）的阶段性成果。

修身治人的现实世界。正因如此，本文将特别注意朱子《大学》诠释中道德世界的结构性特征，在研究方法上，我们将吸收西方结构主义中某些结构性分析的因素。而与之不同的是，我们拒斥深层结构决定现象的那种本质决定论，而是将结构视作对个人与社会道德发展的范导系统，因此我们的结构性分析并不排斥主体，同时也不意味着历史的断裂。

## 一、明明德：常目在之

《大学》开篇言："大学之道，在明明德，在新民，在止于至善。"明明德、新民、止于至善，"此三者，大学之纲领也"（《大学章句》）。作为《大学》"三纲领"之首，"'明明德'乃是为己工夫"（《朱子语类》卷十四），朱子认为，"圣人教人，只在《大学》第一句'明明德'上"（《朱子语类》卷十四）。从句法结构上说，"明明德"的第一个"明"字是一个动词，"明，明之也"（《大学章句》）。朱子说："'明明德'，明只是提撕也。"（《朱子语类》卷十四）而何谓"明德"？朱子在《大学章句》中解释道："明德者，人之所得乎天，而虚灵不昧，以具众理而应万事者也。"在这一晚年定论中，朱子对"明德"的解释合性与心，兼心之体用，它既是人内在的"德性"，同时也是能彰显于行动的德行。[①] 在这个意义上，"明德"既是人先天的道德根据，同时也刻画了人后天所需努力实现的道德境界。因此"明德"是"仁义礼智之性"，是"全体之妙"，其本身虚灵不昧、光明璀璨。在朱子看来，"明德"虽是"人之所得乎天"的本体，但它并不是一开始就完全实现了的，人会因为天生的气禀而使得"明德"昏昧，加之人在经验世界中的物欲诱导，"是以此德之明，日益昏昧，而此心之灵，其所以知者不过情欲利害之私"（《四书或问》卷一）。因此，"明德"须"明"，须时时"提撕"，朱子说："常目在之，则无时不明矣。"（《大学章句》）

"明明德"的工夫乃是"常目在之"，朱子在《朱子语类》卷十六中说：

---

① 朱汉民、周之翔：《朱熹〈大学〉"明明德"诠释的理学意蕴》，《哲学研究》2012年第7期。

> “顾諟天之明命”，古注云：“常目在之。”说得极好。非谓有一物常在目前可见，也只是长存此心，知得有这道理光明不昧。方其静坐未接物也，此理固湛然清明；及其遇事而应接也，此理亦随处发见。只要人常提撕省察，念念不忘，存养久之，则是理愈明，虽欲忘之而不可得矣。孟子曰：“学问之道无他，求其放心而已矣。”所谓求放心，只常存此心便是。存养既久，自然信向。决知尧、舜之可为，圣贤之可学，如菽粟之必饱，布帛之必暖，自然不为外物所胜。若是若存若亡，如何会信，如何能必行。

“常目在之”是对《大学》传文“明德”章“顾諟天之明命”一语的注解。在朱子看来，不论人的气禀如何，虚灵不昧的明德总会有发显之时，因此，“常目在之”并不是说有一个实然之物作为客体存在于人的眼前，所谓“常在视瞻之间，盖言存之而不忘”（《朱子语类》卷十六），它只是要人时时提撕省察此心，存养扩充明德发显之端，是孟子“求放心”的工夫。在这里，“常目在之”的工夫具有唤醒人内在的道德意识、建立道德主体的意义。道德的逻辑起点在人，朱子《大学》诠释中的道德世界也从这里得以打开。

从共时性的角度而言，明命与明德的本然贯通，使得道德世界具有天人合一的内在结构。朱子说：“自人受之，唤做‘明德’；自天言之，唤做‘明命’。”（《朱子语类》卷十六）明命与明德本是一物，只是就天与人的角度分而言之故有异名。因此，“人之明德，即天之明命。虽则是形骸间隔，然人之所以能视听言动，非天而何”（《朱子语类》卷十六）。明德乃天之明命而人受之，以明德（明命）为中介，道德世界天人一贯，且这种本然的一贯性超出现实的时间维度，是一种共时性的结构。朱子在《大学或问》中说：

> 天道流行，发育万物，其所以为造化者，阴阳五行而已。而所谓阴阳五行者，又必有是理而后有是气，及其生物，则又必因是气之聚而后

> 有是形。故人物之生必得是理，然后有以为健顺仁义礼智之性；必得是气，然后有以为魂魄五脏百骸之身。周子所谓“无极之真，二五之精，妙合而凝”者，正谓是也。然以其理而言之，则万物一原，固无人物贵贱之殊；以其气而言之，则得其正且通者为人，得其偏且塞者为物，是以或贵或贱而不能齐也。彼贱而为物者，既梏于形气之偏塞，而无以充其本体之全矣。惟人之生乃得其气之正且通者，而其性为最贵，故其方寸之间，虚灵洞彻，万理咸备，盖其所以异于禽兽者正在于此，而其所以可为尧舜而能参天地以赞化育者，亦不外焉，是则所谓明德者也。

在这段话中，朱子一方面从人禽之别的角度来定位明德，这样一来，明德便成为了人与物的分界，从而具有人之为人的本质特征。在道德世界的展开中，明德是一个枢纽性概念。将明德确立为人之为人的本质，就是将道德世界的中心确立为人，从而使得明明德的工夫具有了唤醒道德意识、建立道德主体的含义。更为重要的是，朱子还以周敦颐《太极图说》的宇宙论图式论证了明德的来源，从而进一步揭示出明命与明德之间的一贯性，为道德世界天人合一的内在结构给出了合理依据。当今很多朱子学研究者认为，在现代科学对宇宙与自然的解释下，朱子的这套宇宙观已经过时，因此它应该作为传统的糟粕内容被摒弃。然而，如果完全摒弃这套宇宙论，朱子的道德世界将缺乏宇宙论基础，而道德世界的宇宙论图式又很难通过纯粹科学的方式给予说明。这里涉及道德世界与科学世界的关系问题，总的来说，道德世界与科学世界在逻辑上并不具有包含关系，二者在诠释学的视野下均可以视作是理解世界的不同方式。朱子的目标在于建构一个道德世界，而道德世界的宇宙论图式未必就要是科学世界的宇宙论图式，因而我们当今没有必要把朱子的宇宙论引入科学世界并与现代科学相比较，在道德世界的结构中，朱子的宇宙论图式仍具有难以取代的地位。

从历时性的角度而言，道德世界的展开具有一个时间结构，这个结构范导着人现实的工夫践行。时间结构的说法可能会引起结构主义者的某些误解，因为典型的结构主义研究是一种共时性的研究，结构本身并不具有历时性。需要澄清的是，这里对时间结构的历时性定义是一种功能性定义，它并不意味着时间结构本身具有历时性，而是说这个结构对人历时性的工夫践行具有范导作用。朱子在《大学或问》中说：

> 是以圣人施教，既已养之于小学之中，而后开之以大学之道。其必先之以格物致知之说者，所以使之即其所养之中，而因其所发，以启其明之之端也；继之以诚意、正心、修身之目者，则又所以使之因其已明之端，而反之于身，以致其明之之实也。夫既有以启其明之之端，而又有以致其明之之实，则吾之所得于天而未尝不明者，岂不超然无有气质物欲之累，而复得其本体之全哉！

“明明德”的工夫需要一个“小学”的基础，“小学”乃“教之以洒扫、应对、进退之节，礼乐、射御、书数之文”（《大学章句序》）。“小学”教以事，“大学”教以理，“小学”与“大学”的关系是“理即事，事即理”的关系。[①] 朱子说：“小学涵养此性，大学则所以实其理也。忠信孝弟之类，须于小学中出。然正心、诚意之类，小学如何知得？须其有识后，以此实之。”（《朱子语类》卷十四）就学的目标而言，“小学”与“大学”乃是一事；而就学的先后次序而言，“小学”为先，“大学”为后。在这里，“小学”与“大学”构成了一个时间结构，这个结构作为某种工夫次第范导着人现实的工夫进程。在“小学”的基础上，人的明德方能得以“明”，这便走向了“大学”的开端——格物致知。在朱子看来，对“小学”之事加之以格物致知的工夫，就是使人在事上穷究其理。在这一工夫过程中，人将会逐渐觉察到明德发显之端，这构成了道德意识觉醒与道德主体建立的开端。因此朱子指出：“《大学》物格、知至处，便是凡圣之关。物未格，知未至，如何杀也是凡人。须

---

① 朱人求：《下学而上达——朱子小学与大学的贯通》，《江南大学学报（人文社会科学版）》2013 年第 2 期。

是物格、知至，方能循循不已，而入于圣贤之域，纵有敏钝迟速之不同，头势也都自向那边去了。”（《朱子语类》卷十五）在物格知至后，人须“因其已明之端”而“反之于身”，从而“致其明之之实”，这便是诚意、正心、修身的工夫。具体而言，人经由诚意实其心之所发，使自身在知善行善中纯化道德动机而无自欺，并进而存此真实之心以检其身，最终达至身修，如此才是完整的明明德之事，才可谓“复得其本体之全”。朱子说：“格物、致知、诚意、正心、修身者，明明德之事也。”（《大学或问》）至此，“常目在之”的明明德工夫在时间结构上展开为“小学—格物致知—诚意—正心—修身”，值得注意的是，朱子的这一时间结构并不是现实工夫践行的时间顺序，也就是说，朱子并不认为后一个工夫必须在完成前一个工夫的基础上才能开始，如他在论述“致知”与“诚意”的先后关系时说：“此是当初一发同时较底工夫，及到成时，知至而后意诚耳。不是方其致知，则脱空妄语，猖狂妄行，及到诚意方始旋收拾也。”（《朱子语类》卷十五）由此可见，“小学—格物致知—诚意—正心—修身”的次序并不是一个现实的时间顺序，它以一种逻辑上的先后顺序形成了一个结构系统，从而对人现实的工夫践行产生范导作用。

综上所述，作为《大学》“三纲领”的开端，“常目在之”的明明德工夫显然具有唤醒道德意识与建立道德主体的含义，并从一开始就将“人”定位为道德世界的中心，道德世界的结构也由此打开。在共时性上，道德世界天人一贯；在历时性上，道德世界的时间结构范导着人现实的工夫践行。道德世界这两方面的结构既从空间上将人定位为对全宇宙负责的中心，又从时间上将道德理解为关乎人生命成长、生命转化的工夫进程。

## 二、新民：新德及民

朱子的《大学》诠释以明明德为本，继之而起的便是“齐家、治国、平天下者，新民之事也”（《大学或问》）。《大学章句》有言：

> 新者，革其旧之谓也，言既自明其明德，又当推以及人，使之亦有

以去其旧染之污也。

《大学》传文“新民章”引用了《诗经》“周虽旧邦，其命惟新”一语，朱子注释说：“言周国虽旧，至于文王，能新其德以及于民，而始受天命也。”（《大学章句》）据此，朱子对“新民”的诠释可概括为“新德及民”。其中，“新德”即自新其德，即“自明其明德”；“及民”即将自己之“明德”“推以及人”，使人感而兴之自明其明德。在这里，明明德与新民相互贯通，打开了道德世界的另一层时空结构。从共时性的角度来说，明德的普遍性将人类社会的群己关系范导为在道德上相互表现的关联性结构；从历时性的角度来说，从明明德到新民内含着一个范导现实工夫践行从主体走向主体间的时间结构，这一结构具体展开为“小学—格物致知—诚意—正心—修身—齐家—治国—平天下”的工夫次序。如果说“明明德”所打开的时空结构以作为道德主体的人为中心，那么由“新民”所打开的时空结构就是以主体间性为核心。

齐家、治国、平天下具有明显的政治哲学意味，但很显然，面对古代中国政教合一的社会结构，朱子是从道德教化的角度来思考政治的。所谓教化，是把外界的事理融入人的精神，培育人的德性，并由之转化人的生命形式和存在方式。“教化意味着人的精神的转变，它表示人的精神意识和行为方式从个别性状态向普遍性状态的跃迁，从而获得一种普遍性的本质。”[①] 它与教育不同，不单单注重知识的扩充和智力的培养，“教化是对心灵的培育，教化的目标是按照心灵的内在本性提升心灵的品质。教化还是一种实践的智慧，它重视知行合一，强调知识的获得要与身心修炼结合起来”[②]。

从明明德到新民所打开的道德世界的时空结构，最主要的是涉及道德教化客体与道德教化主体的关系问题。在明明德的阶段，人虽然通过“常目在之”的工夫觉醒道德意识、建立道德主体，但从涉及主体间性的教化角度来说，处在明明德阶段的人是一个被教化的客体，道德意识的觉醒与道德主体

① 朱人求：《朱熹书院教化与道学社会化适应》，《孔子研究》2010 年第 2 期。
② 朱人求：《朱熹书院教化与道学社会化适应》，《孔子研究》2010 年第 2 期。

的建立都有赖于他者的教化；[1] 而在明明德之后，朱子认为教化客体应当转变为教化主体去教化他人，以实现新德及民、移风易俗的目的。

要想确立从明明德到新民所打开的这一时空结构，朱子必须在这一时空结构中回答“教化何以可能”这一康德式的追问，因为如果教化根本是不可能的，那么道德世界的这一时空结构将会失去其范导意义，从而也就没有任何合理性的存在依据。在笔者看来，这一理论问题涉及如下两个方面：第一，从教化客体的角度，民众被教化何以可能？第二，从教化主体的角度，自明其明德之人向教化主体的转变何以可能？

对于第一个问题，民众人人具有“明德”是民众得以被教化（自明其明德）的人性论基础。朱子指出：“然其所谓明德者，又人人之所同得，而非有我之得私也。”（《大学或问》）而明德的这一普遍性又进一步从上文所提到的周敦颐《太极图说》的宇宙论图式获得合理性依据。然而，虚灵不昧的“明德”一开始只是潜存于人，民众能够自明其明德有赖于他们对教化主体“新德及民”的接受，这一过程的发生机制显然需要一个“民众在教化中何以可能接受新民”的心理基础。谢晓东教授指出，当新民作为一个道德教化概念时，“兴”成为了教化客体沟通教化主体的心理基础。[2]“兴，谓有所感发而兴起也。”（《大学章句》）朱子说：“然民之所以感动者，由其本有此理。上之人既有以自明其明德，时时提撕警策，则下之人观瞻感发，各有以兴起其同然之善心，而不能已耳。”（《朱子语类》卷十六）在这里，民众之所以可能“兴”，是因为民众“本有此理”，即本有与教化主体相同的“明德”，这样一来，“兴”的心理基础便被还原到人性论基础之上。

对于第二个问题，朱子将自明其明德之人向教化主体的转变视为是明明德工夫的必然进程。在《大学或问》中，朱子说：

---

① 至少现实中的绝大多数普通人皆是如此。

② 谢晓东：《朱熹的“新民”理念——基于政治哲学视角的考察》，《厦门大学学报（哲学社会科学版）》2011 年第 4 期。

> 然其所谓明德者，又人人之所同得，而非有我之得私也。向也具为物欲之所蔽，则其贤愚之分，固无以大相远者。今吾既幸有以自明矣，则视彼众人之同得乎此而不能自明者，方且甘心迷惑没溺于卑污苟贱之中而不自知也，岂不为之恻然而思有以救之哉！故必推吾之所自明者以及之，始于齐家，中于治国，而终及于平天下，使彼有是明德而不能自明者，亦皆有以自明，而去其旧染之污焉，是则所谓新民者，而亦非有所付畀增益之也。然德之在己而当明，与其在民而当新者，则又皆非人力之所为，而吾之所以明而新之者，又非可以私意苟且而为也。

从德性伦理学的角度来看，道德行为的实施出于对个人德性的培养，而德性是一个获得性的概念，正如亚里士多德所说："我们通过做公正的事成为公正的人，通过节制成为节制的人，通过做事勇敢成为勇敢的人。"[①] 如果我们将明德的现实化视作是一个与获得德性相同的过程，那么自明其德之人就是一个按照明德内在要求进行行为的人。诚如上文所言，明德的普遍性将人类社会的群己关系范导为在道德上相互表现的关联性结构，因此，天下之人若有一人"明德"不明就是主体明明德之不尽。由此可见，明明德的过程实际上已经包含了新民的行为。在此意义上，新民之事就是明明德之事，明明德之事也就是新民之事。明明德虽偏指自明其德，但必明他人之德（新民）方能完成；新民虽偏指社会教化，但必进行自新的自我教化（明明德）方能实现。明明德与新民的关系仅只是本末体用的关系。于是，自明其明德之人向教化主体的转变基于明明德而言就是一个由本而末、即体即用的必然进程，即"亦非有所付畀增益之也"。与德性伦理学将重点放在个体的人以及个人的倾向性不同，"关怀伦理学从概念上认为人受到和其他人关系的深刻影响，并

---

① ［古希腊］亚里士多德：《尼各马可伦理学》，廖申白译注，商务印书馆，2003 年，第 36 页。

参与这些关系”[①]，“其特征在于将人视作在道德和认识论上都是相关的和相互依赖的”[②]。在“明德”作为人与人之间普遍类本质的社会联系下，自明其明德之人与普通民众之间显然构成了关怀关系。自明其明德之人在真正道德的意义上应当施予普通民众以教化关怀，朱子“岂不为之恻然而思有以救之哉”一语便突出表达了这一在关怀伦理学意义上的道德性。这种教化关怀以经反思与培养后的恻然同情之心作为情感基础，以推己及人的絜矩之道为现实手段，这便引出了教化关怀的现实方法。“盖絜，度也。矩，所以为方也。以己之心度人之心，知人之所恶者不异乎己，则不敢以己之所恶者施之于人。”（《大学或问》）虽然，民众对自明其明德的教化主体会有感而兴起的向善之心，但教化关怀“固非谓其专务修己，都不治人，而拱手以俟其自化”（《大学或问》），絜矩之道除修己之外还应该有推己及人的积极行为，“盖能强于自治，至于有善而可以求人之善，无恶而可以非人之恶，然后推以及人，使之亦如我之所以自治而自治焉，则表端景正，源洁流清，而治己治人，无不尽其道矣，所以终身力此，而无不可行之时也”（《大学或问》）。在这一意义上，自明其明德之人作为实施关怀的主体同时也就是现实的教化主体。

在引入教化这一维度后，朱子显然将道德世界的中心从主体延伸到了主体间。在主体性的层次上，作为教化客体的人经由格物、致知、诚意、正心、修身的工夫而实现道德意识的觉醒与道德主体的建立。从明明德的角度言，这属于自明其德的阶段；从新民的角度言，这是自新阶段的自我教化。在朱子看来，明明德的工夫处在这一阶段依然是不完善的，自明其明德之人还应当作为教化主体践行齐家、治国、平天下的新民工夫以进入主体间性的层次。从明明德的角度言，“极其体用之全而一言以举之，以见夫天下虽大，而吾心之体无不该，事物虽多，而吾心之用无不贯”（《大学或问》），这便是明明德

① ［美］弗吉尼亚·赫尔德：《关怀伦理学》，苑莉均译，商务印书馆，2014年，第73页。

② ［美］弗吉尼亚·赫尔德：《关怀伦理学》，苑莉均译，商务印书馆，2014年，第18页。

于天下的阶段；从新民的角度言，这便是新德及民的社会教化。基于这一分疏，教化主体与教化客体之间形成了道德世界独特的中心结构。教化主体与教化客体并不是简单的主体与客体的关系，他们同时既是主体，又是客体：对于教化主体而言，教化民众同时也是进一步自明其明德，在教化行为中他同样是被作用的客体；对于教化客体而言，被教化的过程既是一个自明其明德从而唤醒道德意识、建立道德主体的过程，同时又是一个自觉向教化主体转变的过程，在教化行为中他同样是主动作用的主体。教化主体与教化客体之间这一独特的结构构成了道德世界的运动机制，正是这一结构的存在使得道德世界不是一个静止的世界，而是一个不断创造、不断生成的生生不已的世界。具体而言，道德教化活动不仅进一步使教化主体自明其明德，同时还唤醒着更多的教化客体践行明明德的工夫，并进而使之转化为新的教化主体参与道德世界的建构。在这一结构性机制的运作下，道德世界方能“苟日新，日日新，又日新”，从而逐渐臻于至善之境。

### 三、止于至善：尽天理之极

通过阐发《大学》明明德与新民的思想，朱子架构起了道德世界的基本结构。在这一基本结构中，教化客体向教化主体的转化构成了道德世界不断创造、不断生成的运作机制。朱子说：“明德、新民，皆当止于至善。”（《朱子语类》卷十四）“止于至善”规定了道德世界生生不息的极则，它意味着“至善”乃是道德世界的所止之所。朱子在《大学章句》中注解道：

> 止者，必至于是而不迁之意。至善，则事理当然之极也。言明明德、新民，皆当止于至善之地而不迁。盖必其有以尽夫天理之极，而无一毫人欲之私也。

朱子在此将“至善”的解释与天理联系起来，认为“至善”是“事理当然之极”，故“止于至善”就是“尽夫天理之极”。简单来说，“至善，只是十分是处”（《朱子语类》卷十四）。在朱子看来，做每件事都有做每件事的道理，我们不仅要依循这道理把事做好，更需要在做事的过程中将这道理呈现到极致，把事做到极好。朱子说：“凡曰善者，固是好。然方是好事，未是极好处。必到极处，便是道理十分尽头，无一豪不尽，故曰至善。”（《朱子语类》卷十四）把事情做到极好处还意味着无过不及，因此止于至善也是中庸的工夫。朱子指出：“不及于止，则是未当止而止；当止而不止，则是过其所止；能止而不久，则是失其所止。”（《朱子语类》卷十四）朱子认为，如君仁臣敬、父慈子孝等都应无过不及：“如君止于仁，若依违牵制，懦而无断，便是过，便不是仁。臣能陈善闭邪，便是敬；若有所畏惧，不敢正君之失，便是过，便不是敬。”（《朱子语类》卷十六）从另一个意义上说，仁敬慈孝之过仍是由于工夫不及所致，所以朱子说：“过与不及，皆不济事。但仁敬慈孝，谁能到得这里？闻有不及者矣，未闻有过于此者也。”（《朱子语类》卷十四）

诚如上文所言，人是道德世界的中心，从明明德的角度来说，止于至善的道德世界首先意味着个体道德臻于完美的境地。《大学》传文“止于至善”章言：

> 《诗》云：“瞻彼淇澳，绿竹猗猗。有斐君子，如切如磋，如琢如磨。瑟兮僩兮，赫兮喧兮。有斐君子，终不可喧兮！”如切如磋者，道学也。如琢如磨者，自修也。瑟兮僩兮者，恂慄也。赫兮喧兮者，威仪也。有斐君子，终不可喧兮者，道盛德至善，民之不能忘也。

朱子注解道：“引《诗》而释之，以明明明德者之止于至善。道学、自修，言其所以得之之由。恂慄、威仪，言其德容表里之盛。”（《大学章句》）道学与自修是切磋琢磨的工夫，恂慄与威仪是瑟兮僩兮、赫兮喧兮的境界。朱子认为，“‘至善’一章，工夫都在‘切磋琢磨’上”“既切而复磋之，既琢而复磨之，方止于至善。不然，虽善非至也”（《朱子语类》卷十六）。个体的道德修炼不应当“狃于近利”（《大学或问》），而应当臻于止于至善的完美境地。自工夫而言，止于至善的个体道德要通过主体人全身心地参与现实的修养实践方能实现，其中往往伴随着主体人在思维方式与行为方式上的完整转化；自境界而言，止于至善的个体道德主于中而发于外，是道德生命内与外的整全表现，“‘瑟兮僩兮，赫兮喧兮’者，有所主于中，而不能发于外，亦不是至善；务饰于外，而无主于中，亦不是至善”（《朱子语类》卷十六）。在这个意义上，止于至善的个体道德意味着将道德内化为自己的生命形式与存在方式，朱子曾举例说“止于至善”：“且如孝：冬温夏凊，昏定晨省，虽然是孝底事，然须是能‘听于无声，视于无形’，方始是尽得所谓孝。”（《朱子语类》卷十四）“听于无声，视于无形”不只意味着对孝亲之事全身心地投入，更是将孝亲一事完全融入自己的生活与生命方能达到的境界。正如牟宗三先生指出：“内圣工夫并不是普通所说的‘认真去做事’、‘认真为社会服务’，而是如友人唐君毅先生所说的‘从根上消化那非理性反理性者’，乃是‘自觉地求将心性本体实现之于个人自己生命者’。”①

从新民的角度来说，止于至善的道德世界意味着天下万物各得其所。《大学》传文“止于至善”章言：

> 《诗》云：“于戏，前王不忘！”君子贤其贤而亲其亲，小人乐其乐而利其利，此以没世不忘也。

朱子注解道：“此言前王所以新民者止于至善，能使天下后世无一物不得其所，所以既没世而人思慕之，愈久而不忘也。”（《大学章句》）在社会层面，作为尽天理之极的止于至善就是人人都止其所当止之处，即各得其所。朱子说：“有物必有则，如父止于慈，子止于孝，君止于仁，臣止于敬，万物庶事莫不各得其所。得其所则安，失其所则悖。”（《朱子语类》卷十四）在这里，我们触及了朱子道德世界的本体论基础。“有物必有则”即是说万物皆有

① 牟宗三：《中国哲学的特质》，吉林出版集团有限责任公司，2010年，第82页。

"理","理"作为"物"之所以然与所当然者从实然与应然两个方面规定了物的存在,其中也包括了"物"之所当止之"所"。在朱子的这一本体论基础中,我们可以看到朱子道德哲学在调和实然与应然方面的努力,这同时使得奠基于此的道德世界成为了实然世界与应然世界的贯通。在具体的层面上,使天下万物各得其所的方式便是施行仁政,其中以民为本与义本利末①乃是最为重要的两个内容。《大学》传文"治国、平天下"章言:"民之所好好之,民之所恶恶之,此之谓民之父母。"朱子注云:"言能絜矩而以民心为己心,则是爱民如子,而民爱之如父母矣。"(《大学章句》)以民为本的关键在于施行絜矩之道,简单说来,絜矩之道就是以己之仁心推己及人,使民众兴起向善之心。朱子说:"能使人兴起者,圣人之心也;能遂其人之兴起者,圣人之政事也。"(《朱子语类》卷十六)在义利观上,朱子在《大学或问》中说:

> 以利为利,则上下交征,不夺不厌;以义为利,则不遗其亲,不后其君。盖惟义之安,而自无所不利矣。程子曰:"圣人以义为利,义之所安,即利之所在。"正谓此也。

在这里,义利关系呈现出了一种本末关系,朱子认为只要安于义,则自然就会获得利,利被义所范导并且包含在了义中,正如《大学》传文"治国、平天下"章所说:"国不以利为利,以义为利也。"对于"利"的内容,朱子说:"为国,絜矩之大者又在于财用,所以后面只管说财。如今茶盐之禁,乃是人生日用之常,却反禁之,这个都是不能絜矩。"(《朱子语类》卷十六)"利"首先包含了生活财用的内容,这构成了施行絜矩之道的重要因素。但另一方面,"利不必专指财利"(《朱子语类》卷十六)。于是,"义本利末"不仅

---

① 学界一般将孟子及朱子的义利观概括为"重义轻利",但在仔细考究孟子及朱子的思想后,我们认为这一表述在严格意义上并不准确。"重义轻利"的表述似乎只有在作为个人道德修养(工夫)的意见时才能成立,而作为社会政治的伦理范导,义利关系并不是轻重关系,而是本末关系,即以义为本,利为末。

是用“义”范导经济利益的获得，同时还是用“义”范导行为效果的产出。由此可见，朱子的道德世界以道德为本，以各种利益产出为末，由此使万物各得其所，这一根属于中国传统的世界图式构成了对当今中国功利世界的批判效力。

从“明明德—新民”的时空结构来说，止于至善的道德世界最终将在个体与整体间形成一个全息图（hologram）的结构。郝大维（David L. Hall）与安乐哲（Roger T. Ames）曾在《孔子哲学思微》一书中用全息图的观点揭示了孔子的宇宙论图式，并由此分析了《论语》中“天”与“德”的关系。他们认为：

> 按照全息图的观点，部分和整体的关系是聚结和场的关系。特殊是一个聚结，它由环境——场所定义，也定义这个场。场是全息的，即每个不同的部分包含着它所要勾画的整体。归根到底，当场最大程度地聚结起来的时候，部分和整体就同一了。①

在笔者看来，这一结构在中国哲学中有着更为普遍的意义，它同样概括了在止于至善的道德世界中个体与整体之间的内在结构。如前所述，明明德的过程不只是个人德性的培养，在与新民的贯通中，明明德还关乎社会整体的道德教化。所以，当明明德达到止于至善的完美境地时（其中已包含新民的过程），个人道德与整体道德之间必然形成全息图的结构。其中，个人已完全朗润出来的明德或说个人的道德品性成为了一个个聚结，个体道德塑造甚至定义着整个场，即社会的整体道德；反过来，社会的整体道德也塑造并定义着每一个个体道德。个体道德透视着社会的整体道德，社会的整体道德同时也反过来凝聚于每一个个体道德。在止于至善的道德世界中，个体与整体定会在道德上达至同一的境地。这一全息图结构在由明明德与新民所打开的

---

① ［美］郝大维、安乐哲：《孔子哲学思微》，蒋戈为、李志林译，江苏人民出版社，2012年，第171页。

共时性结构中已初具规模，并在此基础上，以明明德与新民所打开的历时性结构为范导，以教化客体向教化主体的转变为现实的运作机制，从而逐步臻于至善至美。当然，全息图结构并不意味着在止于至善的道德世界中个体道德被机械地塑造成了一种同一化的模式，而是在万物各得其所的特殊性中表现出道德世界的普遍性内容。在朱子的道德世界中，每个个体虽然都身处同一个社会大背景下，但具体到个人总有身份、职业、家庭环境等方面的不同，因此被同一个场所定义的不同个体就会有不同的道德表现形式，这一贯于朱子“理一分殊”的思维模式。在道德世界臻于止于至善时，每个个体都能在不同的道德表现中完美地塑造并定义着社会整体的道德意涵，这一结构在形式上更接近于柏拉图的正义城邦。在这个意义上，“尽夫天理之极”的止于至善就是在道德世界中通过明明德与新民的工夫，使“吾心之全体大用无不明”，并将“理”贯通于个体与整体，使其在事事物物中都“表里精粗无不到”（《大学章句》）。

## 四、余论

根据以上分析可知，“常目在之”的“明明德”工夫打开了朱子《大学》诠释中的道德世界，它通过道德意识的唤醒与道德主体的建立，从而将“人”确立为道德世界的中心。在共时性层面上，人之“明德”与天之“明命”相互贯通，从而架构起道德世界天人合一的内在结构，这一内在结构最终在“尽天理之极”的“止于至善”之境中实现为道德世界的全息图模式。这意味着个体道德与整体道德相互定义，道德是成己成物的双向过程，“人”在其中不仅要对自己负责，同时还是对他人、对外物、对全宇宙负责的中心。在历时性层面上，道德世界的时间性结构展开为“小学—格物致知—诚意—正心—修身—齐家—治国—平天下”的工夫次序。在这一从“明明德”到“新民”的结构中，“新德及民”的内涵架构起了教化客体向教化主体转变的运作机制，从而将道德世界的中心由主体拓展到了主体间，并使得道德世界成为一个生生不息的创生世界。道德世界的创生与发展以“至善”为极则，其中，道德成为一个关乎人生活方式与存在方式的工夫过程。当“尽天理之极”后，道德就是个人生命的实现与完成，同时也是万物各得其所的大同和谐。

我们用结构性分析的方法来揭示朱子《大学》诠释中的这一道德世界，不仅因为朱子《大学》诠释本身具有明显的结构性特征，我们同时还希望给予当代中国的道德建设一个真正有益的参照。笔者认为，中国哲学与西方分析哲学有一个明显的不同：中国哲学的各个范畴间往往具有某种结构性的关联，它们可以在这种结构性的关联中相互表现、相互诠释，而不像分析哲学那样具有明确的概念边界。因此，单纯进行概念分析而不注重结构性分析，很难揭示出中国哲学真正的核心特质；同时，当我们试图激活传统资源来规范当今世界时，单纯概念分析的方式很容易沦为一种教条式的简单说教。

当今中国社会道德失范现象频发，究其实质，乃是因为道德成为了一种工具化与利益化的存在，道德意识、道德主体隐匿在了资本逻辑下而昏昧不明、昏昧不立。当今世界是一个资本主导下的功利世界，组织化、理性化、工具化的社会结构深入到了我们生活的每一个细节，支配了我们的思维模式与行为方式。现代社会的组织结构与管理方式是典型马克斯·韦伯意义上的官僚制（或称科层制），韦伯认为，在官僚制支配下的社会中，官僚具有一种对职务忠诚的特殊性格，这种特殊性格意味着官僚将职务视为自己的志业，接受一个职位就等于换取了一个安定的生活。官僚这种倾注其全部精力来尽忠职务的性格，是由官僚制本身非人格、即事化的目的导向所决定的。[①] 韦伯指出：

> 官僚制发展愈是完美，就愈“非人性化”，换言之，亦即更成功地从职务处理中排除爱、憎等等一切纯个人的感情因素，以及无法计算的、

① ［德］马克斯·韦伯：《支配社会学》，康乐、简惠美译，广西师范大学出版社，2010年，第24—25页。

非理性的感情因素。这点被资本主义评定为官僚制的美德。[①]

在这一非人格化、理性化的支配结构中，每一个人都像一台机器上的零部件依据自己的“专业”处理专门的事务，从而维持着官僚制这个大机器精准、高效地运转。韦伯认为，官僚制这种纯粹技术上的优越性是其得以发展的决定性因素，[②] 并且“理性组织化”的特征也使得官僚制一旦被确立就难以被摧毁。[③] 更为重要的是，当今的官僚制势力往往指向资本主义的利益，这样一来，整个社会的运作便顺从着一条坚不可摧的资本逻辑，并通过客观的社会存在渗透进思想、文化等各精神领域。在这样的资本逻辑中，道德成为了资本的工具，正如有学者所指出的，官僚制虽然提高了人类活动的效率，但却将道德工具化，使人形成了顺从、机械、刻板、冷漠的人格特征。[④]

朱子的道德世界具有天人合一的内在结构，而人在其中通过道德贯通至天地万物，并且在现实的工夫践行中，道德关乎着人的生活方式与存在方式。很显然，朱子道德世界的结构与当今世界的社会结构存在着根本性的断裂。正如韦伯指出孔子“君子不器”的理想与现代官僚制结构相对立一样，[⑤] 朱子道德世界中人通过道德生命贯通万物的世界结构已经完全不适用于官僚制那种专门化、切事化、非人性化的组织方式与职业理想。如果官僚制真如韦伯所说的具有永续性，那么在当今社会要真正实现朱子意义上的道德世界已完全不可能。或许有学者会认为，当今社会只需要从朱子的道德世界中吸取核

---

① ［德］马克斯·韦伯：《支配社会学》，康乐、简惠美译，广西师范大学出版社，2010年，第46—47页。

② ［德］马克斯·韦伯：《支配社会学》，康乐、简惠美译，广西师范大学出版社，2010年，第44—45页。

③ ［德］马克斯·韦伯：《支配社会学》，康乐、简惠美译，广西师范大学出版社，2010年，第64—66页。

④ 纪丽萍：《论我国公民道德立体性的缺失——基于食品安全的分析维度》，《江苏大学学报（社会科学版）》2012年第3期。

⑤ ［德］马克斯·韦伯：《支配社会学》，康乐、简惠美译，广西师范大学出版社，2010年，第157页。

心的价值理念，没有必要完全恢复朱子道德世界的结构性特征。可问题在于，这本身就是一个自相矛盾的观点，因为朱子诸如理、仁等这些核心价值理念的本质内容就是被道德世界的这一内在结构所塑造的。正如我们很难同意脱离了天人合一的仁爱是朱子乃至任何儒家传统的思想，脱离结构性内容而试图吸取道德世界中核心的价值理念，这本身就是一种自欺欺人的论断。

揭示出朱子道德世界结构与现代社会结构的根本断裂，这对于复兴传统而言可能显得过于消极，但这却指出了当今复兴传统所要面对的真正问题，传统的复兴并不如当今许多学者所认为的那样乐观。韦伯指出，官僚制成分在中国古代早已有之，这意味着以朱子为代表的宋代儒者在建立道统、弘扬道学时，可能在某些方面面临着与当今复兴传统相同的问题。在首仕同安时，朱子就常常感受到道学高士的“仁爱”原则与世俗主簿的“忠君”原则在心底隐隐交战。① 我们都知道，忠君原则根源于孝道传统。而当这一思想观念与官僚制相结合时，忠孝便“被认为是无条件的纪律之奉行的试金石与保证，是官僚体制最重要的身份义务”②。因此，“仁爱”与“忠君”的冲突就不只是观念或实践层面上的冲突，在其背后则是价值维度的道德世界结构与现实维度的官僚制支配结构间的冲突。在历史的宏观层面上，这一冲突更表现在朱子时代的党争中。余英时曾将卷入党争的士大夫群体划分为“道学型”与“职业官僚型”两大壁垒。③ 其中，以朱子为代表的道学型士大夫不仅关心“治道”，还希望社会的“大更改”，即重建理想的秩序；而这是具有“得过且过”“勿生事”心态的职业官僚型士大夫所不能容忍的。④ 难以否认的是，职

---

① 束景南：《朱子大传：“性”的救赎之路》，复旦大学出版社，2016 年，第 123—124 页。

② ［德］马克斯·韦伯：《中国的宗教：儒教与道教》，康乐、简惠美译，广西师范大学出版社，2010 年，第 221 页。

③ 值得强调的是，余英时的这一划分并不带有价值判断，“道学型”与“职业官僚型”都是现象描述语。（余英时：《朱熹的历史世界：宋代士大夫政治文化的研究》，生活·读书·新知三联书店，2011 年，第 347 页。）

④ 余英时：《朱熹的历史世界：宋代士大夫政治文化的研究》，生活·读书·新知三联书店，2011 年，第 329—349 页。

业官僚型士大夫“得过且过”“勿生事”的心态多少是官僚制支配结构“非人性化”特征的反应，而对朱子而言，理想秩序的重建同时也是其道德世界结构的实现。在这个意义上，宋代党争这一历史现象便透显出与当今复兴传统所要面临的相同问题，即传统价值结构与现实官僚制结构间的冲突与断裂。

在价值层面的道德世界结构与现实层面的官僚制支配结构的冲突中，官僚制本身的优势可能注定了朱子“得君行道”理想的破灭。这样一来，作为一个永不放弃“行道”理想的道学士大夫而言，朱子在官僚制之外的社会教化活动就具有了独特的意义。朱子一生中较为重要的社会教化实践大致具有三个方面的内容，即书院教化、乡里自治与家礼家规。值得注意的是，这三方面的教化实践基本都是在官僚制结构之外进行的，特别是在书院教化与乡里自治活动中，朱子还有意与官僚制结构划清界限。[①] 以书院教化为例，朱子对当时因科举应试而形成的功利、庸俗的学风颇为不满，他曾在《大学章句序》中言：

> 自是以来，俗儒记诵词章之习，其功倍于小学而无用；异端虚无寂灭之教，其高过于大学而无实。其他权谋术数，一切以就功名之说，与夫百家众技之流，所以惑世诬民、充塞仁义者，又纷然杂出乎其间。使其君子不幸而不得闻大道之要，其小人不幸而不得蒙至治之泽，晦盲否塞，反覆沉痼，以及五季之衰，而坏乱极矣！

科举是官僚制中的一个重要运转机制，它虽然是一个社会各阶层得以进入士人阶层的公平渠道，但因其官僚制的支配本质，科举所笼罩下的学风依然具有功利化、庸俗化、机械化的特征。与之相反，朱子的书院精神强调的是一种注重身心修炼与人格培养的教化精神，而朱子也正是通过书院教化运动极大地推进了道学的社会化适应。[②] 宋代书院最初是来自民间的，因而书院

---

① 陈支平：《朱熹及其后学的历史学考察》，商务印书馆，2016 年，第 58—90 页。

② 朱人求：《朱熹书院教化与道学社会化适应》，《孔子研究》2010 年第 2 期。

教化也主要是一种体制外的教育活动，它不是为社会输出专门化、切事化的官僚人才，而是旨在德性与德行的培养乃至整个个体生命与社会风俗的全面转化。教化精神在体制外的存在意味着官僚制的大机器还未统治着人生活的所有细节，在官僚制所遗留的这些“缝隙”中，朱子的道德世界作为一套范导系统便能发挥其规范作用，并进而通过“人”这一道德世界的中心使之渗透进官僚制中，形成对官僚制的现实批判。

朱子这种在官僚制之外寻求道德世界实现的理路，为当今中国复兴传统价值提供了真正可能的方案。但是，官僚制可能并不会永远为人的生活留下“缝隙”，正如书院的管理结构也有可能被彻底官僚化从而丧失其教化精神。在朱子的一生中，在官僚制内成功设立的社仓法，其背后的全体大用精神对于整个官僚制而言其亦不过是昙花一现。[①] 而后来朱子学成为官学也并没有实现道德世界对官僚制的彻底批判，反而成为了官僚制运作的一部分，并逐渐丧失了其全体大用的精神，这一现象想必也是朱子本人所不愿看到的。这些历史现实告诉我们，即便是朱子提供的可能方案在现实中也从未真正实现过，它只能作为一种理论上的可能性而将其寄希望于未来。一个可喜的现实是，朱子的教化精神在当今中国仍然星星点点地存在于民间，如正在复兴的书院教育中毕竟还是秉承了一些传统书院的教化精神。正是这种体制外的教化活动，为我们在官僚制的现代社会中复兴传统提供了真正的希望。

---

① 日本楠本正继博士认为朱子学的精神以“全体大用”为中心，并指出朱子社仓法的设立就是这一精神的体现。（参见柴田笃：《楠本正继博士的朱子学研究》，吴震主编《宋代新儒学的精神世界：以朱子学为中心》，华东师范大学出版社，2009 年，第 304—308 页；朱人求：《朱子“全体大用”观及其发展演变》，《哲学研究》2015 年第 11 期。）

# 体悟朱子家国情怀　培养基础教育之根

姚建安

家国，即家与国。中国自古就是一个特别注重家国理念的国家，“家国情怀”的观念贯穿着整个中国历史发展的全过程，它不仅包含亲人之间本能的亲情之爱，更是胸怀天下，对国家、对民族深沉的爱。

在2016年12月召开的第一届全国文明家庭表彰大会上，习近平总书记强调：“不论时代发生多大变化，不论生活格局发生多大变化，我们都要重视家庭建设，注重家庭、注重家教、注重家风，使千千万万个家庭成为国家发展、民族进步、社会和谐的重要基点。”习近平总书记正是想要从国人的家国情怀中汲取中华民族复兴的伟力。在中国传统文化内涵中，宋代著名理学家朱熹的思想、言行正是“家国情怀”的集中体现。这里面是对家、国的爱与忠，是每个人内心都拥有的情怀。基于此，本文以朱熹的家国情怀为主要研究对象，探究他的精神内涵，从而借鉴、摸索一条适应时代环境，切合时代主题的基础教育模式。

## 一、朱子的家国情怀

朱熹的家国情怀具有古代士人“齐家治国平天下”的共性，也因其理学造诣而显示出独特性，其中饱含了一个儒者对国与家的深切认知。于家而言，主要表现在其对兄弟子侄的生活关怀、治学引导，对长辈的敬重与孝义。于国而言，主要表现在朱熹的社会认知，体现在他身处乱世而对国家的深忧远虑，对苦难人民深厚的关爱同情，充满了他对国家之忠的意识。主要包括以下两个方面。

**（一）亲情伦常观念**

天伦伦常，即自然的道理，是自然演化而来的伦理。朱熹认为“天伦”不仅是儒家讲的“孝悌”的基础，更是中国五福，即“长寿”“富贵”“康宁”“好德”“善终”的根基。他在《家训》中用充满思辨色彩的语言对家庭亲睦的准则进行了规范，并作了阐述。他认为，一个和睦的家庭，应该是一种父慈子孝、夫和妇柔以及兄友弟恭的理想的伦理状态。其中父母对子女应是至善的爱，绝非溺爱，父母对子女应“慈”且“教”。同时，子女对父母则应有“孝”，“孝”指子女应善待父母。在对待兄弟上，他提出：“兄之所贵者，友也。弟之所贵者，恭也。”虽没有炽烈张扬的情感，但语言平实质朴，凸显了其对亲人们诚挚的关怀。

**（二）爱国爱民情怀**

朱熹出生在一个有深厚民族意识的家庭，从小受到父亲爱国思想的熏陶。在那个内忧外患的社会环境下，朱熹自觉地以国家统一、民族独立为奋斗目标，通过重视家庭教育，并将它推及社会，将教育与国家、与社会的发展紧密结合，这样以“小家”带动“大家”的教育行为，对我们当代构建社会主义和谐社会依然具有指导意义。

朱熹的爱国情怀还表现在爱民上。他一生与底层百姓相处的时间较多，深知百姓疾苦，他也提出了一系列正君、治官、安民的政策，为百姓谋福利，促进国家的繁荣安定，他的爱国主义思想对后学也产生了极大的鼓舞与影响。

## 二、养基础教育之根

朱子的“家国情怀”不仅是中华优秀传统文化的重要组成部分，更是现当代少年儿童基础教育的重要内涵支撑。在中小学基础教育者的工作实践中，以博大精深的朱子文化为载体，我们也摸索出了一系列教育常规，这种常规教育涉及范围广，涵盖了家庭教育、文明教育、文化教育和爱国主义教育，形成了一定的经验基础。

**（一）家以和为贵——家庭教育**

家庭教育是基础教育中最关键的一环。朱熹全方位地总结了前人关于童蒙教育的思想，写下了有关家训、家规的守则，即广为人知的《家训》。他认为“子孙不可不教”。只有在其年幼性情未长成之时教之以礼，合适的教育，才能对子孙的成长产生助益。因此，在少年儿童的基础教育中，父母也应尊重子女的主观想法，不要从自己的喜好出发去要求子女。子女应善待父母，不仅是在物质上面满足他们的生活需求，更应该在精神上关心他们，使他们安享晚年。在当今全面开放三胎的时代背景下，提倡朱熹“兄友弟恭”的天伦观是极有现实意义的，它为人们明心见性寻求规范，为国家安宁，家庭幸福铺垫根基。

**（二）礼以敬为本——文明教育**

讲文明，树新风，是当代社会文明教育的主旋律。朱熹以“礼”修身齐家，他撰写的《朱子家礼》更是声名远播，在中国乃至海外许多国家都产生了很大的影响。在中国古代，礼的核心价值观念便是“敬”，这里的敬，包含两个方面，即个人内在的品德修养与外在的行为态度。朱熹认为这包含了“畏”“爱”“诚”等几个方面。由此看来，朱熹认为在“敬”的本质里，“诚”是必然存在的。“爱”与“诚”都是敬的表现形式，都体现了“礼”的伦理本质。这样的文明教育阐述与社会主义核心价值观的精神内核是一致的，也正是基础教育中关于公民教育的目标指向。

**（三）知理应读书——文化教育**

基础教育的基本形式是文化教育，这样的教育方式以读书为根本途径。而朱熹的理学思想在一定程度上可理解成“文化智慧”。朱熹希望家族子弟在生活中学会格物穷理，认识天下事的规律与法则，从而胸怀天下，知天下事。然则欲知此规律与法则，读书便是一个不可或缺的手段与方法。为此，朱熹在子孙们读书学理上付出了很多心血，他认为子孙们应读书识礼，求知学理，“诗书不可不读”，他对家族子弟的教育正是依着这一“理”来进行。同时，他的《童蒙须知》《家训》《家政》等著作流传甚广，对孩子的成长教育方面也有很大的启发作用。这些文化经典也是当今基础教育的重要组成部分，可以将其开发成校本课程和常规教学读本，发挥其教化少年儿童身心的作用。

**（四）爱家更爱国——爱国主义教育**

基础教育中的爱国主义教育是指引导少年儿童树立热爱祖国并为之奉献奋斗的思想教育。爱国主义教育是思想政治教育的重要内容，是一面具有最大号召力的旗帜。朱熹的爱国主义思想为基础教育明确了方向，坚定基础教育者的信心和决心。朱子文化是对学生进行爱国教育的向导，通过在不同的时候，有针对性地开展相应的活动，给孩子适当的引导，让孩子在学习中共同享受到了一份浓浓的爱国热情。我们要从朱子文化中挖掘教育价值，培养学生从最普通、最平凡的小事做起，处处严格要求自己，加强自身修养，完善自己的人格，从而树立爱国思想。

## 三、结语

朱熹的“家国情怀”是一种典型的人文信仰，特别是当国家危难之时，这种情怀表现就更为凸显，它已经成为国人历经艰险永不退缩、不断向前的伟大精神力量。与此同时，家，是社会稳步发展的基石，只有建设好和睦而充满亲情味的小家，才能为社会发展、国家安定打下坚实的基础，树立起胸怀天下、为万世开太平的伟大志向。而培育堂堂正正的中国人，给孩子一颗中国心，是我们基础教育工作者的天职。我们要把家国情怀融入每节课、融入每件事中去，由近及远，由抽象到具体，由情感熏陶到道德情操，让家国情怀和爱国主义成为这个时代教育的底色！

# 以直报怨　以义解仇

## ——从朱子《家训》看儒家对“仇”“怨”的态度及其启示*

冯　兵

朱熹的《家训》通常被称为《朱子家训》①，朱熹“把（他自己的）《童蒙须知》和《小学》中的道理抽象出来从哲理的高度用极其精练的语言写了一篇《朱子家训》。”“用通俗、精练的语言规范了人之为人的基本哲学信条，划出了一条做人的底线，深刻而隽永。”（朱杰人语）譬如在他的《家训》中，他告诫后世子孙“仇者以义解之，怨者以直解之”。其理论背景和蕴意就十分宏阔、深刻，尤其对“仇”“怨”的态度与处理方法，颇令人思量。下面分述之。

### 一、“仇”“怨”之辩

首先我们来看“仇”“怨”的释义。许慎在《说文解字》中释“仇”为“雠也”。段玉裁则于《说文解字注》进一步解释道：“雠犹应也。”释“仇”为匹配、对应，随之又以《左传》“嘉偶曰妃，怨偶曰仇”为据，说：“仇为

---

* 本文系福建省社会科学研究基地重大项目“朱熹的生活哲学思想及其现代价值”（FJ2015JDZ012）的阶段性成果。

① 清初以来社会上出现了另一份《朱子家训》，作者为朱用纯（字致一，号柏庐，明末清初江苏昆山县人）。起初朱用纯自名之为《治家格言》，后人遂称之以《朱子治家格言》《朱柏庐治家格言》，再后来则逐渐也被简称为《朱子家训》而常与朱熹的《朱子家训》相混淆。朱熹的《朱子家训》317 字，朱用纯的 524 字。除了字数上的差异之外，大体来说，朱用纯的《朱子家训》似乎显得更为细致全面，也更具温情，用时下流行的话说就是更“接地气”，因此多为后来的一般家庭所通用和熟知；而朱熹的《朱子家训》立意似乎更高，气象森严宏大，体现出了思想巨匠的气度。

怨匹，亦为嘉偶。如乱之为治，苦之为快也。”按《说文解字》的理解，“仇”具有明确性、外在性、对应性的特点，通常是人际间明朗化的两相对应关系，既可为嘉偶，也可是仇敌。而随着时代的发展，后一层意涵逐渐占据了主导地位。关于“怨”，《说文解字》释曰：“怨，恚也。从心，夗声。”按《辞源》的说法，“怨”主要指：1. “不满意，埋怨”；2. “恨”。[①] 而“怨”“从心”，似乎具有隐晦性、内在性、单向性特点，是个体自我心理状态的投射与表现，被“怨”的对象则往往不一定具有相应的情感或心理。

很显然，就人际关系的矛盾来看，“仇”与“怨”应分属两个不同层面和阶段。“怨”是矛盾尚未彻底激化或公开化的阶段，“仇”是矛盾公开化、极端化的阶段，“仇”往往是“怨”进一步发展的结果。

## 二、“怨者以直解之”

朱熹在《家训》中要求“怨者以直解之”，其意出于《论语·宪问》：“或曰：‘以德报怨，何如？’子曰：‘何以报德？以直报怨，以德报德。’”其中“以德报怨”一语最早见《老子》六十三章：“大小多少，报怨以德。”老子出于谦下处柔、无为不争的理念，主张以德报怨。但在孔子看来，若以德报怨，将以何报德？这无法体现应有的社会公平与正义。朱熹在《论语集注》卷七中就指出：

> 或人之言，可谓厚矣。然以圣人之言观之，则见其出于有意之私，而怨德之报皆不得其平也。必如夫子之言，然后二者之报各得其所。然怨有不雠，而德无不报，则又未尝不厚也。

在朱熹看来，以德报怨其实是出于刻意为之的私心，有违大义。他对此曾举例说：“如吕晦叔为贾昌朝无礼，捕其家人坐狱。后吕为相，适值朝廷治

---

① 广东、广西、湖南、河南辞源修订组、商务印书馆编辑部：《辞源》（修订本），商务印书馆，1988 年，第 1114 页。

贾事，吕乃乞宽贾之罪，‘恐渠以为臣与有私怨’。后贾竟以此得减其罪。此‘以德报怨’也。然不济事，于大义都背了。”（《朱子语类》卷四十四）最关键的是，以德报怨会导致“怨德之报皆不得其平”，是“以私害公”“以曲胜直”，因此必须“当报则报，不当则止”，不得妨害“公平忠厚”（《论语或问》卷十四）。

清人刘宝楠则在《论语正义》引吴嘉宾的观点说：

> 以直者不匿怨而已。人之性情，未有不乐其直者，至于有怨，则欲使之含忍而不报。夫含忍而不报，则其怨之本固未尝去，将待其时之可报而报之耳。至于蓄之久而一发，将至于不可御，或终于不报，是其人之于世，必以浮道相与，一无所用其情者，亦何所取哉？以直报怨，凡直之道非一，视吾心何如耳。吾心不能忘怨，报之直也，既报则可以忘矣。苟能忘怨而不报之，亦直也，虽不报，固非有所匿矣。怨期于忘之，德期于不忘，故报怨者曰“以直”，欲其心之无余怨也。报德者曰“以德”，欲其心之有余德也。其心不能忘怨，而以理胜之者，亦直以其心之能自胜也。直之反为伪，必若教人以德报怨，是教人使为伪也。乌可乎？

此说是从怨恚心理的合理解决的角度出发，认为“怨期于忘之”，而“吾心不能忘怨”，人若有了怨恚，是无法轻易放下的（当然，能自行放下也是好的），要妥善解决怨恨，就必须使之适当地发泄出来，不至于“匿怨”。因为让怨恨久藏于心中，一来会有失控的危险，二来会让人变得虚伪，贻害不小。所以，“以直报怨”自然要优于“以德报怨”。

关于“报怨”，还有一种方式，就是“以怨报怨”。据《礼记·表记》载：“子曰：以德报德，则民有所劝。以怨报怨，则民有所惩。子曰：以德报怨，则宽身之仁也。以怨报德，则刑戮之民也。”此处强调以怨报怨能让“民有所惩”，从而“戒于树怨”（《礼记集解》），似乎有其合理性。然而仅凭日常经验我们就可以知道，无论是在政治生活中还是日常的社会交往中，一旦真正坚持以怨报怨，势必引起怨恚的恶性循环，恐怕也不是止怨的最好办法。至于孔子随后所提到的“以德报怨”，孙希旦说：“以德报怨，则天下无不释之怨矣。虽非中道，而可以宽容其身，亦仁之一偏也。”（同上）皇侃对“以德报怨”的批评更甚：“所以不以德报怨者，若行怨而德报者，则天下皆行怨以要德报之，如此者，是取怨之道也。”（《论语集解义疏》卷七）可见无论是“以怨报怨”还是“以德报怨”都不是消除怨恚心理的好办法，至少不是符合中道的最好办法，最好的办法只能是“以直报怨”。

那么，究竟什么是“直”呢？从《论语》中有关“直”的论述来看，“直”在不少场合都与率性、坦直的情感表达方式有关。[①] 朱熹则释“以直报怨”之“直”道：“于其所怨者，爱憎取舍，一以至公而无私，所谓直也。”（《论语集注》卷七）“直”就是指大公无私。但要注意的是，这种大公无私是在“爱憎取舍”这一人人皆有的普遍性的情感欲望之中的“无私”，并非超越于情感之外。儒家的“无私”绝非“无情”，只是强调公义之下无偏私不当之情而已。

另在《论语·子路》中，叶公对孔子说：“吾党有直躬者，其父攘羊，而子证之。”孔子答曰：“吾党之直者异于是。父为子隐，子为父隐，直在其中矣。”朱熹对此评论道：“父子相隐，天理人情之至也。故不求为直，而直在其中。”（《论语集注》卷七）在朱熹看来，父子相隐既是天理之当然，也是人类普遍情感的必然，这一举措完全合乎天理与普遍之人情，自然是“至公而无私”的。今人亦认为：

> 孔子的“直”有主、客观两层蕴涵，其在客观视角上有公正、无私或正当之意；主观视角则关涉个人的私德，意为正直、坦直。从内在心

---

① 如《泰伯》篇中的“直而无礼则绞”“狂而不直”，《阳货》篇“好直不好学，其蔽也绞”“古之愚也直，今之愚也诈而已矣”，等等。在这一类的表述中，“直”与“绞”“狂”“诈”等语词相对应，因而无论其是否主要体现的是“正直”这一德性内涵，我们也都能明显感受到其与率直的情感表达之间的关联。

理动机和情感层面看，“直”既有正直坦率且公平的品格，也包含个体在实践活动中的情感反应内容，其胜处在于它的非功利性或非工具目的性之转折思量。“直”作为真纯素朴的人格构成“仁”的基础性要素，而所谓的“礼”之“质”也在于此。（李洪卫）

而无论“直”是指公正无私或正当，还是正直、坦直，孔子和叶公的“直”事实上都应包含了这些伦理意涵，真正的区别只是在于各自针对“直”的价值判断所依据的理论背景不同。

孔子所论之“直”的理论依据显然是礼。如孔子论“以德报怨”仅为“宽身之仁”[①]，郑玄注道：“宽，犹爱也，爱身以息怨，非礼之正也。”孔颖达进一步疏释说：“‘宽身之仁’者，若以直抱怨，是礼之常也。今‘以德报怨’，但是宽爱己身之民，欲苟息祸患，非礼之正也。”（《礼记正义》）郑玄与孔颖达明确将“以德报怨”与“以直报怨”纳入到礼学范畴，显然“直”“应受到礼俗的规导”（陈探宇、丁建峰），并且，“以直报怨”的“报”象征着强调对等性原则的“礼尚往来”，原本也就是礼的基本要素。[②] 而礼的产生与发展则缘于“人情”，朱熹就说：“先王制礼，本缘人情。”（《晦庵先生朱文公文集》卷三十六）这在《礼记》中也早有体现，如《礼记·丧服四制》：“凡礼之大体，体天地，法四时，则阴阳，顺人情，故谓之礼。”以及《礼记·礼运》：“故圣王修义之柄、礼之序，以治人情。故人情者，圣王之田也。”等等，都充分说明，在儒家这里，“人情”是圣王关注的重心，用来顺应和修治“人情”的，则是礼（乐）。但所有的情感关系中，父子亲情又最为根本，是一切“人情”的起点和基础。有鉴于此，孔子就当然要主张父子互

① 《礼记·表记》：“子曰：‘以德报怨，则宽身之仁也；以怨报德，则刑戮之民也。’”

② 如郑玄释《礼记·表记》“子言之：‘仁者，天下之表也；义者，天下之制也；报者，天下之利也”一句中的“报”为：“报，谓礼也。礼尚往来。”（《礼记正义》）因为“报”的“礼尚往来”涵义中潜在地蕴含着对应双方在交往过程中的对等性原则，而“以德报怨”显然破坏了这一点，这也正是其“非礼之正”的一个重要原因。

隐了，并认为这才是本然的正当与公正。其所依据的，就正是儒家以宗法血缘为中心的礼，即符合人情世事普遍之理的社会规范。在这一前提之下，个人也就可以坦直地表现情感而自然具有了正当性与合理性。

与之相对应的是，叶公一任于法，其或为申、韩一系的法家式人物。这一系的法家注重刑名法术，轻视人之情感需求，反对礼教，不仅与儒家大相径庭，也和重礼的管仲一系的法家不同。其中最显著的便是韩非子的“计算社会”论。韩非子认为所有的人伦关系全是出于利益的算计，即便是父母与子女之间也不例外：“且父母之于子也，产男则相贺，产女则杀之。此俱出父母之怀衽，然男子受贺，女子杀之者，虑其后便，计之长利也。故父母之于子也，犹用计算之心以相待也，而况无父子之泽乎！”（《韩非子·六反》）可谓“无情”至极。正如东汉刘观等人所撰之《东观汉记·卓茂》所说：“律设大法，礼从人情。”很显然，礼顺人情，而律不容情，在社会治理中强调概循律例的“无情”的法家不会给予人的情感行为以道德意义的理解。因此，当儿子面对父亲的“攘羊”行为时，叶公必然要主张严格按照律令“证之”才是真正的正直与公平。可见孔子讲“吾党之直者异于是”，所“异”的是他依循的为礼，叶公依循的是法。

综上可见，孔子讲“以直报怨”，这个“直”就绝非简单的冲冠一怒、直抒胸臆，而是情理交融中的“当报则报，不当则止”，“当”与“不当”的标准便是礼。换言之，儒家的“以直报怨”也就是以礼报怨。朱熹在《家训》中主张“怨者以直解之”，同样是基于此。而无论是儒家的礼还是法家的法，都是指明确的行为规则，“以直报怨”中的“直”对“礼尚往来”式公平正义的追求，所体现和强调的也正是兼顾了人们的正当情感需求的严格的规范或规则意识。

## 三、“仇者以义解之”

“怨”是一种并不明朗化的怨恚情绪，“仇”在一般情况下往往是“怨”的进一步激化、深化和公开化。朱熹强调“仇者以义解之，怨者以直解之”，解“仇”之“义”同样也是解“怨”之“直”的内涵的升华与深化。又如前所述，“直”的理论依据是“礼”，而《礼记·礼运》说：“礼也者，义之实也。”《左传》中也有“礼以行义”（《僖公二十八年》《成公二年》）、“义以出礼”（《桓公二年》）的说法，都说明“礼”是“义”的具体呈现与形下实践，“义”则是“礼”的形上升华和依据。因此人们又往往“礼义”并称，并以之构成了“人之大端”，即使“礼虽先王未之有”，也“可以义起也”（《礼记·礼运》）。

“义”作为五常之一，是中国哲学中非常重要的概念，《礼记·中庸》释为“义者，宜也。”《说文解字》即以此为“义”做注。另按段玉裁的说法，“义”与“谊”也为“古今字”，“周时作谊，汉时作义，皆今之仁义字也”（《说文解字注》）。因而许慎《说文解字》也解“谊”作“人所宜也”。可见“义”的主旨就是“宜”，即合宜、适度与正义、正当等。《礼记·礼运》称“义”为“艺之分，仁之节”，“礼”是其“实”，“仁”为其“本”，便是对其性质较完整的概括。因此，“义”既象征着实践层面的方法论智慧，也有着充分的道德形上学意味。那么，朱熹在《家训》中要求“仇者以义解之”，具体又该作何理解呢？

要深入理解朱熹的“仇者以义解之”，我们不得不考虑到儒家历史上有关“仇”的态度的两个重要理论背景——以春秋公羊学和《礼记》等为代表的儒家“大复仇”理论，以及以宋儒张载为代表的“仇必和而解”的朴素辩证法思想。前者主要体现的是“义”作为一种道德形上学原理的内涵，后者主要强调的则是“义”在具体应用中充满辩证智慧的方法论意义。

**（一）“大复仇”**

“大复仇”的理念在《周礼》和《礼记》中有不少的论述，如《周礼·秋官·朝士》中说：“凡报仇雠者，书于士，杀之无罪。”强调只要事先在官府报备，杀死仇家是无罪的。《礼记·檀弓上》则记载：

子夏问于孔子曰：“居父母之仇如之何？”夫子曰：“寝苫枕干，不仕，弗与共天下也；遇诸市朝，不反兵而斗。”曰：“请问居昆弟之仇如之何?”曰：“仕弗与共国；衔君命而使，虽遇之不斗。”曰：“请问居从父昆弟之仇如之何?”曰：“不为魁，主人能，则执兵而陪其后。”

此处也强烈主张复仇，只是根据血缘关系的亲疏远近而对复仇的态度和方法做了不同的限定，将复仇行为完全纳入到礼制之内，并由此赋予了其充分的合理性。

真正张大和发扬儒家复仇精神的，则是以董仲舒为代表的公羊春秋学。董仲舒在《春秋繁露·王道》中说：“《春秋》之义，臣不讨贼，非臣也。子不复仇，非子也。”将臣为君讨贼与子为父报仇并置，所以《白虎通德论·诛伐》就明确指出：“子得为父报仇者，臣子于君父，其义一也。忠臣孝子所以不能已，以恩义不可夺也。”认为臣为君、子为父报仇，在“义”上是一致的。蒋庆将公羊家对大复仇的论述，根据其内容的不同分为了三种类型：1. 国君复国君杀祖杀父之仇；2. 个人复国君杀父之仇；3. 臣子复乱贼弑君之仇。从中可见，春秋公羊学对儒家的“复仇”主张比礼学更进一步做了范围的限定。而公羊家“大复仇”也有着特殊的时代背景：“在春秋、战国及秦汉之际，天下无道，政治失序，诸侯相灭，君臣相杀，社会生活中缺乏最基本的公义，故灭人之国，绝人之世，杀人之父，残人之子者比比皆是，社会中的怨毒仇恨极深。”因此，“公羊家提出了大复仇说，赞同通过复仇的方式来恢复社会中的正义”。[①]

若据此来看朱熹所说的“仇者以义解之”，其“义”就正是指儒家在农业宗法社会中所要维护和宣扬的社会正义，在价值层面上与追求“公平忠厚”的“直”具有内在的一致性，“复仇”则是其重要手段。

但在东汉时期的一些文献里，却也存在着和解仇怨的思想，如《风俗通义》中对弘农太守河内吴匡的相关叙述：“今匡与琼其是矣，剖符守境，劝民

① 蒋庆：《公羊学引论——儒家的政治智慧与历史信仰》，辽宁教育出版社，1995年，第315页。

耕桑，肆省冤疑，和解仇怨，国之大事，所当勤恤。”“和解仇怨”被视作了朝廷官吏应当“勤恤”的事务性职责。刘向在《新序》中也对统治者的为政之道做了道德上的要求：“外举不避仇雠，内举不回亲戚，可谓至公矣。”（《新序·杂事一》）并表扬“齐桓公用其仇，而一匡天下。”（《新序·杂事三》）“外举不避仇雠”“用其仇”，就不仅是和解仇根，而且还举荐任用仇人，以公义超越了具体的仇根。这与张载的“仇必和而解”之说在一定程度上有相合之处。

**（二）“仇必和而解”**

“仇”的初始意义是指事物间的两两配应或对立关系，“仇恨”意涵实属后起。而两两对应关系最典型的表述就是“阴阳”。中国古代的思想家很早就对阴阳观念做了形而上的系统化讨论，如《易·系辞上》明确指出：“一阴一阳之谓道”，将阴阳及其运行变化视为“道”，《说卦传》说得更清楚：“立天之道，曰阴与阳；立地之道，曰柔与刚；立人之道，曰仁与义……故易八画而成卦，分阴分阳。”认为天地间万事万物都天然具有阴阳相对的两面。宋儒程颢更进一步说：“天地万物之理，无独必有对，皆自然而然，非有安排也。”（《河南程氏遗书》卷十一）又道：“万物莫不有对，一阴一阳，一善一恶，阳长则阴消，善增则恶减。”（同上）从理学层面讨论了阴阳作为天地万物之理的绝对性以及阴、阳间的对反消长的辩证关系。张载则在此基础上于《正蒙·太和》中云：“有像斯有对，对必反其为；有反斯有仇，仇必和而解。”张载也指出，宇宙间的具体事物中总是存在阴阳的对立两面的，阴阳之间又彼此转化、相互依存。因此，有了阴与阳的对立便有了“仇”，而阴阳之间的转化相依又必然会走向“和”。

关于“和”，《国语·郑语》道：“以他平他谓之和，故能丰长而物归之，若以同裨同，尽乃弃矣。故先王以土与金木水火杂，以成百物。”“和”的“以他平他”是指天地间不同质事物（即阴阳）的彼此对立与统一，而非简单地同化或同一。《左传·昭公二十年》中，晏婴则进一步认为“和”是事物间的“济其不及，以泄其过”，以及人的“以平其心，心平德和”等，强调

“和”对社会与人心具有重要的调节功能。因此，针对张载的“仇必和而解”，冯友兰先生就指出：“张载认为，一个社会的正常状态是‘和’，宇宙的正常状态也是‘和’。”“在中国古典哲学中，‘和’与‘同’不一样。‘同’不能容‘异’；‘和’不但能容‘异’，而且必须有‘异’，才能称其为‘和’。”[①] 可见“仇必和而解”，强调的就是以和而不同之道在对立中求取辩证的统一。这一辩证智慧告诉人们，所有的对立最终都将走向“和”，人际间的怨仇自然也是如此。因此，相比先哲与时贤的思想，张载更加明确地揭示和凸显出了“和”在阴阳辩证关系中的终极价值导向的地位，也更加充分地阐明了不同事物之间或事物内各要素之间的对立统一的朴素辩证法原理。而事物之阴阳两面走向“和”的过程，则是“义”的具体呈现。

**（三）“义”的性质与实践**

孔子所讲的“以直报怨”，强调的是根据正当性原则将“怨”解决于激烈与公开的冲突发生之前。这一原则有一明确的现实依据，那便是具有一定自然法意义的礼。春秋公羊学和礼学中所阐扬的“复仇”理念，是在特殊的情境中为了维护宗法伦理与宗法制度所做出的不得已的选择，可以说是“以直报怨”的极端化延续，其终极目的乃是“以杀止杀”，以维护作为社会体系最高价值的“和”。当然，这也是“仇必和而解”的一种极端化表现，其不仅同样属于礼的范畴，更是上升到了“义”的层面。

在早期的社会观念体系中，礼、法之间的畛域并不分明，礼作为宗法伦理的成文规范与意义象征，是“法之大分，类之纲纪”（《荀子·劝学》），因此以礼代法是较为普遍的。在这样的情况下，律法，尤其是儒家社会治理理论体系中的律法，对于《周礼》《礼记》与公羊春秋学所宣扬的通过“复仇”来维护社会的“自然公正”的行为并不具备足够的约束力。但是，随着时移

① 冯友兰：《中国现代哲学史》，广东人民出版社，1999 年，第 252—253 页。

世易，社会法制体系愈显发达，礼、法在形式与功能上的界分愈发明确，① 因复仇而杀人越来越受到律法的限禁。既然通过“复仇”以维系宗法伦理意义上的社会正义的行为其合法性慢慢受到了质疑，这一原本“合礼”的行为就必然要因应时势的变化而进行调整，此即《礼记·礼运》所强调的礼“以义起”。

对于“义”，朱熹一方面视“义”为天理的运动流行法则，赋予其理学的形上意味，说：“义者，天理之所宜”（《论语集注》卷二）；另一方面，朱熹又强调“礼即理”，认为礼是天理的现实呈现与实践，因而“义之所在，礼有时而变”（《孟子集注》卷四）。要求在礼的具体实践中“酌其中制，适古今之宜”（《晦庵先生朱文公文集》卷四十），以“义”的辩证之道通达礼的古今之变。所以，朱熹对“仇”的解决求之以“义”，要求“仇者以义解之”，就既强调了对社会普遍的公平与正义（并不限于宗法伦理）的维护，也强调了方法论意义上的辩证智慧，乃道德准则与实践智慧的统一，实为“大复仇”与“仇必和而解”两种理论的会通。因此，相比“直”来说，“义”一方面与“直”一样，同属于儒家伦理中的正义与正当范畴，另一方面又更是对“直”所代表和依据的确定性规则（即“礼”）在具体实践中的超越、升华与完善，② 正如美国哲学家麦金太尔指出：“……在这些情形下，现存的法律不能提供任何清楚的答案，或者，也许根本就没有任何答案。在这些境况中，法官也缺少规则，也必须运用理智，如同立法者当初一样……就只能以某种方式超出已有的规则，……这就是任何一位明智者在更普遍的意义上必须随时依实际情况而具体实例化。这不仅是为了正义，也是为了把各种美德充分地

---

① 当然，这种界分并不是说传统的礼、法本身是两种完全不同甚至对立的观念与制度体系，事实上，二者恰是相辅相成的，这在先秦时期儒、法两家的礼法学说中就已如此。（参见杨振红）

② 尽管“直”的“当报则报，不当则止”同样不乏辩证色彩，但其主体仍是强调“礼尚往来”的显性规则，而无法达到“义”的形上学高度。

具体实例化。”[①] 这段话即可视作是对儒家之“义”在日常社会生活中的运用的直白浅近的阐释。

当代人类社会，经济蒸蒸日上，科技日新月异，人们的生活日渐便捷富裕的同时，面临的压力却也越来越大。在高强度的竞争与快节奏的生活中，人际间的矛盾往往难以避免，甚至显得更加复杂。朱熹在《家训》中主张“仇者以义解之，怨者以直解之”，其中所体现出的传统儒学对社会公平正义的价值追求及解决矛盾的富于辩证色彩的方法论智慧，在今天无疑仍有着较为重要的启示意义：“怨者以直解之”主张不要“匿怨”，将心中对他人的不满与怨恚“当报则报，不当则止”，强调以正当和坦直的方式予以及时解决，如此既能维护基本的社会公平与正义，也保障了个体的心理健康。而与之相关的“以怨报怨”易陷于人际矛盾的恶性循环；“以德报怨”即使不是后儒所解释的那样（比如不合于“中道”，可能引发虚伪风气甚至成为“取怨之道”），也难以成为生活中的常态。“仇者以义解之”则告诫我们面对既成的、较为强烈和明确的仇恨，不仅要更为慎重地考虑解决仇恨的行为的正当性、合理性，也要充分考虑手段的有效性。而最终的目的，便是仇恨的合乎情理的解决，其实质实乃充满辩证智慧的“仇必和而解”。总之，“仇者以义解之，怨者以直解之”，核心精神都是以和而不同、求同存异之道消弭矛盾，归根结底，仍不过是一个“和”字。无论是人际关系，还是国际关系，都是如此。

① ［美］A. 麦金太尔：《谁之正义？何种合理性?》，万俊人等译，当代中国出版社，1996 年，第 170—171 页。

# 《朱子家训》对当代治国齐家的启示

马照南

安海，古代称石井，有着“理学渊源”“闽学开宗”的美誉。朱松、朱熹、朱在三代都先后在安海任职或讲学，这在历史上是少有的。朱熹之父朱松是石井首任镇监。在监镇任内，“乃择民之秀者，充弟子员，教以义理之学”。朱熹幼年就随父在石井生活。安海与泉州、同安之间，相去各六十余里，是同安往来泉州必经之路。青年朱熹在同安任内，经常到泉州所属各地游览、讲学。又因朱松曾在此地任职、讲学，自己幼年在此生活，由此，朱熹对石井有特殊的感情。他凡经过安海，都要“行其老幼义理详悉，遂与之讲习论说，士因是益勤于学”（《安海志》卷六《学校》），而使“民沾其德，咸知向学”。朱松、朱熹、朱在大力推动教育文化事业，形成“诗书弦诵遍桐城”鼎盛文风的可喜局面。

《朱子家训》是一部关于修身处世、齐家治国的著作，是体现朱熹治国治家、促进社会和谐稳定的重要文献。泉州同安是朱熹最初的从政历练之地。在这里他“老幼义理详悉”，深入了解社会和家庭，积累治国理政齐家的经验。可以说，《朱子家训》的产生，离不开他在泉州任职和安海的调查研究和从政实践。

《朱子家训》全文短短317个字，是朱熹晚年对其长孙朱鉴修身养德、齐家治国的谆谆教导和深切期望。条目集中明晰，字句工整对仗，文辞清新流畅，富含深刻的人生智慧和治国齐家哲理。

《朱子家训》原文：

君之所贵者，仁也。臣之所贵者，忠也。父之所贵者，慈也。子之所贵者，孝也。兄之所贵者，友也。弟之所贵者，恭也。夫之所贵者，和也。妇之所贵者，柔也。

事师长贵乎礼也，交朋友贵乎信也。见老者，敬之；见幼者，爱之。有德者，年虽下于我，我必尊之；不肖者，年虽高于我，我必远之。慎勿谈人之短，切莫矜己之长。仇者以义解之，怨者以直报之，随所遇而安之。人有小过，含容而忍之；人有大过，以理而谕之。勿以善小而不为，勿以恶小而为之。人有恶，则掩之；人有善，则扬之。

处世无私仇，治家无私法。勿损人而利己，勿妒贤而嫉能。勿称忿而报横逆，勿非礼而害物命。见不义之财勿取，遇合理之事则从。诗书不可不读，礼义不可不知。子孙不可不教，童仆不可不恤。斯文不可不敬，患难不可不扶。守我之分者，礼也；听我之命者，天也。人能如是，天必相之。此乃日用常行之道，若衣服之于身体，饮食之于口腹，不可一日无也，可不慎哉！

## 一、《朱子家训》体现朱子哲学思想与“日用常行之道”的融合

《朱子家训》内容丰富，思想深刻，充满哲学思辨，其理论基础是代表古代哲学最高成就的理学思想。朱熹坚定继承发展孔子学说，适应新的时代发展变化，消化吸收佛道思想，建立起“致广大，尽精微，综罗百代”的理学思想体系。朱熹哲学的核心是“理”。在朱子视野里，“理”，无处不在、无时不有，它贯穿于社会生活的方方面面。“理”是先于自然现象和社会现象的形而上者，存在于宇宙万物与日常生活中的“所以然之极”和“所当然之则”。人们只有格物致知，认识客观事物的方方面面，才能把握事物的本质和规律，知理识理。朱熹哲学的“理”，是事物的本质和规律，也是人伦日用中所必须遵循的道德准则。治国齐家，反映社会发展规律，同时又有其自身规律和基

本准则。因此治国齐家也必须循理顺理。他说："是以君子贵明理也，理明则异端不能惑，流俗不能乱，而德可久，业可大矣。"（《晦庵先生朱文公文集》卷二十四《答汪尚书书》）他明确提出"循理保家之本"。《朱子家训》两次讲到"理"。"人有大过，以理而谕之"，要求分清事物曲直是非，用人生的道理给予教育、说服，使之晓谕。"遇合理之事则从"，此处说的"合理"，就是合乎、顺应事理、天理的事要支持拥护。

朱熹的理学思想体系，不仅是完整的哲学体系，也是"日用常行之道"。朱熹认为，"天理"不是神秘的理论，也不是高高在上的教条，而是融入社会，见诸"日用常行之道"。这些"日用常行之道"，是每个人都应该遵守的，是可以时时事事感知的。《朱子家训》明确指出："日用常行之道，若衣服之于身体，饮食之于口腹，不可一日无也。"在日常生活中，在对外交往中，正是这些看似平常的"日用常行之道"，折射出一个人修养的高低贵贱，折射出一个人内心深处的道德水准，可不慎哉！

朱熹认为"日用常行之道"应该从小培育。童蒙教育是日后修身、齐家、治国平天下的基础，是人生的起始。为此，他还写了《童蒙须知》和《小学》两本书。《童蒙须知》专门讲述儿童行为规范，从作息时间、穿戴衣服鞋帽，到语言行走，从洒扫清洁到读书写字等日常的生活行为习惯都做了明确具体的规定。如日常行走应对，举止要端庄大方，衣服一定要整洁、洗净后折叠好放在固定的地方，平时讲话语言和缓，不可喧哗，要爱护书本，不能污损等。朱子还"辑圣经贤传及三代以来之嘉言善行"编成《小学》一书。《小学》是作为对少年儿童进行世界观、人生观和价值观教育的书，被誉为"万世养正之全书"。相对于《童蒙须知》，《小学》容量更大、内容更丰富。书中用具体的故事告诉少年儿童什么是"仁义礼智信"，什么是人性，什么是人伦，如何修身涵养自己的道德品行，如何读书，如何格物致知，如何拓宽视野，不断增进自己的知识。书中引用了大量孔子孟子格言警语和历史人物的故事。《朱子家训》集中了《童蒙须知》《小学》的核心内涵，体现朱熹的社会理想，是理学思想体系与"日用常行之道"的完美融合。

## 二、《朱子家训》体现治国与修身齐家理论实践的融合

《朱子家训》体现中华文化重要纲领《大学》“三纲领，八条目”的精髓。朱熹一生致力于《大学》“三纲领，八条目”的研究，认为《大学》的“三纲领，八条目”体现了中华文化最核心的修齐治平思想。

在古代政治家的视野里，国和家是联系在一起的，正家而天下定。家是最小的国，国是千万家。历朝历代圣贤之君能修其政者，莫不本于齐家。孟子认为，“天下之本在国，国之本在家”（《孟子·离娄上》）。作为以农耕为主的社会，家是生产的基本单位，是社会的基本单元，是居所住处，也是精神家园。《大学》提出：“古之欲明明德于天下者，先治其国；欲治其国者，先齐其家。”“所谓治国必先齐其家者：其家不可教而能教人者，无之。故君子不出家，而成教于国。”“治国在齐其家。”在中华文化传统中，修身是齐家的基础，齐家又是治国平天下的前提。一个人不能治家也就难以治国。

《大学》强调“修身”。“欲齐其家者，先修其身。”“心正而后身修，身修而后家齐，家齐而后国治，国治而后天下平。”“自天子以至于庶人，壹是皆以修身为本。朱熹强调，“壹是，一切也”（《大学章句》）。就是上自天子，下至一般百姓，都必须修身，这是做人的底线。朱熹一直把“格物致知、正心诚意、修身齐家治国平天下”看得很神圣，他几次面见皇帝，直到晚年当帝师，讲的都是这些道理。《朱子家训》提供修身的行为规范和约束。修身齐家的重要性决定了它并非纯粹个人的事，而具有了治理社会的意义。不重修身，治家无方，导致“家之不齐”，从政治国就会失去根基，就会失去权威性和领导力。

在修身、齐家、治国、平天下的序列中，家庭既是个人修身的第一所学校，又是个人走向社会、能在社会中作出重要贡献的起点。在社会生活中，家庭是人生的第一所学校，以家庭成员之间的亲情为道德本始，有其充分的合理性和普遍性。淳朴、正派的家风对于良好道德品行和道德观念的形成有着重要作用。朱子直接把“格物致知、正心诚意、修身齐家治国平天下”作

为《朱子家训》的理论框架，把“家国”作为一个整体一起论述。这种强烈的家国情怀，不仅体现了朱熹强烈的生命自觉和文化自觉，更体现了他对社会走向的清醒判断和强烈的社会责任感。

## 三、《朱子家训》体现家庭角色与社会责任的融合

治国齐家，首要前提是规范和秩序，是社会家庭成员对自己角色定位的准确认识和把握。《朱子家训》的核心理念是教育怎样认识和把握自己在社会家庭中的定位，明确责任，塑造良好品格，从而实现家庭、社会的和谐稳定。那么怎样做人呢？朱熹给了我们明确的答案。在大的方向上，朱熹的治国齐家教育理念主要表现在“十个核心价值”，即“仁、忠、慈、孝、友、恭、和、柔、礼、信”。这“十个核心价值”系统总结了治国齐家实践，明确提出每个角色的核心价值：国君最珍贵的是“仁”，爱护人民；臣子最珍贵的是“忠”，忠君爱国。父亲最珍贵的是“慈”，疼爱子女；女子最珍贵的是“孝”，孝顺父母。兄长最珍贵的是“友”，爱护弟弟；弟弟最珍贵的是“恭”，尊敬兄长。丈夫最珍贵的是“和”，对妻子和睦；妻子最珍贵的是“柔”，对丈夫温顺。对待老师最珍贵的是“礼”，侍奉师长要有礼貌；对待朋友最珍贵的是“信”，交朋友应当讲信用。

在具体应对方面，《朱子家训》提出应对家庭社会的人和事的“待人处世十五条：一是遇见老人要尊敬，遇见小孩要爱护。二是对有德行的人，尽管年纪比我小，也要尊敬他。对品行不端的人，尽管年纪比我大，也要远离他。三是不随便议论别人的缺点，不夸耀自己的长处。四是对与自己有误解仇隙的人，用讲事实摆道理的办法来消除误解解除仇隙；对自己有怨气的人，要用坦诚公道正直的态度来对待他。五是不论自己是春风得意或遇到困难逆境，都要淡定平和，不亢不卑。六是别人有小过失，要主动帮助、容忍谅解；别人有大错误，要厘清原委，用道理劝导帮助他。七是不能因为是细小的好事就不去做，不能因为是细小的坏事就去做。八是别人做了坏事，应该帮助他改过，不要大肆宣扬他的过失；别人做了好事，则应该多加表扬。九是待人

办事不要夹杂私人恩怨，治家不要另立私法。十是千万不要做损人利己的事，也不要妒忌贤才和有能力的人。十一是要以德报怨，不要声言忿愤对待蛮不讲理的人，要珍惜生物生命，不要无辜伤害生物生命。十二是不要接受不义的财物，遇到合理的事、公益的事要大力支持。十三是不可不勤读诗书，不可不懂得礼义。十四是子孙一定要教育，对务工人员一定要怜恤帮助。十五是一定要尊敬有德行有学识的人，一定要扶助有困难的人。

《朱子家训》提出的“十个核心价值”“待人处世十五条”，涵盖了人类社会最基本的社会角色定位，需要承担的责任，养成的品格，同时提出待人处世基本准则。其内涵丰富、操作性强，展现出与人为善，对人对事尊重与宽容，己所不欲勿施于人的博大心胸；引导自我修养修炼，追求完美人格；引导摆脱粗鄙、庸俗而走向文明高雅。《朱子家训》教导人们如何才能养成一个有道德的人、一个有修养的人、一个摆脱粗鄙庸俗的文明人。

其实，历史上的朱熹就是这样一个爱国爱民、心胸宽广，廉洁奉公、敢于担当，家规严谨、家风朴厚，治国齐家、堪为楷模的人。民间流传着一个故事。一次，朱熹到女婿黄榦家中，女儿朱兑因家里贫穷，拿不出好东西招待父亲，只能以葱汤麦饭让父亲充饥，心中很是内疚。朱熹对粗茶淡饭却吃得格外香甜。朱熹吃完后题了一首诗：“葱汤麦饭两相宜，葱补丹田麦疗饥。莫道此中滋味薄，前村还有未炊时。”

朱熹对治国齐家一直非常关注。他自幼受到良好的家教。八岁读懂《孝经》，在书上题字自勉曰：“若不如此，便不成人。”早年与吕祖谦共同编著《近思录》就专门列《齐家》专题，他在福建为30多个家谱写序或题词。还题写富有治家齐家哲理的匾联：“读书起家之本，循理保家之本，和顺齐家之本，勤俭治家之本。”《朱子家训》以通俗的语言阐述深刻的哲理，引发多层次、多角度地思考与解读，令人回味无穷。

## 四、《朱子家训》对当代治国齐家，构建和谐社会的启示

在新的历史条件下，以和谐社会的视野，认识《朱子家训》的时代价值，

尤其是治国与齐家的深刻论述与丰富内涵，对我们培育社会主义核心价值观，建设新家风，促进社会和谐稳定有着重要的现实意义。

**坚持文化自信。**家风建设关乎中华民族的精神风貌。要从治国理政，建设和谐社会的高度重视家训家风建设。习近平总书记在2015年参加春节团拜会时指出，“家庭是社会的基本细胞，是人生的第一所学校。不论时代发生多大变化，不论生活格局发生多大变化，我们都要重视家庭建设，注重家庭、注重家教、注重家风，紧密结合培育和弘扬社会主义核心价值观发扬光大中华民族传统家庭美德”。家风建设要坚持文化自信。要从弘扬优秀传统文化中寻找精气神。近代以来，由于西方文化的强势冲击，对中华优秀传统文化造成不小的影响。礼失求诸野。客观地说，这些年老百姓做人的道理，齐家的道理，治国的道理都没有变。老百姓对家的追求、对家的热爱没有变。比如每年春运，堪称人口流动“世界文化奇观”，每年都有30亿人次返回家乡与亲人团聚。原因就在于《朱子家训》等阐明的爱国爱乡爱亲人这些道理根植于深厚的社会基础，根植于深厚的家国同构的社会结构，根植于我们源远流长的文化共同体。这些道理早已转化为我们民族的思维方式和行为方式，转化为“日用常行之道”，转化为文化血脉和文化基因，所以才会历久弥新，才会具有超越时代的魅力。许多人看《朱子家训》并不陌生，因为大家日常就是这么做的。朱子理学就是这样一种学说，是一种与百姓生活息息相关的“日用常行之道”。这种“日用常行之道”依然存活于百姓日常生活中。我们要更加关注普通百姓，关注家庭，融骨肉亲情与爱国情感为一体，把治国与齐家结合起来，把爱家与爱国统一起来，把千千万万家庭梦融入民族复兴的伟大中国梦之中，在追求家庭幸福的过程中建设好社会和国家。

**坚持创造性转化、创新性发展。**一家仁，一国兴仁；一家让，一国兴让。家风是党风、民风的原点。《朱子家训》倡导的家庭美德铭记在国人的心灵中，融入国人的血脉中，是支撑民族生生不息、薪火相传的重要精神力量，是家庭文明建设的宝贵精神财富。在深化治国理政，构建和谐社会的当下，随着社会转型和结构的变迁，家庭的模式千差万别，家庭的状况千差万别。

治国齐家都面临许多新情况新问题。但作为人伦日用的传统家庭美德却是中国人守望已久、不能丢弃的。因此要遵循“创造性转化”和“创新性发展”的原则，充分汲取传统家庭美德的精神滋养，建立与社会主义核心价值观相适应的、与家庭发展背景和特色相联系的新家风。新的家风应该既有传统家庭美德，又有现代意识与创新精神。我们传承弘扬传统家庭美德，可以合理吸收其精华，为形成新时代的良好家教和家风提供滋养。要积极传播《朱子家训》倡导的修齐治平观念，倡导修身、倡导齐家，倡导为社会服务、为人民服务。要树立尊老爱幼、男女平等、夫妻和睦、勤俭持家、邻里和谐的观念，倡导忠诚、责任、亲情、学习、公益的理念，推动人们在为家庭谋幸福、为他人送温暖、为社会作贡献的过程中提高精神境界、培育新家风。

**坚持落小落细落实。**天下大事，必作于细。古代社会公共性的交流与互动有限，价值观的传递往往依靠家庭教育。在城镇化和互联网时代，家风建设的重点依然在家庭吗？答案是肯定的。由于家庭在人们生活中不可动摇的地位与作用，决定了家庭教育依然起着人生奠基的作用。抓好治国齐家落小落细落实，首先，要在家教上落小落细落实。从具体家庭抓起，让每对父母切实肩负起儿童与青少年健康成长的责任，重言传、重身教，教知识、育品德。把每个家庭打造成一个个小型的治国齐家道德学校；其次，要在弘扬优良家风方面落小落细落实。以优良的家风带民风政风，以千千万万家庭的良好家风筑牢社会风气的基础。家风建设要真正发挥作用，必须融入社会生活。让人们在实践中感知它，领悟它。要使家庭成为国家发展、民族进步、社会和谐的重要基点，成为人们梦想启航的地方。再次，要在整合资源方面落小落细落实。治国齐家教育需要家庭教育、学校教育、社会教育、互联网教育同时发力。要把我们所提倡的与人们的日常生活紧密联系起来，与倡导优良新家风联系起来，与开展各项家庭文化活动联系起来。同时要与为家庭办好事实事联系起来。“细致观端倪，细心知冷暖”，主动地想百姓之所想、急百姓之所急，真正把关心、关怀的工作做到具体家庭中去，做到老百姓的心坎里去。要把教育孩子摆在优先位置。孩子是祖国的未来，他们成长的过程，就是对中华传统文化的熏陶中学习治国齐家的过程，是对现代礼仪规范和社会主义核心价值观学习、认知、继承、接受的过程。落小落细落实，从小事情抓起，让孩子们通过日积月累的“微善”行动，使治国齐家成为孩子们的自觉行为。

# 《朱子家训》对现代家风建设的启示

周元侠

习近平总书记指出，“家庭是社会的基本细胞，是人生的第一所学校。不论时代发生多大变化，不论生活格局发生多大变化，我们都要重视家庭建设，注重家庭、注重家教、注重家风”。随着社会的不断发展，人们的生活方式和思想观念也发生了重大变化，但家庭和谐始终是社会和谐的重要组成部分；然而，从社会现实看，当前教育虽然取得了很大的发展和进步，但在家庭教育、学校教育中普遍出现了一些前所未有的问题，因此，习近平总书记在不同场合反复强调要注重家庭、家教、家风建设，在这一现实背景之下，重读《朱子家训》，发掘其中的家庭教育思想以及家风建设观念，是非常必要的。

谈及《朱子家训》，人们首先想起的往往是明末清初朱柏庐的《治家格言》，这是因为，南宋朱熹所著的《朱子家训》最初只在朱氏家族内部流传，没有被收录到广为流传的朱子文集中，因此很多有关家训的著述也鲜少提及《朱子家训》。直到20世纪90年代中期，世界朱氏联合会的成员公布了朱氏家谱中的《朱子家训》，人们才意识到朱熹原来也撰写过《家训》。与只有524字的《治家格言》相比，《朱子家训》更加简短，仅317字，其中却蕴含了深刻的儒家基本理念以及丰富的家庭教育观点，体现了朱子对家庭教育、家风建设的基本理念，对于纠偏现代教育存在的诸多问题具有很大启发。

## 一、《朱子家训》的流传及基本特色

在世界朱氏联合会公布《朱子家训》之前，《朱子家训》一直保存在福建的朱氏家谱中，朱氏后人曾两次将之收入朱子文集中，分别是与朱柏庐同时代的朱培于明嘉靖四十一年（1562）辑佚的《朱子文集大全集补遗》，以及朱熹十六世孙朱玉于清雍正八年（1730）补订的《朱子文集大全类编》，此时皆以“家训”为名，到清晚期和民国期间朱氏宗谱则演变成“朱子家训”或“文公家训”四字之称。[①] 据考证，“尽管有这两个文集的出版，然而除了1692年在日本出版了双语版的《朱子家训》之外，《朱子家训》在朱氏家族之外并没有引起广泛的注意”[②]。

在1996年《朱熹集·外集》出版之前，《朱子家训》“甚至都没有收录进已被广泛收集的朱子文集中”[③]。就在同一年，世界朱氏联合会编辑出版了《朱子家训》，并在《世界朱氏联合会讯》第四期发表了5篇论文，论述了朱子《家训》的重要性及其当代价值，但这仍限于朱氏宗亲内部的交流，直到2002年《朱子论坛》发表了一组关于《朱子家训》的论文，这是第一次在公众视野中解读《朱子家训》。显然，《朱子家训》重新进入学界的视野，离不开世界朱氏联合会成员的推广[④]，从20世纪90年代中期世界朱氏联合会将《朱子家训》作为一个自我修身和公共伦理的指导原则，到2010年朱杰人教授提出《朱子家训》是中国对世界共同价值的贡献，并开始组织国外学者翻译《朱子家训》，这是朱氏宗亲逐渐深入推进的过程，也是《朱子家训》所蕴含的家教理念具有现代价值的必然结果。

家训是中华民族的重要文化传统，据统计，中国古代家训类著作，公开刊行的有一百余种。与许多知名家训相较，《朱子家训》的最大特色莫过于语言表达简洁、义理系统而深邃、内容偏重道德修养。《颜氏家训》作为最早的

---

① 夏芬：《治家之经〈朱子家训〉》，西南交通大学出版社，2018年，第5页。

② ［美］田浩：《〈朱子家训〉之历史研究》，朱杰人编注《朱子家训》，华东师范大学出版社，2014年，第34页。

③ ［美］田浩：《〈朱子家训〉之历史研究》，朱杰人编注《朱子家训》，华东师范大学出版社，2014年，第34页。

④ 详见［美］田浩：《〈朱子家训〉之历史研究》，朱杰人编注《朱子家训》，华东师范大学出版社，2014年，第33—47页。

家训体例著作，共有七卷，包括人文之理、治家之要、为人处世之道、治学问道之径，还包括为官出仕之箴、为文制艺之技等，内容包罗万象，近乎一本家庭教育的百科全书。宋代家训普遍重视道德伦理教育，所以重点关注家庭伦理道德和礼仪规范，如，司马光的《温公家范》凡十卷，除第一卷讲治家，其余详细论述从祖、父、子、女到兄弟、妻、甥、舅、姑等家庭成员的定位及相互关系的规范，由于司马光多用具体的历史故事来阐释自己的理论，所以内容相对通俗，篇幅相对较长。吕祖谦的《吕氏家范》凡六卷，卷一宗法，卷二昏礼，卷三葬仪，卷四祭礼，卷五学规，卷六官箴，主要关注人生礼仪和为学入仕之道。与四百年后朱柏庐的《治家格言》相较，二者同样简短易读，但《朱子家训》更注重阐发儒家义理，田浩指出："相较朱熹的《家训》而言，朱柏庐的《治家格言》更加注重实际。它较少关注道德上的自我修养（当然这在《朱子家训》中已充分展示，难以超越），而更加侧重经济问题。"①

作为大理学家的著作，《朱子家训》比较注重对儒家基本义理的阐发，较少涉及具体行为礼仪。这是因为，关于家庭或儿童礼仪行为的内容已经写进《童蒙须知》《小学》以及《家礼》等著述中，在撰写以上著述时，朱熹大量借鉴了《温公家范》《吕氏家范》的内容和形式。比如《童蒙须知》凡五卷，分为衣服冠履、语言步趋、洒扫涓洁、读书写文字和杂细事宜，主要规定了儿童的具体行为规范。《小学》共十一卷，分为立教、明伦、敬身、稽古、嘉言、善行六个主题，其中关于嘉言善行的部分借鉴了《温公家范》"杂采史事"的写法。《家礼》共有五卷，分别为通礼、冠礼、婚礼、丧礼、祭礼，主要涉及普通庶民家日常礼仪和人生礼仪。《童蒙须知》《小学》《家礼》等大量吸收了《温公家范》《吕氏家范》对各类礼仪和行为规范的内容，成为中国乃至整个东亚对儿童、普通民众施行社会教化的重要参考，而《朱子家训》则是朱熹将所有的礼仪准则和日常行为规范予以形而上学的哲理化，采用精练、

① ［美］田浩：《〈朱子家训〉之历史研究》，朱杰人编注《朱子家训》，华东师范大学出版社，2014 年，第 35 页。

对偶的语言表述，从而摆脱了芜杂冗长的弊端，表达了传统家训中最根本的思想，一方面体现了朱熹对后人的家庭教育和家风建设理念，另一方面也集中体现了儒家家庭教育的核心理念以及中华民族传统价值观的精髓。

## 二、《朱子家训》的家庭教育理念及其家风传承

《朱子家训》用317个字浓缩了传统儒家德性优先、理义至上、诗书传家、修己为本等核心理念，按照《朱子家训》的行文顺序，依次阐发如下。

第一，明人伦，亲师友，重德性。《家训》开头曰："君之所贵者，仁也。臣之所贵者，忠也。父之所贵者，慈也。子之所贵者，孝也。兄之所贵者，友也。弟之所贵者，恭也。夫之所贵者，和也。妇之所贵者，柔也。事师长贵乎礼也，交朋友贵乎信也。"① 这段话开宗明义，把明人伦、亲师友看作家庭教育的核心内容。这种观点符合传统儒学的观点，但又略有差异，传统儒家把明人伦看作教育的总目标，无论家庭教育还是书院教育，概莫能外，所以朱熹在《白鹿洞书院揭示》中开头便提出"五教之目"，即"父子有亲，君臣有义，夫妇有别，长幼有序，朋友有信"，朱熹进一步解释说："尧舜使契为司徒，敬敷五教，即此是也，学者学此而已。"（《晦庵先生朱文公文集》卷七十四《白鹿洞书院揭示》）这段注释出自《孟子》，即"圣人……使契为司徒，教以人伦：父子有亲，君臣有义，夫妇有别，长幼有序，朋友有信"（《孟子·滕文公上》）。在《家训》中，朱熹对传统五伦做了展开和扩充，即君仁臣忠，父慈子孝，兄友弟恭，父和妇柔，在君臣、父子、兄弟、夫妇四伦之后，朱熹着重突出了师友的重要性，将儒家所讲的传统"五伦"扩充为"六伦"。

《家训》首先提出君仁臣忠，这是对君臣有义的具体展开。在封建大一统的社会体制下，读书人的理想出路就是入仕，子路说："不仕无义，长幼之节不可废也；君臣之义，如之何其废之？"（《论语·微子》）读书人即便辞去官

---

① 朱杰人编注：《朱子家训》，华东师范大学出版社，2014年，第1页。

职，远走江湖，仍免不了“处江湖之远则忧其君”，在这种现实下，儒家不能不讲君臣之义，只是在很多儒者看来，君仁臣忠具有一定的相对性，孟子主张道德高于权位，他说：“古之贤王好善而忘势，古之贤士何独不然？乐其道而忘人之势，故王公不致敬尽礼，则不得亟见之”（《孟子·尽心上》），荀子明确提出“从道不从君”（《荀子·子道篇》），朱熹也是出于这种儒家传统，一再以“正心诚意”劝说宋孝宗，险些被治罪。要之，君臣之义并不必然意味着愚忠愚孝，至少在孟子、荀子、朱子那里都在强调君臣义务的相互性。

父子、兄弟、夫妇三伦是主要的家庭伦理，其中父子兄弟是血缘关系，而夫妇则是所有伦理关系的前提，所谓“有天地然后有万物，有万物然后有男女，有男女然后有夫妇，有夫妇然后有父子，有父子然后有君臣，有君臣然后有上下，有上下然后礼义有所错”（《周易·序卦》）。要之，这三种家庭伦理在任何时代、任何社会体制下都是家庭中的主要形式，家训作为家庭内部成员遵守的规范，如何正确处理家庭伦理关系是重中之重。相较于诸多家训的长篇大论，《朱子家训》用最简练的语言表述了明人伦的主要内容。

在传统儒家五伦中，除君臣、父母、兄弟、夫妇等相对稳定的伦理之外，朋友之伦则具有自我选择性。儒家认为，朋友对于为学修德非常重要，孔子说：“益者三友，损者三友。友直，友谅，友多闻，益矣。友便辟，友善柔，友便佞，损矣。”（《论语·季氏》）传统五伦没有单独列出师生之伦，大概将师生比作父子伦，而朱熹则把师生伦单独列出，主张“事师长贵乎礼”，在此前提下，“诗书不可不读”“礼仪不可不知”“子孙不可不教”“斯文不可不敬”才能落实。毋庸置疑，朱熹希望后人能传承其尊师重道的家风。

明人伦适用于血缘关系清晰的家族内部，而对于不存在亲情的社会公共场合，年龄大小则是重要的考量因素，所谓“见老者，敬之。见幼者，爱之”[①]。然而，朱熹认为年龄大小不是绝对的标准，道德高低才是决定性因素，即“有德者，年虽下于我，我必尊之；不肖者，年虽高于我，我必远之”[②]。

① 朱杰人编注：《朱子家训》，华东师范大学出版社，2014年，第1页。

② 朱杰人编注：《朱子家训》，华东师范大学出版社，2014年，第1页。

这是对孟子的继承和发展，孟子曰："天下有达尊三：爵一，齿一，德一。朝廷莫如爵，乡党莫如齿，辅世长民莫如德。"（《孟子·公孙丑下》）《家训》通篇不提爵，只关注德和齿，与"乡党莫如齿"相较，朱熹更明确地推崇德，这体现了《朱子家训》重德性的基本要求。作为长辈对晚辈的训诫，朱熹明确指出不要迷信年龄、资历的权威，这就给年轻人留下理性思考的空间；对那些打算只靠年龄来倚老卖老的长者也是一种告诫，要想得到晚辈的尊重，只有不断完善自己的德性。尊老爱幼固然是中华民族的传统美德，德性至上也同样是中华文化的核心价值观，"不肖者，年虽高于我，我必远之"的态度与"以直报怨"都体现了儒家伦理具有理性的特征，绝非愚忠愚孝所能概括。

第二，明是非，别善恶，讲理义。明人伦是从正面提出家庭教育的核心内容，接下来朱熹以训诫的语气提出为人处世中的主要行为原则。关于为人处世的信条、禁忌几乎是所有家训的重要内容，也是儒家思想的重要组成部分，所以黑格尔说孔子"只是一个实际的世间智者，在他那里思辨的哲学是一点也没有的——只有一些善良的、老练的、道德的教训，从里面我们不能获得什么特殊的东西"①。从理论系统的思辨性来看，道德教训是儒家的短处，但从人生哲学角度来看，这恰是儒家的长处。《家训》要求正确处理人与己、人与物、人与事之间的各种关系，重点是人与己的关系。针对人们喜欢攀比的毛病，朱熹提出："慎勿谈人之短，切莫矜己之长。"② 面对别人的仇怨或过错，朱熹告诫说："仇者以义解之，怨者以直报之，随遇而安之。人有小过，含容而忍之；人有大过，以理而喻之。"③ 以直报怨、随遇而安、宽容忍耐都是儒家的一贯主张，至今仍是很多家庭的信条。"以义解之""以理喻之"则表明朱熹的理学立场，即判断是非对错的标准是正义、天理，而不是个人情感深浅、关系亲疏。面对别人的过失要视情况而定，面对别人的过错，或者

---

① ［德］黑格尔：《哲学演讲录》第一卷，贺麟、王太庆译，商务印书馆，1996年，第119页。

② 朱杰人编注：《朱子家训》，华东师范大学出版社，2014年，第1页。

③ 朱杰人编注：《朱子家训》，华东师范大学出版社，2014年，第1页。

忍耐宽容，或者以理劝说，坚持公理至上。在日常生活中，明辨善恶要秉承严于律己、宽以待人的原则，朱熹告诫后人对待自己要严格区分善恶，做到“勿以善小而不为，勿以恶小而为之”①。而对于别人的行为则要遵守隐恶扬善的原则，多宣扬善言善行，不要宣扬恶言恶行。就道德修养和人格的养成角度讲，多关注善言善行比过多地关注并宣扬别人的恶行恶言更有积极意义。

家训虽是家族内部的规范，但绝不能视之为“私法”，《朱子家训》是家庭教育的核心理念和基本行为原则，几乎不涉及具体行为规范，也不涉及处罚措施。在朱熹看来，传统家训、家法都要遵守国法，这与理学家重视公私之辨有关，理学家认为，能够做到无私，就是存天理。在崇尚理义的信念下，才能真正做到公平对待人和己、人和物、人和事之间的关系，所谓“处世无私仇，治家无私法。勿损人而利己，勿妒贤而嫉能。勿称忿而报横逆，勿非礼而害物命”②，在日常生活中才能真正坚持“见不义之财勿取，遇合理之事则从”③。这段关于为人处世、待人接物的内容最能体现“家训”之“训诫”的特点，多使用“勿”“莫”“无”等禁止语，与上一章肯定语气形成鲜明的对比。

第三，读诗书，知礼义，恤孤弱。朱熹是最看重读书的理学家，一生读书、著书，并且专门总结出《读书法》，尤溪县博物馆存有朱熹手迹板联四块，其中一块为：“读书起家之本”，与此处“诗书不可不读”可互相发明。读书的同时也要知礼、习礼，朱熹告诫子孙道：“诗书不可不读，礼义不可不知。”④ 儒最初是指专司礼仪的人，儒者既要掌握广博的知识，又要熟习基本礼仪，养成良好的教养，二者不可偏颇，所以颜渊自言：“夫子循循然善诱人，博我以文，约我以礼。”（《论语·子罕》）孔子说：“质胜文则野，文胜质则史。文质彬彬，然后君子。”（《论语·雍也》）

---

① 朱杰人编注：《朱子家训》，华东师范大学出版社，2014年，第1页。

② 朱杰人编注：《朱子家训》，华东师范大学出版社，2014年，第1页。

③ 朱杰人编注：《朱子家训》，华东师范大学出版社，2014年，第1页。

④ 朱杰人编注：《朱子家训》，华东师范大学出版社，2014年，第1页。

然而，重视读书并不意味着“两耳不闻窗外事，一心只读圣贤书”，朱熹提出“子孙不可不教，僮仆不可不恤，斯文不可不敬，患难不可不扶”①，僮仆、患难代表社会弱者，在儒家看来，读书是为了教养儿童，一个有文化、有教养的读书人要心怀恻隐之心，“恻隐之心，仁之端也”（《孟子·公孙丑上》），如果对弱者存有不忍人之心，扩而充之，就能对更多的人施行仁爱，最终担负起服务人民、造福社会的责任。《朱子家训》提出读书知礼不仅是追求知识，更是修养心性，培养自身的社会责任感、担当感。这种担当既包含对道义、斯文的担当，也包含对普通百姓的社会责任。孔子说：“天之未丧斯文也，匡人其如予何。”（《论语·子罕》）文化传承便是道的传承，“敬”“斯文”、“扶”“患难”体现了《朱子家训》所蕴含的家国情怀、天下情怀。

第四，修己为本，穷达由天。《朱子家训》反复告诫子孙要如何处理社会伦理关系、人我关系、人物关系等，根本没有谈到如何获得财富、如何做官，甚至如何考取功名等具体目标或结果，这些内容恰恰是现代教育所关注的焦点。《朱子家训》最终从儒家天命观角度提出：“守我之分者，礼也；听我之命者，天也。人能如是，天必相之。”② 这也就是儒家所说的“安身立命”，孟子说：“尽其心者，知其性也。知其性，则知天矣。存其心，养其性，所以事天也。夭寿不贰，修身以俟之，所以立命也。”（《孟子·尽心上》）朱熹告诉后人只要做到安分守己，天就会帮助其实现人生目标。儒家一向重视修己，对于功名利禄等外在成就则持豁达态度，孟子说：“士穷不失义，达不离道。穷不失义，故士得己焉；达不离道，故民不失望焉。古之人，得志，泽加于民；不得志，修身见于世。穷则独善其身，达则兼善天下。”（《孟子·尽心上》）因为穷、达要受到多种外在因素的共同作用，现实往往不尽如人意，所以儒家对结局并不苛求，《朱子家训》也一再告诫后人要随遇而安之，“听我之命者天也”，这种看似消极，实则积极的人生态度正是“尽人事、听天命”的同意表述。

---

① 朱杰人编注：《朱子家训》，华东师范大学出版社，2014 年，第 1 页。

② 朱杰人编注：《朱子家训》，华东师范大学出版社，2014 年，第 1 页。

以上四方面的家庭教育理念是朱熹对后人的期望和告诫，也传承了朱熹的祖父朱森、父亲朱松的家教、家风。据朱松在《先君行状》中提到，朱森给朱松的告诫是："谆谆以忠孝和友为本"，又曰："吾家业儒，积德五世，后当有显者。当勉厉谨饬，以无坠先世之业。"（〔宋〕朱松《韦斋集》卷十二《先君行状》）朱森本人对经营产业不感兴趣，认为事功经营乃是"外物浮云尔"。他最喜欢的是求道，"独见松从贤师友游，则喜见言色，其笃于道义而鄙外浮荣，盖天资云"（〔宋〕朱松《韦斋集》卷十二《先君行状》）。这种不求科举功名、专心求道、为人洒脱的气质得到朱松、朱熹的继承和发扬。

朱松教育五岁时的朱熹："故乡无厚业，旧箧有残书。夜寝灯迟灭，晨兴发早梳。诗囊应令满，酒盏固宜疏。"（〔宋〕朱松《送五二郎读书》）对十一岁的朱熹提出："故岁不足计，新岁莫蹉跎。努力诵书史，从人笑翁夸。"（〔宋〕朱松《韦斋集》卷三《守岁》）可见，要读书、要勤奋是朱松对朱熹的教诲，也是朱熹对儿子的基本要求，朱熹把长子朱塾送到吕祖谦处读书，在给吕祖谦的信中说："在家百计提督，但无奈其懒何。今得严师畏友，先与击去此病，庶或可望其及人也。"（《晦庵先生朱文公文集》卷三十三《答吕伯恭》）给儿子写信说："交游之间，尤当审择。虽是同学，亦不可无亲疏之辨，此皆当请于先生，听其所教，大凡敦厚忠信，能攻吾过者，益友也；其谄谀轻薄，傲慢亵狎，导人为恶者，损友也。推此求之亦自合见得五七分，更问以审之，百无所失矣。"（《晦庵先生朱文公续集》卷八《与长子受之》）可见，重视道德修养、求道胜过求功名、重视读书和师友等观念是贯穿朱森、朱松、朱熹三代的家风，也是朱熹在《朱子家训》中的核心要义。

## 三、《朱子家训》对现代家庭教育及家风建设的启示

《朱子家训》体现了传统儒家思想中家庭教育普遍理念，这种思想早已融入中华儿女的血液中，春节最常挂的春联——"忠厚传家久，诗书继世长"——就体现了这一点。然而，随着市场经济的发展，社会价值观的多元化，现代教育重视书本知识胜过德性培养、重视物质投入胜过精神关怀等，

由此造成的后果也是有目共睹的：本该前途大好的“学霸”抑郁者有之，自杀者有之，甚至暴力犯罪者亦有之……当然这种极端现象是多重因素共同作用的结果，但家庭教育难辞其咎。以《朱子家训》为代表的传统儒家重视伦理道德、社会责任的教育对于现代的家庭教育和家风建设具有鲜明的启发意义。

首先，在家庭教育中，要引导孩子明确自己在家庭中的角色、地位以及相应的行为规范，培养孩子应对不同场合、情境的行为和能力，避免将来处理复杂社会关系时产生的不安、焦虑、抑郁等精神现象。简言之，就是教会孩子“认识自己”，包括认识自己的身份、能力以及局限性等。家庭是社会的基本细胞，父母是孩子的第一任老师，如何认识自己，离不开父母和家庭的正确引导。在一个充满爱的原生家庭里，孩子可以学会爱和被爱，在与长辈和兄弟姐妹相处中养成合乎社会的基本行为模式，走进学校，学会爱老师爱同学，走向社会之后，才可能去爱祖国爱同胞等，毋庸置疑，成年人的处事方式很多情况下受到家庭教育的潜在影响。

任何时代、任何社会制度下，人的行为都需要符合自己的身份地位，儒家传统谈到五对社会角色关系，即父亲要慈爱地对待孩子，儿子要孝顺地对待老人，兄长要友善地疼爱弟妹，弟弟要恭敬地对待兄长，丈夫要和善地对待妻子，妻子要温柔地对待丈夫，朋友之间要彼此信任。《朱子家训》特别增加了老师和学生这对关系，要求学生对待老师要礼节周到。《朱子家训》所谈到的六伦，除君臣之伦不复存在之外，其他五伦仍然对家庭和谐、学校和谐乃至社会和谐有现实意义。事实上，现代社会中很多心理焦虑、精神抑郁等问题源自于人际关系的困扰，如果在原生家庭中，每个家庭成员都能做到各安其分、各司其职，做到父母慈爱、子女孝顺、丈夫和善、妻子温柔、兄友弟恭，那么长大后不管身处何种工作、何种生活环境，都可以将家庭成员间的相处模式进行扩展类推，比如对待领导像父母或师长那样，对待同事像兄弟或朋友那样。这样，年轻人在工作和生活中就能保持健康的心理和精神状态。

其次，在日常小事中培养明辨是非、为善去恶的正义感，培养社会公德心，避免在大是大非问题上随波逐流。现代影视剧以及各类媒体对一些不良社会问题的大肆渲染，造成“好人难做”的印象，仿佛公平、正义离日常生活很远。事实上，担负着正义感的好人并非遥不可及，只要人人“勿以善小而不为，勿以恶小而为之”，看到老人摔倒，扶一把，这就是行善。看到落难的人帮一下，这就是正义。无论普通百姓，还是各级官员，如果做到“见不义之财勿取，遇合理之事则从”，这就是正义。只要我们在自己的权限能力范围内，做到“处世无私仇，治家无私法”，就代表了正义的力量。一个人只有心存正义感，才能在面对诱惑、挫折时坚持立场、守住自我；反之，如果一个人从小没有培养出明是非、别善恶的能力，没有树立起正义至上的信念，那么其成长过程中就很容易随波逐流，甚至误入歧途。

第三，教育、引导孩子热爱读书，遵守礼仪，做一个有教养、有担当的人。在现代教育中，父母、老师对读书的重视毋庸置疑，但如果仅把读书看作升学、谋职的手段，在儒家看来，这是“为人之学”。《朱子家训》全文都是从“为己之学”出发，把读诗书看作修身求道、传承文化的途径。按照传统儒家的观念，读书也是实现“齐家治国平天下”的政治理想的必由途径，实现这一政治理想主要通过科举入仕，但《朱子家训》只字未提科举功名，而是一再要求体恤弱者、扶助患难。这是为了在家庭生活中培养仁爱的种子，只要心中有一颗仁爱的种子，将来走向仕途，就能自然而然地生根发芽，做到心怀天下、体恤底层百姓。传统儒家教育从“为己之学”开始，最终总要落实到家国天下，而且是以人民为本的家国天下。要之，读书可以获取知识，谋取生计，但最终目标还是要运用所学知识去服务人民、造福社会，做一个对社会、对民族有担当的文化人。

第四，教育孩子敢于直面挫折，顺势而为。现代教育常常忽视人的差异性，不顾客观条件相互攀比、竞赛，制造出“有我没你”的假象，焦虑成为全社会的普遍问题。这种竞争至上的观念有客观环境的原因，也有价值导向的问题，现代教育和评价体制过于强调成功，而且对于成功的定义过于简单化，只要挣钱多、做官大、人气旺就是成功。在这种成功学的指导下的教育注定会带来很多问题，所有的竞赛冠军只有一个，大多数都注定成为籍籍无名的“失败者”，这种片面化的成功学给大多数人带来的是挫败感，这种挫败感对于豁达的人可能越挫越勇，但对于很多人而言只会造成压力。这种对“成败”的评价方式催生出很多脆弱的年轻人，他们不能正视挫折和困难，遇到顺境就骄傲自满甚至得意忘形，遇到逆境轻则抑郁、重则轻生，缺乏能屈能伸、顺势而为的乐观态度。在这种现实下，不妨读读《朱子家训》，学学儒家这种“修己为本，穷达由天”的乐观态度。长期以来，现代学者常常批判安分守己、听天由命过于消极，从激进的革命角度来看，确实如此，但从“人生不如意者十之八九”的日常生活视角看，尽自己所能做自己能控制的分内事，至于最后结果是“穷”是“达”，不妨交给命运，也不失为一种健康合理的人生智慧。如果忽视了“尽人事”的“修己”工夫，只是听天由命，那是消极的，但如果能在“修己为本”的基础上，秉持“听天命”，这仍是积极而健康的人生态度。

总之，《朱子家训》作为家族规约，对朱氏家族的家风建设已经发挥了积极作用，随着世界朱氏联合会将其公之于世，《朱子家训》所蕴含的家教理念和家风建设思想终将会对全社会产生更普遍的影响。2013 年 10 月，习近平总书记在同全国妇联新一届领导班子成员集体谈话时指出，“千千万万个家庭的家风好，子女教育得好，社会风气好才有基础”。我们希望更多人能了解并运用《朱子家训》，把子女教育好，把一个一个“小家”打理好，进而推动社会这个“大家庭”走向更美好的未来。

# 朱子孝文化思想及其当代价值

马照南

孝文化是中华优秀传统文化中的瑰宝，是延续五千年的文化基因。朱子继承发展中华优秀孝文化，使之时代化、理论化、社会化、普及化，在理论层面、实践层面全面渗入社会，浸透到民众的内心深处，养成新的理性孝文化生活方式。研究朱子孝文化思想，对于增强文化自信，深刻理解、全面贯彻习近平总书记新时代文化思想，继承和发扬中华优秀传统文化和传统美德，广泛开展社会主义核心价值观宣传教育，不断夯实新时代中国特色社会主义思想的道德基础，建设与时俱进的新时代孝文化，有着重要的现实意义。

在中国古代社会的伦理价值中，孝是最基本、最核心的概念之一。从一定意义上说，中华优秀传统文化是由孝文化展开的有机体系。孔子认为，“仁者，人也，亲亲为大”（《中庸》）。孔子坚持“人本论”，认为孝是人性根源，人的社群关系皆以父子关系为参照，孝从家庭扩展至社会，成为社会和谐发展的根本保证。孝文化更是中华民族特有的宝贵传统，“神本论”的西方文化没有关于孝的语言和概念。这种文化的差异也引起了西方学者的重视，如德国哲学家黑格尔总结：“中国纯粹建筑在这一种道德结合上，国家的特性便是客观的‘家庭孝敬’。”① 一语点出中国作为人本社会重视伦理道德的特质和孝这一家庭伦理对治国理政的深刻影响。

孝文化源远流长，古代中国有“以孝治天下”的美誉，把孝文化作为社

① ［德］黑格尔：《历史哲学》，王造时译，上海书店出版社，2001 年，第 122 页。

会的核心价值，从而保证了国家团结、民族兴盛和文化传承。其中汉代尤为提倡孝道，褒奖孝悌，把孝文化精神渗透于各项政策之中，家庭亲睦、敬老尊老的社会风气大盛，成为各代争相效仿的典范。据《汉书》与《后汉书》统计，朝廷对于孝悌的褒奖达32次，各地的褒奖则更多。朝廷不仅在社会各个层面树立孝道的榜样，还以“举孝廉”作为选拔各级官员的重要条件和依据。不廉不孝者不能为官。在教育上将《孝经》作为官方的必读书目，让天下士子皆以孝为成才的基本素养。对于孝的推崇至唐代又有发展。唐玄宗亲自作序并注解《孝经》，太子篆额，又制定执行官方的省亲假制度，让外出为官的子女回家尽孝。

同时，随着东汉时期佛教等外来宗教传入，引起社会生活发生一系列变化，孝道文化受到削弱，人伦社会受到冲击。南宋朱子在“继绝学、绍道统”复兴儒学的过程中，从理论和实践两个层面，全面继承孝文化。在新的历史条件下，把孝文化推向新的发展高度。

（一）朱子认为“孝弟为行仁之本”。朱子五岁，其父朱松将之送入私塾启蒙，首先学《孝经》。黄榦《朱熹行状》记载：“就傅，授以《孝经》。”朱子即书八字于其上：“若不如此，便不成人”。朱子一生首先读到的是《孝经》，首先批注的是《孝经》。通过读《孝经》，以孝为基的五伦思想从此牢牢地扎根在朱子心中。他认为孝顺父母长辈是人最基本的要求，为人必孝，不孝无以成人！

朱子继承孔子孝文化思想，集两宋理学家之大成，对其作了重大改造和提升。在仁与孝的关系之中，朱子将汉儒的孝为仁之本转为“孝弟为行仁之本”。

此讨论源自儒者们对《论语》中的“其为人也孝弟”章的争辩。《论语》原文：

> 有子曰：“其为人也孝弟，而好犯上者，鲜矣。不好犯上，而好作乱者，未之有也。君子务本，本立而道生，孝弟也者，其为人之本与！”（《论语·学而》）

在两宋以前，唐代的科举考试以汉儒为宗，北宋理学家的诸多讨论也是在汉儒的理论前提下进行的。在何晏收集的汉儒注解中，以“孝”为“仁”之本，认为“本”是“基本”的意思。

在孔子思想里，“仁”是整个儒学的核心，是人的本性，是处理人与人之间关系的准则。朱子发展了孔子的思想，融合《易传》之精神，指出仁是“心之德”“爱之理”，又是“天地生物之心”，以“生生”释“仁”，在“仁”这一处将人的本性与天地之心合而为一。古代典籍《易传》曰：“天地之大德曰生。”又曰：“生生之谓易。”生生，就是草木生长、生命创造的不息动力。中国古代哲学家认为，天地以“生”为道，“生”是宇宙的根本规律。朱子综合前人的学说，在《仁说》中从“天人之际”的立场阐释仁的问题。他将“仁”解释成“天地生物之心”和“心之德”“爱之理”，强调“仁者，天地生物之心”“生底意思是仁”“天地生这物时，便有个仁”。在朱子的视野里，天地万物生生不息，既是生的体现，也是仁的体现。“生”就是“仁”，“生”就是善，就是孝。生，必须孝；仁，必须孝。这样，与仁与生密切相关的孝，就不仅仅是个人的道德问题，而是必须人人遵循的社会客观规律。孝与不孝，就不是小问题，而是关系“行仁之本”，关系到民族及国家生存发展的重要问题。

朱子将“仁”分为“专言”和“偏言”进行讨论。在“专言”处，“仁”与“孝”是体用关系，即“仁”为体，“孝”为用。如“仁之实，事亲是也”，说的便是“仁”这一根源在“孝弟”的行动中得以实现。而同样是“仁之实，事亲是也”，在“偏言”处，是“孝”将“仁”体现在日用常行之中。仁是孔孟儒学最核心的思想，孝弟是“行仁之本”，更是儒者安身立命之本。在朱子看来，不管在历史上对孝道观念有何种认识，孝道观念都是人成为人的一个重要条件，不具备这种条件，人就不成为人。他说：“以孝弟为本，无那孝弟，也做不得人。”（《朱子语类》卷四十四）即是说，孝是做人的根本和道德基础，是首要的道德。

（二）朱子认为孝是理的产物，是天理的要求。孔子的孝道思想具有强烈的政治伦理蕴涵。朱子的孝道思想坚持孔子思想，同时强化其哲学基础。在朱子思想体系中，理是最高范畴。他认为，理是宇宙万物的本原。他说："天地之间，有理有气。理也者，形而上之道也，生物之本也；气也者，形而下之器也，生物之具也。"（《晦庵先生朱文公文集》卷五十八《答黄道夫》）。这样，理就在世间万事万物之先。所以"未有这事，先有这理。……未有父子，已先有父子之理"（《朱子语类》卷九十五）。他认为孝道的终极依据在于客观世界的天理，以此提升了孝道的本体论基础，赋予孝更深的哲学内涵。

在朱子的逻辑视野里，理是在经验事物之先而具有独立存在的意义的，孝道是人应尽之伦理义务，行孝是作为社会成员，作为子女的天职。故父子关系依于孝慈之理而成立，而孝慈之理先于父子关系的存在而存在，"万物皆有此理，理皆同出一原。……为子须孝，为父须慈"（《朱子语类》卷十八）。在朱子看来，父慈子孝作为人伦之理而依于整体性的天理，具有完全的应然性和合理性，父慈子孝成为人的天职和应尽义务。在依于天理、各尽其分的要求中，朱子也提出了对父、君等尊者的要求。

在朱子《四书章句集注》中，我们可以读到孟子强调"事亲""顺亲"，认为"仁之实，事亲是也。事孰为大，事亲为大"（《孟子·离娄上》），"不得乎亲，不可以为人；不顺乎亲，不可以为子"（《孟子·离娄上》）。朱子对《孟子》孝道思想加以深度阐释。朱子认为"得乎亲"不是不问是非曲直，只讲服从与顺从。"惟顺乎亲，则亲之心皆顺乎理，必如此而后可以为子。"（《朱子语类》卷五十六）朱子以理为孝的内在依据，使孝道从西汉以来主张重"顺从"和"服从"转化为"从理""顺理"之孝，从世俗之孝的层面提升为理性之孝。

（三）朱子创新孝道礼仪、确立孝道信仰。朱子不仅充实孝的内涵，而且把它拓展为与个人、家庭、社会活动等各个方面都相互关联的礼仪准则，使孝具有庄严感、仪式感。朱子认为"礼即理也"，"礼者，天理之节文，人事之仪则"（《朱子语类》卷六）。理是存在于宇宙万物与日常生活中的"所以然之极”和“所当然之则”，既是世界万事万物的本质和规律，也是人伦日用中所必须遵循的准则。朱子制定了《朱子家礼》等礼仪规则，对包括孝道在内的家庭伦理进行了深入具体的研究，对孝道之仪节和制度进行了细致的规定，全面完善了孝道礼仪，强化了孝对人的教化作用。朱子认为，“事君、事父、事兄、处友等事，只是教他依此规矩做去”（《朱子语类》卷七）。《朱子家礼》成为近千年来民间遵循的礼仪，这种礼仪具有强大的持久力和生命力，至今依然指导着我们的日常生活。

朱子注重化民成俗，主张应有庶民的祭祖活动，且以《易》“冬至一阳生”为据，主张并推行冬至祭祖。因为理学家的推崇，冬至祭祖的习俗在当时流行起来，南宋时人孟元老回忆北宋都城东京开封府冬至：“十一月冬至，京师最重此节。虽至贫者，一年之间，积累假借，至此日更易新衣，备办饮食，享祀先祖，官放关扑，庆贺往来，一如年节。”[①] 冬至祭祖不仅仅是理学家的理论倡导，而是已成为具体的社会实践进入百姓生活，成为礼的新典范。

朱子在《家礼》中言：“冬至，祭始祖。”将其作为礼定立下来，成为庶民生活的典范。朱子的冬至祭祖思想上承伊川，但是他对伊川冬至祭祖的思想并非照搬全收，而是略有微词。由“冬至一阳生”而言，“一阳生”，不是指阳气开始出现，而是冬至成一爻。朱子曰：“冬至方是结算那一阳，冬至以后又渐生成二阳，过一月却成临卦。坤卦之下，初阳已生矣。”（《朱子语类》卷七十一）

朱子提出了“一阳生”，强调的是在象数上的一个阳爻已经生成，此象数之说并非伊川的观点。朱子还对祭祖的对象进行了更细致的规定：一是“受姓之祖”，一是“生民之祖”。《朱子语类》记载朱子与其弟子的对话：“问：‘冬至祭始祖，是何祖?’曰：‘或谓受姓之祖，如蔡氏，则蔡叔之类。或谓厥初生民之祖，如盘古之类。’”（《朱子语类》卷九十）时至今日，包括中国、韩国、日本在内的东亚世界都有冬至祭祖的传统习俗。

① 〔宋〕孟元老：《东京梦华录》，邓之诚注，中华书局，1982年，第234页。

正是朱子孝道理论和仪节规矩的确立推广，增强了中华民族对孝的信仰。古代倡导的衣锦还乡、落叶归根，延续到今天，学子考取重点大学，考取博士，在某个行业做出成就的时候，依然会想到光宗耀祖。如果没有做好，在社会上身败名裂的时候，就会认为给祖先丢脸了。继承祖先之志，述祖先之事是千百年来中华子孙的追求，孝就是方向、就是目标、就是准则、就是信仰。

（四）朱子大力推进孝道文化大众化、普及化。朱子既是一个不世出的哲学家、思想家，也是一个教育家，其兴办书院教化一方，其《白鹿洞书院揭示》更成为书院学规之范本。《揭示》首句便是："父子有亲，君臣有义，夫妇有别，长幼有序，朋友有信"，此将孝放在书院办学的第一位。朱子与其弟子刘清之合编的《小学》是我国现存最早的小学教材，全书共六卷，分内外两篇。内篇有四个纲目：前三个是立教、明伦、敬身，第四个是鉴古。外篇分两部分：一是嘉言，二是善行。孝道教育是其重要内容之一。数百年来，该书一直是实行启蒙教育的重要教材。朱子编写的《增损吕氏乡约》等著作，推进德业相劝、过失相规、礼俗相交、患难相恤的社会实践。其中突出"居家则事父兄，教子弟"，为后来逐步形成的以乡约、保甲、社学、社仓四者为一体的乡治系统奠定基础。《朱子家训》提出的"父之所贵者，慈也。子之所贵者，孝也。兄之所贵者，友也。弟之所贵者，恭也"，强调的"读书起家之本、循礼保家之本、和顺兴家之本、勤俭治家之本"融汇的也是孝道文化。朱子把推进孝道文化大众化、普及化，与社会治理紧密结合起来。朱子在各地讲学，孝道是他传授给学生的重要必修课。他在各地当地方官，推广《孝经》，宣扬孝道，也是其推行社会教化的重要举措。朱子知漳州先后颁布《论俗文》《晓论居丧持服律事》等文告。要求仕宦之家要安分循理，克己利人，不可恃强凌弱；要求百姓孝亲尊老敬贤，和睦相处，各守本分，各修本业；要求各类宗教不得干涉民间正常婚姻，不得以种种名义敛掠钱物。朱子积极推广文明礼俗，使得漳州乡族组织、家族制度、婚丧节日礼仪、待人接物礼仪逐步完善。八百年来，"漳民率遵朱子之礼"，成为闻名遐迩的"礼仪之邦”。朱子改变历史上只有皇家、富贵人家才有祠堂、家谱的情况，鼓励民间修建祠堂，以体现“报本反始之心、尊祖敬宗之意”。在朱子倡导推广下，宋代以来每个不同的姓氏都有了自己的祖庙，有家族族谱。在宗族演变的过程中，最主要的就是传承孝道。不管是什么样的节庆假日、婚丧嫁娶，人们首先在祖庙、祖祠里祭拜祖先。在朱子影响下，居住房屋也体现着儒家孝道之宗族群居、长幼有序、尊祖敬宗的伦理精神。孝道也体现在民间故事、传说艺术上等各个方面，产生了很大的影响力和渗透力。

朱子注重践履孝文化，他奉母至孝，远近闻名。相传其母喜食汤饼。朱子每次出门远行游学，都要亲手制作大量的汤饼上奉母亲，以慰老母思儿之情。五夫乡人感其孝心，相互效仿，并称此饼为“朱子孝母饼”，流传至今。

蔡尚思评价朱子：“东周出孔丘，南宋有朱熹。中国古文化，泰山与武夷。”朱子是中华文化的代表性人物，在古代思想家中，朱熹是最自觉地将自己的思想，包括孝道文化制度化、世俗化、生活化的一个学者。

当前，我国已进入人口老龄化。据统计，我国的老年人口已逾 1.3 亿人，约占总人口的 11%以上。尤其是，我国的老年人口基数大、来势猛，是在“未富先老”的情况下迎来了人口老龄化。据预测，到 2025 年，老年人口将达 2.8 亿，约占总人口的 20%，80 岁以上的老年人数将达 2500 万人。那时，我国 60 岁以上的老年人相当于美国的总人口，两倍于日本的总人口，其中 80 岁以上的老年人将超过澳大利亚的总人口。因此，传承弘扬朱子孝文化，对于应对老龄化社会，对于认同社会主义核心价值、建设和谐社会具有重要的现实意义。

一是从弘扬中华优秀传统文化，建设社会主义核心价值观的高度，深化新时代孝文化建设。孝道文化是中华民族生生不息、屹立于世界民族之林的根本，是中华文化薪火相传、不断发展创新的基础。弘扬新时代孝文化，倡导和践行孝道文化是构建社会主义核心价值，增强国家文化软实力，促进民族伟大复兴的有效途径。应该看到，改革开放之后，孝文化在文化战略上，在整个国家的精神文明建设和社会文化建设中一度受到忽略，或者说分量相比轻了很多。因此，我们需要重建核心价值，特别是从国家整体文化软实力提升的视角弘扬孝文化，深化孝文化建设。在现代社会，孝的表现形式和中国古代有很大不同，我们应该对现代社会孝的表现形式进行深入研究，与社会主义核心价值观、核心价值体系密切结合，应该倡导在家为孝子，在国为忠臣。同时，从培养担当民族复兴大任人才的高度，使孝文化变成现代人的生活理念和生活方式。这样，孝文化就会为促进家庭家风家教形成发挥更大作用，使之成为构建社会主义核心价值观的牢固根本和永不枯竭的源泉。

二是与时俱进，坚持创造性转化、创新性发展孝文化。"两创方针"是党的十九大提出的文化发展方针，完全适合孝道文化的传承发展。应该看到，随着时代的变化，传统的孝文化已不能完全适用于当代社会，需要结合今天的社会需求进行创造与创新。当代社会独生子女多，父母乃至爷爷奶奶将孩子都视为掌上明珠，一味迁就，百般疼爱，养成了孩子唯我独尊、任性的性格，不讲长幼，不懂礼貌，什么事都由着他，犯了过错也不教育。这种性格的养成，对孩子成长带来了许多负面影响。《朱子家训》要求子女对父母要"孝"。"子之所贵者，孝也。"所谓"孝"，是指子女要善待父母，父母在世，子女要奉养、尊重，父母辛辛苦苦将子女养大，在子女身上倾注无数无私的爱，而作为子女，一旦独立就应当主动承担赡养父母的责任，让其安度晚年，不仅在物质上关心父母，更应在精神上关心父母，在父母面前要保持和气、愉色与婉容，平常要多问寒问暖，问疾问安等。同时，子女要善其本身，不要让父母"讨气"，特别是要杜绝不孝的事情发生，如懒惰、赌博、斗殴等。因此，我们既要遵循《朱子家训》的一般道理，又要研究新情况新问题，有的放矢地加强教育。

同时，孝道文化涉及家庭伦理、社会伦理、历史伦理。我们要坚持"两创方针"，推进孝道文化的创新性转换。古代关于孝的论述、事例、典型非常多，有精华，也有糟粕。今天的孝有其时代特点和时代要求。要讲好今天的故事。对古代的故事要经过改造之后，才可以用来教育今人和后人。还有，我们不可孤立地谈孝，还可以把它和忠连在一起。忠是国家关系，孝是家庭关系，善是人与人之间的关系。我们应当吸收历史上有益的、健康的优秀孝文化，来研究现实当中的新情况、新文化。要把现实情况与传统文化相互结合，实现“两创”，才能够适应时代需求，得到社会的认可，才有新的生命力。

三是积极倡导敬老的文明、营造敬老的社会氛围。让孝成为现代人的生活理念，让孝成为诚心相待、互相尊重的待人方式，需要营造良好的孝文化社会氛围，三类对象需要首先考虑，一是青少年，二是党员、领导干部，三是社会知名人士。敬老尊老爱老应该从小抓起，在幼儿园和中小学开展敬老爱老活动，敬老爱老应该入教材入课堂。党员领导干部要做敬老楷模，敬老爱老应该成为考核领导干部的标准之一。社会名人具有广泛的影响力，应该成为敬老爱老的模范。在信息时代，我们拥有广泛的信息渠道和宣传形式，可以采取“互联网＋孝文化”，以生动的、多种多样的形式来推广孝文化。

四是强化敬老、爱老的制度安排和社会政策。社会学家认为，社会的文明质量可以从这个民族照顾老人的态度和方法中得到反映。善待老年人是当代人文明素质和道德水平的重要参照，也是社会文明进步的体现。社会各界可以通过传统的仪式生活强调孝道的文化实践，这种仪式生活有两种：一种是传统节日，利用传统节日的机会来展示、传承孝道文化，比如把重阳节变成敬老节，可以安排假期，让大家在重阳节探望自己的父母；另一种比如在成年礼、中式传统婚礼等已有仪式中将其放大、充实。强调父母抚养子女的不易，教育他们在未来做有孝心的人。应该看到，不论社会如何发展，家庭养老这种传统永远不会过时。家庭养老当中的孝文化氛围，生活护理、精神慰藉、亲情关爱，是其他养老方式难以替代的。在现行退休制度下，许多退休老人身体很好，仍然拥有极大的创造力，可以更好发挥作用。

# 朱熹家庭伦理思想的现代意义

黄柏翰

## 一、前言

家庭是社会的基本组成单位，也是人际伦理的出发点和核心，健全的家庭功能就像健康的人体细胞一样，是整体国家发展的基础。因此，家庭伦理的建设是维持社会和谐不可或缺的一环，也是社会发展的关键。在中国传统社会当中，“修身、齐家、治国、平天下”是一个深植人心的观念，家庭伦理不但是个人私领域的家事，同时也是关系整体国家民族命运的大事，因此格外受到重视，是道德建设的核心概念。

朱子非常重视家庭伦理，并有许多相关著作。朱子是传统儒学的集大成者，对传统社会的价值形塑起了关键性的作用，他的家庭伦理思想也构成了传统社会的家庭伦理观。朱子理学是以修身成德为核心关怀所展开的，他的家庭伦理观也是在修身成德的基础上建立，在强烈道德自觉的要求下，描绘出一个以血缘亲情为基础的理想家庭——父慈子孝、兄友弟恭、夫义妻顺的美满家庭，这是一个国家缩影的小型社会组织，也是天理在人伦纲常上展现出的常道。这样的义理观构成了传统文化的价值标准与道德规范，形塑了中国传统社会的家庭样貌。

随着时代的演进，传统文化当中理想家庭的描绘渐渐受到质疑或批判，尤其在五四运动时期，传统的伦理观成了批判对象，家庭伦理则是其中主要的战场。在这之后，中国从传统封建社会朝向现代化快速转型，不但家庭的结构发生了巨大的改变，家庭伦理观也产生了极大的变化。本文从传统家庭伦理观的梳理出发，探讨家庭伦理的本质意涵，并配合现代家庭的实际需求，提出朱子家庭伦理观所具有的现代意义。

## 二、传统家庭伦理观的转变

### （一）传统家庭伦理观所隐含的政治思维

1.“家国一体化”与传统“家”的概念

“修身、齐家、治国、平天下”是中国人思考家庭伦理问题时第一句想到的话，这句话语出《大学》。在孔子的时代，《大学》还不是儒家最重要的经典，朱子的《四书章句集注》提升了《大学》的地位，于是，“修、齐、治、平”成了传统儒生的人生理想与奋斗目标。这句话隐含了“家国一体化”的观念，“家”不仅是社会组成的基本单位，“齐家”也是伦理道德和政治关怀的起点，是为了实现“治国”“平天下”的人生理想而做的准备。家国一体化思想也能从语言当中很清楚地表现出来。汉语的“国家”概念由“国”和“家”组成，二者间具有一体化的关系。英语“国家”的概念一般表述为“country”“nation”或“state”，这几个词都是表示地域或民族性的概念；而汉语“国家”概念则是地域性、民族性和家庭组织的总和。

从“齐家”是否能推展到“治国”呢？这个被传统士大夫奉为圭臬的人生罗盘，现代人可能会有所怀疑。在传统家国思想当中，“家”的概念不是我们目前社会普遍见到的小家庭，而是“家族”的概念。它是一个以姻亲与血缘关系组成的小型社会，规模从几十人甚至到上千人都有可能。“家族”是一个小型社会组织，有严密的宗法礼制和伦理规范，家族领袖往往负有基层管理的职能，能够对个人进行约束，家族的社会运作就像是一个国家的小型缩影。

关于“齐家”和“治国”之间的关系是否那么紧密呢？清代学者谭嗣同也曾提出质疑。他指出，《大学》中所谓的“家”：

> 彼所言者，封建世之言也。封建世，群臣上下，一以宗法统之。天下之大宗也，诸侯、卿大夫皆世及，复各为其宗。……宗法行而天下如一家。故必先齐其家，然后能治国、平天下。自秦汉以来，封建久湮，宗法荡尽，国与家渺不相涉。家虽至齐，而国仍不治，家虽不齐，而国未尝不可治。……大抵经传所有，皆封建世之治，与今日事势，往往相反，明者决知其不可行。

谭嗣同从历史发展的角度指出，《大学》成书背景中“家”的概念是封建时期的“大家族”概念，因此在历史上经常可以见到家齐未必国治，或者国治而家未必齐的例子。顾颉刚也指出，《大学》中“齐家”并非一般的氏族，而是“鲁之三家”、齐之“高、国之家”，即“一国中之贵族，具有左右国之政治力量者”。由此可知，《大学》齐家思想所讨论的“家”并非一般寻常百姓之家，而是封建贵族之家。家国一体化是周朝宗法封建统治下的思想产物，诸侯称国、大夫称家，还有“天子建国，诸侯立家”的说法。传统家庭伦理观是在大家族的社会脉络下讨论的，和当代社会普遍存在的核心家庭概念有着极大的差距，因此，想要把传统的家庭伦理观置入现代社会的脉络，需进一步梳理。

2. “家国同构”思想构成一个政治、文化、经济的超级铁三角

在国家和每一个个人之间，存在着家族这个重要的中介，通过严密的宗法礼制把每一个个人组织起来，成为一个个朝向中央的小型社会组织，形成特殊的“家国一体化”思想。“家国一体化”不但把家族组织起来，也建构了传统中国士大夫的政治意识形态，是维持社会稳定的重要因素。但是，如同谭嗣同所质疑的，《大学》所谓的“家”是指具有国家政治影响力的大家族，并非一般的氏族，自秦汉以来“家”和“国”之间的联系并非那么紧密，是什么原因让中国人的家庭伦理观总是和国家观念联系在一起呢？

“家国一体化”之间存在着“家国同构”的思想，这是联系二者关系的真正基石。传统中国人把整个“天下”视为一个大宇宙，而“个人”以及“家

族”则是和大宇宙具有相应结构的小宇宙。这种同构思维是汉儒政治哲学的基础，并在朱子理学当中得到进一步的理论说明和强化。大宇宙和小宇宙之间不但具有结构上的相似，也都是天理的展现，是休戚与共的生命共同体，二者间还具有特殊的符应关系。在家国同构思想指导下，家族和国家之间不只是单纯的单位组成关系，家族是国家的缩小体，是具有相似结构、会交互影响的一对同构体。“家”的放大就是“国”，因此，皇帝被视为“父”，而地方官员被视为“父母官”。家国同构思想让移孝做忠成为可能，加强了封建统治的力量，进而成为重要的官方意识形态。

金观涛先生在其“超稳定系统假说”当中，分析了儒家学说对于维持封建大国社会稳定的作用。他认为，通过儒家学说的指导，中国社会建立了一个“超稳定系统”，由儒家政治意识形态整合了文化、政治、经济三个子系统，构成庞大的中央集权国家。在两千多年漫长的历史长河当中，维持这么一个幅员辽阔的统一政权，在世界上其他民族之间是绝无仅有的。儒家的政治学说是维持稳定的关键，它是克服分裂割据的重要意识形态——团结了每一个个人，指导着各阶层组织的行动纲领，将松散的组织整合成向中央集权整合的结构。在国家和个人之间，宗法的家族、家庭观念是重要的中间层。然而，宗法血缘家族往往具有强烈的封闭性，容易形成割据的封建势力，不利于建立广大地域性的国家。而家国同构思想却可以维持政治、文化、经济三个子系统的协调稳定，把国家和个人很好地协调起来。

“家国同构”思想让强调家庭伦理的孝道思想，成为最高的道德原则，也是忠君、爱国的基础，这让移孝做忠成为可能，并进一步强化了封建统治的力量。在二者的同构关系当中，我们看到了家族礼制观念强化了儒家的国家学说，但是，政治意识形态也因此渗透到了家庭伦理思想当中。封建统治者有意识地加强宗法制度，家庭不但是一家人共同生活的单位，族长还承担着地方自治、教育、道德规范的责任，在严密的宗法礼制之下，家庭俨然是一个小型社会。传统的家庭伦理观和政治意识形态之间具有不可忽视的交互关系。

3. 严格的继承者教育

在家国同构思想的观念下，家族是一个和政治、经济紧密结合的系统。个人的社会地位取决于家族的社会地位，个人的社会活动都离不开家族的因素。因此，家庭伦理就和政治、经济紧密地结合在一起。对于封建贵族之家而言更是如此，“齐家”与“治国”之间具有紧密的联系性与紧张性，其中的国主或家主更扮演了关键角色，辅以严格的继承者教育。

儒家的观点认为，君主具有无上的权力，言行举止稍有不慎，其影响的层面比普通人还要深远得多，是以需谨言慎行，并带头自我修养，作人民的表率。董仲舒言：“君人者，国之元，发言动作万物之枢机。枢机之发，荣辱之端也。失之毫厘，驷不及追。”此外，治人者与被治者的关系也是相互依存的，因此“民以君为心，君以民为体”成为儒家思想的基本观点。为了日后能有良好的治理能力，君主的养成教育便成为一个重要的课题，它已经不再是一个私领域的事情，而是关系着政治的国之大事。根据《大戴礼记》的记载，太子年幼时，身旁须设有太保、太傅、太师、少保、少傅、少师六名近臣，严格掌管太子的生活教育。太子年纪稍长后，须入小学、东学、南学、西学、北学、太学六学，学习行政管理的知识。“及太子既冠，成人，免于保傅之严，则有司过之史，有亏膳之宰，太子有过，不书过则死；过书而宰彻去膳，夫膳宰之义不得彻膳，不彻膳则死。”对于太子所犯的过错，必须详加记录以备查考，并以撤去饮食作为惩戒。这些严格的教育工作甚至应该从胎教开始。君主执政后，身旁需安排“絜廉而切直，匡过而谏邪者”，“拂天子之过者也”。

“自天子以至于庶人，壹是皆以修身为本。”从《大学》可看到儒家传统包含了修己与治人两个不可分割的面向，而“盛德的君子”则是其中的枢纽。家国同构以天子为中心，把每一个个人、每一个家族组织成以天子为中心的互相关联的大网。每个人都应该努力地修正自身，成为君子（要治人则要先成为君子），成德之教或君子之学便成为儒家教育的理想，构成家庭伦理重要的纲领。

### （二）现代家庭伦理观的产生及其特征

1. 五四批判精神的影响

家国同构的伦理思想，让移孝做忠成为可能，成为传统封建统治的基石；然而，影响是双方面的，封建统治的政治思维也渗透进家庭伦理当中，表现出强烈的父权专制色彩。这让传统的家庭观在近代面临严重的抨击，尤其在五四运动时期表现更为激烈，五四青年普遍认为传统的家庭宗法观念束缚了个人和个性的自由。当时，个人主义逐渐抬头，取代传统家族本位主义，如陈独秀："尊重个人独立自主之人格，勿为他人之附属品。"傅斯年和李大钊也将家族制度视为压制个性发展的"万恶之源"。

五四时期是新旧意识形态更替的重要阶段，在社会观、价值观、哲学观三方面同时出现整体性的变化，并对传统伦理秩序等级产生一种全盘价值逆反的态度。传统儒家是以"仁"和"家庭伦理"作为文化价值系统的深层结构，具有井然有序的伦理秩序。五四运动拥护"平等"的新价值，很多人主张废除伦理等级尊卑的约束，例如陈独秀就把纲常名教看成是阶级制度的拥护，违反平等的精神。鲁迅的《狂人日记》也表达了对传统伦常礼教的指控，认为满篇的道德仁义都是吃人礼教。伦常等级的解构不只表现在政治意识形态上，他们主张家庭伦理的规范也应该一并消除，许多五四青年从家庭伦理出走。胡适在《易卜生主义》一文提出了对家庭伦理的质疑，文中说："易卜生的剧本《娜拉》（或译《玩偶之家》），把家庭看成是虚伪、假道德的猴子戏戏台。易卜生所描述的家庭，有四种大恶德：自私自利；倚赖性、奴隶性；假道德、装腔做戏；懦怯没有胆子，妻子如同丈夫的玩偶……"胡适在白话诗《我的儿子》中认为，父母于子女无恩，本不应居功，更不能随意索取。五四思想主要集中在对家庭伦理尊卑等级的质疑，尤其是对父权专制思想的批判。

2. 社会变迁、政治改革运动与现代家庭的面貌

五四运动是传统中国朝向现代化转化的关键，但它是文化精神层面的启蒙，具体实践还必须仰赖整体社会条件的成熟。近代中国一系列的社会变迁

和政治改革运动，则是这些近代思想的具体实现。除了整体大环境的变迁以外，政治上的社会改革运动把五四以来的现代化思潮，通过妇女解放、人民公社、计划生育、改革开放等一系列的政策表现出来。这些是对于现代家庭的形塑有着重大的影响。尤其是妇女解放和计划生育政策，直接改变了现代家庭的面貌，改革开放等一系列政治、经济的政策，也重构了现代中国的整体社会环境。

政治改革配合整个大时代的社会变迁（例如民主政治的实现、从传统的农业社会朝向现代化工业社会转型、都市化的现象等时代的巨变），不但传统家庭生态急遽转变，整个社会的政治经济形态也有了极大的不同，迎来 20 世纪全新的家庭生活面貌。现代家庭有着以下几点特征以及独特问题。

（1）家庭结构由大家族变成小家庭

在改革开放、工商业经济兴起之后，人口朝都市集中，传统以农立国、集体农耕生活的社会形态改变，与之相适应的传统大家族结构也迅速崩解，取而代之的是以直系血亲为主的小家庭结构。随着计划生育的实施，家庭的结构更加小型化，三口之家成为现代家庭的主流。不但家庭结构由繁变简、规模由大变小，家庭的职能也由多变少，没有那么多复杂的人伦组成关系。传统的家庭伦理乃是为了庞大的家族组织而制定的规范，放到现代化的小家庭之中，往往显得臃肿不堪。

（2）女性角色定位的改变

女性拥有受教育权以及就业的保障，让现代妇女不再需要完全依附家庭，拥有知识与经济的独立。双职工家庭日益普遍，妇女除了家庭之外，也走向了社会，拥有独立自主的生活空间。这让传统男主外女主内、男尊女卑的家庭伦理思想受到质疑。此外，现代妇女也面临到家庭、事业难以兼顾的问题。这些实际需求都让现代化的家庭伦理建设成为必要。

（3）家庭的轴心从父系家长制转变成以夫妻双方为主

传统小农经济生产模式被工商业经济取代，农业生产的没落促使传统宗法家族的消失。土地的继承不再以农耕为主，这让传统传子不传女、嫡长子继承制等避免土地分割的措施松绑，使得宗法家族制度不再具有那么强大的约束力。教育的普及，让子女辈得到比父辈更好的教育，而在知识上、经济上更具优势，职业的选择和社会阶层流动变大，这也是家长制权威变弱的原因之一。受都市化等的影响，家庭结构变小，夫妻双方共同负担家庭经济责任，共同进行决策成为常态，传统以父系为主的家庭轴心，转变成以夫妻双方共同做主的家庭轴心。如此一来，夫妻关系是否融洽，就成了家庭功能是否健全的关键问题。

（4）家庭生活重心集中在子女身上

少子化的现象让子女受到特别的关爱，家庭生活的重心几乎环绕在子女的照顾和教育问题上。过多的关注容易偏于溺爱，加上过度强调升学考试的价值观，常常养成许多抗压力低的小公主、小王子。因此，家庭的教育功能虽然受到普遍重视，却也有许多需要反思的地方，下文会从朱子的家庭教育观来回答这个问题。

（5）家庭伦理从家长制转向强调民主与平等

传统的家庭伦理比较强调家长权威以及男性主导权，这在五四运动以及近代以来的政治改革当中都有许多反省与改变。当代的家庭已经较少是权威专制的家庭气氛，大多是比较强调自由和平等的对待。在少子化以及社会思潮的影响下，父母和子女之间也较少是权威压制的教育，父母会较大程度尊重子女的个性和独立性。在夫妻关系方面，实现了婚恋自由、婚姻自主，女性也拥有独立地位与得到较高的尊重。

在传统家族礼制的约束下，过去的现代化思潮着重在争取个人权利和自由，但是对当代社会而言，个人主义和家庭义务或夫妻关系之间的冲突矛盾，可能是更为迫切的问题。离婚率的居高不下是当代社会普遍面临的家庭危机，发达国家情况更为严重，都市又比乡村严重。过去的社会改革思潮以及政治改革运动，常常沿袭了五四以来的一味批判传统的惯性思维，缺乏对传统文化以及现代化问题进行更深层、更合理的思考，在破旧的同时，未必能建构出相应的家庭伦理观，而导致出现许多家庭问题。

## 三、朱子家庭伦理思想在现代社会所能发挥的积极功能

### （一）朱子的家庭伦理思想

1. 家庭伦理的本质与和谐思想

传统的家庭伦理观虽然受到政治意识形态的影响很深，具有浓厚的封建文化色彩，但是，这具有当时的时代背景和社会意义，没必要因此而加以全盘否定。讨论朱子家庭伦理思想的现代意义，可将政治因素的介入从中剔除，回归家庭伦理的本质。随着时代的推移，“修、齐、治、平”这一蕴含家国同构思想的指导方针和现代社会的现状已有所不同，“齐家”与“治国”被视为不同的实践领域（公领域和私领域），其间的联系未必那么紧密。现代人可能不会将“齐家”视为“治国”的准备工作，家国同构的关系可能被看成是细胞与身体的关系——家庭的和谐有益于国家的稳定。排除政治因素的干预，回归家庭的本质。家庭是以夫妻之间的结合和亲子间的孝慈为主，它是人际组成的最小单位。家庭伦理则在于调适家庭成员之间的相处，使其成为一种和谐、美满的理想生活样貌。朱子的家庭伦理强调以和为贵的和谐价值，家庭伦理的本质在于和谐。

家庭由不同的成员组成，彼此有不同的个性和需求，隐含了诸多潜在冲突因子，处置不当容易产生纷争。此事古今皆然，所以有“百忍堂”的故事流传下来，强调家庭和谐的维系需要一个“忍”字。但凡家庭组织形式存在一天，这种内在冲突因子就会存在，古今可能有不同的形态，但本质却是一样的，现代社会强调个人主义，不稳定因子更多。面对这些矛盾因子，可能有不同的态度。过度强调个人主义，会激化家庭的矛盾；但是过度的压抑，又容易牺牲个性的发展。如何取得一个平衡点，是古今家庭面临的共同课题。

2. 不诚无物与反求诸己

维持和谐是家庭伦理的本质，但是和谐的代价往往需要牺牲个人自由，不合理的压抑就会变成《娜拉》中所描述的“玩偶之家”那样，成为维持表面和谐的虚伪道德。尺度的拿捏除了中庸之道的把握之外，最重要的是要有“诚”。

《大学》“修身”“齐家”之前还有个“正心”“诚意”的工夫，缺乏真诚的心念，所有的伦理规范都将沦为伪善，所以儒家说“不诚无物”。

《孟子·离娄上》：“行有不得，反求诸己。”它的含义是：事情做不成功，或者人际关系处得不好，就要反躬自省，一切从自己身上找原因。维持家庭和谐，不是拿来作为一种规范去强制别人，而是一种价值认同，要能够做到凡事反求诸己，通过自我调适与改变，促进家庭的正向发展。

3. 朱子的家庭教育思想

反求诸己就凸显出“修身成德”的必要性，这是朱子教育思想的核心价值。“修身成德”要从小开始培养，《易经·蒙卦》：“蒙以养正，圣功也。”事物发展的初期阶段是关键时刻，要予以细心的照料和引导，为将来的发展打下良好的基础。家庭教育是幼儿启蒙的开始，大人的言传身教，是儿童建构道德认知、道德情感和道德行为的参照体系。朱子对家庭教育极为重视，除了《朱子家训》《朱子家礼》《古今家祭礼》之外，还著有许多专为儿童编写的启蒙读物和日常规范，如《童蒙须知》《训蒙绝句》《小学》。朱子的家庭教育思想除了上述著述，还可从下列两类文章获得：专门教诫子辈的短文和书信，如《训子帖》《与长子受之》《戒子塾文》《与长儿书》；与师友门人通信中所提及家庭教育的内容，散见于《朱熹集》《续集》《遗集》等。

朱子相当重视家礼的建设，编有《朱子家礼》，将日用伦常和礼节制度，在当时流行的《司马氏书仪》的基础上重新修订，使行止有一合宜的规矩可遵循，对于冠、婚、祭、丧等礼节都有详细的规范。具体的礼节规范要有仁爱的精神作为核心，否则就成了一个空壳子。家庭主要在培育人的德行，使其仁心能充分地表达。家礼是依止的方式，是一种恰如其分的践履，是外在形式，而仁心则是更为重要的内在精神和核心价值。《朱子家礼》：“凡父母舅姑有疾，子妇无故不离侧，亲调尝药饵而供之。父母有疾，子色不满容。不戏笑，不宴游，舍置余事，专以迎医检方合药为务。疾已，复初。”子女对于父母应当悉心奉养，这些行为必须是发自内心情感的自然表现，不是应付外在规范的虚伪做作。《朱子家礼》当中还有许多关于“尊老爱幼”“夫妻和睦”

的描述，这些也都是要以诚意作为核心，朱子则是将理想与原则加以提示。

**（二）家庭伦理与社会道德的重建**

1. 重建和谐的两性观

现代社会把夫妻结合的动力——爱情，给绝对化了，出现了离婚率居高不下的问题（过分强调个人自由以及个人情感，让家庭伦理对于两性关系的协调功能丧失）。和谐的夫妻关系是家庭功能健全的最大保障，两性观是现代家庭伦理的重要问题。当然，过度压抑个人也并非理想的家庭形态，二者间寻求一个平衡点，需要家庭伦理的重建。

朱子“男尊女卑”这句话一直被很多人诟病，其实，我们可以从《易经》阴阳调和的思想来理解朱子对于夫妇问题的看法。除了爱情的媒介之外，夫妻关系本来就是异质元素的结合，在激情退却之后，更本质的部分就是调和互补的工作，这个部分是需要双方共同付出和努力的。传统的家庭伦理观要求男性负责物质和经济的责任，对于女性强调顺从和情感上的忠贞。这种观念具有特定的时代背景，现代人可能不太认同“男主外，女主内”的分工，主张双方都应该有对等的道德规范（情感忠诚和家庭责任）。西方文化把人与人、社会与社会，看成是相互冲突的矛盾体系；阴阳互补的两性观，把人与人的组成看成是一个完整的协同架构，为共同实现和谐的理想而互相配合。这种阴阳互补、强调和谐思想的两性观，对于家庭这种重视情感的地方而言，可能更加适合。

2. 家庭的道德教育功能

现代伦理学比较强调公领域的道德原则的讨论，忽略了个人修养和道德自觉的问题。但是，我们很难想象一个不孝顺父母、不友爱兄弟的人，能够无私地实践道德行为，因此，儒家把家庭伦理视为人类道德的起点，是道德形塑的第一站，也是最重要的一站。在升学主义的影响下，现代家庭的教育重心过度偏重升学考试，这种情况和古代士子热衷科举中进士的情况是一样的，这样的教育成为一种谋求个人利益的功利教育，不但无益于社会进步，也是道德风气败坏的根源，朱子对此也提出过强烈的批评。

朱子批评他们当时的官方教育已经丧失了儒家修身成德的教育理想：

> 所谓太学者，但为声利之场而掌其教事者，不过取其善为科举之文，而尝得隽于场屋者耳。……间相与言，亦未尝开之德行道义之实，而月书季考者，又只以促其嗜利苟得，冒昧无耻之心，殊非国家之所以立学教人之本意也。

太学成了争名逐利的地方，造成“因仍浅陋，知有科举而不知有学问”的现象，导致学术水平低落、社会风气败坏。他在书院教育理念当中确定了五教之目：“父子有亲，君臣有义，夫妇有别，长幼有序，朋友有信”（《白鹿洞书院揭示》），在《朱子家训》开篇也载明了“父之所贵者，慈也。子之所贵者，孝也。兄之所贵者，友也。弟之所贵者，恭也。夫之所贵者，和也。妇之所贵者，柔也”，以伦理道德作为家庭教育的核心。

道德教育是社会和谐的基础，也是健全人格发展的必要条件。道德重建与社会风气的改变，家庭教育是关键，需要为人父母者能够深切地体认并且以身作则。朱子的家庭教育强调的是德性的教育，和当今社会普遍重视的升学教育不同。朱子的家庭教育思想和家庭伦理规范，对于建立现代化家庭伦理教育而言，具有不可忽视的参考价值。朱子编有很多蒙学教育文章，也是很好的家庭教育读本，如果可以每个星期抽出固定时间进行亲子共读，不但是家庭学习时间，也是珍贵的亲子互动时间。通过这些德育问题的沟通与讨论，树立正向的人生态度与价值观，也可以增进亲子间的情感交流，避免代沟的产生。

3. 家庭的情感功能

家庭是每一个人精神的港湾。在工商业社会繁忙的工作压力之下，人们面临很大的精神压力。家人间的情感支持与互相倾诉，有助于抗压以及情绪平稳，可以预防精神疾病的发生以及青少年暴力倾向。家庭生活对于人格塑造有很大的影响，在充满爱与关怀的环境中长大的孩子，比较容易学会感恩与付出；在缺乏情感照顾环境长大的人，往往性格忧郁，甚至容易发展成反社会人格。

4. 孝道伦理与老龄化社会的来临

老龄化是中国已经开始面对的社会问题，老年的照顾不能全部依赖社会福利，还是必须以家庭照顾为主。老年照顾不只是物质层面的问题，更重要的是居家的生活照顾以及精神生活的问题，这些都必须仰赖家庭生活而完成。重振孝道伦理，让孝道成为重要的社会道德，得到普遍重视，是老年问题的根本解决。

中国有句老话："家有一老，如有一宝"，这是对老年人智慧的肯定。一个懂得孝道伦理的家庭，老年人的照顾就不会被看成是家庭负担，而是一种自然而然的互相关怀与照顾，在彼此需要的时候伸出援手。和年长者共同生活，也能从中得到生活经验和智慧的传承，对于子女的道德教育和感恩教育，更具有积极的示范作用。

## 四、结语

家庭伦理建设是维系社会和谐的基础，也是重建社会价值的重要工作。在巨大的社会变迁下，我们面临了重振家庭伦理的需求。传统的家庭伦理观是否适用于当代社会，一直是备受讨论的问题。传统的家庭伦理观是在"家国一体化"以及"家国同构"思想下产生的，适用于古代社会以大家族为主的家庭生活模式，套用于当代社会普遍存在的小家庭规模，不管在理论指导或是伦理规范方面，都有进一步调整的必要。一味地坚持传统或全面批判，都不是理性的态度。合理的态度应该是要掌握家庭伦理的本质，将其中受到封建政治意识形态影响的部分剔除，重新考虑当代的价值取向，并配合当代家庭生活的实际面貌重新调整。

朱子的家庭伦理思想强调和谐的价值。笔者认为，和谐是家庭伦理的本质，对于和谐价值的肯定与追求，是传统文化具有的深刻内涵。家庭由个别的成员组成，不同的角色定位、不同的性格和立场，本来就很容易发生摩擦。

过度强调个人主义容易激化矛盾，过度的压抑又不利于家庭成员的适性发展，当中的权衡不但需要智慧，更需要彼此间的自觉与反省。“行有不得，反求诸己”是儒家一贯的处世态度，和谐的维护是必须通过自我要求而建立的，而不是作为外在规范去宰制任何人。面对家庭问题，朱子肯定“修身”的重要性，认为“修身为齐家之本”。而修身的前提是要能够“诚意”“正心”，否则就容易沦为维持表面和谐的伪善。

现代的家庭伦理主要面对下面两个问题。第一个是夫妻关系的问题。家庭规模的缩小，夫妻关系的品质对家庭功能和家庭氛围构成决定性的影响。在朱子的学说当中，夫妻是阴阳两极的结合，是创造力的根源。这种具有和谐思想的学说，主要在于强调互相调适与互相配合的智慧，对于当代日趋紧张的两性关系而言，具有深刻的意义。另一个是家庭教育的问题。在当代家庭中，独生子女成为整个家庭的生活重心。虽然，子女的教育普遍受到重视，但是在升学主义挂帅的社会氛围下，以升学考试为主的教育模式，非但限制了子女的适性发展，对于道德教育的问题更是有所欠缺。除了完整的教育思想，朱子还著有许多蒙学教育的文章，可以作为家庭教育的素材。

朱子有着深刻而丰富的家庭教育思想，在混乱的社会风气下，很多青少年面临了价值迷思、精神生活空虚的问题，这些，可以通过家庭伦理和家庭教育的重建改善。离婚率偏高、老龄化社会来临等社会问题也可以从传统的家庭伦理当中获得养分。朱子的家庭伦理思想不仅具有现代意义，对于当代社会而言，更是具有补偏救弊的积极功能。

# 作为乡绅的朱子

袁鑫淼

作为一代儒宗，在后人眼里，朱子是泽被天下万世的思想文化巨人。这是一个最宏观的视角。然而微观地看，他也是造福乡里的优秀乡绅，这个少有人注意。实际上，深入朱子的生活史，可知他生前众多身份之中，乡绅身份占了他大半辈子。这是朱子在其生活舞台上着实扮演过的角色，而非是后人的追认。

所谓绅，或曰绅士，或曰士绅，费孝通先生定义说："就是退任的官僚或是官僚的亲亲戚戚。他们在野，可是朝内有人。"[①] 费氏定义中的"退任"二字并不准确，容易被理解成必须是官僚退休。殊不知，古代官员离朝在野，可能是因老致仕（退休），也可能是待阙（等待岗位空缺）、持服（居家服丧）以及奉祠（担任官方寺庙之官）等，它们都可以导致官员经年在家乡不出。待阙、持服的故事历代有之，人所熟知。至于奉祠，是宋朝特有。《宋史·职官志》："宋制，设祠禄之官，以佚老优贤。"[②] 这种领祠禄的官，"管理"某一公家道观寺庙，其实都是挂名，可以"任便居住"，因此一般情况下人都会回乡。朱子乡居福建的大部分时间便是祠官身份，可领微薄的薪俸，即所谓祠禄。此时他名为官，实为绅。

---

① 费孝通：《论绅士》，费孝通、吴晗等《皇权与绅权》，上海观察社，1948 年，第 9 页。

② 〔元〕脱脱等：《宋史》卷一百七十，中华书局，1977 年，第 4080 页。

漫长的乡绅生涯，对于朱子的人格成长和学问塑造，关系甚重。简单说，乡绅之位，介于官民之间，一则是朱子身份下沉的结果，保障其廉让恬退之风、曾点渊明之乐、弘道授业之志、深思高蹈之趣，等等，一一拥有施展之地——这是个体灵性施展的一面；再则是其亲近平民、体察民隐的最佳角度站位，保证其美政美俗、入世求治之言，不是纸上谈兵——这是化个体入世情的一面。合而言之，儒可为道，可为术，朱子做乡绅，一举而两得之。

## 一、做乡绅的时间和地点

朱子门人黄榦总结，朱子“自筮仕以至属纩，五十年间，历事四朝，仕于外者九考，立于朝者四十日”[①]。换句话说，从二十二岁当同安主簿，到七十一岁去世，朱子这五十年间，有九年左右是须离家就任的有实职的官吏，其余四十一年则以士人身份乡居福建。此外，他二十二岁以前，十八岁举建州乡贡，十九岁登进士，其实已经跻身士阶层。若加上这四年，朱子在乡做绅士达到四十五年。朱子十八岁以前，由于父亲朱松、义父刘子羽皆仕宦，也称得上“官僚的亲亲戚戚”，但毕竟未成年，故忽略不计。

两宋职官制度复杂，朱子有过的官衔也极多。《宋史·职官志》说朝廷任命：“其官人受授之别，则有官、有职、有差遣。官以寓禄秩、叙位著，职以待文学之选，而别为差遣以治内外之事。”[②]（1）“官”，在朱子时期为“阶官”，只在文官系统中定出级别，一般须以年历逐级晋升，如从迪功郎升修职郎，修职郎升从政郎；（2）“职”，即“馆职”，以中央政府特设某馆某阁某殿命名，又称“职名”，地位高而清闲，如直宝文阁、焕章阁待制；（3）唯有“差遣”，才是具体的事务性官任，凡地方官皆是。阶官、职名、差遣，只有差遣须实际赴任，决定朱子在“官”与“绅”之间的转换；而且只有差遣与祠秩互斥，领祠禄、做乡绅，必在无差遣之时。当然，阶官、职名也不是无

---

① 〔宋〕黄榦：《朱子行状》，〔清〕王懋竑《朱熹年谱·附录一》，何忠礼点校，中华书局，1998年，第519页。

② 〔元〕脱脱等：《宋史》卷一百六十一，中华书局，1977年，第3768页。

关痛痒，曾经或现在的阶官级别、职名有无对士人而言，意味着政治影响力和社会影响力。譬如朱子中进士后获得的第一个阶官是“迪功郎”，死前的阶官是“朝奉大夫”，这如同现代官场的科级、处级、厅级、部级系列，所代表的官员正式级别是时人所看重的，特别是普通百姓，他们对道德、文章、事功之类懵懵懂懂，往往需要借明确划分的政治级别来得到对他人的恭敬等次。最后，朱子任经筵官（侍讲）期间，还曾获封“开国男”爵位，实为其生前政治地位最显耀的时刻。

兹据王懋竑《朱子年谱》及束景南《朱子大传》，制作以下图表，列明朱子有过的全部政治（官绅）身份。通过这种形式，朱子一生的进退出处、官绅久暂，庶几能够一目了然。

**表 1　朱子履历表**

<table>
<tr><th rowspan="2">岁数</th><th rowspan="2">住址</th><th colspan="4">朱子官阶官衔的增减变换</th></tr>
<tr><th>差遣或宫观</th><th>阶官[3]</th><th>职名</th><th>爵位[4]</th></tr>
<tr><td>一</td><td rowspan="7">南剑州尤溪县城</td><td rowspan="7"></td><td rowspan="17">布衣</td><td rowspan="17"></td><td rowspan="17"></td></tr>
<tr><td>二</td></tr>
<tr><td>三</td></tr>
<tr><td>四</td></tr>
<tr><td>五</td></tr>
<tr><td>六</td></tr>
<tr><td>七</td></tr>
<tr><td>八</td><td rowspan="3">建宁府浦城县城</td><td rowspan="3"></td></tr>
<tr><td>九</td></tr>
<tr><td>十</td></tr>
<tr><td>十一</td><td rowspan="3">建宁府城</td><td rowspan="3"></td></tr>
<tr><td>十二</td></tr>
<tr><td>十三</td></tr>
<tr><td>十四</td><td rowspan="8">建宁府崇安县<br>五夫里</td><td rowspan="8"></td></tr>
<tr><td>十五</td></tr>
<tr><td>十六</td></tr>
<tr><td>十七</td></tr>
<tr><td>十八</td><td>贡士</td><td></td><td></td></tr>
<tr><td>十九</td><td rowspan="3">进士</td><td rowspan="3"></td><td rowspan="3"></td></tr>
<tr><td>二十</td></tr>
<tr><td>二十一</td></tr>
</table>

续表

| 岁数 | 住址 | 朱子官阶官衔的增减变换 | | | |
|---|---|---|---|---|---|
| | | 差遣或宫观 | 阶官[3] | 职名 | 爵位[4] |
| 二十二 | 泉州同安县城[1] | 同安县主簿 | 迪功郎<br>第37/37阶 | | |
| 二十三 | | | | | |
| 二十四 | | | | | |
| 二十五 | | | | | |
| 二十六 | | | | | |
| 二十七 | | | | | |
| 二十八 | 五夫里 | 监潭州南岳庙 | | | |
| 二十九 | | | | | |
| 三十 | | | | | |
| 三十一 | | | | | |
| 三十二 | | | | | |
| 三十三 | | | | | |
| 三十四 | | | | | |
| 三十五 | | | | | |
| 三十六 | | | | | |
| 三十七 | | | | | |
| 三十八 | | | | | |
| 三十九 | | | | | |
| 四十 | | | | | |
| 四十一 | | | | | |
| 四十二 | | | | | |
| 四十三 | | | | | |
| 四十四 | | | | | |
| 四十五 | | 主管台州崇道观 | 宣教郎<br>26/37阶 | | |
| 四十六 | | | | | |
| 四十七 | | 主管武夷山冲祐观 | | | |
| 四十八 | | | | | |
| 四十九 | | | | | |
| 五十 | 南康军<br>星子县城 | 知南康军 | | | |
| 五十一 | | | | | |
| 五十二 | 绍兴府城 | 提举浙东常平茶盐公事 | | | |
| 五十三 | | | | 直徽猷阁 | |
| 五十四 | 五夫里 | 主管台州崇道观 | | | |
| 五十五 | | | | | |
| 五十六 | | 主管华州云台观 | | | |
| 五十七 | | | | | |
| 五十八 | | 主管南京鸿庆宫[2] | | | |
| 五十九 | | 主管嵩山崇福宫 | 朝奉郎22/37阶 | 直宝文阁 | |
| 六十 | 漳州城 | 知漳州 | 朝散郎<br>21/37阶 | | |
| 六十一 | | | | | |
| 六十二 | 建阳县城同繇桥 | 主管南京鸿庆宫 | | 秘阁修撰 | |
| 六十三 | 建阳县三桂里考亭 | | | | |
| 六十四 | | | | | |
| 六十五 | 潭州城<br>都城 | 荆湖南路安抚使知潭州（二月起）<br>侍讲（十月丁酉至闰十月戊寅）<br>兼实录院同修撰 | 朝请郎<br>20/37阶 | 焕章阁待制 | 婺源县开国男，<br>食邑三百户[5] |
| 六十六 | 考亭 | 提举南京鸿庆宫（上年十二月起） | 朝奉大夫<br>19/37阶 | 秘阁修撰 | |
| 六十七 | | 罢祠 | | 落职 | |
| 六十八 | | | | | |
| 六十九 | | | | | |
| 七十 | | | 致仕 | | |

表格注释：[1] 二十七岁的后半年（八至十二月），朱子同安秩满，寓居距泉州城不

远的陈氏九日山房。

［2］“主管南京鸿庆宫”是该年四月除授。七月（或八月），拜命提点江南西路刑狱公事，却因待阙、入都等原因，始终未莅任。次年八月又奉祠，转为“主管嵩山崇福宫”。故此表不列提点江西刑狱一职。

［3］据《宋史·职官志》，朱子所在的南宋中期，阶官分 37 级，从高到低依次为：1 开府仪同三司，2 特进，3 金紫光禄大夫，4 银青光禄大夫，5 光禄大夫，6 宣奉大夫，7 正奉大夫，8 正议大夫，9 通奉大夫，10 通议大夫，11 太中大夫，12 中大夫，13 中奉大夫，14 中散大夫，15 朝议大夫，16 奉直大夫，17 朝请大夫，18 朝散大夫，19 朝奉大夫，20 朝请郎，21 朝散郎，22 朝奉郎，23 承议郎，24 奉议郎，25 通直郎，26 宣德郎，27 宣义郎，28 承事郎，29 承奉郎，30 承务郎，31 承直郎，32 儒林郎，33 文林郎，34 从事郎，35 从政郎，36 修职郎，37 迪功郎。朱子从 37 级迪功郎起步，做到 19 级朝奉大夫。

［4］据《宋史·职官志》，宋朝爵分 12 等，从高到低依次为：1 王，2 嗣王，3 郡王，4 国公，5 郡公，6 开国公，7 开国郡公，8 开国县公，9 开国侯，10 开国伯，11 开国子，12 开国男。朱子获得的是最低一级爵位。

［5］朱子六十五岁封爵婺源县开国男食邑三百户，此恩典持续到何时，是否在后来的党案中（六十七岁时）或致仕时（七十岁）被追夺，一向无人提及。按朱子《皇考左承议郎守尚书吏部员外郎兼史馆校勘累赠通议大夫朱公行状》落款：“庆元五年十二月日孤朝奉大夫致仕婺源县开国男食邑三百户赐紫金鱼袋熹状”，时朱子已致仕，可见其爵位此前未被追夺。朱子于庆元六年三月初九日辞世，他实以“朝奉大夫婺源县开国男”身份及终。

朱子享年七十一岁，所以上表 1 把朱子一生等分为七十目，每目代表一年。如果某一官职持续数年，则此数目合而为一，所占的长度便长。只有一处例外，朱子六十五岁那年发生了太多事，屡屡改官、加官、夺官，故六十五岁这一目被拉长，以填入更多内容。图中那些时间节点，原本每处都能精确到月，或至少是季，然而那样的话，图将很长，而且信息太多，可能反而不便阅读。故只精确到年。

这张表中，十八岁以后凡住址为崇安（治所在今福建省武夷山市）或建阳（治所在今福建省南平市建阳区）的，便都是士人朱子的乡居岁月。由于他居乡时并未在当地担任一官半职，其身份只能是绅。据此统计出朱子做乡绅四十五年，当然不完全精确，因为其间他还有外出会友、入都奏事等活动，短则数日，长则数月。不过古代的宦游，接受某任命后也未必能够即刻启程离家，等于是增加了居乡之日。一减一增，说朱子作乡绅四十五年，偏差有限。

乡绅之“乡”，指乡里，如今日之言“地方”“基层”，未必即是乡村。据梁庚尧《南宋官户与士人的城居》，南宋城居的官绅已有相当比例。[①] 乡绅可以住农村，也可以住城市，而根据上表可知，朱子是很彻底的农村乡绅。居住大半生的崇安五夫里，距县城约 50 公里；居住约 8 年的建阳考亭，距县城约 4 公里；只有六十二岁在建阳同繇桥的一年时间，属于城居，——当时已决定卜居考亭，因房子未完工，故暂时寓居同繇桥友人家。考亭地属“三桂里”，其溪山为其父朱松所爱。考《绍兴十八年同年小录》，朱子早年应进士科考试，填报的籍贯是“建州建阳县群玉乡三桂里”，又清代朱玉编《朱子文集大全类编》所附《题名录》，朱子籍贯作“建州崇安县五夫里开跃乡”，不论哪一种是真，用现在的话说，都是“农村生源”。朱子就是这样一个立足农村的乡绅。

## 二、居乡讲学著述活动

短暂宦游外地，长期赋闲在乡，为朱子带来的重要收获之一，是有大量精力用于著述和讲学，而非处理公务和应酬。今日之有“朱学”或曰“闽学”，那些系统的理论、精深的思辨，便主要得益于此。王子之学简易，而朱子之学博大，此学问形态之殊，与二人生活模式之迥异（阳明生前军政繁忙），大有关系。或许可以说，朱子之为朱子，很大程度上是因了他的乡居模式。

当然，朱子的僻处武夷，称乡居也好，山居也好，多半是他自己“求仁

① 参见梁庚尧：《南宋官户与士人的城居》，梁庚尧《宋代经济社会史论集》（下册），台湾允晨文化出版社，1997 年，第 165—218 页。

得仁”而来。他总是在辞官，迫不得已才出山上任；一旦为官，则不计上司、同僚喜好，但求尽己之心，大不了“归去来兮”。进则为官，退则为绅，于朱子，时人常称其“难进而易退”。朱子的奏表、书信中有大量这方面内容，学者所熟知，不必赘述。

如上表1所示，朱子初仕同安归来（二十八岁）后的乡居岁月，构成四个区间，各区间之间以几次短暂的外任为界。现在我们依次称之为第一乡绅期、第二乡绅期、第三乡绅期、第四乡绅期。四大乡绅期各所成就，描画出朱子道学的成长轨迹。现就朱子著述、讲学活动中的标志成果，制表如下。

**表2　朱子居乡学术活动表**

| | 著作（理学、经学、史学部分） | 讲学 |
|---|---|---|
| 第一乡绅期<br>（二十八～五十岁）<br>居崇安五夫 | 三十岁：《谢上蔡先生语录》（第一部理学著作）<br>三十五岁：《延平问答》<br>三十九岁：《程氏遗书》<br>四十三岁：《资治通鉴纲目》《八朝名臣言行录》《西铭解义》<br>四十四岁：《太极图说解》《通书解》《程氏外书》《伊洛渊源录》<br>四十六岁：《近思录》<br>四十八岁：《论语集注》《孟子集注》《大学章句》《中庸章句》《诗集传》《周易本义》 | **新创书院**<br>四十一岁：寒泉精舍<br>四十六岁：云谷草堂<br>**会讲**<br>三十八岁：岳麓朱张会讲<br>四十六岁：寒泉朱吕之会、鹅湖朱陆之会<br>四十七岁：三衢朱吕之会<br>**书信往来**<br>与好佛士人辩“儒释”<br>与湖湘学派辩“中和” |
| 第二乡绅期<br>（五十四～六十岁）<br>居崇安五夫 | 五十七岁：《孝经刊误》《易学启蒙》《童蒙须知》<br>五十八岁：《小学》 | **新创书院**<br>五十四岁：武夷精舍<br>**书信往来**<br>与浙东学派辩“义利王霸”（第一波）<br>与陆九渊辩“太极” |

续表

| | 著作（理学、经学、史学部分） | 讲学 |
|---|---|---|
| 第三乡绅期<br>（六十二岁～六十五岁二月）<br>居建阳考亭 | | **书信往来**<br>与浙东学派辩“义利王霸”（第二波） |
| 第四乡绅期<br>（六十五岁闰十月～七十一岁）<br>居建阳考亭 | 六十六～六十七岁：《仪礼经传通解》<br>六十九岁：《书集传》 | **新创书院**<br>六十五岁：竹林精舍（沧洲精舍） |

显而易见，朱子的思想体系基本是在乡绅期完成的，尤其是长达二十多年的第一乡绅期，已经奠定了朱子思想的规模（即北宋六子之学与四书之学）。后三期是朱子对前期思考不断予以润色提升的过程。不过也没忘记拓展新领域，如第二期对蒙学的热情、第四期对礼学的关心，隐约存在一个从个体维度向社会维度的转向。朱子固然精力旺盛、毅力过人，可如果没有集中的专注期，他的这些学术成果一定要打折扣。总的规律是，进入乡绅期，朱子的著述讲学便爆发；进入仕宦期，便收敛，精力转向政治，经世类活动及文字相应增多（内容从略）。因为出仕，朱子的学术活动数次被打断，呈现有趣的阶段性特征，酷似今日大学教授被调去做管理，后又当回教授。朱子把出处进退看得重于生命，是他主动选择了大段大段的山居时光，专意于“教学科研”工作。相伴而生的，是拥有了武夷山水之乐，其《九曲棹歌》《武夷精舍杂咏》《云谷二十六咏》等诗，都创作于居闽的乡绅期。其《云谷记》曰：“耕山钓水，养性读书，弹琴鼓缶，以咏先王之风，亦足以乐而忘死矣。”① 是夫子自道其山水田园之志。朱子在世的生命轨迹，或者通俗地讲，他本人的时间安排，直接决定了近千年朱子学的基本样态。

---

① 〔宋〕朱熹：《晦庵先生朱文公文集》卷七十八《云谷记》，朱杰人、严佐之、刘永翔主编《朱子全书》第 24 册，上海古籍出版社、安徽教育出版社，2002 年，第 3730 页。

朱子之著述与讲学，意在天下万世，尚非典型的乡绅活动。典型的乡绅活动有其特点：要么直接目的即在本乡，要么沾溉本乡特甚。以书院为例，朱子在崇安、建阳创立四所书院，而本地就学人员的比例并未格外高。民国《崇安县新志·儒林传》载崇安籍朱子门人，只有翁易（黄柏里人）、吴楫之子（吴屯里人）、祝穆（曾祖祝确，歙县人）、祝洙（五夫里人）、詹体仁（崇安人，徙居浦城）、江默（丰阳里人）、熊以宁（丰阳里人）、欧阳光祖（节和里人）、丁尧（上梅里人）9人。哪怕把"乡绅"之"乡"的范围放宽到福建一整路，据陈荣捷《朱子门人》一书的统计，福建门人的比例也只有164/467，约等于35%。[①] 便与今日各省诸多大学的生源分布情况来比较，朱子的书院，特别是规模较大、延续较久的武夷精舍、沧洲精舍，仍然称得上是全国性而非地方性的学府。两宋福建文教繁荣，士子如林，考取进士数量居全国第一，参考这个大背景，35%这个比例更不见其高。换言之，在接纳生徒问题上，朱子并未给予同乡特殊照顾。

## 三、其他乡绅活动

依照上述"直接目的即在本乡""沾溉本乡特甚"两条标准，朱子的乡绅活动最值得说的是两方面：一在风教，以礼教为主；一在民生，以社仓法为著。需要再次提醒的是，朱子以道为求，志在天下，即使地方活动，也不意味着视界囿于一乡一地，别无鸿猷。福建乃至外省，许多地方的方志皆称"朱子过化"，正可理解为朱子遗泽此地，但不限此地，此地特为朱子深造圣域之偶寄耳。可以这么说，我们所定义的朱子"乡绅"之举，要么是求大道之落地为实用，要么是以家乡为经世事务之试验场；用逻辑术语表示，前者是朱子道学"演绎"开展的过程，后者是朱子道学"归纳"开展的过程。这是大哲人异于地方性士人之处。

第一，在乡里示范、提倡礼。朱子居乡间，既不同于豪强之绅，傲慢甚

① 陈荣捷：《朱子门人》，华东师范大学出版社，2007年，第9页。

至霸凌乡党，也不同于纯隐逸之士，不与乡党往来。《论语・乡党》说："孔子于乡党，恂恂如也，似不能言者。"朱子对乡党是否也低声下气，不得而知，但孔子对乡党的那份恭敬，朱子绝对遵照而行。黄榦《朱子行状》说朱子："宾客往来，无不延遇，乘家有无，常尽其欢。于亲故虽疏远必致其爱，于乡闾虽微贱必至其恭。吉凶庆吊，礼无所遗；赒恤问遗，恩无所缺。"[①] 短短几句话，很好地刻画出了朱子的长者风范。看得出来，朱子乐于交往乡人，而交往的精神核心是自己的"仁民"哲学与"持敬"哲学，不是专爱、敬于有财有势者，而是及于每个微细之人。来看看他的着装细节。朱子《休致后客位咨目》说道，他很赞赏北宋京都致仕官与人相接，以穿闲居野服（又称便服）为礼。他早年乡居觉得自己不是"老大野逸"，尚不敢穿野服，接待访客大抵仍穿正式的官服，而一旦致仕，加上病痛致使行动不便，便马上穿起闲适的野服来。他的深意是，野服质朴无华，更能融入平民环境，——此即"仁民"之意。同时，野服上衣下裳，有大带，束带足以成礼，不至于像"凉衫"之类过于随便，——此即"持敬"之意。知俗而不忘劝俗，即使穿着小事，朱子也如此留心，这就是他自己说的，"使穷乡下邑，得以复见祖宗盛时京都旧俗，其美如此，亦补助风教之一端也"[②]。

说起当时的庶民之礼，最容易想到的是朱子制《家礼》和增损《吕氏乡约》，一家礼，一乡礼，覆盖了平民百姓的家庭生活和社交生活。如上引黄榦述朱子乡居，重点内容便是《吕氏乡约》中的"礼俗相交""患难相恤"两条。《家礼》《增损吕氏乡约》均成书于第一乡绅期的淳熙三年（1176，四十七岁）前后，[③] 它们与第四乡绅期编纂的《仪礼经传通解》中的家—乡礼部分

---

① 〔宋〕黄榦：《朱子行状》，〔清〕王懋竑《朱熹年谱・附录一》，何忠礼点校，中华书局，1998 年，第 518—519 页。

② 〔宋〕朱熹：《晦庵先生朱文公文集》卷七十四《休致后客位咨目》，朱杰人、严佐之、刘永翔主编《朱子全书》第 24 册，上海古籍出版社、安徽教育出版社，2002 年，第 3603 页。

③ 《家礼》成书时间说法不一，此兹从束景南：《朱子大传》，福建教育出版社，1992 年，第 307 页。

根本不同，后者是士大夫之礼。淳熙二年，朱子致信吕祖谦，谈他的写作计划："熹……又欲修《吕氏乡约》《乡仪》，及约冠婚丧祭之仪，削去书过刑罚之类，为贫富可通行者。"① 贫富可通行，其中关键是贫者可行。

《家礼》《吕氏乡约》出，影响极大。可惜的是，这种大影响发生在朱子身后的明清时期。《家礼》书成后随即失窃，朱子既殁，其书始出。对于《吕氏乡约》，朱子明确对张栻说过其难以实行："乡约之书，偶家有藏本，且欲流行，其实恐亦难行，如所喻也。"② 研究者普遍认为，宋代吕氏乡约的应用完全不成气候。③ 南宋试行吕氏乡约，人们只知朱子门下有几例：胡泳（沧洲精舍生徒），行乡约于家乡南康军建昌（约 1215）；程永奇（1151—1221，沧洲精舍生徒），行乡约、朱子家礼于家乡徽州休宁；潘柄（武夷精舍生徒），行吕氏乡约于家乡福州怀安；阳枋（1187—1267，朱子再传），行吕氏乡约于合州巴川（1243）、渝州（1257）。④ 纵是如此，反而提示我们，尽管吕氏乡约难行，朱子平时一定向一干门人认真推介过它，导致上述朱门弟子独有的现象。朱子与弟子既如此，与乡人交往时，只要有机会，也难免主动向他们灌输《家礼》《增损吕氏乡约》中的一些节目，而非仅仅让它们停留在纸面上，更何况它们乃特为平民设计。由于朱子处在从贵族之礼向庶民之礼的准备阶段，该礼的每一步施行，例如立家庙、建乡约组织，都有可能严重冲撞原有制度和秩序。朱子生前未能在一乡一里落实《家礼》《乡约》，自是因缘不到。他晚年理论成熟，声望巨大，算是有了较好的推行条件，无奈陷入党锢，更不敢在制度改作层面轻举妄动。他制订文件并予以一定限度的宣传，并（以

---

① 〔宋〕朱熹：《晦庵先生朱文公文集》卷三十三《答吕伯恭》，朱杰人、严佐之、刘永翔主编《朱子全书》第 21 册，上海古籍出版社、安徽教育出版社，2002 年，第 1458 页。

② 〔宋〕朱熹：《晦庵先生朱文公文集》卷三十一《答张敬夫》，朱杰人、严佐之、刘永翔主编《朱子全书》第 21 册，上海古籍出版社、安徽教育出版社，2002 年，第 1350 页。

③ 参阅杨开道：《乡约制度的研究》，《社会学界》1931 年第 5 卷；常建华：《明代宗族组织化研究》，浙江大学博士论文，2005 年；周扬波：《宋代士绅结社研究》，故宫出版社，2012 年，等等。

④ 周扬波：《宋代乡约的推行状况》，《浙江大学学报（人文社会科学版）》2005 年第 5 期。

士的身份）躬亲示范，余下的只能留给他人去做。

第二，行社仓法。朱子最有名的乡绅活动，非五夫社仓莫属。此“先儒经济盛迹”，其设计精巧实用，类似今之农民小额低息贷款，[①] 朱子生前便得到全国（南宋辖境）推广，泽被亿万。黄榦《朱子行状》介绍：“先生所居之乡，每岁春夏之交，豪户闭粜牟利，细民发廪强夺，动相贼杀，几至挺变。先生尝帅乡人置社仓以赈贷之，米价不登，人得安乐。”[②] 朱子在五夫创社仓，同样是在第一乡绅期，后续经营则终其一生，仓米的赈贷对象主要就是五夫所在的开耀乡的平民。14 年后，他回顾说：“一乡四五十里之间，虽遇凶年，人不阙食。”[③] 30 年后，他总结说：“始予居建之崇安，尝以民饥，……得米六百斛以贷，而因以为社仓，今几三十年矣。其积至五千斛，而岁敛散之里中，遂无凶年。”[④]

五夫社仓缘起于乾道三年（1167，三十八岁）夏天的崇安大水，以迪功郎、监南岳庙身份居乡的朱子，当时即奉建宁府檄，行视水灾。次年春夏之交，果然发生饥荒。据朱子《建宁府崇安县五夫社仓记》，他与“其乡之耆艾左朝奉郎”[⑤] 刘如愚临危受命，两位乡绅在崇安知县委托下主持赈济。他们原计划劝当地豪民发粟，后转而从建宁府常平仓请粟。当年冬天，百姓主动还粟于官，而官府准许留粟于里中，以备将来。乾道五年夏，二人改救急性质的赈济法为常年可行的赈贷法，贷米年收息 2 分（20%），此法、此率借鉴自

---

① 张品端：《朱子社仓法的基本内容及其社会保障作用》，《中国社会科学院研究生院学报》2009 年第 3 期。

② 〔宋〕黄榦：《朱子行状》，〔清〕王懋竑《朱熹年谱·附录一》，何忠礼点校，中华书局，1998 年，第 498 页。

③ 〔宋〕朱熹：《晦庵先生朱文公文集》卷十三《延和奏札四》，朱杰人、严佐之、刘永翔主编《朱子全书》第 20 册，上海古籍出版社、安徽教育出版社，2002 年，第 649 页。

④ 〔宋〕朱熹：《晦庵先生朱文公文集》卷八十《常州宜兴县社仓记》，朱杰人、严佐之、刘永翔主编《朱子全书》第 24 册，上海古籍出版社、安徽教育出版社，2002 年，第 3808 页。

⑤ 〔宋〕朱熹：《晦庵先生朱文公文集》卷七十七《建宁府崇安县五夫社仓记》，朱杰人、严佐之、刘永翔主编《朱子全书》第 24 册，上海古籍出版社、安徽教育出版社，2002 年，第 3720 页。

王安石的青苗法，[1] 其利率相比当时的高利贷，已经很低。至此，“朱子社仓”的内核——贷米收息，持续运转——已具备。乾道七年，考虑到粟米分贮民家不方便，二人又借鉴隋唐社仓法（设于州县城），在里中建成仓库，统一粟米的存贷。当时工程的会计、董工人员是“贡士刘复、刘得舆，里人刘瑞”，[2] 注意这里有个没有任何功名的平民“刘瑞”。至此，官帮而民办的“五夫社仓”完成全部制度设计。此后，刘如愚出仕，与迪功郎朱子一同运营社仓的是刘家一批较年轻的士绅：贡士刘复、刘得舆，将仕郎刘琦，右修职郎刘玶。社仓运营十分成功，至14年后的淳熙八年（1181，五十二岁），息米越积越多，仓库扩大了，来自官府的最初贷本也归还了，时在南康军知军任上的朱子照会建宁府，决定社仓从此不再收息，每石只收耗米3升（3%）。[3] 朱子之意，无非是以利归民，更大程度地达到“博施于民而能济众”（孔子语）。

五夫社仓能够成功，与主持者的高素质是分不开的。淳熙二年（1175）吕祖谦来五夫参观社仓之政，就表示：“子之谷取之有司，而诸公之贤不易遭也。吾将归而属诸乡人士友，相与纠合而经营之。使闾里有赈恤之储，而公家无龠合之费。”[4] 社仓是民间慈善性质，管理者不从中牟利，朱子、刘氏等乡大夫全靠自觉的清廉与一片仁爱之心从事之，此正可见其不易也。

## 四、结语

1940年代出版的《皇权与绅权》有胡庆钧《论绅权》一文，总结当时对

---

① 梁庚尧：《南宋的社仓》，《宋代经济社会史论集（下册）》，台湾允晨文化出版社，1997年，第435—437页。

② 〔宋〕朱熹：《晦庵先生朱文公文集》卷七十七《建宁府崇安县五夫社仓记》，朱杰人、严佐之、刘永翔主编《朱子全书》第24册，上海古籍出版社、安徽教育出版社，2002年，第3721页。

③ 〔宋〕朱熹：《晦庵先生朱文公文集》卷十三《延和奏札四》，朱杰人、严佐之、刘永翔主编《朱子全书》第20册，上海古籍出版社、安徽教育出版社，2002年，第649页。

④ 〔宋〕朱熹：《晦庵先生朱文公文集》卷七十九《婺州金华县社仓记》，朱杰人、严佐之、刘永翔主编《朱子全书》第24册，上海古籍出版社、安徽教育出版社，2002年，第3776页。

传统乡绅完全相反的两派观点："一派认为绅权是代表着地方人民说话的，它便是中国历史上的代议制；一派认为绅权是皇权的延伸，绅士与官僚站在同样的地方剥削人民。"[①] 现在看来，这两派明显都有持其一端不及其余的毛病。其实历代士绅都有好有坏，宋代也是，梁庚尧《宋代社会经济史论集》下册收录一文《豪横与长者：南宋士人与官户居乡的两种形象》，两类都搜集了诸多人物，可以为证。正确的表达是，有的乡绅是代表地方人民说话的，有的乡绅则剥削人民。毫无疑问，朱子属于前者，是良绅。

从上文可知，朱子的士绅身份是建立在他的学问、仁民爱物基础上的，他有此德行，然后自然在乡民心中获此较高威望和地位，而非有待于地主经济的威势之类，形成对他人予取予夺的霸权。实际上，朱子侨居崇安五夫，本是无产之人，早年依靠刘子羽家接济，后考取功名，以薪俸为主要生活来源，加上难进易退，故一向清贫。底层穷困，分毫利益可起争端，朱子置身其中，无宽裕之财而有官绅之势，正是检验其理欲观、义利观的极度敏感的试金石，当人欲为主、利字为先，即刻便是劣绅。朱子以道学的极高要求，不仅律人，更须律己。其数十年的良绅履历，是道学进入百姓生活的重要示范。

---

① 胡庆钧：《论绅权》，费孝通、吴晗等《皇权与绅权》，上海观察社，1948 年，第 119 页。

# 朱门后学家国情怀研究

# 黄榦的人格美学思想初探

姜家君

福建是朱熹哲学的主要发展与传播阵地，在朱子学的诸多体系中，福建朱子学是维护其学说，发扬道统最强大的一支力量，而朱熹的嫡传弟子黄榦在这其中所起到的作用不可忽视。

黄榦（1152—1221），字直卿，号勉斋，闽县（治所在今福建省福州市）人，二十五岁从师朱熹、清康熙年间张伯行为黄榦文集作序，称朱子门人中“独勉斋先生从游最久，于师门最为亲密”[①]。在本传中亦记述：“（朱熹对其评价）‘直卿志坚思苦，与之处甚有益。’遂以其子妻之。”[②] 朱熹死后，福建朱子学者尊黄榦为领袖，[③] 黄榦亦以传承师统为己任，行文反复强调：“庶师道之有传也。”[④] “只是望得先师之学有传。”[⑤] 其哲学思想在阐扬朱熹学说的同时，也多所发展，形成了其独特的人格美学思想，最显著的是将朱熹的宇宙本体论进一步伦理化，将伦理与人格审美相结合，并形成了以尽心精神与道德实践相结合的人格养成论，其渐进式的，踏实严肃的为学与做人风格对后来学者，对闽学的传扬有着极其重要的作用。

---

① 〔宋〕黄榦：《黄勉斋先生文集·原序》，商务印书馆，1936 年，第 1 页。

② 〔宋〕黄榦：《黄勉斋先生文集·本传》，商务印书馆，1936 年，第 1 页。

③ 参见高令印、陈其芳：《福建朱子学》，福建人民出版社，1986 年，第 70 页。

④ 〔宋〕黄榦：《黄勉斋先生文集》卷之三《复甘吉甫》，商务印书馆，1936 年，第 50 页。

⑤ 〔宋〕黄榦：《黄勉斋先生文集》卷之一《与李敬子司直书》，商务印书馆，1936 年，第 9 页。

## 一、人格本体伦理化与“美德”说

黄榦的人格美学思想承朱熹的理气与心性论的哲学基础，并进一步将人格本体伦理化，道之体用关系充溢着德性流转的人格规定性，其谓：

> 道之在天下，一体一用而已。体则一本，用则万殊。一本者，天命之性；万殊者，率性之道。天命之性即大德之敦化，率性之道即小德之川流。惟其大德之敦化，所以语大莫能载；惟其小德之川流，所以语小莫能破。语大莫能载，是万物统体一太极也；语小莫能破，是一物各具一太极也。万物统体一太极，此天下无性外之物也；一物各具一太极，此性无不在也。①

黄榦此论包含着朱熹“理一分殊”的思想，宇宙万物的本体只是一个太极，同时每一事物都包含着与统体太极相同的太极作为自己的本性，这也是道之体用关系的体现，并以大德、小德作为太极与道体的性质，因此太极、道与德性具有同一性，如此德性便置换了作为宇宙本体的道与太极，而具有了伦理化特点。其后则详述了作为本体的伦理道德的具体内容，“体用一源，显微无间，要当以是观之，塞天地，贯古今，无往不然。仁义礼智，特就人心而立名耳。天以是心而成万物，人以是心而成万事，故曰天体物而不遗，犹仁体事而无不在也”②。道即表现为仁，仁义礼智是贯穿天人的道德原则，黄榦又将这种德性原则泛化，将自然规律与人伦要求相等同，名之曰“美德”，如其谓：

---

① 〔宋〕黄榦：《黄勉斋先生文集》卷之一《复叶味道书》，商务印书馆，1936 年，第 21 页。

② 〔宋〕黄榦：《黄勉斋先生文集》卷之二《复杨志仁书》，商务印书馆，1936 年，第 48 页。

天生烝民，有物有则。于民之下，又言有物者，何也？有物者，就人身上，有耳、有目、有手、有足、有君臣、有父子之类而言也。有此等物，便有此当然之则，如耳聪、目明、手恭、足重、君仁、臣忠、父慈、子孝之类是也。然此当然之则，固无物不体，而此理之妙，实根于人性之本然。惟人之生，各禀此有常之性，所以应事接物，皆好此美德而不容已也。所谓美德，即所谓物之则也。①

"美德"说是黄榦的创见，它使伦理道德与人格审美更相趋近。美德是对道德的超越，具有更高的人格追求特点，肖群忠为美德定位："美德伦理学具有内在性、自律性和超越性等特点，它是主体的人格理想追求和人格提升再造，离开了主体的道德自觉性与主动性，美德伦理就失去了其主体基础。美德的追求与修养必然是人类个体的积极主动修为。"② 黄榦此说将人事伦理要求作为人性本然，万物常规，因此道德伦理是个体基于本性的主动追求过程，这当然能提升生命的存在价值与人格自信，但将事物之当然，如耳聪、目明等与行为之应然如美德相提并论，也会造成现实人格追求的落差与艰巨性。

"美德"说也显示了黄榦人格本体的理性化特点，与古希腊哲学对美德的定位有着一致性，美善相通，如苏格拉底认为美德是善的知识，提出"美德即知识"一说，柏拉图的美感教育即主张要学会"心灵的美比形体的美更可珍贵"到最后发见理式世界的美，③ 亚里士多德并不排斥人的感性欲求，但他仍用"善"来定义美，"善"蕴含着伦理、逻辑与审美的三者统一，这与中国古典实用理性的道德之善有着一定区别。但理性的世界都着眼于人的灵魂安顿与追求，表现出对人生意义与价值的追寻特点，即"体道"。正如黄榦所说："人之生也，五脏百骸，各有自然之则，天之为也。君仁臣忠父慈子孝，

① 〔宋〕黄榦：《黄勉斋先生文集》卷之一《复叶味道书》，商务印书馆，1936 年，第 21 页。

② 肖群忠：《美德诠释与美德伦理学研究》，《广西民族大学学报》2006 年第 5 期。

③ 参见柏拉图：《文艺对话集》，朱光潜译，人民文学出版社，1980 年，第 271—272 页。

以至手容之恭，足容之重，又人所以全天之所赋者也。明道所谓‘活泼泼地’者，真见如此，真个使人不知手舞足蹈也。颜子之不改其乐，又安得而不乐哉！世间所谓功名富贵者，真太虚浮云一点也。固曰‘朝闻道夕死可矣’，死生亦大矣，苟见此理，便死亦是闲事也。”[①] 在黄榦看来，美德即道，程颢“活泼泼地”生命境界，颜子之乐皆根源于此，从而能超越日常世间利欲、生死，体悟生命之自由境界。

人格之先天与抽象的逻辑规定性是人之为美的本体依据，这一超越的抽象概念必须有感性身体层面的介入才能真正转变为人格美的范畴，因此人格美德之呈现也有一个审美的逻辑顺序。黄榦说：

> 人禀阴阳五行志秀气而生，而太极之理已具。其根于心也，未发则为仁义礼智之性，已发则为恻隐、羞恶、辞让、是非之情，其施于身也，则为貌之恭，言之从，视之明，听之聪，思之睿，其见于事也，则为君臣之义，父子之恩，夫妇之别，长幼之序，朋友之信，与凡百行之当然者。[②]

人格中实际体验的即为已发之情，它是本然之性的内在实体，恻隐、羞恶、辞让、是非之情是据理性而发的情感的一种觉知、反思和自控，反映于人的体貌则为面容之恭敬，言语的顺从，耳聪目明及思维之睿智，行于人事则表现为君臣、父子、夫妇、长幼及朋友之间的伦理德性要求，如此便完成了性—情—行的人格审美逻辑顺序。若依此，则人事清明，万物有序，人性之恶又从何而来呢？黄榦亦知此人格逻辑有着过于理想化的缺陷，因此他承袭孟子以来的传统，以气论作为影响人格完善的原因，“以喜怒哀乐为人心者，以其发于形气之私也。以仁义礼智为道心者，以其原于性命之正也。人

---

① 〔宋〕黄榦：《黄勉斋先生文集》卷之二《复杨志仁书》，商务印书馆，1936 年，第 48 页。

② 〔宋〕黄榦：《黄勉斋先生文集》卷之五《杨恭老敬义堂记》，商务印书馆，1936 年，第 101 页。

心道心相对而言，犹易之言器与道。孟子之言气与义也。人心既危而易陷，道心复微而难明，故当精以察之，即喜怒哀乐之间，皆见其有当然之则”①。因形气之私，喜怒哀乐的人心是危险且易陷的，因此要真正达于本体之道，则须消除人心的私利与欲望，如此才能真正实现精神的超越，笔者将于下节中详细论述。

## 二、人格境界的精神超越性

“境界”一词源于佛教，人格境界则是指通过个体的修炼与觉知而达到的一种主观的精神状态，它指向精神与道德的超越性，提倡回归人的道德属性。这种道德属性与人的自然属性相对而言，即先秦儒家的义利之辩，宋明理学的“天地之性”与“气质之性”的区别，朱熹简而言之“存天理，灭人欲”，认为人的私欲是妨碍本性获得与天理之正的重要原因，但这里的“私欲”并非指人的正常的感性需求，而是指超出常理的过度的物质或生理需要，如《朱子语类》云：“问：‘饮食之间，孰为天理，孰为人欲？’曰：‘饮食者，天理也，要求美味，人欲也。’”② 黄榦承师志，认为去除人心之私欲，才能近道，行天理之途，盛世帝王参天地，赞化育的理想人格，致治之盛的丰功伟绩皆源于此。黄榦说：

> 三才之植立，万化之流行，自一息至于不可终穷，自一毫至于不可限量。所以纲维主宰者，道而已。道非他，行天理之当然，不杂于人欲之私而已。自古帝王参天地，赞化育，更尧舜禹汤六七君，上下数百千年，致治之盛，常如一日，岂有出于此道之外哉？《诗》《书》、载籍之传，其详可睹也。春秋战国以来，异论滋炽，其术愈工，其说愈巧，其效愈邈，

---

① 〔宋〕黄榦：《黄勉斋先生文集》卷之一《复李公晦书》，商务印书馆，1936 年，第 23 页。

② 〔宋〕黎靖德编：《朱子语类》卷十三，王星贤点校，中华书局，1986 年，第 223 页。

彼岂不知圣帝明王丰功伟绩之可慕哉？陷人欲之私，而昧天理之正。[①]

可见圣贤之德即在于理性对人欲私利的超越，这也是人的本质特征，反对长于术数，巧言令色的表面功夫，敦厚仁和才能达于道的理想境界。同时黄榦对人欲有着更加严格与清晰的认知，认为追求富贵名利即为人欲之私的体现，这也是人心最难克服之所在，“人生最难是利欲，利欲之大是富贵贫贱”[②]。他以自己的仕途经历认为：“世间以仕为乐者，以其富贵也，然求富贵者，非为盗则为佞，仆诚不能，其贫且贱如故，进不得行其志，退不能活其家，以是思之，不若放归山林之为乐也。”[③] 黄榦为官的南宋时期，值国家内忧外患，他坚决反对朝廷的求和政策，在浙江临川、江西新淦、湖北汉阳、安徽安庆等地任职期间，招募壮勇，修筑城防，反击金兵侵夺，同时赈灾、决讼事、讲学、教化民风无不勤勉，老来贫病加身，他认为为官极苦，对于那些追求私欲，贪图富贵名利，以为官为乐者直斥为盗佞之徒，不可与之同类。

而只有去利欲之心，摆脱日常生活的种种欲求，对荣辱得失皆不计较，才能体认本心之道，进入精神超越的人格境界，正如黄榦所说：“进道之要固多端，且刊落世间许多利欲外慕，见得荣辱是非得失利害皆不足道，只有直截此心，无愧无惧，方且见之动静语默，皆是道理。”[④] 人欲私利的感性需求与道德精神的理性满足之间是正向反对的过程，私欲是对人之本性的蒙蔽，若不觉此，则与他物无异，枉负天所赋予人之仁义禀性。“苟生而为人，不知义理，则天之所以与我而谓之人者，亦已昏塞废放，顽而不灵，无以自别于

---

① 〔宋〕黄榦：《黄勉斋先生文集》卷之二《与□□□》，商务印书馆，1936 年，第 25 页。

② 〔宋〕黄榦：《黄勉斋先生文集》卷之三《复甘吉甫》，商务印书馆，1936 年，第 54 页。

③ 〔宋〕黄榦：《黄勉斋先生文集》卷之三《答林公度》，商务印书馆，1936 年，第 62 页。

④ 〔宋〕黄榦：《黄勉斋先生文集》卷之一《复胡叔器书》，商务印书馆，1936 年，第 19 页。

物矣。及其周旋斯世，自少至老，纷纷扰扰，不过情欲利害之间，而无复义理之准，及其甚也。则三纲之沦，九法之斁，将亦何所不至哉！”[①] 可见对精神人格的追求是极其重要的，否则只能沉沦于世俗的欲求之中，混沌一世，而若私利膨胀，则伦常败坏，法纪不明，社会风气也由此可见了。

黄榦充分论证了人欲的表现与危害，将精神超越的道德境界作为人的本质特征，它也是人的价值所在，强调道德属性对自然属性，理性对感性的超越意义。这与中国传统儒家排斥个体与物质利益，而追求精神长存与社会价值有着同一性。冯友兰在《新原人》中划出四种不同的人生境界：自然境界、功利境界、道德境界和天地境界，前两个境界虽是人之生存的物质基础，但只有以超功利的方式进入道德境界和天地境界，才是人真正的安身立命之所，才能使人之生存与生活获得更高的价值。“曾点气象”是宋明理学家讨论的重点话题，即代表了一种追求天地境界的人格精神，黄榦谓：

> 道体流行，无物不有，无时不然，而春阳已盛，生意条达，尤足以见道体发见之妙。会点言志，乃欲从容游泳于其中，其气象词旨雍容自得，各止其所，足以见其天资高明，洞见道体，浑然天理，无一毫人欲之累。以此而施诸天下，则尧舜事业亦不过此。[②]

道体之妙更在于人与万物与天地之间的融合无间，它超越了私欲与人事之累，进入了一种知性知天的永恒关系，这正如庄子所说的“天地与我并生，万物与我齐一”的超越境界，无物我之别，人亦能自由畅游于天地之间，明了生命之真谛，亦体悟人生至境的审美愉悦，这是人格追求的最高境界。

---

① 〔宋〕黄榦：《黄勉斋先生文集》卷之四《复赵立夫》，商务印书馆，1936 年，第 89 页。

② 〔宋〕黄榦：《黄勉斋先生文集》卷之一《与李敬子司直书》，商务印书馆，1936 年，第 6 页。

## 三、人格养成的实践论

如何去人欲私利，通达天赋人性的道德原则，实现人格境界的精神超越性？便须有为学修道之方，朱熹提倡格物致知，后则提出致知与涵养并进的修养方法，涵养是居敬或主敬之意，意在专心一致，警惕人欲之扰。黄榦发展了朱熹此思想，形成了其完善的人格养成实践论，并付诸具体的读经学圣过程，以补充朱熹之学，纠正学者之弊。黄榦曰："承教持守之方，别恐亦无他，前辈及先师言之详矣，亦只是不为与为之不力耳。然亦有一说，致知持敬两事相发，人心如火，遇木即焚，遇事即应，惟于世间利害得丧及一切好乐见得分明，则此心亦自然不为之动。而所谓持守者，始易为力，若利欲为此心之主，则虽是强加控制，此心随所动而发，恐亦不易遏也。便使强制得下，病根不除，如以石压草，石去而草复生矣，此不可不察也。"①

黄榦认为致知、持敬同时为之，则虽有人欲私利，心亦不动，但他强调心未发时之持守，心若已发，而利欲主心，那么若此时再以持守之方强加控制，人欲则难以遏制，并以石压草相喻，"石去而草复生矣"，极为形象。朱熹之持敬，据其言说，既专指未发，又有贯穿未发已发之意，后来学者也于此形成了不同的看法。黄榦在为朱熹所做《行状》中谓："其为学也，穷理以致其知，反躬以践其实。居敬者，所以成始成终也。谓致知不以敬，则昏惑纷扰，无以察义理之归；躬行不以敬，则怠惰放肆，无以致义理之实。"② 因此他认为朱熹以"敬"字贯穿始终，知行皆须以敬用力，比较恰当地概括了朱熹思想。但针对已发时"敬"着力上之欠缺，又将此说加以发展，将已发归为"义"之范畴，形成其"居敬集义"之说，"义"为心已发后之省察。其谓："窃尝谓古人'敬义'两字，且就念虑上用功。敬是持养此心，而欲其存

① 〔宋〕黄榦：《黄勉斋先生文集》卷之一《与胡伯量书》，商务印书馆，1936 年，第 16 页。

② 〔宋〕黄榦：《黄勉斋先生文集》卷之八《朝奉大夫华文阁待制赠宝谟阁直学士通议大夫谥文朱先生行状》，商务印书馆，1936 年，第 258 页。

于心者无不直。义是省察此心，而欲其应于外者无不方。”① 并进一步解释“敬”“义”二字，“主一之谓敬，合宜之谓义，主于一则思虑不杂，天理常存，而内直矣。合于义，则品节不差，天理常存，而外方矣。直内方外，则所谓具众理，宰万事，有以全吾心本然之妙矣”②。“敬”为“主一”，“义”为“合宜”，则将心之念虑转而为践行之法，此说的重要意义在于补充朱熹过于关注尽心精神层面的欠缺，而关注到道德实践层面，注意将人之天性在客体的道德实践层面发挥作用。

何为“主一”，黄榦在释《大学》的修身方法时说：“先儒论居敬之方，则曰：主一之谓敬。又曰：整齐严肃，则心便一。整齐严肃，夫子所谓重，而又居敬之本也。容貌之庄，言词之谨，非致饰于外，制于外，所以养其中也。”③ “主一”即“整齐严肃”，它不仅指容貌表现，而且是由内而外的发见，即“重”，谓之持重，不轻浮之意。黄榦认为通过外在容貌的端庄，言辞的谨慎亦可以察其心，并保持内心的主一状态。这种内外统一的持养省察之法，有一定的现实可行性。

同时“敬”与“义”也密不可分，有着辩证的统一关系。黄榦曰：

> 直内方外，本是两项功夫，直内主心，方外主事，敬是收敛精神，使存于心者，无邪曲之扰；义是裁度事宜，使应于事者无偏诐之病。然敬该夫动，则方外者乃敬之流行；义主于心，则直内者乃义之根本，则二者未尝不相为用也。要之，学者自当各用其力，此心所存，无一息而不敬，至于应事接物，则又当裁度而使之得宜也。④

① 〔宋〕黄榦：《黄勉斋先生文集》卷之四《复饶伯舆》，商务印书馆，1936年，第87页。

② 〔宋〕黄榦：《黄勉斋先生文集》卷之五《杨恭老敬义堂记》，商务印书馆，1936年，第101页。

③ 〔宋〕黄榦：《黄勉斋先生文集》卷之五《家恭伯重斋记》，商务印书馆，1936年，第104页。

④ 〔宋〕黄榦：《黄勉斋先生文集》卷之四《复李汝明书》，商务印书馆，1936年，第93页。

“敬”“义”不是内外两样功夫，“主一”之“敬”贯动静始终，“义”亦主于心，以“敬”为根本，二者密不可分，相互为用，这便中和了朱熹之说，在身心、知行两方面丰富了人格养成之实践论。黄榦亦以此论释《中庸》之学，其谓：

> 《中庸》之书，首言戒惧、谨独，次言知仁勇，终之以诚，此数字括尽千古圣贤所以教人之旨。戒惧以致夫中者，居敬之谓也；谨独以致乎和者，集义之谓也。致中和，岂非检点身心之谓乎？智，求知夫此者也；仁，行夫此者也；勇，勉夫此者也，亦不过求所以致中和者也。如此，加之以诚，真知实行，而其勇不可及矣。故学者立心，便当以持养省察为主，至于讲学穷理，而持养省察之意，未尝少懈，乃所以使吾敬愈固而义愈精矣。不以持养省察为主，而曰吾惟讲学穷理，皆务外者也。①

“居敬集义”即是达致中和之法，这也是为学之根本，必须先在身心上用力，以持养省察为主，如此才能存天理而去人欲，体悟人格品性之完善，形成精神超越的人格境界，至于讲学穷理，或曰格物致知之法，则是务外之学，二者不可颠倒偏废，这也是黄榦针对朱子后学之弊，有感而发。

黄榦说：“年来学者但见故人有格物穷理之说，但驰心于辨析讲论之间，而不务持养省察之实。所以辨析讲论者，又不原切问近思之意。天之所以与我，与吾之所以全乎天者，大本大原，漫不知省，而寻行数墨，入耳出口，以为即此便是学问，退而察其胸中之所存，与夫应事接物，无一不相背驰，圣人教人，决不若是。则虽曰学者之众，而适足以为吾道之累也。”② 只格物穷理便以为圣人之学，是舍本逐末，与求道无益。黄榦认为初学者可以格物

---

① 〔宋〕黄榦：《黄勉斋先生文集》卷之四《复饶伯舆》，商务印书馆，1936 年，第 86—87 页。

② 〔宋〕黄榦：《黄勉斋先生文集》卷之四《复饶伯舆》，商务印书馆，1936 年，第 86 页。

穷理，但其目标是求得圣贤为学之法，根本目的仍是学会“居敬集义”检点身心。“故初学之法，且令格物穷理，考古验今者，盖欲知为学之方，求义理之正，使知所以居敬集义，而无毫厘之差，亦卒归于检点身心而已。”①

最后黄榦将其人格修养之法总结为四句曰：“敬以直内，义以方外，博我以文，约我以礼，此四句无复加矣。”② 含“居敬集义”“格物致知”之法，最后落实到“礼”之修养实践，以道德规范为自我行为之规约，为理想人格的塑造提供了有效的手段和途径。

## 结　语

中国哲学向来关注人格精神的修炼，人格美学在中国美学的庞大体系中具有独特的意义。海德格尔对生命存在之思，一直亦是古老中国的哲学根底所在，人生问题，通过自我感性意义的赋予，通过对生命境界的追寻以及一种愉悦的情感体验的获得，而具有了主客合一的人格审美特点。从先秦孔子的“仁人”，孟子的“养气论”，到宋明理学主内圣之学的审美境界，对心性论的阐发也趋于成熟。

朱熹集儒学之大成，其后学黄榦的人格美学思想在继承师说的同时，又多所发展，值得我们深入研究。他以切己之思，将宇宙本体拉回现实人生，以伦理道德作为人之本然规定性，“美德说”体现了其人格本体的理性化特点，并以道德境界作为人格审美的境界追求，在理欲之间寻求人格的合理化发展。黄榦重视人格养成之实践，主张身心内外相一致的严肃平和，希图在尽心与道德实践上双向努力，寻求士人的为学与修德之途，其踏实而实用的人生观，其维护师承道统的努力，对当代人的人格修养与人格美的炼成具有借鉴意义。

---

① 〔宋〕黄榦：《黄勉斋先生文集》卷之四《复饶伯舆》，商务印书馆，1936 年，第 86 页。

② 〔宋〕黄榦：《黄勉斋先生文集》卷之四《复饶伯舆》，商务印书馆，1936 年，第 87 页。

# 真德秀《政经》及其廉政思想研究

方彦寿

真德秀（1178—1235），字实夫，改字景元、希元，号西山，宋建宁府浦城县人。庆元五年（1199）进士。历官江东转运副使，知泉州、福州、潭州，礼部侍郎、参知政事等。师事詹体仁，为朱熹再传。学术上，被誉为“西山之望直继晦翁”①。庆元党禁后，为朱学的复盛出力尤多。著有《四书集编》《大学衍义》《西山先生真文忠公文集》等。传见《宋史》卷四百三十七。

## 一、《政经》的内容与版本源流

《政经》一卷，宋真德秀撰。《四库全书总目》著录：“采典籍中论政之言列于前，而以行政之迹列于后。题曰‘传’以别之，末附当时近事六条，谓之附录。其后载德秀《帅长沙咨呈》，及知泉州军事时《劝谕文》，帅长沙时《劝民间置义仓文》，帅福州《晓谕文》诸篇，盖后人所益。如《心经》之引《读书记》耳。德秀虽自命大儒，断不敢以己之条教题曰经也。按《宋史·道学传》，德秀任湖南安抚使知潭州，以廉、仁、公、勤四字厉僚属，复立惠民仓置社仓。其知福州，戒所部无滥刑横敛，无徇私黩货，盖德秀立朝日浅，其政绩多在居外任时。故留心民瘼，著为此编。其门人王迈序谓先生再守温陵日著《政经》。考德秀再守泉州在理宗绍定五年，盖晚年之作。迈又言赵时棣为法曹，朝夕相与，遂得此《经》实在四方门人之先，而四方门人亦未必

① 〔清〕黄宗羲原著、全祖望补修：《宋元学案》卷八十一《西山真氏学案》，陈金生、梁运华点校，中华书局，1986年，第2695页。

尽见之。《书录解题》载《心经》而不及此书，岂《心经》行世早而此书晚出欤？抑或德秀名重好事者依托之也？真伪既不可诘，而其言能不悖于儒者，故姑与《心经》并存焉。”①

四库馆臣所言，可分为三个层次。一是阐述《政经》的内容，认为此书是由前后两部分组成。前半部分为采集儒家典籍中有关治政的言论，后半部分则辑录前人有关国家和社会治理的史实，而以“传”字作为前后区分。其后附以当时发生的六则治政事例，作为附录。附录之后则载真德秀《帅长沙咨呈》和知泉州军事时《劝谕文》、帅长沙时《劝民间置义仓文》、帅福州时《晓谕文》等。这些篇章，为后人所增。二是此书名。馆臣认为真德秀虽自命大儒，断不敢将已之条教题名为“经”，因此此书有可能是“好事者依托”。三是尽管此书真伪之不可辨，但此书的言论并不违背儒学大义，所以，将此书姑且“与《心经》并存焉”。对馆臣这三点看法，有所争议的，主要在第二点上。其一，说真德秀“断不敢以已之条教题曰经”，似是而非。根据现有资料推断，此书真德秀在世时，只编了正文前后两个部分，其主体部分来自先贤的儒学典籍。名之为“经”，并无不妥。其二，说此书可能是“好事者依托”，更没有道理。在《政经》卷首有真德秀门人王迈序称：

> 今所谓《政经》者，乃先生再守温陵时所著。迈时分教睢邸，乡友赵时棣宗华为法曹，朝夕相与，亲炙琴瑟、书册之侧，遂得此经，实在四方门人之先，而四方门人亦未必尽见之。宗华令大庾，锓梓县斋，以一帙见畀，序于帙端。迈窃谓天下之书多矣，然有之无所补，无之靡所缺者亦多。先生所著之书，凿凿乎桑麻谷粟之不可缺者也。惟《心经》所以为开天理、迪民彝之大本，惟《政经》所以为续天命、救民穷之实用。《心经》可以接伊、洛之正传，衍朱、张之遗学。②

---

① 〔清〕永瑢等：《四库全书总目》卷九十二，中华书局，1965 年，第 786 页。

② 〔宋〕王迈：《真文忠公政经序》，《中华再造善本·真文忠公政经》卷首，北京图书馆出版社，2006 年，叶 1A—B。

“睢邸”为南外睦宗院，原在睢水之滨（地处河南开封），故曰“睢邸”，南宋时已移司泉州，故王迈与赵时棣能与其师“朝夕相与，亲炙琴瑟、书册之侧”。

王迈（1184—1248），字实之，一作贯之，自号臞轩居士。宋仙游人。嘉定十年（1217）进士，历任南外睦宗院教授、漳州通判等职。淳祐中，知邵武军。著作有《臞轩集》十六卷，今存《四库全书》本。传载《宋史》卷四百二十三、乾隆《福建通志》卷三十二等。端平元年（1234），王迈在泉州南外睦宗院编辑并刻印其师真德秀《真西山集》二十卷。

赵时棣，字宗华，宋莆田人，嘉定十三年（1220）进士。历官泉州法曹（司法官员）时，适逢著名学者真德秀官泉州知州，因而成为真氏门人。淳祐二年（1242），赵时棣官大庾（治所在今江西省大余县）知县时，将其师所著《政经》一卷、《心经》一卷合刊，时真德秀已逝世七年。

陆心源《仪顾堂题跋》卷六有《宋椠〈政经〉跋》：“《真文忠公政经》一卷，宋真德秀撰，宋刊本。每叶二十行，每行十八字，版心有刊工姓名，前有淳祐二年（1242）王迈序。《宋史·艺文志》《文献通考》《书录解题》皆无其书，明《文渊阁书目》始著于录。案，是书为西山守泉州日所著，门人赵时棣宗华为大庾令梓于县斋。”①

宋淳祐二年（1242）赵时棣大庾县斋刊本《心经》一卷、《政经》一卷，今海峡两岸均有存本。2006年北京图书馆出版社曾以国家图书馆所存宋刊本为底本，收入《中华再造善本》唐宋编中。《政经》宋刻本的原名为《真文忠公政经》。行格均为每半叶十行十八字。

明清时期，《政经》屡经后人手抄、重刻，前后有二十多种版本行世。其中，既有手抄本，也有单刊本或丛书本等。此书流传到海外，在日本、朝鲜半岛也有不少翻刻本行世。其中流行最广的，应是以现代影印技术推行的影

① 〔清〕陆心源：《仪顾堂题跋》卷六，《续修四库全书》史部第930册，第74页。

印《四库全书》本。

## 二、《政经》“四事箴”及其影响

通过前面的介绍，我们知道，在《政经》中，真德秀本人所著是作为附录出现的。按照通常的思维，一本书的主体部分是主要的，附录是次要的。但是，如果这样来看待《政经》，那就大错特错了。为什么？因为，此书最出彩的部分，也是最为后人所津津乐道的，恰恰就在附录的“四事箴”！

所谓四事箴，即廉、仁、公、勤四事箴，是真德秀在各地任地方官时，身体力行并积极向同僚和下属谆谆告诫、广泛推行的从政纲领，最早来源于他任潭州知州兼湖南安抚使时。这四个字，后经他的学生王迈的进一步阐述，扩展为十六字：“律己以廉，抚民以仁，存心以公，涖事以勤。”朱子门人莆田陈宓（字师复，号复斋）对此四事箴高度赞赏，为此挥毫书写大字，揭之于壁；真德秀为此写了一道跋文，说：

> 余在星沙，以廉、仁、公、勤四事勉僚属，王实之作此箴遗予，尝揭之幕府之壁，与同僚共警焉。今复斋陈公师复又为大书此本，实之之箴，明厉峻切，读者已知悚畏，复斋之字，森严清劲，见者便如端人正士之在前，尤当凛然兴敬也。①

此后，真德秀又将此通俗易懂的四事箴讲解给他在长沙的下属们知晓，原文收入真氏《政经》一书的附录中。原文为：

> 某愿与同僚各以四事自勉，而为民去其十害。何谓四事？曰律己以廉：凡名士大夫者，万分廉洁，止（只）是小善；一点贪污，便为大恶。不廉之吏，如蒙不洁，虽有他美，莫能自赎，故此以为四事之首。

---

① 〔宋〕真德秀：《西山文集》卷三十四《跋陈复斋为王实之书四事箴》，《景印文渊阁四库全书》第1174册，第533页。

抚民以仁：为政者当体天地生万物之心，与父母保赤子之心，有一毫之惨刻，非仁也，有一毫之忿疾，非仁也。

存心以公：《传》曰公生明，私意一萌，则是非易位，欲事之当，理不可得也。

为事以勤是也：当官者一日不勤，下必有受其弊者。古之圣贤犹且日昃不食，坐以待旦，况其余乎？今之世有勤于吏事者，反以鄙俗目之，而诗酒游宴则谓之风流娴雅，此政之所以多疵，民之所以受害也，不可不戒。①

绍定五年（1232），真德秀再知泉州之时，作《再守泉州劝谕文》《泉州劝孝文》《谕州县官属》（见文集卷四十）。其中，《谕州县官属》在《政经》中题为《谕州县官僚》，文末最后一段为：

廉、仁、公、勤四者，乃为政之纲领。而崇风教、清狱犴、平赋税、禁苛扰，乃其条目。当职于此，不敢不勉，亦愿诸县知佐以前四事，及今四条揭之座右，务在力行，勿为文具。其逐县公吏，有犯上项约束，致招民词，当择其尤者惩治一二。外余并许之自新，人户亦不必论愬。自今约束下日为始，少有分毫违背，断不兼容，黥流断刺，必无轻恕。帖诸县知、佐，石井监镇，知委并榜本州及七县市曹晓示。②

真德秀的“四事箴”，在当时社会已引起了不小的反响。与真德秀在学术上齐名的魏了翁对此有一评价：“西山所书‘廉仁公勤说’，可以想见其谨独畏知功夫。今安得斯人邪？跋语足以翊诂训而觉世迷。本无可议，第熟观来书春谷之谕，方谓春贯四时，仁包四端云云，今乃以仁字与廉、公、勤三字

---

① 〔宋〕真德秀：《西山帅长沙咨目呈两通判及职曹官》，《西山真文忠公政经》，《中华再造善本》唐宋编，叶23A—B。

② 〔宋〕真德秀：《西山真文忠公政经》，《中华再造善本》唐宋编，叶48A。

等而为四，此已是纲领上有病，且断之曰‘廉则不受欺，仁则不忍欺，公与勤则无任欺，无敢欺’。据某愚见，识得仁字分晓，则廉、公、勤在其中，安有仁人而不廉、不公、不勤者乎？况如来教，四‘欺’字上一言，如‘受’如‘忍’之类，皆未甚精密，更惟思之。”① 一方面，魏了翁对真德秀“律己以廉”的谨独畏知功夫高度赞赏，另一方面，又认为以“仁字与廉、公、勤三字等而为四”，这是在“纲领上有病”，认为这与先儒的“仁包四端”之说不合。

魏了翁（1178—1237），字华父，号鹤山，宋四川蒲江人。后人对他的评价，往往与真德秀相提并论，“为鸟之双翼，车之双轮，不独举也”②。但恰恰就是这位与真德秀关系密切的魏了翁，却对他的“四事箴”提出了质疑，认为“仁字与廉、公、勤三字等而为四”是纲领上有病。“病”在以先圣先贤的“仁包四端”之说裁度，“仁字分晓，则廉、公、勤”应已在其中。换句话来说，廉、公、勤怎么能和仁并列，且“等而为四”？在此，魏了翁似乎忘记了，朱子的“仁包四德”，包的是仁义礼智这四德。

“四端”之说，来源于《孟子·公孙丑上》：“恻隐之心，仁之端也；羞恶之心，义之端也；辞让之心，礼之端也；是非之心，智之端也。”孟子认为恻隐、羞恶、辞让、是非四种情感是仁义礼智的萌芽，仁义礼智发端于这四种情感，故称四端。从魏了翁的上下文来看，他所说的“仁包四端”，其实说的应是朱熹的“仁包四德”。朱子说：

> 孟子论“四端”自首章至“孺子入井”，皆只是发明不忍之心一端而已，初无义、礼、智之心也。至其下文，乃云“无四者之心非人也”。此可见不忍之心足以包夫四端矣。盖仁包四德，故其用亦如此。前说之失，

---

① 〔宋〕魏了翁：《鹤山集》卷三十七《宁国赵书记》，《四部丛刊》本，叶13A—B。

② 〔清〕黄宗羲原著、全祖望补修：《宋元学案》卷八十一《西山真氏学案》，陈金生、梁运华点校，中华书局，1986年，第2696页。

但不曾分得体用。[①]

盖仁、义、礼、智四者，仁足以包之。[②]

四德之元，专言之则全体生生之理也，故足以包四者；偏言之则指万物发生之端而已，故止于一事。[③]

所以，朱熹的“仁包四德”，仁字有两种涵义。一是仁包四德之“仁”，为形而上的本体之仁，即朱熹所说的“专言之”；二是被形上本体之仁所统摄的“仁义礼智”四德，即与义礼智并举的“仁”，即朱熹所说的“偏言之”。此第二义的“仁”是可以与廉、公、勤“等而为四”的。这在朱熹的著作中，也可以找出许多例证。

比如，朱熹说仁与公：“公不可谓之仁，但公而无私便是仁。”[④]“或问仁与公之别。曰‘仁在内，公在外’。又曰‘惟仁然后能公’。又曰‘仁是本有之理，公是克己工夫极至处。故惟仁，然后能公’。”[⑤]“仁是爱底道理，公是仁底道理。故公则仁，仁则爱。”[⑥]

说公与廉、公与勤，礼义与廉耻，等等。“大抵守官，只要律己公廉，执事勤谨，昼夜孜孜，如临渊谷，便自无他患害。”[⑦]“所谓廉者，为是分得那义利去处。”[⑧]“人须是有廉耻。孟子曰：‘耻之于人大矣！’耻便是羞恶之心。人

---

① 〔宋〕朱熹：《晦庵先生朱文公文集》卷三十二《答张钦夫论仁说》，朱杰人、严佐之、刘永翔主编《朱子全书》第21册，上海古籍出版社、安徽教育出版社，2002年，第1409页。

② 〔宋〕黎靖德编：《朱子语类》卷六，王星贤点校，中华书局，1986年，第114页。

③ 〔宋〕朱熹：《晦庵先生朱文公文集》卷三十九《答范伯崇》，朱杰人、严佐之、刘永翔主编《朱子全书》第22册，上海古籍出版社、安徽教育出版社，2002年，第1775页。

④ 〔宋〕黎靖德编：《朱子语类》卷六，王星贤点校，中华书局，1986年，第117页。

⑤ 〔宋〕黎靖德编：《朱子语类》卷六，王星贤点校，中华书局，1986年，第116页。

⑥ 〔宋〕黎靖德编：《朱子语类》卷六，王星贤点校，中华书局，1986年，第116页。

⑦ 〔宋〕朱熹：《晦庵先生朱文公文集》卷六十四《答吴尉》，朱杰人、严佐之、刘永翔主编《朱子全书》第23册，上海古籍出版社、安徽教育出版社，2002年，第3118页。

⑧ 〔宋〕黎靖德编：《朱子语类》卷四十七，王星贤点校，中华书局，1986年，第1188页。

有耻，则能有所不为。今有一样人不能安贫，其气销屈，以至立脚不住，不知廉耻，亦何所不至!”①

公、廉、勤、谨（公平公正，廉政勤政，谦恭谨慎），此即朱熹制定的为官基本守则。其中的“廉”字，他认为是对士人最基本的要求。他说：“士人先要识个廉退之节。礼义廉耻，是谓四维。若寡廉鲜耻，虽能文要何用!”②

在给弟子传授为宦之道时，朱熹强调“当官廉谨，是吾辈本分事。……（故须）事上以礼，接物以诚，临民以宽，御吏以法”③。为“仕宦只是廉勤自守，进退迟速自有时节，切不可起妄念也”④。他还说：“官无大小，凡事只是一个公。若公时，做得来也精采。便若小官，人也望风畏服。若不公，便是宰相，做来做去，也只得个没下梢。”⑤ 真德秀的“律己以廉、抚民以仁、存心以公、为事以勤”四事箴，就来源于朱子的这些思想。

大体来说，仁、义、礼、智是一种普遍性的道德要求，针对的是普天之下每一行为个体，而廉、仁、公、勤，则是对从政者这一特殊群体的基本要求。正如明张悦在《政训后序》中所说：“夫所谓政者，非徒事乎法度禁令而已，要在夫推吾心之所以正者，以正人心也。”⑥ 而表现在治政领域，衡量“吾心”是否“正”，以民为本，仁民爱物，廉政、勤政，公平公正公开，等等，是其中最重要的标尺。所以，也可以说，真德秀的“四事箴”是对朱子“四德说”在治政领域的深入和具体化。

---

① 〔宋〕黎靖德编：《朱子语类》卷十三，王星贤点校，中华书局，1986 年，第 241 页。

② 〔宋〕黎靖德编：《朱子语类》卷一百六，王星贤点校，中华书局，1986 年，第 2646 页。

③ 〔宋〕朱熹：《晦庵先生朱文公文集》卷三十九《答范伯崇》，朱杰人、严佐之、刘永翔主编《朱子全书》第 22 册，上海古籍出版社、安徽教育出版社，2002 年，第 1784 页。

④ 〔宋〕朱熹：《晦庵先生朱文公文集》卷六十四《答吴尉》，朱杰人、严佐之、刘永翔主编《朱子全书》第 23 册，上海古籍出版社、安徽教育出版社，2002 年，第 3118 页。

⑤ 〔宋〕黎靖德编：《朱子语类》卷一百一十二，王星贤点校，中华书局，1986 年，第 2735 页。

⑥ 〔明〕张悦：《政训后序》，《四库全书存目丛书》子部第 121 册，第 730 页。

## 三、《政经》与“四事箴”在后世的流传

《政书》问世后，即被各种书籍所摘抄、转载。其中转载率最高的是“真文忠公四事箴”。大体而言，有以下三种类型。

1. 经历代著名学者的宣传

如宋刘克庄《后村大全集》、元胡炳文《云峰集》、明宋濂《文宪集》、明黄佐《泰泉乡礼》和清宫梦仁《读书纪数略》等诸多典籍的宣传，而广泛为世人所知。其中，勉励赴任官员要认真效法真德秀的《政书》“四事箴”，践履斯言，是其中最主要的内容。如元胡炳文《送知州范朝列序》，文中提到，“昔西山真氏以‘廉、仁、公、勤’四字为官箴，世道不古，吏习益偷，能践斯言几何人哉？乃今于太守范公子诚见之。公初以真定儒选，历仕守台之黄岩，毁淫祠，摧豪富，恤孤穷。政声甲江左。……今官无长贰，咸钦其能，得齐甿之心者，莫谐巨室之意。今民无富贫，咸德其惠，考绩三载者，或无可书。今六七十日间，而五万人家已蔼然有春意，凡此皆廉、仁、公、勤之效也。”①

明林文俊《送郑君日进守嘉兴序》：“真文忠公再守温陵，甚有美政，其始终自励及以勉其僚属，不过廉、仁、公、勤四者而已。公去温陵十四五年，及其再至，老稚填聚欢迎如见父母，盖圣贤之泽入民之深，又非汉唐以来循吏所及也。”为此，他劝诫说：“日进之为郡也，倘不以公为师，则亦何以言语慕公为哉？”②

2. 地方志的表彰

如《湖广通志》卷二十五《祀典志》：“真西山祠，在大西门内。宋嘉定中，真德秀出知潭州，以廉、仁、公、勤谕属，以周、胡、朱、张之学训士。

---

① 〔元〕胡炳文：《云峰集》卷三《送知州范朝列序》，《景印文渊阁四库全书》第1199册，第766页。

② 〔明〕林文俊：《方斋存稿》卷五《送郑君日进守嘉兴序》，《景印文渊阁四库全书》第1271册，第767页。

后人建祠祀之。"① 此外，《泉州府志》《史传三编》等均有相应的内容。

3. 被收入当时传播速度最快，读者面最广的类书

如晚宋王应麟编纂的《小学绀珠》（卷八）、叶某纂《爱日斋丛钞》（卷四），明彭大翼《山堂肆考》（卷六八）、明代建本类书《居家必用事类全集》（丙集）等书之中。其中，尤以《爱日斋丛钞》所载为详，其中的文字，与现存宋本《政经》略有小异，可起到互校的作用。移录于此：

真希元参政帅长沙，以廉、仁、公、勤四言勉僚吏。晚再守泉南，又绎四者之义加详，王寔之迈以南外宗教为之箴：

律己以廉，曰惟士之廉，犹女之洁。苟一毫之点污，为终身之玷缺。毋谓暗室，昭昭四知；汝不自爱，心之神明，其可欺？黄金五六驼，胡椒八百斛，生不足以为荣，千载之后有余戮。彼美君子，一鹤一琴，望之凛然，清风古今。

抚民以仁，曰古者于民，饥渴犹已。心诚求之，如保赤子。于戏，入室笑语，饮醲啮肥，出行敲朴，曾痛痒之。不知人心不仁，一至于斯，淑问之泽，百世犹祀。酷吏之后，今其余几，谁甘小人，而不为君子？

存心以公，曰厚姻娅，近小人，尹氏所以不平于秉钧；开诚心，布公道，武侯所以独优于王佐。故曰本心日月，利欲食之，大道康庄，偏见室之。听信偏，则枉直而惠奸，喜怒偏，则赏僭而刑滥。惟公生明，偏则伤闇。

莅事以勤，曰尔服之华，尔馔之丰，凡缕丝而颗粟，皆民力乎尔。供仕焉而旷，厥官食焉而怠，其事稍有人心，胡不自愧？昔者君子，靡素其飧，炎汗浃背，日不辞艰，警枕计功，夜不遑安。谁为我师，一范一韩。初，真公有言，廉者士之美节，士之不廉，犹女之不洁，不洁之

① 〔清〕迈柱、夏力恕等：《湖广通志》卷二十五《祀典志》，《景印文渊阁四库全书》第532册，第61页。

> 女，虽功容绝人，不足自赎。不廉之士，纵有他美，何足道哉！又谓况为命吏所受者，朝廷之爵位，所享者，下民之膏脂。一或不勤，则职业隳弛，岂不上辜朝寄，而下负民望乎？实之概用公文告之词，及得于游从者，以成四箴。[①]

明莆田彭昭编纂《西山政训》，将真德秀“帅湖南，守温陵，于寥属吏民”[②] 谕教之文汇为一编，与《朱文公政训》并行于世。明汀州杨昱撰《牧鉴》，亦仿真德秀《政经》“以经史百家之言有关政治者裒辑成帙”[③]。

即使在当代，此四事箴在领导干部廉政建设和公务员职业道德建设中，也是被人们引用频率最高，警醒世人的至理名言。尤其是真德秀解释“律己以廉”四字时所说的“万分廉洁，只是小善；一点贪污，便为大恶”，可谓振聋发聩，对当今的反腐倡廉建设，具有重要价值，此即优秀的传统文化所独具的穿越时空的现代意义和借鉴价值。

① 〔宋〕叶囗：《爱日斋丛钞》卷四，《景印文渊阁四库全书》第 854 册，第 677—678 页。

② 〔明〕彭昭：《政训前序》，《四库全书存目丛书》子部第 121 册，第 700 页。

③ 〔清〕永瑢等：《四库全书总目》卷一百三十一，中华书局，1986 年，第 1120 页。

# 真德秀与泉州海外贸易的振兴

丁玲玲　张晓茵

真德秀，字景元，后更为希元，号西山，宋浦城长乐里（今仙阳镇）人，生于宋淳熙五年（1178）。真德秀自幼聪颖绝人，“四岁受书，过目成诵”（《宋史·真德秀传》）。庆元元年（1195），真德秀被推举参加贡举考试，庆元五年（1199）中进士，被授南剑州判官，从此步入仕途，开始了他的政治生涯。他历任南剑州判官、太学正、博士、起居舍人、江东转运副使，知泉州、隆兴、潭州、福州，后迁礼部侍郎兼直学士院、户部尚书、翰林学士、参知政事、资政殿学士、提举万寿观兼侍读等职。嘉定十年（1217）至嘉定十二年（1219），真德秀以右文殿修撰知泉州。绍定五年（1232）至绍定六年（1233），真德秀以徽猷阁待制再知泉州。真德秀两次任泉州知州，重视泉州的海外贸易，采取一系列举措，促进泉州海外贸易的振兴与发展。

## 一、整顿吏治，保证外贸正常运行

泉州地处我国东南沿海，海岸线曲折漫长，避风港湾众多；有泉州湾、深沪湾、围头湾，三湾之中，又有若干支港，故有三湾十二港之称。凭借得天独厚的港湾优势，泉州“民以海为耕，商凭海为市”。早在唐代，泉州就与广州、交州、扬州同列为我国对外贸易的四大海港。到了宋代，伴随泉州海外贸易的不断发展，为了方便对海舶检查、缉私、办理海舶出返航手续，抽收货物税额和出售进出口货物，接待和管理外国来华使节、商人等，宋政府在泉州设置市舶司，“哲宗元祐二年十月六日，诏泉州增置市舶司”（《宋会要辑稿·职官四十四之八》)。“提举市舶司，掌蕃货海舶征榷贸易之事。以来远人，以通远物”(《宋史·职官七·提举市舶司》)。宋政府对海外贸易较为重视，鼓励外商来华贸易，特别是宋室南渡后，南宋政府为维持半壁江山，积极发展海上贸易，海舶收入已成为南宋财政的重要来源。宋高宗曾言道：“市舶之利最厚，若措施合宜，所得动以百万计，岂不胜取之于民。朕所以留意于此，庶几可以少宽民力尔。”(《宋会要辑稿·职官四十四之二十》)顾炎武甚至称：“南渡后，经费困乏，一切倚办海舶。”(〔清〕顾炎武《天下郡国利病书》卷一百二十《海外诸蕃》)当时，宋政府也清楚地认识到市舶司官员任命的重要性，认为“市舶官委奇非轻，若用非其人，则措置失当，海商不至矣”(〔宋〕李心传《建炎以来系年要录》卷一百六十二“绍兴二十一年四月甲戌”)。因此，对市舶司提举人选的任命较为慎重。认为只有“使有风节、才力者为之”(〔宋〕蔡戡《定斋集》卷二《乞选择监司奏状》)，才能“示远人之信，明赏以激劝”(《建炎以来系年要录》卷一百一十一“绍兴七年五月癸酉”)。所以市舶司提举在赴任之前，要经过品行上的考核。如绍兴二十一年(1151)，李庄任福建市舶司提举前，高宗要求他“赴阙禀议，然后赴任”(《建炎以来系年要录》卷一百六十二“绍兴二十一年四月”)，皇帝亲自过问市舶官吏的选拔与任命。

为了保证海外贸易的顺利发展，防止权贵官吏营私舞弊，贪污受贿，宋政府明确规定，不许特贵官吏经营海外贸易，不许官吏私买舶商货物。对于在海外贸易管理中出现的渎职不尽责或贪污受贿者，南宋政府也曾给予严厉的处罚。据《宋会要辑稿》记载，南宋绍兴五年(1135)闰二月八日，朝廷颁布诏书，称：“市舶务监官并见任官诡名买市舶司及强买客旅舶货以违制论，仍不以赦降原减。许人告，赏钱一百贯。提举官、知通不举劾，减犯人罪二等。”(《宋会要辑稿·职官四十四之十六》)对挟权营私，勒索蕃商，贪赃苛酷的市舶司官员进行惩戒。如绍兴十六年(1146)，就“降右朝散大夫提举福建路常平茶事袁复一一官，以前任广南市舶，亏损蕃商物价，故有是命”(《宋会要辑稿·职官四十四之二十四》)。这对抑制官吏的贪婪腐败起了一定作用，所以，这一时期出现了较多的恪守定规的官员，也为泉州海外贸易的兴盛提供了制度保障。南宋前期，泉州海外贸易迅速发展，呈现了繁荣景象。“是时本州田赋登足，舶货充羡，称为富州。”（〔宋〕真德秀《西山文集》卷十五《申尚书省乞拨降度牒助宗子请给》）但是，宁宗庆元、嘉泰、开禧年间（1195—1207）后，泉州出现吏治腐败的现象，不少官员挟权营私，勒索蕃商，贪渎不法。如嘉泰年间（1201—1204），“福建提举市舶曹格……借法济贫格移易乳香”（《宋会要辑稿·职官七十四之三》），出现“蕃船抵岸……今所隶官司，择其精者，售以低价。诸司官属，复相嘱托，名曰和买”（《宋会要辑稿·职官四十四之三十三》）的情况。官府假“和买”之命刮取舶货，甚至不给货款，对蕃舶肆意掠夺，导致海商无利可图甚至亏本，“获利既薄，怨望愈深；所以比年蕃船颇疏，征税暗损”（《宋会要辑稿·职官四十四之三十三》），直接影响了泉州海外贸易，泉州港一度中衰。

嘉定十年（1217），真德秀首次知泉州。当时来泉州贸易的蕃舶已经少到一年只有三四艘，昔日繁忙的泉州港变得冷清衰败。“商人畏重征，苦官吏和买，至者绝少。”（〔宋〕刘克庄《后村先生大全集》卷一百六十八《西山真文忠公行状》）真德秀认为，“惟泉为州，所恃以足公私之用者，蕃舶也”（《西山文集》卷五十四《祈风祝文》）。于是他将发展泉州海外贸易，增加海舶收入作为首务。认为，吏治腐败是泉州海外贸易衰退的一大原因。“浮海之商，以死易货，至则使者、郡太守而下，惟所欲刮取之，命曰和买，实不给一钱……诸珍怪物，大半落官吏手……以故舶之至者滋少，供贡阙绝。”［《西山文集》卷四十三《提举吏部赵公（崇度）墓志铭》］惩治官员腐败，是保证海外贸易健康发展的重要举措。因此，真德秀决定整顿吏治，肃清作风。他与军州事章徕、市舶司提举赵崇度一起整顿泉州市舶司，革除积弊，“同心划洗前弊，罢和买，禁重征”（《（道光）晋江县志》卷三十二《封荫志》）。严禁官吏未经批准，擅自购买舶货，禁止官吏以“和买”为名勒索蕃商，狠刹重征勒索此类不良风气。对于那些侵吞外商的财物，干扰外贸发展的官吏，包括南外宗正司，真德秀都给予严厉打击。真德秀本人则以“律己以廉”“抚民以仁”“存心以公”“莅事以勤”为座右铭，做到清廉为官，“毫发不染”。

在真德秀等一些清廉官吏的努力下，泉州的外贸环境得到改善，从而吸引外商前来。蕃舶“期年至者再倍，二年而三倍矣”（《西山文集》卷四十三《提举吏部赵公（崇度）墓志铭》）。泉州海外贸易得到恢复与发展。成书于开禧二年（1206）赵彦卫的《云麓漫钞》，记述常到泉州贸易的国家、地区有31个，到理宗宝庆元年（1225）泉州市舶提举赵汝适写《诸蕃志》时，列举的来泉贸易国家、地区已达57个，比以前增加了20多个。这从另一个侧面说明了泉州海外贸易在这段时间内得以振兴与发展。真德秀于绍定五年（1232）再次出知泉州，他仍以发展泉州经济生产及海外贸易为急务，以“廉、仁、公、勤”要求下属，严禁官吏挟权苛勒蕃商，制定了一些舒张市舶的措施。甚至强迫放洋，泉州“市舶司拘于岁课，每冬津遣富商，请验以往，甚有不愿者，照籍点发”（《宋会要辑稿·刑法二》）。作为泉州知州的真德秀，为了促使泉州海上商贸的振兴与发展，增加政府的财政收入，可谓煞费苦心。

## 二、宽征舶税，促进外贸的发展

对海上往来贸易的货物进行征税是市舶司的主要职责。南宋市舶关税对不同标准下的不同税度，都有较为严格的规定。市舶司的征榷包括抽解、禁榷、博买等。泉州市舶司依照朝廷的指令，采取“禁榷”和“听市”的办法进行抽解与博买。“禁榷”是由国家垄断，专买专卖；“听市”是允许民间自由交易的。早在宋太宗时，就在京师设置榷署，“诏诸蕃药宝货至广州、交趾、两浙、泉州，非入官库者，无得私相贸易。其后乃诏：自今惟珠贝、玳瑁、犀象、镔铁、龟皮、珊瑚、玛瑙、乳香禁榷外，他药官市之余，听市于民”（《宋史》卷一百八十六《食货下·互市舶法》）。抽解又称抽分，即按比例征收进出口货物税，主要按照进出口货物粗细两色课征。粗色指的是一般的进口货物，如土布、木材等，其市舶课税以货物的数量来计征，进口税率较低；细色即珍珠、龙脑之类的贵重商品，以货物的价格或者数量来计征关税，进口税率较高。《宋会要辑稿》载："闽广市舶，'旧法'置场抽解，今为粗细二色，般运入京。其余粗重难起发之物，本州打套出卖。"（《宋会要辑稿·职官四十四之十一》）通过抽解，泉州市舶司将应征商品以货物形式押送京师。当时政府对抽解有具体的规定，只是在不同时期，其抽解的税率经常有变动。大致来讲，南宋政府财政收入较好时，抽解的税率就下降；反之则增大。博买又叫官市，是指除禁榷物品外，对于征税过的舶货，由政府按时价进行收购，余下的其他货物百姓可以进行交易。市舶司代表政府收买舶货以后，要送榷易院加价出售，以牟取更多赢利。博买的一般是一些获利较大的货物。如香料，国内需要量很大，所以市舶司每"遇蕃船回舶，乳香到岸，尽数量博买，不得容令私卖"（《宋会要辑稿·职官四十四之三十三》）。其他舶货也有一定数量的博买，如"犀象十分抽二分，又博买四分，真珠十分抽一分，又博买六分"（《宋会要辑稿·职官四十四之二十七》）。博买虽说按时价收买，但是官市的价格往往定得低，"凡官市价微……故商人病之"（〔宋〕朱彧《萍州可谈》卷二）。博买可谓是一种变相的市舶税。

市舶的课税收入是南宋政府重要的财政来源。宋高宗曾言："市舶之利，颇助国用"（《宋会要辑稿·职官四十四之二十四》）。但是有时过高的税额，对于海商而言负担较大，而且有的市舶官吏还法外抽解，如嘉定年间（1208—1224），"提举福建市舶赵不熄……多抽蕃舶"（《宋会要辑稿·职官七十五之二》），从而影响到海商来泉州贸易的积极性。首知泉州时，针对"蕃舶畏苛征，至者岁不三四"的情况，为了刺激海上贸易的振兴与发展，真德秀采取宽和的政策，"禁重征"，而且调低进口税额，以此吸引外商来泉州经商，"蕃舶畏苛征……真德秀首宽之，至者骤增至三十六艘"（《宋史·真德秀传》）。从而促进泉州海外贸易的发展。

## 三、打盗固防，确保航路的畅通

泉州位于我国的东南海疆，港湾众多，不易防守，经常有海盗作乱。南宋之初，政府意识到泉州的特殊地理位置，加强对泉州海上防御的部署。"泉之为州，控临大海，实闽陬要会之地。国家南渡之初，盗贼屡作。上勤忧顾，置兵立戍，所以为海道不虞之备者，至详且密。”（《西山文集》卷八《申枢密院措置防海事宜状》）南宋政府在泉州建有一支水军，即泉州左翼军水师。泉州左翼水军分驻于水澳（永宁）、法石、宝林三寨，另外在晋江石湖、惠安小兜等沿海地方也建有海防水寨，驻兵防守。“今来左翼水军三寨：曰宝林、曰法石、曰永宁。本州沿海四寨，其紧要者二：在晋江曰石湖，在惠安曰小兜。”（《西山文集》卷八《申枢密院措置防海事宜状》）但是，自宁宗开禧（1205—1207）之后，对海防的管理日渐松懈，导致泉州沿海要寨“武备空虚，军政废坏”（《西山文集》卷八《申枢密院措置防海事宜状》）。浙江温州、明州的海寇趁机寇掠，“近者温明群盗，窥见单弱，辄萌侵轶之志”（《西山文集》卷八《申枢密院措置防海事宜状》）。海盗“劫米船以丰其食，劫番舶数厚其财，掳丁壮、掳舟船，以益张其势”（《西山文集》卷十五《申尚书省乞措置收捕海盗》）。海盗的侵扰使泉州沿海之民和商旅深受其害，严重影响到泉州的海外贸易，而且蕃船不通，国课亏缺。真德秀知泉州时面对这情况，一方面分析海防军备废弛的原因，另一方面为了防备海盗的侵扰，确保贸易航路的畅通，真德秀“遍行海滨，审视形势”，巡视泉州外围诸港澳，部署防备。认为泉州虽设有多处的水寨，但设置不合理。“虽已得控扼之数，然宝林去城甚近，距海殊远，其势稍缓，而乃有新旧两寨”（《西山文集》卷八《申枢密院措置防海事宜状》），应该进行调整。真德秀还发现围头是一处具有重要军事地位的港湾，主张在围头增设寨防卫。“至围头去州一百二十余里，正阚大海，南北洋舟船往来必泊之地，旁有支港可以达石井，其势甚要，而前此未尝措置，此控扼之未尽得其所也”（《西山文集》卷八《申枢密院措置防海事宜状》）。并且认为水寨中驻兵人员的配备也不合理，“宝林所屯水军三百，其数为多，法石虽有一百二十余人，然正为防海冲要之地，其数尚少。永宁步军之数倍于水军，诚为倒置，此布置之未尽得其宜也”（《西山文集》卷八《申枢密院措置防海事宜状》）。主张对各寨的驻兵进行合理的调整，整备水寨的营房、器械等，完善水寨的军需设施，加强海防建设。“至于

营房倒塌，器械阙少，亡具尤甚，若不及今逐一整备，临时必至误事。”（《西山文集》卷八《申枢密院措置防海事宜状》）

在真德秀的努力下，泉州增设了围头寨，宝林、法石、永宁、石湖、围头、小兜等海防要寨，合理调整了寨兵，加强寨兵的水战操练和防区巡逻，并且先后添加军船，完善水寨的军需设施，加强海防建设。“创立围头宝盖及修葺法石、永宁二寨，添屯水军，增置石湖、小兜水军名额，以至储蓄军粮，葺理器甲，色色俱备。”（《西山文集》卷十五《申枢密院乞修沿海军政》）为后来打击海盗积累了实力，也使得打击海盗收到成效。“嘉定十一年（1218），海寇赵希却等冲突围头，知州事真德秀请移宝林寨兵戍围头，立宝盖寨，分地巡徼，获赵希却，诛之。”（《（道光）晋江县志》卷十八《武历志》）海寇因此闻风逃遁，泉州滨海得到安宁，“泉、漳一带，盗贼屏息，蕃舶通行”（《西山文集》卷八《泉州申枢密院乞推海盗赏状》）。绍定五年（1232）第二次知泉州时，真德秀发现泉州海防再次出现废弛。“今再至，见逐项事多废弛，军船坏烂而不修，军额死亡而不补，营房颓堕，器甲损失……及至贼船侵轶郡境，仓猝私雇民船应副大军之用，故料罗之战，虽有勇将精卒，竟以船小不能成全功。”（《西山文集》卷十五《申枢密院乞修沿海军政》）于是，真德秀再次整顿水寨，加强海道防卫。“某见与统制齐敏商议，整促水军及添创大船，葺理诸寨，务在先备，使贼不敢犯。”（《西山文集》卷十五《申枢密院乞修沿海军政》）并且部署作战，击溃海盗。“绍定五年（1232），海寇王子清等泊舟围头澳，知州事真德秀遣队将王大寿防遏，猝与贼遇，大寿射杀贼十余人，贼为夺气，竟以独力难支死之，官军乘进，遂有沙陶之捷。”（《（道光）晋江县志》卷十八《武历志》）

真德秀在任泉州知州期间，打击海盗，发展泉州的海防力量，确保了泉州海外贸易航路的畅通。可以说，泉州的海外贸易的再度繁荣，与真德秀及左翼水军大力肃清海盗，加强海防是分不开的。真德秀本人及左翼军的许多将领也因打击海盗，屡获嘉奖。

## 四、祈风祭海，重视外贸的发展

古代海船主要使用风帆航行，帆船在海上航行依靠季节性信风。泉州地处太平洋西岸，属太平洋季风区，每年农历四、五、六月刮东南季风时，蕃舶或贩外海舶可以顺风扬帆驶入泉州港。而每年农历十、十一、十二月刮西北风时，在泉州港的蕃舶或贩外海舶，则乘西北季风扬帆出海。故有“北风航海南风回”的俗谚。当时，人们局限于航海知识和技术水平，对天气变化不能完全预知，于是将航海的顺利、安全寄希望于神灵的保佑。宋代福建沿海一带，民间盛行祈风习俗。官府为了发展海外贸易，增加财政收入，也希望神灵能够保佑船舶航行顺风。正如真德秀在其所撰写的《祈风祝文》中所言的：“舶之至时与不时者，风也。而能使风之从律而不愆者，神也。是以国有典祀。”（《西山文集》卷五十四《祈风祝文》）于是举办祈风典礼成为宋代市舶司提举的职责之一。祈风典礼一般由时任泉州知州或市舶司提举主持，地方官员、中外商人等参与。宋代泉州每年夏冬两次举办祈风典礼。夏季祈风通常在农历的四月份，夏季刮南风，商舶从南蕃回航，祈回港顺风；冬季刮北风，商舶顺风南下，祈风在十月至十二月份，祈出发顺利。宋人林之奇曰：“舶事之岁举，事祀典于神则异乎，是于夏之祈，有冬之报。于冬之祈，有夏之报。”（〔宋〕林之奇《拙斋文集》卷十九《祈风舶司祭文》）祈风地点在泉州南安九日山通远祠。“舶司岁两祈风于通远庙”所供奉的“通远善利广福王”因“公祟往来于烈火怒涛间，穆穆瘁容于云表。舟或有临于艰阻者，公易危而安之，风息涛平，舟人赖之以灵者十常八九”，是以“凡家无贫富贵贱，争像而祀之，惟恐其后。以至海舟蕃舶，益用严恪”（《安海志》卷八《寺庙志》）。真德秀知泉州期间，重视泉州的海外贸易，与市舶司提举等人多次在九日山举办祈风典礼，并且撰写《祈风祝文》。“俾守土之臣，一岁而再祷焉……神其大彰厥灵，俾波涛晏清，舳舻安行，顺风扬帆，一日千里，毕至而无梗焉。是则吏与民之大愿也，谨顿首以请。”（《西山文集》卷五十四《祈风祝文》）祈求海神保佑商舶往来平安。

祭海是与祈风意义相近的一种祭祀海神的仪式。古时船只在茫茫大海上航行，变幻莫测的气候，复杂多样的海域，惊涛骇浪的海浪，使航舶困难重重。人们只能祈求神灵保佑海上航行平安顺利。为了航海安全，促进海外贸易，泉州官方除举办祈风仪式外，还重视对海神的祭祀。祭海地点在泉州供奉海神玄天上帝的真武庙。“真武庙在府治东南石头山上，宋时建，为郡守望祭海神之所。”（《（乾隆）泉州府志》卷十六《坛庙寺观》）由泉州知州每年两次主持举行祭海仪式，端午前后为“回舶祭海”，秋冬为“遣舶祭海”。真德秀作为泉州知州多次主持祭海典礼，并且亲自撰写《真武殿祝文》。“于皇上圣威，神在天诞，降福泽于民，俾有宁宇。某之祗事，为日久矣。叨恩分阃，而灵宫在焉。涖事之初，敬伸谒欵。江湖之间，沴气易作，尚惟慈悯，弭于未然。区区之诚，仰蕲昭鉴。”（《西山文集》卷五十三《真武殿祝文》）

祈风、祭海虽然带有迷信色彩，但这反映了真德秀对发展泉州海外贸易的重视和对外商来华贸易的关怀，客观上对振兴与发展泉州海外贸易起了促进作用。

## 五、结语

真德秀两次任泉州知州，通过革除弊政，整饬吏治，宽征舶税，打击海盗，巩固海防，祈风祭海，善待蕃商，为发展海外贸易，振兴泉州港作了积极的努力，促进泉州港的振兴与发展，深受泉州士民和蕃商的拥戴。当他首次知泉离任时，“泉民和蕃商拥道相送”（《（乾隆）泉州府志》卷二十九《名宦》），大家依依难舍。绍定五年（1232）他再次出知泉州，“迎者塞路，深村百岁老人亦扶杖而出，城中欢声动地”（《宋史·真德秀传》）。对他的到来表示热烈的欢迎，充满着喜悦。后来，泉州士民为纪念真德秀的治泉功德，将他列祀名宦祠。“真德秀……祀名宦。明嘉靖间，郡人复立祠郡治之东，专祀之。”（《（道光）晋江县志》卷三十四《政绩志·真德秀》）由此可见他在泉州士民心中的地位。正因为有许多像真德秀这样清廉自守，为泉州经济的发展、社会的安定做出贡献的官吏，泉州港在宋元时期才能跃登东方第一大港的宝座。

# 朱门后学张岳的家国情怀

## ——张岳与明代惠安张氏族规家范刍议

陈桂炳

家庭是精神成长的沃土，家国情怀的逻辑起点在于家风的涵养、家教的养成。以正心诚意、修身齐家为基础，以治国平天下为旨归，把远大理想与个人抱负、家国情怀与人生追求熔融合一，是古人的宏愿，亦是今人传承家风和家教的本分。拙文拟就散见于朱门后学张岳代表作《小山类稿》中有关明代惠安张氏家族之族规家范为例，谈点肤浅看法。

### 一、尊祖睦族隆孝爱

《小山类稿》中载有《原谱》两篇，言作谱之意。《原谱一》论谱与宗法之关系，曰：

> 诸君子当其说（按：指谱学之说）之行也，服虽已尽，宗虽已易，而人犹知渊源之所自，支派之所分，祖将忘而不遂忘，族将散而不至于遂散者，由谱之力也。其法实与宗法相表里，直书之序，自高祖而止于曾玄，世系明而昭穆辨矣；横列之序，自嫡长而旁及支庶，尊卑明而亲疏定矣。……盖宗乃见于行事之谱，谱乃存于记载之宗。谱非宗不行，宗非谱不著。知乎此，则可与言作谱之意而崇孝敬之实矣。[①]

---

① 〔明〕张岳：《小山类稿》卷十七《杂著一·原谱一》，林海权、徐启庭点校，福建人民出版社，2000 年，第 330－331 页。

《原谱二》论谱与道之关系，曰：

> 天下之道，本诸身，而施之首于家。……谱之作，所以崇孝敬，广恩爱，系人心，而敦薄俗也。标其世系之渊源，纪其族属之远近，序其宗统之离合，详其生卒葬埋、婚姻嫁娶之始终，使后之读谱者，反而思之，知吾身之处乎此，溯而上之……一气之所分也。知其一气之所分，可无爱乎？有服者，则情以服伸；无服者，则情以义起（谓如高祖之上，三从之外）。生必庆，死必哭，婚姻嫁娶必赴，贫穷相周，患难相恤。有善，相率行之；有不善，则交以相戒。人知所以尊祖而睦族，则孝敬以崇，恩爱以广，熏染成风。道之始于家者，殆亦因谱有助矣。故知乎此，则可以与言作谱之意，而隆孝爱之实矣。①

张岳在《与张半州司马》书中说，他“昔年曾作寒宗谱，以曲江无可据，未敢出，昨因偶寻得祖坟志铭，与家传合，去年乃刻以传人”②。由此看来，张氏宗谱很可能始修于张岳之手，《原谱》二篇亦因之而作，虽然早在张岳曾祖父张茂时已“拳拳集古书，立家范以教子孙而兴族人”③，但我们今天已无法知道其详细内容，连张岳所作的“寒宗谱”也看不到了。因此，我们不妨把这两篇《原谱》中的有关内容，视为张氏家族的族规。张岳在《原谱》中反复向族人强调的内容，要言之，即尊祖睦族隆重孝爱。张氏家族中的一些代表人物，在这方面是身体力行，以身作则。如张茂，有子六人，长曰张纶，字仁伯；次名（不详），字敬伯；三曰张绚，字文叔；四曰张缙，字绅伯；五曰张缨，字清伯；六曰张统，字仪伯。弘治元年（1488），当六十岁的张茂致

---

① 〔明〕张岳：《小山类稿》卷十七《杂著一・原谱一》，林海权、徐启庭点校，福建人民出版社，2000 年，第 332 页。

② 〔明〕张岳：《小山类稿》卷十七《书二・与张半州司马》，林海权、徐启庭点校，福建人民出版社，2000 年，第 124 页。

③ 〔明〕张岳：《小山类稿》卷十一《序一・清介叟家集序》，林海权、徐启庭点校，福建人民出版社，2000 年，第 197 页。

仕归乡时，已发展成为一个有食口千指的大家庭，始一分为三：长与次，三与四，五与六，各为一爨。但仅异居而已，一切收支，仍然统一，田园岁收，由张茂制其入而均给之。张茂这种异居而同财的独特分家形式，是得力于他那高度的组织管理才干，同时还得依靠一套行之有效的族规家范，否则的话，即使“清官”，也“难断家务事”。弘治七年（1494），敬伯没，遗孤子二：张怡、张怙；女三：张瑞金、张瑞环、张瑞璋。身为长子的张纶，对侄子女均悉心看顾。后张纶在南雍读书时与儿子张慎的信中，还屡以二弟敬伯遗孤中年纪最小的张瑞璋和张怙二人之衣服蓝缕为念，并令张慎不时问讯已经出嫁的张瑞金，使她感受到外家的温暖，对时在乡村任塾师以赡家的敬伯长子张怡的情况，也时常在信中问及。故后来张岳在《跋萍乡府君（按：即张岳祖父张纶）手贴》一文中这样写道：“公于诸孤侄，恩意恳恻，虽数千里外，犹拳拳不忘！孝义之风，视后人何如也。”在平时，张纶对族人子弟的行居安全，也十分关心，“祖屋左右有水塘，族人子弟，时游浴其中，公以此预戒，不肖（按：张岳自称）至今佩之！”[①] 嘉靖二十七年（1548），张岳长子张宓，自两广还乡，临行前，张岳特地作《还乡事略付宓》，共吩咐十条注意事项，其中两条即与行旅安全有关，其一，“舟次宜畏谨。舟行，不可辄出船观览。日下山，常驻于有障版处坐立，以防不虞”；其二，“两广春月，江水骤涨，流出山谷中秽恶，食之亦能伤人。凡江水须用绿豆澄过，煮熟方可食，茶汤生冷之物，俱宜酌量。”[②] 可谓关怀备至。而张纶事张茂也很孝谨，甚至“每得桐庐公（按：即张茂）书，盥手徐启，读毕，复迭缄如故，置笥中”[③]。张岳显达之后，愈加虔敬先祖，《小山类稿》中有他仕官途中拜告位于异地他乡的先祖祠墓的祝文《告殿中公墓文》《韶州三祖祠告文》《英德告辞先大夫祠

① 〔明〕张岳：《小山类稿》卷十七《杂著一·跋萍乡府君手贴》，林海权、徐启庭点校，福建人民出版社，2000年，第328页。

② 〔明〕张岳：《小山类稿》卷十七《杂著一·还乡事略付宓》，林海权、徐启庭点校，福建人民出版社，2000年，第336—337页。

③ 〔明〕张岳：《小山类稿》卷十七《杂著一·跋萍乡府君手帖》，林海权、徐启庭点校，福建人民出版社，2000年，第329页。

文》等。其《韶州三祖祠告文》曰：

远祖殿中府君、仆射府君、秘书府君之神曰：惟我三祖，奕世相承，德业风节，史册大书，有足以兴起邦人于百世之下，不但为一门一时之光而已。丧乱之后，文献逸沦，声影沈歇，能知系阀名讳者亦少矣，况所谓百世兴起者邪？某远藉先绪，窃禄来此，既表谒坟墓，方谋作祠屋，以续香火，而有司以系官田庐来告，请稽典礼，登载郡祀，使乡人后进，考论流风，有所师仰舆论所同，某不聚辞。谨涓嘉辰，率有司郡士，及族家子孙，奉安神灵。①

这是张岳在其仕宦地感念远祖殿中、仆射、秘书（按：这是以其官名为尊称）之府君“德业风节”的同时，又为此门望之光“丧乱之后，文献逸沦，声影沈歇”而感叹，因此，即以自己“远籍先绪”的身份，借其当时的政治地位并得到当地有司的支持，使“三祖祠”得以兴建，并登载郡祀，既使“乡人后进，考论流风，有所师仰”，更使“族家子孙，奉安神灵”，从而使家族利益与地方施政有机统一起来。

尊祖睦族隆孝爱，这是封建社会人们在制订族规家范时所要努力体现的主要精神典范之一，它适应当时社会现实生活的需要，促成了一方的安稳，对于维系封建社会的统治是大有裨益的，因此，历代封建统治阶级都加以倡导。

## 二、诗礼传家固根基

诗礼传家固根基，这是张氏家族的家训重要内容之一，亦是张氏家族能成为延续数百年世家望族关键之所在。

张氏家族入闽始祖为张崇纪，唐末曾任宣州军事推官，适有杨行密、孙

---

① 〔明〕张岳：《小山类稿》卷十五《祝文·韶州三祖祠告文》，林海权、徐启庭点校，福建人民出版社，2000 年，第 284 页。

儒之乱，即自曲江县（唐隶韶州，韶州治所在今广东省韶关市）入闽，定居于惠安邑东之美女山下（即今锦田）。时尽有福建之地的威武军节度使王审知曾欲请张崇纪父子出来做官，张崇纪及其子张泽以尝仕唐，耻仕二姓，而隐逸不出，仅同意张泽弟张澜应召，署威武军节度判官，后官漳州刺史。自张崇纪至元代的张乾，锦田张氏家族十四世，其间出过不少人才，如张惟德（张澜之孙），进士出身，曾官四明县，后又出守循州；张延之（张惟德之子），进士出身，为迪功郎，尉铅山县；张寓（张澜后裔），为奏议郎，知临江军；张巽（张寓之子）为惠安南宋时的名儒，等等。在张乾时，锦田村张氏家族发生重大变化，据说时在元末明初，因倭寇入侵，锦田村被毁，张乾长子张性祖即迁獭窟，次子张性佑则迁张坑，张性佑即成为张氏家族张坑分支的始祖。

张性佑在元末时，曾任昭信校尉，泉州翼百户，故尚能勉强维持其世家地位。但自张性佑去世后，张氏家族日益衰弱。至张祖（张性佑之孙）十三岁时，祖考相继去世，无旁宗族，独奉母孺人茕茕以居。后因遭诬，被迫逃离家乡，“室外中空无人，至系马槛牛，毁斗桶以为薪者”，家境十分艰难。后幸遇赦事解，张祖乃得以归回乡井，默对眼前的一切，他痛定思痛，“念非力学无以树门户，于是折节读书业儒者事”①。早在张性佑时，曾于香山下构一“龙山书室”，以为子孙读书之处，后因家道不景气，年久失修，甚为冷落，张祖即恢郭其制，且购书万卷藏焉，尽可能地为子孙创造一个较好的读书环境。张祖虽有“业儒弗就”之恨，但毕竟“能以功名终”，在建文年间（1399－1402）以人才举，注选吏部，得留守知事，出为安吉丞，以清勤自持，秩满考功，以最转湖广按察司经历，惜卒于赴任途中。后来张岳在作《明宣义郎湖广按察司经历府君墓碣》时认为，他的五世祖张祖对张坑张氏家族有“再振厥家”之功。张祖有子四人，均与宦途无缘，见载于《（嘉庆）惠安县志》者，仅有以“孝义”名的张颀和以“伎艺”名的张颐两人。但张颀

① 〔明〕张岳：《小山类稿》卷十六《墓碣·明宣义郎湖广按察司经历府君墓碣》，林海权、徐启庭点校，福建人民出版社，2000年，第317页。

对本家族日后在科场兴起是功不可没的。

> （张颀）有威仪，天性孝友，敦睦家族，又力行仁义，恤孤贫，赖以举火者数十家，家塾延名儒教子孙，亲戚子弟来学者廪之。岁疫，朝夕持浆药食之，勤劳有恩意。尝曰："男儿生无益时，维守不赀，只资子孙，愚不肖耳？"……晚好书，暇辄往听塾师解说。有辩论，每出人意表。师曰："使公曩从受举子业，一第岂足道哉！"颀曰："科第则吾岂敢，使吾生西京，当从孝弟力田，取一资见史册耳。"

这是一位继承其父亲遗志，毕生致力于家族复兴的令人尊敬的老人。

张岳说："吾宗自宋元以前，处而耕于野，出而仕于朝者，皆能自立以声其家。入我朝以儒术显，自叟始。"① 此叟即清介叟，为张岳曾祖父张茂（按：即张祖之孙）的别号，张茂于天顺六年（1462）应岁贡入内延，辞教职不受，卒业太学，于成化二十一年（1485）谒选授桐庐县丞，居官不三年即去。其儒学有一定造诣，少游邑庠时，"初治礼记，辨析考证，具有成说。复专治《毛诗》，本经据传，而精去取之，视礼记有过而无不及焉"。巡按荆茂按部至桐庐县闻其名，召与讲论经学，大为赞赏，曰："君儒者也，奈何屈此？"即檄与秋闱，阅外帘文字。张茂平生所为，百不遂意，即于弘治元年（1488）恳乞致仕。张茂虽有精核之学，有耿介之节，有练习之政，然"不克展布于时，而约之为一家之政，积其不尽余意，以待子孙"，聚书而为子孙读，立范而为子孙守，倾晚年之余热，"教子孙而兴族人"②。

遵照张祖"非力学无以树门户"的遗训，经过张祖、张颀、张茂三代人的努力奋斗，至成化二十二年（1486），张坑张氏终于推出本家族的第一位举

---

① 〔明〕张岳：《小山类稿》卷十一《序一·清介叟家集序》，林海权、徐启庭点校，福建人民出版社，2000 年，第 197 页。

② 〔明〕张岳：《小山类稿》卷十一《序一·清介叟家集序》，林海权、徐启庭点校，福建人民出版社，2000 年，第 197 页。

人张经。六年后，又出了第二位举人，即张茂的儿子张纶，任江西萍乡知县。正德十二年（1517），张茂的曾孙张岳脱颖而出，成为本家族的第一位进士，也是惠安县在正德年间（1506—1521）唯一进士。自明至清，张坑张氏家族登科举者彬彬辈出，贤才竞秀，先后接踵，学术、文章、勋业、气节称盛一时。就明代弘治（1488—1505）至崇祯（1628—1644）年间而言，有自张纶至其来孙（即六世孙）六代均出举人的佳话，更有张岳、张峰兄弟两进士，张岳及其孙、曾孙四代三进士的盛事。其中张岳官至都察院右都御史，曾先后总督两广军务兼巡抚、总督湖广川贵军务，赠太子少保，谥襄惠，《明史》有传。以及因子孙贵而获明朝封赠者达 13 人，有 11 人的著作目录载《（嘉庆）惠安县志》卷三十《艺文》的明代部分。值得指出的是，惠安张氏族人中的一些杰出人物，与朱熹开创的闽学有着密切的关系。名载《（嘉庆）惠安县志》卷二十五《儒林向学》的张巽，为南宋著名学者张栻的弟子，后又特地至武夷山谒朱熹问学，后人称为“锦溪先生”。又据《明史·张岳传》记载：“岳博览，工文章，经术湛深，不喜王守仁，学以程、朱为宗。”张峰为张岳季弟，也是独守程朱之说，不为王守仁心学所移。张氏族人的这种学术倾向，有利于他们参加科举考试，因为明清科举，规定以八股文取士，而八股文的题目主要摘自四书，所论内容也要根据南宋朱熹的《四书章句集注》等书，不许作者自由发挥。

如果说，中国封建社会后期的世家望族，可以分为官宦世家、豪门右族和文化世族等几种主要类型，那么，惠安张坑张氏家族可列为文化世族。该家族在其漫长的历史发展过程中虽经受过政治经济地位衰退的不利影响，但其长期文化氛围熏陶下的积累，却赋予该家族以旺盛的生命力，使得他们经过一定时间的准备后，再度呈现人才辈出的现象，其中后天的优教又是影响其家族兴盛的决定性因素之一。

## 三、谦恭俭朴戒骄奢

子孙后裔的不肖，往往成为导致世家望族衰落的重要原因之一，张氏家族中的一些有识之士，对此十分重视，不敢掉以轻心，张岳在为其五世祖张祖所作的墓碣中写道：

> 其（按：即张祖）辛勤一生，以煦育覆庇我子孙者，又以浸远而将忘之，夫世之知不知府君，无与尔也；若子孙而或忘父祖之艰难，既逸乃诞乃谚，家所由以衰也，可不惧耶！……故为书府君起家之所以艰难者，刻于碣，以示之，使岁时拜而读，读而思，有不恻然以哀，感奋而思光大者，非府君子孙也。①

“一天，二张坑，三峰崎，四后坑”，这是惠安曾长期流行的一句俗语。张坑人姓张，峰崎人姓何，后坑人姓陈，三个乡里人丁兴旺，明、清两朝登科做官者又多，势力很大，其中又以张坑最强。惠安民间有个《有千年张坑无千年部爷》的传说，提及大乡里张坑欺侮小乡里杜厝的事。杜厝为张坑邻乡，因是小乡里，故平时无论是大小事，都不敢得罪张坑人。有一次，杜厝做“佛生日”，张坑很多人到杜厝来做客看戏，杜厝人尽东道之谊，十分热情地款待，但张坑人却不领情，反而连吃带搬，杜厝人敢怒而不敢言，耿耿于怀。到清朝道光年间，杜厝出了个进士，叫庄木廷，当了京官，大家称他“庄部爷”，纷纷请他寻机报复一下张坑人，为自己乡里出一口气。但庄木廷不同意，说“有千年张坑无千年部爷”。意思是张坑大乡大族是永远的，我当部爷却不是永远的。② 民间传说虽不同于文献记载，但也并非全为无中生有，其中是留有一定历史痕迹的。有的张坑人平时恃势傲物，以强凌弱，当有其事，前引张岳为其五世祖张祖所作墓碣之语，也绝非杞人忧天。事实上，张坑张氏家族早在复兴阶段即注意到这个问题。如张岳的曾祖父张茂，平时对

① 〔明〕张岳：《小山类稿》卷十六《墓碣·明宣义郎湖广按察司经历府君墓碣》，林海权、徐启庭点校，福建人民出版社，2000年，第317页。

② 蛸川镇民间文学集成编委会编：《惠安县蛸川镇民间文学集成》，1993年印。

子孙严加管教，“治家严整，子孙有过，一毫不贷。至今闻其风者，尚肃然也”①。张岳祖父张纶诫儿子有“读书不可放过，毋交损友，毋围棋饮酒，以妨学业”等语，张岳认为此“岂惟父子间一时相语，吾子孙世守为规范可也”②。

为使本家族门祚绵长，张坑张氏把廉恭俭朴戒骄奢作为其族规家范的又一重要内容，这在张岳的《还乡事略付宓》一文中有较为集中的体现。张宓为张岳长子，生于嘉靖十一年（1532），时张岳已四十一岁，中年得子，其喜悦自不待言。张岳对张宓寄予以厚望，十分重视对他的培养教育，张宓六岁时，“始习诵《孝经》《论语》。公暇，（张岳）辄抱置膝上，指字试之，颇用常语引谕，为说大义”，故幼小的张宓即有志于为古之贤。张宓乳名为癸郎，但他在读书时发现：“书吾名若彼，彼皆小人，奈何吾与之同？”张岳即为之更名曰宓，并写《名宓儿说》一文加以说明：

> 小侄辈名皆从宀，故亦从宀更命之曰宓。呜呼！古称士之有志，必曰古之人。古之人，古至宓羲，醇极矣。五柳先生自谓羲皇上人，取极醇者以自命也。以极醇者自命，而犹有弗衷者焉。况以世俗之儇佼矫厉，而可以期与乎哉？吾也骨骼未成，与之言弗解，而顾及古之贤人，殊不可晓，故书其前后名呼之所必然者于轴，以待其稍长，省人事而自思之。③

嘉靖二十七年（1548），张宓十七岁。张岳于是年四月派人送张宓自两广回家乡惠安，而他本人也稍后于九月回至惠安，为何父子不同时返乡，实在

---

① 〔明〕张岳：《小山类稿》卷十一《序一·清介叟家集序》，林海权、徐启庭点校，福建人民出版社，2000年，第197页。

② 〔明〕张岳：《小山类稿》卷十七《杂著一·跋萍乡府君手帖》，林海权、徐启庭点校，福建人民出版社，2000年，第329页。

③ 〔明〕张岳：《小山类稿》卷十七《杂著一·名宓儿说》，林海权、徐启庭点校，福建人民出版社，2000年，第335—336页。

耐人寻味。时张岳为正三品高官，刚立平连贺之功，朝廷欲召还台，而张宓正是血气方刚的少年，这次回乡能否做到“礼节要廉厚，言语要安详，接人要款曲”，张岳是很不放心的，故有《还乡事略付宓》之作，其目的是要张宓“深以膏粱之气为戒，痛自洗刮，守吾家儒素寒俭之风，然后为人有进步也”。在所吩咐的十条注意事项中，除前已提及的两条与行旅安全有关外，其余八条均是要求张宓谦恭俭朴戒骄奢，具体内容有：

汝今方离吾侧，接应人事之始。凡事须小心收敛，虽童仆下人，待之亦宜有礼。嗷喝倨肆，俱损德器，切宜戒之。

吾已移文各衙门，不令相见，有来请见者，千户、县佐以上，辞之勿见，余官平揖。相接皆必衣巾，若行跪拜者必避，其迎送人役，至交界遣回。

一入漳州境，即父母之邦，尤宜谦谨。若夫马一时应付不前，须忍耐从容催攒，不可听信下人，妄拿夫头等役，使下人乘机作威以招怨谤。

素相厚，亦宜谒之。俱隅坐，四拜，请纳拜；若不从，拜毕，致辞曰：“反劳尊长。”若峒山年高，不便拜，起辞拜，则听命。凡泉中前辈，皆依此礼。

汝自幼未尝至泉，今虽还乡，人情习尚，事事未谙，宜一切简静。毋乏交，毋多言，毋闻闲事，家事之外，一毫莫理。亲朋拜望者，以礼接之。说及闲事，则敬辞云：“有父叔在，不敢闻命。”

城中屋宇窄小，家私不备，最宜耐冷安受，不可萌嫌恶之心。若有此心，辗转生出百病，戒之戒之。

宗族亲戚在尊行者，人前称呼，宜以行辈，如曰某房第几伯叔兄，某处某亲。不可呼字，以长傲慢。其自称，于祖父行曰小孙，父行曰小侄；兄行曰小弟；乡先生前辈曰小生。其余俱如常称。[①]

---

① 〔明〕张岳：《小山类稿》卷十七《杂著一·还乡事略付宓》，林海权、徐启庭点校，福建人民出版社，2000 年，第 336—337 页。

张宓由于从小受到良好的家教，成人后果不负父望，他以父荫授前军都事，历升到庆远知府，勤政清廉甚得民心。《（嘉庆）惠安县志》为他立传，称他“入仕十余年，终不以钚点素风。丧归，发敝箧，仅有故时衣在。庆人思而祠之名宦”。《家世遗事》也称赞他“能不坠其家教者”（《（嘉庆）惠安县志》《卷二十三《卓绩》）。

明代张坑张氏家族的族规家范，是训勉子孙做人待物，立身行事的行为规范，寄托着先辈们的淳淳厚望。这些族规家范的内容，虽然不可避免地存在着历史局限性，但也蕴藏着不少积极和优秀的伦理思想，体现了中华民族精神特有的人文素质和价值观念，至今仍有极大的生命力，对社会主义精神文明建设，颇有研究价值和借鉴作用。

# 略议朱子与其后学王阳明

朱　勇

近十年来，因朱子后人的因缘，笔者有幸结识到如方彦寿、朱茂男等诸多师长、宗长，并得到他们的抬爱，担任《朱子文化》编委，参与《朱子文化简明读本》编写，以及朱子学论坛等朱子文化活动。耳濡目染，也尝试着做些诸如“朱子文化意象丛书”“国学启蒙丛书”的策划出版、朱子文化讲坛的分享交流等基础性工作。其间，朱子学与阳明学是无法回避的话题，但让人感到遗憾和不安的是，世人在朱子与阳明先生的其人、其学问题上，普遍存有太多的疑问与误会。笔者认为，梳理朱王的学理历史渊源，客观评价这两位先贤，感受他们的思想要义，不仅十分必要，也有重要意义。这也是笔者不自量力，写这些文字的初衷与用心。之所以用“略议”，盖因作为末学的笔者不敢高谈阔论。

## 旧学商量加邃密，新知培养转深沉

就当今学界而言，研究朱子与阳明先生的学者很多。而兼具精研朱王学说，且有权威性的学者中，我国台湾朱高正先生当位前列。高正先生是朱子26代孙，台湾大学法律系毕业，德国波恩大学哲学博士。高正先生以弘扬传统文化、重建中国文化主体意识为毕生目标。更重要的是，他兼修《周易》、康德这两座东西方哲学高峰，精研《周易》《近思录》《传习录》等儒家经典，著有《近思录通解》《周易六十四卦通解》《中华文化与中国未来》等，以德文写就《论康德的人权与基本民权学说》，被认为是研究康德法权哲学之必读著作。他既是一位学贯中西的学者，又是一位著名的社会活动家。因此，无论从学术的角度，还是从实践的视野，他对朱子与阳明学说的解读可谓精到、独到。引用福建省委宣传部原副部长朱清先生评语："每次'读'高正先生，都有一种'旧学商量'和'新知培养'的收获……令人振奋的是，朱高正《四书精华解读》60集、《全解王阳明》180集已经在喜马拉雅上线，让我们能够有捷径去全面学习并探究朱子学与阳明学的思想精华。我初次见到高正先生，是在2010年武夷山举办的纪念朱子诞辰880周年活动，之后每年两岸的朱子文化交流活动，都能近距离领略高正先生的大家风范，受益良多。"这也正是笔者写朱王话题的观点来源与理论支撑。

要谈阳明学，就不能不提陆九渊，也就是陆王心学的代表性人物。淳熙二年（1175），朱子与吕祖谦两人共赴江西铅山，在鹅湖寺与陆九渊、陆九龄有了一场具有哲学史意义的会面，史称"鹅湖之会"。朱子与陆氏兄弟讨论的是君子之辩。朱子主张读书明理，陆氏兄弟主张发明本心。朱子认为，陆氏兄弟"气象甚好，其病却是尽废讲学而专务践履"，是"其自信太过，规模窄狭，不复取人之善，将流于异学而不自知耳"。事实上，同为宋代理学，两派学者的差异只在读不读书上。"鹅湖之会"三年后，朱子赠诗劝诫陆九龄："德义风流夙所钦，别离三载更关心。偶扶藜杖出寒谷，又枉篮舆度远岑。旧学商量加邃密，新知培养转深沉。却愁说到无言处，不信人间有古今。"从此，陆九龄的学术立场开始转向朱子，而其弟陆九渊则终生坚持自己"尊德性"的观点，后被认为是宋代"心学"的代表。三百年后，阳明先生成为了心学的集大成者，学界习惯地称之为陆王心学。

就学说定位而言，朱子学又称新儒学，是以孔孟思想为基础，突显了《易传》《大学》《中庸》的重要性，弥补孔子不语怪力乱神，罕言性命天道的缺憾，吸收佛、道两家的长处熔铸而成的思想体系。《四书章句集注》《近思录》是朱子的代表作。朱子学是元、明、清三代官方哲学，居儒学正宗地位。朱子学"致广大，尽精微，综罗百代"。朱子讲"天人合一"之道，察乎天地，涵括世间万事万物，至大而无外，可谓"广大"；深入具体事物，洞悉隐微，涵养心性，至小而无内，可谓“精微”；汇汉考据、词章之学与义理、心性之学于《四书章句集注》，集诸儒之大成，可谓“综罗百代”。

钱穆先生说：“在中国历史上，前古有孔子，近古有朱子，此两人，皆在中国学术思想史及中国文化史上发出莫大声光，留下莫大影响。旷观全史，恐无第三人堪与伦比。”清华大学国学院院长、中华朱子学会会长陈来认为，朱子学是中华文化的高峰。

阳明先生继承发展了程朱理学思想，成为心学的集大成者。知行合一、心外无理、心外无物、致良知等都是阳明心学的思想精髓。代表作《传习录》是一部教人成圣成贤的秘籍，是王阳明一生所悟的精华。

就学术观点而言，朱子有二十几部重要著作，二千多万字著述，一生花费时间最长、用力最深的是注释《大学》这部经典；阳明先生著述虽仅有朱子的十分之一，但花时间最多、用力最深的也是《大学》。湖南大学岳麓书院院长肖永明教授认为，“朱熹在改编《大学》的过程中，为《大学》注入了新的思想要素，从而提升了《大学》文本中义理的连贯程度以及理论思辨的高度，赋予了《大学》更为深刻的内涵”。因为朱子有一本书叫《大学或问》，阳明先生就写了一本《大学问》；朱子有《近思录》，阳明也有《传习录》。而《近思录》是新儒学的纲领，也就是宋明理学的纲领。

高正先生认为，阳明先生是个思想家，但他不是个学问家，比如阳明先生在格物致知方面要挑战朱子。朱子把“格”解释成为“至”，王阳明说“格”应该要解释为“正”。要知道，朱子在《四书章句集注》中既讲“格，至也”，也说过“格，正也”，这是语境的不同。阳明先生二十一岁考上举人，用他自己的话说，他遍读考亭（指朱子）之书。如果没有遍读朱子之书，就不可能有三十七岁的龙场悟道。其实，我们完全可以理解，阳明先生要走出自己的道路，要走出自己的心学，切入点在哪里？他的切入点，就是挑战朱子。

在高正先生看来，宋明理学就是以朱子学与阳明学为主，四个字就可以概括，就是朱子学讲的是“天理”，阳明学讲的是“天良”，没有本质上的不同。最大的问题是，阳明先生的许多后学，从阳明跟朱子的歧义处下手，结果他们都走偏了。因为，阳明学的出发点就是朱子学，如果没有对朱子学有一定的认识基础的话，你就去读阳明学，那一定走入歧途。只有对朱子学下足了功夫，你才能够看得出阳明先生在儒学上有哪些新的创发，有哪些新的创见，才能看得出他的伟大之处在哪里。

## 千葩万蕊争红紫，谁识乾坤造化心

朱子的诗歌大多富有哲理，“闻道西园春色深，急穿芒履去登临。千葩万蕊争红紫，谁识乾坤造化心”就是一首哲理诗。浙江大学传媒与国际文化学院副教授林玮在国学启蒙丛书《朱子诗词》中，对这首诗的解读认为，“在第四句时，诗人笔锋一转，从眼前之景写到了‘天地之大德’，写到了乾坤造化万物生长的那种‘道’。体会这种‘道’本身，就是理学家所谓的‘工夫论’。朱子在诗歌中、在春色中，在对自然的审美中感悟其存在，这是一种从‘已发’的万物生长看‘未发’的道之本体的心态”。

朱子学与阳明学的最大争论在于“工夫论”上，台湾大学哲学博士、上海交通大学哲学系教授杜保瑞在《工夫论与做工夫——论王阳明编定〈朱子晚年定论〉的理论合理性》中认为，“就王阳明所编选之《朱子晚年定论》全书之文稿而言，朱熹所述，皆痛切悔悟自己未能身体力行之言，阳明心学重实践，对于此些文字，深喜其说，皆同己意，故引为同道，说为定论。本文之作，主张这是王阳明混淆了做工夫与工夫论的界线，儒家工夫都是本体工夫，意即心上修养的工夫，纯化意志，笃定实践，此事，表现在深自反省之际，做工夫就是要反省自己动机之是非好恶，检索有无好胜妒忌懈怠贪求之病，凡行为于此，即是做工夫。至于工夫理论，有心理修养的本体工夫，有身体修炼的工夫，有工夫入手、工夫次第，还有境界工夫。为使工夫论于理有据，还有形上学普遍原理。就儒学而言，就是朱熹的理气心性情论，这就是继承发扬先秦儒家天道论性善论的统合之作。朱熹以学问事功见长，阳明以军事教育事功见长，两人皆有事功，儒家就是要有现实事功的，这也是儒者别于道佛之立足点。……至于个人的修身工夫，朱熹做工夫，阳明也做工夫，《朱子晚年定论》就是王阳明替朱熹证明朱熹有在自家心上做工夫的著作。于工夫论中，朱熹重下学上达，此为通人计；阳明重知行合一，此就实际处言，理论上不须别异高下。《朱子晚年定论》中多有朱熹批评自己读书太多且不得力，故而深切自责，宜静心反省，反而得力之说，这就是朱熹在做自我反省的心上修养工夫。因此，王阳明的《朱子晚年定论》只是还了一半的朱熹公道，其实还是牺牲了朱熹建构儒学理论的形象地位。至于牟宗三先生，不仅以做工夫贬抑工夫论，还把做工夫高抬为动态的形上学，愈说愈远，书生好胜之意气，高己贬人之心胸，溢于言表，不仅于儒学理论发展无益，亦扭曲了儒学理论的完整风貌”。

我们且不说学术上的争论，就阳明先生个人而言，他是很崇拜朱子的，套句他自己的话说“平生于朱子之说，如神明蓍龟”。最后也给出结论：“予既自幸其说之不谬于朱子，又喜朱子之先得我心之同。”

## 写作唱传宁少睡，梦也周程朱陆王

这是20世纪后半期欧美学术界公认的中国哲学权威，也是国际汉学界新儒学与朱熹研究的泰斗陈荣捷先生的一句诗，传神地写出他对理学先贤的景仰。我想，在陈荣捷先生生命的最后20年，梦中所见唯有朱子，朱子研究已经毫无疑问地成了他的终极关怀。诗中的“周程朱陆王”，道明了宋明理学的传承脉络和代表人物！

2018年，恰逢朱子诞辰888年，全国人大常委会原副委员长许嘉璐致信祝贺南平市举办的朱子祭祀大典。他在贺信中指出：“儒家思想经孔孟基本定型后，于一千五六百年中多历兴而衰，衰而复兴。至朱子出，吸纳历代贤哲学说之精华，成一家言，构建起儒学‘究天人之际’完整而精深的理学思想体系，形成两汉以降儒学的又一高峰。江山代有才人出，在包括朱子在内的宋代诸位大儒基础上，三百多年后，又出现了一位可与朱子并称的伟大思想家王阳明。朱、王二位的学说和实践至今犹为人之师、世之范。就儒家的发展和中华文化不断创新发展的绵长过程说，朱子在其阐释经典、探迹幽玄过程中，多有创见，承担了极为了不起的承前启后的重任。”

“水流无彼此，地势有西东。若识分时异，方知合处同。”当年朱子“鹅湖之会”后，返回崇安，在经过闽赣交界的分水岭，写下这首《分水铺壁间读赵仲缜留题二十字戏续其后》，表达了他与陆九渊的思想既有分歧又有相通之处，体现了儒家圣贤求同存异、和而不同的思想内涵。

# 明遗民陆世仪的家国情怀与生命安顿

## ——基于三十首《感遇诗》的考察

申祖胜

陆世仪（1611—1672），字道威，号刚斋，江苏太仓州（治所在今江苏省太仓市）人，明季为诸生，少有经世之志。明亡，尝上书南都，不见听，又尝参与军事，既解，乃凿池十亩，筑亭其中，高卧闭关谢客，因自号桴亭（以下均以“桴亭”称之），以寓“乘桴浮海”之意。风波既定，至四明哭忠介，后应诸生之请讲学东林（在今江苏无锡），已讲于毘陵（治所在今江苏省常州市），复归讲于里中。当事者屡欲荐之，力辞免。清康熙十一年（1672）卒，年六十二。

桴亭自束发起，即与同里盛敬、陈瑚、江士韶相友善，共约为体用之学，一时有陆、陈、江、盛四君子之称。在此四人中，桴亭最显天资英迈，凡五经六艺、诸子百家之书，以至于三才万物变化之情状，莫不究悉其精微，贯通其指要。在经世之务方面，桴亭谙练世故，洞悉官邪民隐，言及政事，无不切实，若老于官场者，绝少道学的迂陋。①

桴亭雅能诗歌，“其少时即有会于风骚比兴之指，而古风则取材于汉魏，近体则得法于李唐，及乎弱冠以后，潜心明体适用之学，诗歌小道非其大志所存。然间一有作，则能书写其中之独得，而为寻常思虑之所不及”②。桴亭今遗留下来的诗篇，共十卷，总数一千余首，内容上多为感怀、赠答以及山

① 赵园：《制度·言论·心态》，北京大学出版社，2006年，第13页。

② 〔清〕陆世仪：《桴亭先生诗集》，《清代诗文集汇编》第36册，上海古籍出版社，2010年，第98页。

水、田园诗。钱穆曾评桴亭之诗道："桴亭遭遇特酷。生值易世，坚贞不仕。生事穷窘，茹苦更深。故其诗多幽忧沉痛之辞。然其近于入屈（原）者，亦终自归于陶（渊明）。"① 总的来说，桴亭以理学之涵养培蕴诗篇，故其能将明清易代之沉痛哀怨，化之以含蓄深婉，少了剑拔弩张的激曜清厉之气，从而使其诗作一显萧散淡泊的意味。

常言道"诗以言志"，友人陈瑚在序桴亭《诗集》时称："桴亭之人，可自传其诗；桴亭之诗，可自传其人。"② 由诗落眼以观桴亭，这正是本文属意所在。然而，我们这里无法对桴亭所有诗作一一加以分析，惟选取最具代表性的三十首《感遇诗》予以论述。这三十首《感遇诗》集中作于明亡后的第二年，与桴亭其他诗歌之呈现出清新幽美的意境不同，《感遇诗》将个体生命与时世紧密联系在一起。由于"感遇"多是起于动乱现实的触发，故而诗中明显透露出一种岁华摇落与感时伤逝之悲。然而我们读桴亭此组诗，在感时伤逝之悲之外，又总能体察到一股坚贞孤介的精神能量力透纸背，这也是桴亭特有的人格气质在诗中的显现。

三十首《感遇诗》各具风貌，内容多样，桴亭将生活所见所闻带入诗中，借此抒发家国、生命之思。诗中所隐藏的悲抑内蕴，吾人观之，颇可以体会到诗人当时心中之冲突与困境，以及在志向怀抱落空、忧愁与惊恐逼迫、生命无情消逝等种种情势下，桴亭如何将感遇、感怀转化并提升为生存情境与生命意义的省思、高度人格尊严的维持、以道自任而悲慈济世的肯认，以及精神与心境的超越。

## 一、《感遇诗》之创作背景

桴亭三十首《感遇诗》陆续完成于乙酉（清顺治二年，1645）秋冬之际，在这组感遇诗之前，有桴亭写的一序，明晰讲述了他彼时之创作心境，我们

① 钱穆：《理学六家诗钞》，九州出版社，2014 年，第 3 页。

② 〔清〕陆世仪：《桴亭先生诗集》，《清代诗文集汇编》第 36 册，上海古籍出版社，2010 年，第 98 页。

可先引来一观：

乙酉之遇，天下古今所未有也。所遇为古今未有，则所感亦为古今未有，何诗之足云！然以不生不死之人，处倏安倏危之地，欲歌不能，欲哭不可，悲愁郁愤，发而为诗，固亦屈之情、陶之思也！幸生之余，与王子石隐、盛子圣传无聊唱和，自秋徂冬，凡得五言古诗三十首，汇为一编，名曰《感遇》，志所怀也。昔陈子昂为感遇诗，妙绝古今，晦庵先生喜而特效之。予之诗与二公之诗，其工力不敌，固可知也，然晦翁之诗正在并美前人，固无感遇之可言，子昂之诗，洵有感矣，而考其所遇，乃在高宗、武后之世，以观今日，虽同为感遇，而所感所遇实有大不同者，是则可悲也夫！①

明末清初正是天下多故的时代，一方面内政混乱，一方面异族挑战，甲申一难更使得王朝更迭，江山易主，这对于众多的士人学子来说，无异于是天崩地坼的重大事件。此事件带给士人们的，除了肉体上的直接伤害，更多的还是精神上的困惑与伤痛，而且此伤痛并非像一阵疾风骤雨般速来速去，伤痛是持续而长久的。甲申、乙酉两年只是一切困苦的开始，随着时易世变，针对士人们的考验一个接着一个，一直到他们离世。在漫长的孤寂里，在复明的希望日益渺茫时，士人们难免感到困惑、彷徨与沮丧，他们寻求一切可能的方式来抒发胸中的悲愁郁愤，诗歌只是众多表现形式中最常见的一种。清初遗民诗人的作品在艺术上有一个共同之处，那就是大都感情真挚浓郁，发自肺腑，这和他们受到其所身处时代的冲击和影响是分不开的。

“组诗”作为一种匠心独运的结构安排，它具有一种特殊的性质与形式意义，正如有学者所指出的：“这种一题多首组诗的写作，原在表现一个较长时期的心态，所以作者动笔之始往往倾向于产生自一种醒觉，一种对个人生活

① 〔清〕陆世仪：《桴亭先生诗集》，《清代诗文集汇编》第 36 册，上海古籍出版社，2010 年，第 111 页。

甚或人生整体的反省。”① 桴亭三十首《感遇诗》，作为同一主题下的一个系列，不仅仅只是个人际遇、生活的喟叹，更是对处在动荡时局下的人生，所做的写实描绘与体现。借助组诗这一独特的结构形式，桴亭把遥远的往昔、刚逝的过去，和当下的现在连成了一气，生活中的所见所闻，被桴亭放置在宏观的视野中取义，通过观照周遭，俯仰今昔，境地的历史象征性、物象的示意功能以及诗人情志的寄托被很紧密地糅合在了一起。

明清易代给桴亭带来的冲击是巨大的，一如他所悲叹的：“乙酉之遇，天下古今所未有也。所遇为古今未有，则所感亦为古今未有，何诗之足云！然以不生不死之人，处倏安倏危之地，欲歌不能，欲哭不可，悲愁郁愤，发而为诗，固亦屈之情、陶之思也!”因为时局的衰乱，社会上充满了动荡与不安，虽然桴亭心中对现实失望，然而他却无法脱离其中。动荡的时代就像是一个弥天大网，任何人都无法全身而退且置身事外，只能跟随着时势飘荡浮沉。在这样的离乱时代，桴亭之满腔悲愁郁愤终于化成一纸诗篇，他用文学语言将残酷的现实生活一一刻画记录，诗句内外充溢的是他对历史、家国、身份的省思。我们会发现，在三十首《感遇诗》中，“倏”“忽”等字眼之出现是触目显眼的，风云突变的意象被作者不止一次地塑造凸显出来，让人一眼见出桴亭对时间有一种强烈的感受。其实，对于时间的急速变化、飘忽不定，桴亭有一种很真实的不安感。而这种对生命时间的不安，笼罩在诗中，很轻易地便凝聚成一股难以释怀、难以掌控的失落，这也是我们今日读桴亭《感遇诗》一个最直观的感受。

不过，在不安与失落面前，桴亭并不止步于哀叹，他开始有意将苦难生活过滤、淡化，主动缓释并消解苦难，以减轻生命的痛感，并求得内心的平静安顿。桴亭身前，感遇、感怀其实是诗人笔下经常出现的一个主题，桴亭之感遇诗即是直承陈子昂而下。此外，《古诗十九首》之人生感怀，阮籍八十二首《咏怀》之政治感怀，也是桴亭学习与借鉴的对象。只是，相形于《古

① 柯庆明：《境界的再生》，台湾幼狮文化事业公司，1977年，第147—148页。

诗十九首》之及时行乐和阮籍《咏怀》蕴蓄模棱之以“反省”对应感怀，桴亭《感遇诗》实现了超越两者的某种突破，即它不仅止于感怀的“解决”，更在将感怀转化并提升为生存情境与生命意义的省思，以及精神与心境的超越。桴亭《感遇诗》蕴含了由感遇经省思乃至超越的一种阶段性思考与心境转变轨迹。因此桴亭《感遇诗》在感遇、感怀诗传统中不再是感时伤逝的自觉悲吟或带气负性的坎壈咏怀，实蜕化为现世人生的观照与自得自足的生命的实现。

基于感怀内涵及其表现的不同，我们下面可将桴亭《感遇诗》三十首大致归纳为三类：时事感怀与仕隐抉择、人生感怀与生命省思、生命安顿与精神自由。下面我们便逐一加以考察，以见其由感遇转化为省思进而提升至超越境界之情思律动与渐进路线。

## 二、《感遇诗》之主题思想

### （一）时事感怀与仕隐抉择

桴亭《感遇诗》三十首中的第一类作品，主要围绕时事动乱，以及由此而引出的仕隐抉择。我们知道，由明入清，士大夫首先面临的一大抉择，即仕与不仕的问题，“出”或“处”，对许多人来说，是大是大非的关节。桴亭终身不仕清，是选择了“处”这条路。我们先来看一下桴亭描述时事战乱的三首诗：

> 潜鱼怀深渊，飞鸟慕青冥。志尚各有适，罗弋纷四陈。神龙失云雾，蠖伏同众鳞。哲士无势位，俯首齐凡民。仰叹发浩歌，悲来痛填膺。气数苟在天，匹夫岂能争。①
>
> 悠悠白马客，千载同斯情。青青原上荽，发发水中鱼。荽生何间间，鱼游亦嘻嘻。北风忽振厉，海上群惊飞。狂飙折松楸，黑浪翻鲸鱼。天

① 〔清〕陆世仪：《桴亭先生诗集》，《清代诗文集汇编》第36册，上海古籍出版社，2010年，第111页。

地方晦冥，微生安所依。[①]

白日中天行，皎皎未虞昃。阴雾忽障之，倾轮堕西北。素月出东岭，驱雾开昏塞。方欣微光动，谁念长夜极。复旦何时歌，怀情久伤蠹。[②]

在这三首诗中，桴亭多用物象隐喻，虚实兼写，不直接写战乱，却处处不离战乱。前人咏物，每有仅于末句见本意者，桴亭此三首诗虽非严格如此这般，却也大体类之。“狂飙”“黑浪”“阴雾”写足暴烈、黑暗之势，诗中蕴蓄有多少严厉、冷峻之感，令人嗟叹！桴亭藉由这些诗，隐喻出战乱给生命造成了巨大摧残。就像万物都将被狂风巨浪冲击毁坏一样，无一可以从中幸免，自己却必须要委曲求全地在此困境下求生，这种矛盾与悲哀被诗人渲染到了十足。

其实，“风”“浪”“雾”等意象，本无什么特殊意涵，但随着人们的体物移情，以及生命处境的不同，也就有了象征意义。对于桴亭来说，面对着环境的逼迫，时常处在忧闷不安的情绪之中，“狂飙”“黑浪”“阴雾”等意象所带给他的是极大的恐惧与忧愁。对于充满不安的诗人来说，这三者正象征着黑暗世界的阴森与可怕，而生命在此境地下是卑微且不安的，是乖蹇且无所依归的，一下子便可能陨落，倏忽而难以掌握。

一如我们在前文中所指出的，风云突变的意象在这里有很形象的展现。藉着空间景物由盛而衰的陡转，桴亭写出了灾难来临之突然，以及人们在灾难面前之措手不及与顿遭打击。“气数苟在天，匹夫岂能争”“天地方晦冥，微生安所依”“复旦何时歌，怀情久伤蠹”，诗人胸中多少无奈、郁愤、悲凄，尽在此三句中充溢流露，使人读之不能不为所动。

作为学养深厚的一代大儒，应该说，对于死亡的恐惧还不是造成桴亭内

① 〔清〕陆世仪：《桴亭先生诗集》，《清代诗文集汇编》第36册，上海古籍出版社，2010年，第111页。

② 〔清〕陆世仪：《桴亭先生诗集》，《清代诗文集汇编》第36册，上海古籍出版社，2010年，第112页。

心焦虑的真正原因。桴亭对于生命的悲感，更多的还是出于一种对自我生命价值落空的悲憾。像第一首诗中所讲的“哲士无势位，俯首齐凡民”，以及下面这两首诗都可以见出：

南国一佳人，绝世而独立。倾城令人妒，屏逐不遗力。艳去众丑欢，妖嫫斗颜色。穷巷有幽姿，闻之捧心泣。[①]

兰为王者香，无人生空阿。孔子过见之，援琴喟然歌。荣落随众草，不得比佳禾。九州无定所，逍遥将奈何?[②]

这两首诗虽非桴亭自伤自悼，但怜人、怜物无异于怜己，佳人遭妒与芳草不知为谁而荣，无一不让诗人生发一体同悲之感。惆怅之思、如水清愁，相喻以意，无不在言词形迹之间。

众所周知，立德、立言、立功合称三不朽，人生寄一世，短暂若飘尘，想要扬名立万一展所长是士人们最大的愿望。然而受外在环境的限制，“不遇”的悲歌常成为诗人们咏怀的基调。桴亭所忧思焦虑者，是随时潜在的社会危乱当中生命的无常，以及囿于政治现实而不得一展抱负的愁闷无奈。

作为一个以提倡治平之学而闻名的士人，桴亭的尴尬之处在于他是遗民，绝不愿入仕清廷，如此不免使得他的治平之学无处发挥。也是在这种情势下，桴亭提出了：“士君子处末世，时可为、道可行，则委身致命以赴之，虽死生利害有所不顾，盖天下所系者大，吾一身之所系者小。若时不可为、道不可行，则洁身去国，隐居谈道，以淑后学，以惠来兹，虽高官厚禄有所不顾，盖天下所系者大，而万世之所系者尤大也。”[③] 试看以下两首诗：

---

① 〔清〕陆世仪：《桴亭先生诗集》，《清代诗文集汇编》第 36 册，上海古籍出版社，2010 年，第 112 页。

② 〔清〕陆世仪：《桴亭先生诗集》，《清代诗文集汇编》第 36 册，上海古籍出版社，2010 年，第 112 页。

③ 〔清〕陆世仪：《论学酬答》，《丛书集成三编》第 15 册，台湾新文丰出版公司，1996 年，第 127 页。

仲雍避荆吴，断发文其身。殷箕遘昏乱，佯狂受奴髡。少连柳下惠，降辱称逸民。微服过宋都，去衣入倮人。在昔大圣哲，处困皆有伦。区区卑贱子，含垢安足嗔。[①]

伏读明夷卦，悠然感我心。柔顺以蒙难，艰贞晦其明。卞和得良璞，再刖于楚廷。刖者成废弃，冒辱安惜身。此间有大宝，勿得轻死生。[②]

面对着易代之际严峻的政治形势与世道不可为，桴亭提出“不能致君，亦当泽民”，他开始积极将效忠对象转到老百姓身上，致力于下层的社区建设工作。[③] 我们知道，在中国古代社会中，每当朝代转移，易姓改物的时节，总有许多忠臣义士，特立独行，以威武不屈、富贵不移的精神，或视死如归毫无留恋，或山林遁迹逋播一生，更有些则选择出家逃禅。桴亭曾就此言道：“历观古今以来，大抵经时变革，一时贤者不死于忠节，则归于隐遁，其或去而入于空释者，更多有之。盖君臣之义已定，改节易操，固无其事，而夙有

① 〔清〕陆世仪：《桴亭先生诗集》，《清代诗文集汇编》第36册，上海古籍出版社，2010年，第111页。

② 〔清〕陆世仪：《桴亭先生诗集》，《清代诗文集汇编》第36册，上海古籍出版社，2010年，第111页。

③ 王汎森在其《晚明清初思想十论》一书中指出：“从明末到清初，士人的‘社会角色’在根本性质上发生了变化。清初心学家逐渐没落，思想界出现一群新崛起的精英，他们以新的态度反省时代的困局，并提出一套新的政治方案，然而他们的政治思维在清朝政治格局的庞大压力之下，也不得不进行相应的调整。诚如余英时先生在《朱熹的历史世界》及《宋明理学与政治文化》中指出的，宋代士人企望‘得君行道’，明代王学在高压政治下转向‘觉民行道’，清初这一群新士人走的是与前述两者不同的路，用陈瑚的话说：‘当初吾辈讲学，岁有岁会，月有月会，旬有旬会，季有季会。大家考德课业，严惮切磋……那时节觉得此心与天地相通，与千圣百王相接，未免起了妄想，出则致君泽民，做掀天揭地事业，处则聚天下英才而教之。如濂洛关闽诸儒一般，不想时异事殊，两愿都不得遂。’在‘得君行道’‘觉民行道’两愿都不得遂的情况下，他们的政治想象与政治语言都变了，他们的眼光转而关注‘县’以下的地方社会，努力地想将一套儒家的理想安放在乡里的层次。”（参见王汎森《晚明清初思想十论》，复旦大学出版社，2004年，第6－7页。）

抱负者，又不甘与齐民同老，其逃于禅说，而更为主张门庭，亦士君子不得志于时之所为也。然而圣道自此日晦，世界自此日坏矣。”①

桴亭是不逃禅的，乱世不得作为，他却偏偏“知其不可而为之”，以道自任，充分展露出一个儒者本色。桴亭称：“道乃天下后世公共之物，不以兴废存亡而有异也。”② 又说：“不能致君，亦当泽民。盖水火之中，望救心切耳。”③ 所以他自然而然地走向下层经世运动。

我们说，清初遗民之所以能够坚守节操始终不渝，除了儒家传统的忠节观念与夷夏之防的思想外，济民于水火的责任担当意识，也是其中的一个重要原因。如顾炎武就曾明确指出：“易姓改号，谓之亡国；仁义充塞，而至于率兽食人，人将相食，谓之亡天下。”把亡国与亡天下区别开来，并说：“保国者，其君其臣，肉食者谋之；保天下者，匹夫之贱，与有责焉。”④ 这就表明，他之反抗清廷，并不单纯是忠于朱明王朝，而是看到“四海苍生痛哭深”（《海上》），决心要和“率兽食人”的征服者进行斗争。顾炎武还多次表示：“今日者，拯斯人于涂炭，为万世开太平，此吾辈之任也。”（《病起与蓟门当事书》）陈恭尹也有诗说：“由来豪俊本为民！”（《寿姚香山熙止》）屈大均更说：“我为民请命，大呼起疮痍。”（《咏怀》）表示：“苟能拯水火，何辞七尺躯。”（《赠友人》）为了解救百姓苦难，甘愿自己流血牺牲。这些铿锵誓言，可以说是当时的时代最强音，也代表了遗民思想中最有光辉的部分。

**（二）人生感怀与生命省思**

桴亭《感遇诗》中的第二类作品主要表现出由时事触发所引起的人生感怀，主要反映桴亭对个人生存意义的思考。试看以下两首诗：

---

① 〔清〕陆世仪：《思辨录辑要》，《丛书集成新编》第 23 册，台湾新文丰出版公司，1984 年，第 407 页。

② 〔清〕陆世仪：《思辨录辑要》，《丛书集成新编》第 23 册，台湾新文丰出版公司，1984 年，第 407 页。

③ 〔清〕陆世仪：《论文酬答》，《丛书集成三编》第 15 册，台湾新文丰出版公司，1996 年，第 150 页。

④ 〔清〕顾炎武著，黄汝成集释：《日知录集释》，花山文艺出版社，1990 年，第 590 页。

世事方龙战，人情已雀跃。车骑何纷纭，屠门堪大嚼。区区陋巷子，蠖伏甘穷约。未能行采芝，聊复归种药。农圃安足辞，箪瓢有真乐。①

仲尼千载师，偃蹇生衰周。孟轲谈王道，七雄非其俦。濂洛关闽儒，学至君未求。晦翁振绝续，南渡时蒙羞。嗟嗟鲁斋公，仕元以为尤。岂天勒斯文，每出多邅遛。展卷仰前哲，浩然忘我忧。②

混乱时局的动荡不安、投机分子的趋炎附势以及小人的环伺陷害，在这样的社会背景下，对一心希求施展抱负的士人来说，无疑是一种折磨。桴亭在“出”与“处”之间选择了“处”，这倒并不是说他决定跟历史上众多隐士一样，选择隐居林下，不问世事。对桴亭来说，其身虽隐，其心却仍系着天下苍生。正如他在《郁至臣六十赋赠》一诗中所言：“谐世自无违俗累，济时常有活人权。”③ 在乱世之下，桴亭选择的是谐世而非隐居避世。一般来说，士人之选择避世不外以下几种原因：或由于异族入主，抗节而隐；或由于科举不利，仕宦无门，沉沦而隐；或由于仕而不能行其道，不屈节而隐。桴亭的情况比较特殊，作为一个遗民，他内里自有抗节不屈的意志，然而桴亭又是一个不甘放下生民而不顾的儒者，这就决定了在出世与避世之间，他两者都不取，而是走了一条谐世的道路。

正如我们这里所看到的，桴亭称：“未能行采芝，聊复归种药。农圃安足辞，箪瓢有真乐。”这是一种似陶渊明而非完全陶渊明式的田园归隐。桴亭不行“采芝”而归“种药”，这正是表明了他已放弃山林，而转归乡里。“采芝”“农圃”与“箪瓢”等都是巧用典故，它们代表了几种人格形态。古人以芝草

① 〔清〕陆世仪：《桴亭先生诗集》，《清代诗文集汇编》第36册，上海古籍出版社，2010年，第112页。

② 〔清〕陆世仪：《桴亭先生诗集》，《清代诗文集汇编》第36册，上海古籍出版社，2010年，第112页。

③ 〔清〕陆世仪：《桴亭先生诗集》，《清代诗文集汇编》第36册，上海古籍出版社，2010年，第207页。

为神草，服之可以长生，故文学中常以“采芝”指求仙或隐居。如汉代张衡《思玄赋》：“留瀛洲而采芝兮，聊且以乎长生。”陈子昂《感遇》诗之十：“已矣行采芝，万世同一时。”“农圃”则暗指陶渊明式的归隐，[①] 陶渊明《归园田居》言：“种豆南山下，草盛豆苗稀。晨兴理荒秽，带月荷锄归。”正是描绘农圃田园的生活。至于“箪瓢”则是化用孔门弟子颜回“一箪食，一瓢饮，在陋巷，人不堪其忧，回也不改其乐”的典故。桴亭暗用这些典故，其实正是欲表明一种心态，即他很是欣赏并认同陶渊明式的田园归隐，他认为这种生活既有效与世俗区隔，又不至于离群索居。“陋巷”在这里扮演了一个很特殊的角色，桴亭的“陋巷”除了有贫寒之家聚集地这一表层示意外，还有一种深层内涵，正如颜回的“陋巷”一般，具有很浓厚的象征意义。“陋巷”作为一道人际的界域，自然吐纳不同的人际往来，阻绝了车马喧，也阻绝了人事闹，但在墟曲之间也框出了“相见无杂言，但道桑麻长”的素朴与纯真。既是“莫嫌世外人疏放，彭泽情深胜沅湘”（陆世仪《春日田园杂兴》）的体现，也是与自我的身体相映成趣因而重组的“人境”。[②] 桴亭不仅身体与田园连成一气，同时也与邻里结为共同体，田园、村里成为社会群体共享的场所，诗人徜徉其间，几致习焉不察。桴亭选择农圃耕稼，与亲朋共居，与邻里存问，这是不离群体的人境生活所应具有的形态。

之所以说桴亭并非完全陶渊明式的田园归隐，是因为陶渊明身上除儒家修养外，尚多道家隐逸思想的成分，桴亭则是完全纯粹的一个儒家。对桴亭来说，农圃、田园只是他栖身安居的场所而非一个隐逸避世之地，桴亭身上充溢流露出的是热心济世的儒家情怀。

应该看到，在桴亭内心之“热”与社会现实外在之“冷”之间，存在一

① 其实，农作生活并不是陶渊明首创的诗歌主题，《诗经》之《既醉》《七月》篇早已有描绘。这些歌咏为后世的田园诗树立了典范，只是这些诗的作者是无名的，陶渊明则与此相异，他是有血有肉的历史人物，他的诗歌里呈现出了具体的劳动经验以及这个经验与主题意识的关联。因此，我们这里主要举陶渊明为代表。

② 有关“陋巷”的释义，可参阅蔡瑜：《陶渊明的吾庐意识与园田世界》，《中国文哲研究集刊》2011 年第 38 期。

个对比反差，这种“冷、热”对比，无形中强化了诗人身上所具带的悲感。也是在这种情形下，桴亭开始自觉地援引前贤大儒的身世际遇来观照并化解自身的悲感，我们上面所引的第二首诗正是一个体现。此诗以怀古出之，沉着内敛，通过一一陈述历代大儒的人生遭际，桴亭得以在俯仰今昔间将一己忧愁排解，“展卷仰前哲，浩然忘我忧”。透过“仰前哲”，使得桴亭有了不同的视角去观看人世，也进一步提高了自己的人生境界。借用钟嵘《诗品》中评阮籍《咏怀》的话：“《咏怀》之作，可以陶性灵，发幽思。言在耳目之内，情寄八荒之表。洋洋乎！会于《风》《雅》，使人忘其鄙近，自致远大，颇多感慨之词。”① 透过诗句间深切的含蕴与寄托，桴亭一方面抒发了心中幽微的情思，同时也更加体认到了生命的真实意义。

**（三）生命安顿与精神自由**

桴亭《感遇诗》中的第三类作品主要展现安居田园的自足愉悦、友朋往还唱和的欢乐之情，以及体道的精神境界。这类诗作泯化了感遇向省思过渡的线索，看似与感遇诗传统背道而驰，却其实最能体现感遇诗以经验和感情至上的特质。在这类诗作中，经验和感情所涉及的特定事件和背景置诸言外，所有的感遇和省思成为暗流，究其极，甚至连感遇本身都无迹可求，而直指个人当下现在的经验感受，显示出一种悠游旷达的人生态度。试看以下这首：

> 小隐隐陵阿，大隐隐朝市。朝市我不能，陵阿亦殊赘。卜居东南隅，落落有爽气。左顾通人烟，右览接荷芰。平畴繁嘉蔬，古冢出高树。虽非山林间，亦有泉石致。一廛聊自息，治乱委人世。②

这首诗是桴亭《感遇诗》中极具代表性的一首，在这首诗中，经验和感情被浓缩到了极致，同时感遇与省思的内心活动轨迹亦被消泯。此诗直接从

---

① 〔梁〕钟嵘著，曹旭集注：《诗品集注》，上海古籍出版社，1994 年，第 123 页。

② 〔清〕陆世仪：《桴亭先生诗集》，《清代诗文集汇编》第 36 册，上海古籍出版社，2010 年，第 112 页。

日常生活的欣赏与体会写起，展示出一种生命境界的特质。“一廛聊自息，治乱委人世”所描写的生活与生命经验，其实隐含了桴亭的心境转变过程：惟有经历过乱离社会下不得一展抱负的困顿、无奈，才能有此省思与转变。这两句诗所隐括的某种怅然若失确然暗示了一股蠢蠢欲动的感怀潜力，但这股轻微含蓄的感慨骚动毕竟没有扩张，只是在全诗的末尾一带而过，统括整首诗的还是诗人那种广阔的心境与优游不迫的人生态度。

再看以下这两首诗：

卧龙隐南阳，幽居志何适。交友不数人，颇能尽厥术。元直勤启诲，州平闻得失。更有水镜翁，时来人入室。汤饼辄相呼，主客了无择。①

北山有高士，幽居在空岑。上有青云垂，下有朱草森。我欲从之游，雨雪方阴阴。何时共携手，相对弹鸣琴。②

在上引第一首诗的诗末，有桴亭写的一个小注，其道：“予家东南偏，与虞九、石隐、圣传居相近，地颇幽寂，虽兵革日闻，而三兄时时相过，不减昔日南阳之乐，故志之。”史传的叙述自非桴亭置身的事件或背景，但在写“昔日南阳之乐”中，确然投射了一个心有戚戚焉的桴亭。卧龙（诸葛亮）身负济世之才，但生逢汉末，正是兵革四起、天下纷乱之际，他隐居南阳，与友朋诗酒唱和，啸傲忘情，自得自乐，桴亭称引之，不无自比之意，昔日南阳生活亦俨然成为桴亭自己安身立命的写照。诗中特定事件和背景的减省，使生命经验与感情理所当然地成为叙事的焦点，经由对古人生命经验的观照，诗人自己的生命体会亦得以抒发。

第二首诗为访高士而作，故以写幽深之境、得天然之趣为主。前几句写

① 〔清〕陆世仪：《桴亭先生诗集》，《清代诗文集汇编》第 36 册，上海古籍出版社，2010 年，第 113 页。

② 〔清〕陆世仪：《桴亭先生诗集》，《清代诗文集汇编》第 36 册，上海古籍出版社，2010 年，第 113 页。

高士居住之地，在空灵岑寂的山林之中，“上有青云垂，下有朱草森”，尘氛尽扫，呼吸都清，处在这种境地，心灵亦会觉得轻松。诗人虽欲从游于高士，但因受阻于雨雪的坏天气，只得暂时止步，惟于心间存想，“何时共携手，相对弹鸣琴”一句，写尽无限向往之意，诗人内里欲表达的，其实还是对精神超越与天性自由的追求。

我们继续看下面这一首：

> 圣人达天命，君子慎感遇。患难皆素位，胡然重忧惧。执玉夜行游，得不虞倾仆。兢兢慎冰渊，岂曰徒自顾。天意苟未丧，吾何为不豫。[①]

这一首诗表现了对人生普遍道理的体会。我们知道，人在实然的现实世界中，并不能够全然主宰外在世界，而是必然会受到天赋或遭遇的限制，此限制又是一个实然不可挣脱的局限，“知命”即是对此命定限制的了解。儒家讲穷通知命，即是说，面对生命的命定能够了解限制而知道命限。但是“知命”并不代表不要“尽命”。在实然的现实世界中，人固然不能全然主宰外在世界，但在德性之知里的应然世界中，人能够自作主宰。在能自作主宰的道德界中，人需要另立超越生命局限的价值，作为人生追求，努力去实践这价值就是“尽命”。尽自身的德性之命则能够安顿自身。

东汉思想家王充在《论衡》中言道：“命则不可勉，时则不可力，知者归之于天，故坦荡恬忽。”[②] 知道命、时是天道自然流行下的限制，非我所能变，当我已经勉力而行，却还不得，那就可以归之于天而坦荡面对。换句话说，人尽命之后，虽然不得，但也能安顿生命。在这首诗中，桴亭显然无意张扬自己的不幸遭遇而发为感怀，他更关注的其实是对普遍经验和道理的认识与体悟，他所憧憬的无疑是精神的超越与自由。

---

① 〔清〕陆世仪：《桴亭先生诗集》，《清代诗文集汇编》第 36 册，上海古籍出版社，2010 年，第 113 页。

② 黄晖：《论衡校释》，中华书局，1990 年，第 20 页。

桴亭《感遇诗》中的第三类作品，在对天道与人道的体认上，显然已经超越了第一类作品中特殊的政治感怀与第二类作品中普遍的人生感怀，而直接展示出个体的精神超越与体道心境以及一种生命的意义。这类诗作，是经验持续向内敛抑、凝聚的结果。在表现上，这类作品泯化了由感遇经省思进而达致超越的内心活动的转变轨迹，直接呈示为一种超越的心境。

## 三、结语

通过综合统观以上三类作品，我们得以了解桴亭在面对人生问题、追问生命意义的思考轨迹与心境转变历程。首先，面对着政治现实的残破和自我理想的落空，桴亭由感遇所直接引发的感怀表现为政治感怀与连带而及的仕隐抉择。而这种政治感怀在结合时间忧患意识之后，更是扩大并提升为人生感怀与生命省思。通过对天道与人道的体认，桴亭慢慢地摆脱了不安与失落，他开始有意将苦难生活过滤、淡化，主动缓释并消解苦难，以减轻生命的痛感，并求得内心的平静安顿，这表现为第三类作品，即超越了第一类作品中特殊的政治感怀与第二类作品中普遍的人生感怀，而直接展示出个体的精神超越与体道心境以及一种生命的意义。

综合来说，三十首《感遇诗》各具风貌，内容多样，桴亭通过将生活所见所闻带入诗中，借此抒发家国、生命之思。诗中所隐藏的悲抑内蕴，吾人观之，颇可以体会到诗人当时心中之冲突与困境，以及在志向怀抱落空、忧愁与惊恐逼迫、生命无情消逝等种种情势下，桴亭如何将感遇、感怀转化并提升为生存情境与生命意义的省思、高度人格尊严的维持、以道自任而悲慈济世的肯认，以及精神与心境的超越。

# 清初福建朱子学者对于王学心性论的几种批评

方 遥

关于程朱理学与陆王心学之间的区别，历来见仁见智，不同学者往往根据自己的思想倾向、理论意图与学派立场给出不同的理解与回答。但在明代之后，以“性即理”与“心即理”为代表的心性论领域的思想差异被一些学者提炼、归纳出来，将其视为朱陆之辨或朱王之辨的要点之一，逐渐形成了某种共识。如罗钦顺即言：“程子言‘性即理也’，象山言‘心即理也’。至当归一，精义无二，此是则彼非，彼是则此非，安可不明辨之！”① 而清初福建朱子学者虽然同样站在“性即理”的立场上，以正统朱子理学为武器，对王学进行批评，但不同学者在批评的角度与重点上亦略有不同，从而既表现出各人的学术特点，又可以使我们概括出清初朱子学者的某些思想共性与致思模式。

## 一、朱子学背景下的阳明心性思想

王阳明的心性思想虽与陆九渊思路相近，因而不能排除受到陆氏心学影响的可能，但从其直接来源上看，主要仍是受到朱子理学的刺激，是在朱子理学的理论框架与思想基础上产生和发展起来的，因而可以被视作朱子理学的一种延续。尽管这种延续在表面上采取了反叛的形式，并且最终发展到了它的反面。

① 〔明〕罗钦顺：《困知记》卷下，阎韬点校，中华书局，1990年，第37页。

朱熹主张“性即理”，认为人禀受天理以为本性，即“天命之性”，而此性又居于心中，故心具众理。所谓“凡物有心而其中必虚，如饮食中鸡心猪心之属，切开可见。人心亦然。只这些虚处，便包藏许多道理，弥纶天地，该括古今。……理在人心，是之谓性。性如心之田地，充此中虚，莫非是理而已。心是神明之舍，为一身之主宰。性便是许多道理，得之于天而具于心者”①。从性与心的不同性质来看，性纯乎理，是静的、未发的、至善的，“无情意，无计度，无造作”②，而心则是理与气合的产物，是兼括动静、善恶、已发未发的，具有知觉、思维与主宰的作用。故曰：“心有善恶，性无不善”③，“心与性自有分别。灵底是心，实底是性。灵便是那知觉底”④，“性有仁义礼智之善，心却千思万虑，出入无时，是性不能以该尽此心也”⑤。由于人同时具有天理与气质两种因素，故人之心又可区分为“道心”与“人心”。“此心之灵，其觉于理者，道心也；其觉于欲者，人心也。”⑥ 朱熹虽不以人心为绝对的恶，但认为其“生于形气之私”，“易动而难反，故危而不安”，⑦ 若缺乏必要的规范、制约则极易流为不善，故主张以道心统率、克制人心，将人的情感、欲求压缩到极低的程度，以至于化人心为道心。

由此可见，朱熹虽然也承认作为性的理先天地内在于人的心中，但由于

---

① 〔宋〕黎靖德编：《朱子语类》卷九十八，朱杰人、严佐之、刘永翔主编《朱子全书》第17册，上海古籍出版社、安徽教育出版社，2002年，第3305页。

② 〔宋〕黎靖德编：《朱子语类》卷一，朱杰人、严佐之、刘永翔主编《朱子全书》第14册，上海古籍出版社、安徽教育出版社，2002年，第116页。

③ 〔宋〕黎靖德编：《朱子语类》卷五，朱杰人、严佐之、刘永翔主编《朱子全书》第14册，上海古籍出版社、安徽教育出版社，2002年，第223页。

④ 〔宋〕黎靖德编：《朱子语类》卷十六，朱杰人、严佐之、刘永翔主编《朱子全书》第14册，上海古籍出版社、安徽教育出版社，2002年，第511页。

⑤ 〔宋〕黎靖德编：《朱子语类》卷一百，朱杰人、严佐之、刘永翔主编《朱子全书》第17册，上海古籍出版社、安徽教育出版社，2002年，第3343页。

⑥ 〔宋〕朱熹：《晦庵先生朱文公文集》卷五十六《答郑子上》，朱杰人、严佐之、刘永翔主编《朱子全书》第23册，上海古籍出版社、安徽教育出版社，2002年，第2680页。

⑦ 〔宋〕朱熹：《晦庵先生朱文公文集》卷六十五《大禹谟》，朱杰人、严佐之、刘永翔主编《朱子全书》第23册，上海古籍出版社、安徽教育出版社，2002年，第3180页。

其对理采取了一种实体化的诠释方式，并且突出了性的超验色彩和普遍规范意义，尤其是强调了性对心、道心对人心的规范、宰制作用，使得性与理很容易被理解为一种外在于人的、异己的纯客观原则，如戴震所批评的“以理为‘如有物焉，得于天而具于心’”[①]，从而与人的情感、意志等主观因素发生对立。在这种情况下，如何有效地将外在的普遍必然原则转化为个体自觉的道德意识与道德行为便成为一个难题。

在阳明看来，朱熹对于心性概念及其相互关系的这种理解与规定，不仅是支离、繁琐和不必要的，而且导致了心与理的分离，割裂了主体与本体之间的紧密联系。因此，阳明主张“心即理”，更加强调心、性、理、知的一致性，取消了心与理之间的各种中介因素，使理直接内化于心中，希望以此避免心与理之间的割裂与对立。

对于阳明这一明显背离正统朱子理学的思想，不少学者表示疑虑与困惑。如其弟子徐爱就曾问道：“至善只求诸心，恐于天下事理有不能尽？……如事父之孝，事君之忠，交友之信，治民之仁，其间有许多理在，恐亦不可不察。”对此，阳明则强调，心不仅是知觉器官，更是天理的完整体现，是各种道德法则的内在根源。显然，道德法则不可能存在于道德行为的对象上，只能存在于道德主体的心中，由道德主体通过实践活动自然而然地实现出来。若是认为理在事事物物上，进而即物穷理，便是离心求理，南辕北辙。所以他批评朱熹“谓‘人之所以为学者，心与理而已，心虽主乎一身，而实管乎天下之理，理虽散在万事，而实不外乎一人之心’，是其一分一合之间，而未免已启学者心、理为二之弊”[②]。

在对心的含义的理解上，与朱熹相同的是，王阳明亦将心解释为知觉。他说：“心不是一块血肉，凡知觉处便是心，如耳目之知视听，手足之知痛

① 〔清〕戴震：《孟子字义疏证》卷上，何文光整理，中华书局，1982 年，第 4 页。

② 〔明〕王守仁：《王阳明全集》卷二《传习录中·答顾东桥书》，吴光、钱明、董平、姚延福点校，上海古籍出版社，2014 年，第 42 页。

痒，此知觉便是心也”[①]，“所谓汝心，亦不专是那一团血肉。若是那一团血肉，如今已死的人，那一团血肉还在，缘何不能视听言动？所谓汝心，却是那能视听言动的，这个便是性，便是天理”[②]。同时，阳明亦以心为身之主宰，谓：“这性之生理，发在目便会视，发在耳便会听，发在口便会言，发在四肢便会动，都只是那天理发生，以其主宰一身，故谓之心。这心之本体，原只是个天理，原无非礼，这个便是汝之真己。这个真己是躯壳的主宰。”[③]

王阳明和朱熹虽然都认同心具有知觉与主宰的作用，但在具体论述心的过程中，朱熹往往将其置于心性关系的结构中进行讨论，明辨心性异同及其相互作用，并最终归结为理或性对心的规定、约束与宰制，而阳明则倾向于将心、性、理视为一物，甚至抛开性的概念，直接以心说理。因此，阳明可以说那能视听言动的便是性，便是天理，而朱熹就绝不能如此说。对此，杨国荣认为，朱熹“在心性关系上表现为以性说心，这一思路更多地将心的先验性与超验性联系起来，而对心的经验内容未予以应有的注意。与此不同……王阳明在肯定心体具有先天的普遍必然之理的同时，又将其与经验内容与感性存在联系起来”[④]。所以阳明既肯定了“喜怒哀惧爱恶欲，谓之七情。七者俱是人心合有的”[⑤]，又以“恻怛”之情释“仁”，还以“乐”为心之本体，从而使心体染上了明显的感性色彩。在阳明看来，“‘乐’是心之本体，虽不同于七情之乐，而亦不外于七情之乐。虽则圣贤别有真乐，而亦常人之所同有。但常人有之而不自知，反自求许多忧苦，自加迷弃。虽在忧苦迷弃

① 〔明〕王守仁：《王阳明全集》卷三《传习录下》，吴光、钱明、董平、姚延福点校，上海古籍出版社，2014年，第121页。

② 〔明〕王守仁：《王阳明全集》卷一《传习录上》，吴光、钱明、董平、姚延福点校，上海古籍出版社，2014年，第36页。

③ 〔明〕王守仁：《王阳明全集》卷一《传习录上》，吴光、钱明、董平、姚延福点校，上海古籍出版社，2014年，第36页。

④ 杨国荣：《心学之思——王阳明哲学的阐释》，生活·读书·新知三联书店，1997年，第73页。

⑤ 〔明〕王守仁：《王阳明全集》卷三《传习录下》，吴光、钱明、董平、姚延福点校，上海古籍出版社，2014年，第111页。

之中，而此乐又未尝不存。但一念开明，反身而诚，则即此而在矣”[①]。也就是说，作为心之本体的乐，虽不是单纯感性的七情之乐，但亦包含了某种类似的情感形式和情感体验，而不同于抽象的道德理性。这种本体之乐作为心的本然状态，是人所共有、无时不存、无间于凡圣的，亦是心性修养所欲达到的最终目标和必然结果。因此可以说，“王阳明所说的心体既以理为本及形式结构（心之条理），又与身相联系而内含着感性之维。……以理为本（以性为体）决定了心的先天性（先验性），与感性存在的联系则使心无法隔绝于经验之外。这样，心体在总体上便表现为先天形式与经验内容、理性与非理性的交融”[②]。如此便可保证作为道德规范的理内化于道德主体心中，与心相互融合，而使外在的道德行为皆为心中之理的外化与实现，并为人的行为活动提供理性范导与内在动力。

关于性，王阳明虽然亦在一般的意义上承认天理“赋于人也谓之性”[③]，与朱子学者的理解相近，但在具体讨论时，他又往往倾向于以气质论性，不提倡天命之性与气质之性的区分。他说：

> “生之谓性”，“生”字即是“气”字，犹言气即是性也。气即是性，人生而静以上不容说，才说气即是性，即已落在一边，不是性之本原矣。孟子性善，是从本原上说。然性善之端须在气上始见得，若无气亦无可见矣。恻隐、羞恶、辞让、是非即是气，程子谓“论性不论气不备，论气不论性不明”，亦是为学者各认一边，只得如此说。若见得自性明白

① 〔明〕王守仁：《王阳明全集》卷二《传习录中·答陆原静书（又）》，吴光、钱明、董平、姚延福点校，上海古籍出版社，2014年，第70页。

② 杨国荣：《心学之思——王阳明哲学的阐释》，生活·读书·新知三联书店，1997年，第76页。

③ 〔明〕王守仁：《王阳明全集》卷一《传习录上》，吴光、钱明、董平、姚延福点校，上海古籍出版社，2014年，第15页。

时，气即是性，性即是气，原无性气之可分也。[①]

王门高弟邹守益亦谓：

> 天性与气质，更无二件。人此身都是气质用事，目之能视，耳之能听，口之能言，手足之能持行，皆是气质，天性从此处流行。先师有曰："恻隐之心，气质之性也。"正与孟子形色天性同旨。其谓"浩然之气，塞天地，配道义"，气质与天性，一滚出来，如何说得"论性不论气"？后儒说两件，反更不明。除却气质，何处求天地之性？[②]

由此可见，阳明虽不否认有"性之本原"，但他所关注的显然不是不容说的"性之本原"，而是现实的性，即气质之性。因为性体本身是不直接显现的，性与性之善只有通过气质才能表现出来。人的一切行动思虑皆是气质用事，人之天性亦从此处流行，四端即是性善的表现。若无气质，亦无性善可见。孟子认为，恻隐之心、羞恶之心、辞让之心、是非之心是人心的本然状态，构成了人之为人的一般规定。朱熹将四端称之为情，阳明则将其视为气、气质之性、性之表德。在阳明看来，气质不仅与性相伴而生，而且是性的完整体现，故曰："若见得自性明白时，气即是性，性即是气，原无性气之可分也。"由此可以推知，阳明所说的性既是先天的普遍之理，也与人的情感、意识等经验内容和感性因素相互联系，同样体现了普遍性与个体性的统一。他之所以不提倡天命之性与气质之性的区分，恐怕亦是为了避免二者之间的冲突与对立。

---

① 〔明〕王守仁：《王阳明全集》卷二《传习录中·启问道通书》，吴光、钱明、董平、姚延福点校，上海古籍出版社，2014年，第61页。

② 〔清〕黄宗羲：《明儒学案》卷十六《江右王门学案一·文庄邹东廓先生守益·东廓语录》，沈芝盈点校，中华书局，2008年，第343页。

## 二、李光地对于王学心性论的批评

李光地作为清初福建朱子学者的主要代表，其对于王学心性论的批评具有一定的普遍性。在他看来，朱子理学与陆王心学在表面上既有不少相似的内容，又有一些明显的表达与方法差异，但二者之间的根本分歧在于心性之辨，其实质则是心性本体的善恶问题。所谓“夫告、孟之差也，朱、陆之异也，在乎心性之源不合，仁义之实不著，非夫功之偏而不举，说之略而不全云尔”①，“象山之学，亦言志，亦言敬，亦言讲明，亦言践履，所谓与朱子异者，心性之辨耳”②。

对于心性之辨，李光地说道：

> 知心性之说，则知天命、气质之说。何以故？曰：知人则知天。夫性无不善，而及夫心焉，则过也，不及也，杂糅不齐，于是乎善恶生焉。天命无不善，而及夫气焉，则过也，不及也，杂糅不齐，于是乎善恶生焉。③
>
> 主于天，曰理也，气也；主于人，曰性也，心也。一也。之二者之在天人，又一也。一则不离，一而二则不杂。④

在他看来，心、性之间的差别与天命、气质的差别相同，且来源于天命、气质的差别。因为人禀受天地之理与气而生，知人则知天。人之本性与天命

---

① 〔清〕李光地：《榕村集》卷八《要旨续记》，《景印文渊阁四库全书》第1324册，第652页。

② 〔清〕李光地：《榕村集》卷七《初夏录二·通书篇》，《景印文渊阁四库全书》第1324册，第620页。

③ 〔清〕李光地：《榕村集》卷八《尊朱要旨·气质一》，《景印文渊阁四库全书》第1324册，第641页。

④ 〔清〕李光地：《榕村集》卷八《尊朱要旨·心性》，《景印文渊阁四库全书》第1324册，第640页。

之性属理，是纯粹至善的，而心则包含气质的因素，有过与不及，杂糅不齐，从而产生善恶，故心与性是不离不杂的关系，以善恶之不同为标志，心不同于理明矣。

从作用来看，李光地认为，性是生物之本，形是物生之迹，心则既非性，亦非形，“居形性之间，形性妙合，而心为之主”①。从心、性关系来看，一方面，心具众理，“心者性之郛廓。心如物之皮壳，性是皮壳中包裹的”②；另一方面，性是心的本体与根据，“心亦性之所生也。及有此心，则性具于中，感物而动，而情生焉”③，“谓心乃能生者。心之所以能生，是之谓性焉尔”④。而心之所以具有无比强大的认识能力，能够周物而不遗，也是由于其以至大无外、无所不该的性作为根据。李光地特别重视性对于心的先在性与根源意义，故强调：“‘心统性情’，形生神发后，便著如此说。若论自来，须先说性，而后及心。”⑤

此外，心又有道心、人心之别，二者同样以善恶不同为标志。人心兼具善恶，由于“形气之用，徇之可以流而为恶，而失心之正，然亦不得谓之非心也”⑥，故曰“人心惟危”。“果心之即性，则何危之有与?”⑦ 据此，李光地批评王阳明以心为性，便是混淆了道心、人心之别。“姚江以一段灵明者为

---

① 〔清〕李光地：《榕村集》卷七《初夏录二·人心篇》，《景印文渊阁四库全书》第1324册，第627页。

② 〔清〕李光地：《榕村语录》卷二十五，《榕村语录　榕村续语录》上册，陈祖武点校，中华书局，1995年，第450页。

③ 〔清〕李光地：《榕村语录》卷二十五，《榕村语录　榕村续语录》上册，陈祖武点校，中华书局，1995年，第450页。

④ 〔清〕李光地：《榕村集》卷七《初夏录二·人心篇》，《景印文渊阁四库全书》第1324册，第628页。

⑤ 〔清〕李光地：《榕村语录》卷二十五，《榕村语录　榕村续语录》上册，陈祖武点校，中华书局，1995年，第450页。

⑥ 〔清〕李光地：《榕村集》卷七《初夏录二·人心篇》，《景印文渊阁四库全书》第1324册，第627页。

⑦ 〔清〕李光地：《榕村集》卷八《尊朱要旨·心性》，《景印文渊阁四库全书》第1324册，第640页。

性，虽少近里，然所见乃心而非性也。心便有别，但看声色臭味，平时多少耽著，至遇疾病，便生厌恶；遇患难，便不复思想。惟孝弟忠信，则坎壈之中，转见诚笃。至于生死利害，更生精采。故知人心、道心，确然两个。”①

李光地追根溯源，指出“心即性”“心即理”之说来源于释氏，不但与程朱之学相背，亦不合于孔孟之道。他分析道：

> 孔子所谓“仁者，人也”，心性之合也。孟子所谓“仁，人心也”，心性之合也。然且有不仁之人，有不仁之心，是心不与性合也。心不与性合，而曰即心即性，可与？不可与？是知孔子所谓人者，立人之道，曰仁与义，非谓人为仁也。孟子所谓心者，恻隐之心，仁之端也，羞恶之心，义之端也，非谓心为性也。②

此处，李光地其实亦是借用理学中的心性之辨来阐释孔孟之言。仁义之性是人之为人的根本，也是培养、教育人的终极目标，而仁义之人与仁义之心便是心与性的完美结合。但是，现实中的人却并不总是表现为仁，有不仁之人，有不仁之心，因而证明现实的人心并不总是与性理相合。同样，恻隐之心、羞恶之心只是仁义之端，若此善端不能加以护持、扩充，人心亦将流而为恶，故不能以心为性。

在揭露“心即理”说的错误之后，李光地又进一步批判了王阳明“心无善恶”的思想。他说：

> 象山谓即心即理，故其论《太极图说》也，谓阴阳便是形而上者，此则几微毫忽之差，而其究卒如凿枘之不相入也。近日姚江之学，其根

---

① 〔清〕李光地：《榕村语录》卷二十五，《榕村语录　榕村续语录》上册，陈祖武点校，中华书局，1995年，第446页。

② 〔清〕李光地：《榕村集》卷八《尊朱要旨·心性》，《景印文渊阁四库全书》第1324册，第640页。

源亦如此，故平生于心、理二字往往混而为一。《答顾东桥书》引《虞书》，断自“道心惟微”以下，而截去上一语，晚岁遂有心无善恶之说。[①]

阳明在《答顾东桥书》中曾说：“其教之大端，则尧、舜、禹之相授受，所谓‘道心惟微，惟精惟一，允执厥中’。”[②] 可见李光地所说的“断自‘道心惟微’以下，而截去上一语”指的便是阳明故意截去“十六字心传”中的“人心惟危”四字，欲以此隐藏危殆的人心，以便证明“心即理”，进而得出“心无善恶”的结论。

严格说来，王阳明其实并未直接主张心无善恶。其“四句教”中的首句乃是“无善无恶心之体”，无善无恶所指称的显然是心之本体，而不是笼统地说人心无善无恶。那么，如果明确地说心体无善无恶，或本心即性，李光地是否就能同意呢？答案显然是否定的。当面对诸如“姚江之说，谓心自仁，心自义，心自恻隐、羞恶、辞让、是非，其不然者，非本心也。以是谓即心即性，殆可与”之类的问题时，李光地回答道：

> 其言似，其意非。奚不曰仁义之心，道心也；其不然者，人心之流也，则心性之辩明矣。彼丽于孔孟而为是言也，其意则谓心之体如是妙也，故以觉为道。以觉为道，必以无为宗。以无为宗者，道亦无矣。故无善无恶心之体，姚江晚年之说也。其异于孔孟之旨，又奚匿焉？[③]

又曰：

---

① 〔清〕李光地：《榕村集》卷七《初夏录二·通书篇》，《景印文渊阁四库全书》第1324册，第620页。

② 〔明〕王守仁：《王阳明全集》卷二《传习录中·答顾东桥书》，吴光、钱明、董平、姚延福点校，上海古籍出版社，2014年，第54页。

③ 〔清〕李光地：《榕村集》卷八《尊朱要旨·心性》，《景印文渊阁四库全书》第1324册，第640—641页。

> 王说之病，其源在“心之即理”。故其体察之也，体察乎心之妙也，不体察夫理之实也。心之妙在于虚，虚之极至于无，故谓无善无恶心之本，此其本旨也。其所谓心自仁义，心自恻隐、羞恶、辞让、是非，是文之以孔孟之言，非其本趣也。①

由此可见，李光地对于王阳明“心无善恶”的批评并非完全出于误解。在他看来，所谓心之本体仍是具有知觉作用的心，而不能等同于性。即便阳明将“心即理”“心无善恶”中的“心”解释为本心，也是为了混淆心与性的差别，打着孔孟的招牌，实则强调心性本体虚无、玄妙的特质，从而达到援释入儒的目的。

关于心体的善恶问题，阳明本人的论述并非十分清晰、毫无疑义，其在不同的时间、场合往往存在互异的表述，而所谓“无善无恶”的确切含义亦是复杂难解。无善无恶究竟是否等同于至善？是没有善恶，还是可善可恶？抑或所说的根本不是伦理意义上的善与恶？这一系列问题历来争论不休，见仁见智，这里无法一一复述。简单说来，笔者认为阳明“无善无恶心之体”的思想乃是吸收、借鉴了佛家特别是禅宗的相关理论，认为心之本体超越了一般意义上相对的、具体的善恶，而将其视为一种不思议的先天状态。这种状态可以被称为“至善”，但又不完全等同于一般所说的纯善无恶的至善。它既带有传统伦理学意义上的善恶意涵，又非伦理学所能完全范围。②

应该说，正是由于阳明这一思想的模糊性与复杂性，使其在传播、发展的过程中，很容易被不同目的、立场的学者误解或曲解为心无善恶，从而对王学进行激烈批判，或是彻底倒向自然主义，以此作为放纵身心、肆意妄为的借口。从这一意义上看，李光地虽未直接对阳明“无善无恶心之体”的思

① 〔清〕李光地：《榕村集》卷八《尊朱要旨·知行二》，《景印文渊阁四库全书》第1324册，第644页。

② 关于后一方面，陈来先生认为“无善无恶心之体”这一命题强调的是心体所具有的纯粹的无滞性与无执着性，并以此作为个人实现理想的自在境界的内在依据。参见陈来：《有无之境——王阳明哲学的精神》，北京大学出版社，2013年，第189—197页。

想内容作详尽的辨析，也未必完全理解其复杂内涵，但又确实抓住了其中的某些要点。一方面，他始终坚持朱子理学关于心性之辨的基本立场，指责阳明在心性问题上故意回避了道心、人心的关键差别；另一方面，他明确指出阳明的这一思想别有授受，乃根源于佛家以知觉作用为性，认心性为虚无的思想，并非出自孔孟本旨。若对这一点不加察觉，以非为是，终将导致一切道德规范与道德法则虚无化的严重后果。也正因为王学的心性思想更多地吸纳了佛家的智慧，而又证以孔孟之言，在正统的朱子学者看来不免似是而非，离经叛道，具有很强的迷惑性与危害性，故李光地要极力辨之。

根据上述讨论，李光地指出，陆王之学“心性之原既差，则志其所志，养其所养，讲其所讲，行其所行，二本殊归，其道使然。今言陆王之学者，不谓其偏于德性而缺学问，则谓重在诚意而轻格物，此亦朱子论近世攻禅，若唐檄句骊守险者类也。……然则陆王二子之弊其应辩析者，固在心性人道本原之际，不在讲学持守、知行先后之间也”①。在李光地看来，心性乃人之本原，心性论则是学术之源。王学固然存在“偏于德性而缺学问”“重在诚意而轻格物”等问题，但这些都不是要害所在，其谬误根源在于错认心性，混淆善恶，故所志、所养、所讲、所行不免皆错。若要彻底辩驳王学之弊，恢复孔孟之真，就不能光在为学方法、修养工夫等处用力，而应该釜底抽薪，于心性大本大原处讨个分晓。

## 三、童能灵对于王学心性论的批评

在清初福建朱子学者中，童能灵亦对心性问题作了较为集中、系统的剖析与论述。由于童能灵主张“天地之间，止此理、气二者而已，此即古今学术之辨所由分也”②，因而其主要是从理气论的角度来理解和阐述心性概念及

---

① 〔清〕李光地：《榕村集》卷七《初夏录二·通书篇》，《景印文渊阁四库全书》第1324册，第620页。

② 〔清〕童能灵：《冠豸山堂文集》下卷《朱陆渊源考》，《四库全书存目丛书》集部第234册，齐鲁书社，1997年，第578页。

其之间的区别与联系。对于性，他认同程朱“性即理”之说，特别强调性与人之间的亲切关系。故曰：

以理言之，则为当然之则，所谓“有物必有则”是也。其具于人心，即在人之则，而为性者也。①

性固是天理，然必就人生所禀言之，乃见性之所以得名也。不然，何以不即谓天理，必别之曰性耶？谓之性，则如云水性寒、火性热之性。盖人但知有此生则有此性，不知须有此性始有此生也。如水必须有寒之性方凝而成水，火则必须有热之性方发而成火，人则必须有生之性方有此生而为人也。②

性固是理，但须看到理之在人最为亲切，方见其为人之性也。盖人之生，气聚而生也。气之所以聚而生，则理为之也。③

在童能灵看来，人由气聚而生，但气不能自生，也不能自行，气的聚散变化皆理为之。理为气之主宰，亦为气之所以然者，因而性是人之所以为人的终极根据与基本前提，“须有此性始有此生”。理又根植于气之中，气为理之载体。天理须为人所禀，内在于人心之中，方成其为人性。所以说性是于人最为亲切之理。

而心对于童能灵来说，则是一个属于气的概念，属形而下者，其特性为虚灵不测、神明之妙。他说：

以气言之，则气之粗者凝而为形，其精爽则为心。心之精爽至于神

---

① 〔清〕童能灵：《冠豸山堂文集》下卷《朱陆渊源考》，《四库全书存目丛书》集部第234册，齐鲁书社，1997年，第578页。

② 〔清〕童能灵：《理学疑问》卷二《性》，《四库全书存目丛书》子部第28册，齐鲁书社，1995年，第644页。

③ 〔清〕童能灵：《理学疑问》卷二《性》，《四库全书存目丛书》子部第28册，齐鲁书社，1995年，第644页。

明，故其体虚而无物，其用灵而不测。[①]

盖（心）只是气也。气之粗者，凝而为形，其精爽则为心。气之精爽，自能摄气，此心所以宰乎一身也。且既曰精爽，则亦无气之迹，而妙于气矣。顾只是气之精爽，非形而上之理也。[②]

由此可见，在童能灵的理解中，性属理，属形而上之道，心属气，属形而下之器，故心不能为性，心不能为理明矣。同时，心之虚灵亦表现为一种知觉、主宰、运用的能力。童能灵认为，人得至精至灵之生气以为魂魄，魂为阳之神，魄为阴之神，魂魄之合为心，便有主宰运用、知觉记当的作用。因此，心本身虽无声无臭，却能觉声觉臭，认识各种事物与义理，主宰一身而运用之，而性则无情意、无计度、无造作，显然不具备任何运用与知觉能力，这也说明心不能为性，心不能为理。所以他说："性无为而心有觉，觉即精爽之所为也。性则是理，虽所觉者亦是理，而理初无觉也。此形而上下之分。"[③]

童能灵认为，心所具有的神明之妙大致可分为三个方面：

一曰神速，不疾而速，不行而至也；一曰神通，贯幽明，通远近，无所隔碍也；一曰神变，应事接物，变化不测也。然惟通故速，速亦是通，只是神通、神变二者而已。通与变是其神处，而明在其中矣。[④]

心之所以能通、能变，是由于心乃气之精爽，"清之极矣，无粗浊，自无渣滓

---

① 〔清〕童能灵：《冠豸山堂文集》下卷《朱陆渊源考》，《四库全书存目丛书》集部第234册，齐鲁书社，1997年，第578页。

② 〔清〕童能灵：《理学疑问》卷一《心》，《四库全书存目丛书》子部第28册，齐鲁书社，1995年，第637页。

③ 〔清〕童能灵：《理学疑问》卷一《心》，《四库全书存目丛书》子部第28册，齐鲁书社，1995年，第637页。

④ 〔清〕童能灵：《理学疑问》卷一《心》，《四库全书存目丛书》子部第28册，齐鲁书社，1995年，第638页。

昏隔，如何不通”，“精极则变，无粗浊，故无滞碍也，如何不变”。[①] 据此，童能灵提出，心虽属气，而其精爽之至却可通极于性，故胡宏谓“心妙性情之德”，朱子言“心妙众理”。“不然，性即理也，理寓于心，岂不反为心所昏隔耶?”[②] 若心与性相互隔绝，不能相通，则心中之理亦将为心所遮蔽阻隔，无法发而为用。正因为心具有如此的神明之妙，又可通极于性，故而许多学者便容易将心性混为一谈。对此，童能灵强调：“此又须知心之为物，只是气之精爽，其受气之浊者，亦有昏隔时。”[③] 这就是说，心虽非形气之粗，但毕竟属气，不免有时要为气之粗浊者所遮蔽障碍，不能如性一般纯粹至善。心以性为体，其气之精爽可通极于性，而有神明之妙，但不能因此认定心即是性，心即是理。

对于人性，童能灵进一步指出：“人者，天地之生而万物之灵，故其性无所不绾。所谓万物备于我者，非独备其影象也，即万物之所以为物者绾于此焉。”[④] 由于天理包罗万象，万分具足，而人作为万物之灵，禀受天理之全体以为性，人性就不仅是人自身的根据与规定，也应该包括万物之所以为物的根据与规定。同时，人性之所以能够感物而动，发而为情，亦因为性中包含物理，性理与物理只是同一天理。“性所以感物而动者，性在内，物在外，然在内之性不是别物，只是理也。所谓理，便是在外之物之理也。舍物理，无以为吾之性矣。物理即吾性之理，此天下所以无性外之物也。”[⑤] 因此，人性与性理中显然包含了物理、事理、情理等多方面的丰富内容，并不只局限于

---

① 〔清〕童能灵：《理学疑问》卷一《心》，《四库全书存目丛书》子部第28册，齐鲁书社，1995年，第638页。

② 〔清〕童能灵：《理学疑问》卷一《心》，《四库全书存目丛书》子部第28册，齐鲁书社，1995年，第638页。

③ 〔清〕童能灵：《理学疑问》卷一《心》，《四库全书存目丛书》子部第28册，齐鲁书社，1995年，第638页。

④ 〔清〕童能灵：《冠豸山堂文集》下卷《朱陆渊源考》，《四库全书存目丛书》集部第234册，齐鲁书社，1997年，第578页。

⑤ 〔清〕童能灵：《理学疑问》卷二《性》，《四库全书存目丛书》子部第28册，齐鲁书社，1995年，第653页。

道德规定与道德准则等伦理范畴。故曰：

凡天地之道，圣人之蕴，措之为礼乐刑政，垂之为《诗》《书》《易》象者，皆是理之所蟠际，即皆是性之所充周。而日用彝伦、视听言动之间，须臾而离之，则是自失其则而不诚无物矣。是以圣人之教，必使择之精而执之固，有以完其所以为性者焉。此其学固非可以一朝顿悟而一悟无余者矣。①

又曰：

吾性之理即物理。天下之物理多矣，大而天地，细而昆虫草木，皆各有理。自人言之，大而五伦，细而三百三千，各有一理，千条万派，用各不同，而皆具于吾性之内。……万理只一理，故性具万理，无头项杂凑之嫌。但性只一理者，正指未发之前，内无感触，端绪未见，条理未分，浑然而一理耳。……当此之时，气不用事，心理为一，本难分别，故于所谓正而不偏、亭亭当当者，理固宜然，而心亦如是也。学者于此时实难见得亲切，不若即理之万分、散于事物者一一穷之，辨其万分者之不出一理，庶几心有把握，而涵泳之久，涣然释，怡然顺矣。②

这里所说的"一朝顿悟而一悟无余者"，以及只求"一理"而不顾"万分"的为学方法，显然都是针对被目为禅学的陆王之学。

对于陆王心学一派的学者所宣称的种种神秘的顿悟体验，童能灵并不否认这种体验本身的真实性，而是通过分析这一现象产生的心理机制，指出其

---

① 〔清〕童能灵：《冠豸山堂文集》下卷《朱陆渊源考》，《四库全书存目丛书》集部第234册，齐鲁书社，1997年，第578页。

② 〔清〕童能灵：《理学疑问》卷二《性》，《四库全书存目丛书》子部第28册，齐鲁书社，1995年，第654—655页。

只不过是来源于心体虚灵不测、神明之妙的特性。他说：

> 心之精爽至于神明，故其体虚而无物，其用灵而不测。方其未用也，寂然而虚；及其既用也，亦寂然而虚，则其方用之际，亦谓必有常虚常寂者存于其中，而不得以心思求之，恐心思之有着而非虚也；不得以言语求之，恐言语之外喧而非寂也。[①]

正是由于心体虚灵不测，难以迹求，人们在追求心中存在的“常虚常寂者”时，便不能使用语言文字、逻辑思维等日常手段，因而往往容易陷入一种神秘的、非理性的境界之中。“心思路绝，言语道断，惟静惟默之际，而其为神明之本体，静极当动，敛极当发，介然有顷之间而偶尔感触，光明呈露，自觉自知，遂诧为神奇，得未曾有他人不见，师友莫与，而惟我独自得之者矣……又有一种，静默之久，神明未瞑，亦未发用，迷离惝恍，虚实之间，有影象参差呈露于前，如睡初觉，如梦中见，原非实有，则遂以此为万物皆备之象呈于我矣。”[②] 童能灵认为，这种神秘体验至多只是心体在极端静默状态下的一时呈露而被偶尔感触，甚至是一种虚实之间迷离惝恍、真伪莫辨的幻觉、幻象，并非对于性理的完整、客观认识，自然也不具备他们所宣称的惟我独得、一朝顿悟、一悟无余的意义。

据此，童能灵指出，不论是陆九渊闻鼓声振动窗棂而豁然有觉，还是王阳明龙场中夜悟道，抑或徐仲试镜中看花，杨慈湖鉴中见象，“自穷理者观之，此皆心之神明不得循其寂感动静之常，而束于空寂，为之变现光影如此。既已自为之眩而不自知，遂欲保以终身，惟恐或失。此正朱子所谓禅家作弄精神，到死不肯舍放者也。嗟夫！以心为理，此势必眩于心而一于虚寂之见

① 〔清〕童能灵：《冠豸山堂文集》下卷《朱陆渊源考》，《四库全书存目丛书》集部第234册，齐鲁书社，1997年，第578页。

② 〔清〕童能灵：《冠豸山堂文集》下卷《朱陆渊源考》，《四库全书存目丛书》集部第234册，齐鲁书社，1997年，第578页。

者，必不得与事相操持，泛应之际，涉而不有，日用彝伦之地，皆归之于浮薄不可止矣。……且夫虚寂之体，岂得不以礼法为束缚而废弃之哉?”[①] 在他看来，陆王之学之所以将主静、顿悟作为最重要的为学方法与修养工夫，其根源还是在于误认心性，以心为理。若以心为理，一味地追求心之神明，必然会扰乱心性本身寂感动静的常态，陷入虚空寂灭的状态之中，从而执着、迷惑于心中闪现的虚幻光影，将其认作世界的实相或本质，并冀图保任终身。童能灵认为，这实际上正是禅家在主观上作弄精神的把戏，而非对于天理之实实有所得，学者若满足、沉溺于这种虚无高妙的境界之中，将使心灵与现实事物相割裂，甚至以万事万物为虚幻，从而导致对日常的躬行践履、应事接物、日用彝伦等道德行为与道德规范的忽视和荒废。

此外，对于心与理的关系，以及心之神明的来源问题，童能灵主张心本于理，但心非即理。在他看来，人之一身止理、神、气、形四者而已。推其所由生，则“理生神，神生气，气生形，一以贯之也。……理生神，即所谓精爽也”[②]。理生心之神明，而其本身即寓于神明之中，故曰心具众理。前面曾经提到，心所具有的神通、神变等神明之妙是由于气的至清、至精、至灵，而追根溯源，又皆根源于理。理一分殊，就“理一”观之，“非独一身之内只此一个心……天地人物止此一个神明。原只一个，如何不通?原只一个，呼应自灵”[③]；就“分殊”观之，理一而散万心、应万心，心如何不通?理一而万、万而一，心如何不变?故曰：“神明之妙本于理。”[④] 童能灵又以动静言心之神，而以理为所以动静者。有所以动静之理，方有动静之心，而心之动静

---

① 〔清〕童能灵：《冠豸山堂文集》下卷《朱陆渊源考》，《四库全书存目丛书》集部第234册，齐鲁书社，1997年，第579页。

② 〔清〕童能灵：《理学疑问》卷一《心》，《四库全书存目丛书》子部第28册，齐鲁书社，1995年，第641页。

③ 〔清〕童能灵：《理学疑问》卷一《心》，《四库全书存目丛书》子部第28册，齐鲁书社，1995年，第639页。

④ 〔清〕童能灵：《理学疑问》卷一《心》，《四库全书存目丛书》子部第28册，齐鲁书社，1995年，第641页。

又主宰形体之动静。童能灵指出，朱子论《太极图》，以动静为心，以太极为性，性具于心，性与心本无先后可言，但据《太极图》推之，太极为动静之根柢，性则当为心之根柢，亦可证心之妙本于理。若从反面来看，世间虽有假仁假义之心，但这并非仁义之理本身为假，而是人在理解、运用上出现了偏差。所谓“假仁者不仁，苟无仁，彼安所假耶？假义者不义，苟无义，彼又安所假耶？……盗跖之不仁甚矣，不义亦甚矣，然尝以分均出后为仁义矣。假令跖不为盗，而以其分均者行赏，出后者居殿，谁得拒之仁义之外哉？乃知人心只是此理也，小人外是亦无以行其恶。故曰心本于理”[①]。

## 四、蓝鼎元对于王学心性论的批评

在心性论方面，蓝鼎元正面的理论建构或论述虽然不多，但其特别强调从为学与修养的实践出发，对陆王之学与朱子学之间似同实异的微小区别进行辨析。在他看来，二者之间的根本差别并不在于是否讨论心，或者是否重视心，而在于对心性内涵的不同理解，及其导致的不同修养实践。他说：

> 圣贤所以别于异端，其惟心学乎？“人心惟危，道心惟微”，千载心学之祖也。圣贤以道心为人心之主，异学养人心而弃其道心。故虽皆以心学为名，而是非邪正，相似而实不同者在此。[②]

蓝鼎元这里所说的异端，除了释、道二教之外，显然也包括陆王之学在内。蓝鼎元认为，“人心惟危，道心惟微”一句是义理之源、心学之祖，因而也是判断学问、义理是非真伪的根本标准。在他看来，朱子学明辨道心、人心，主张以道心主宰、制约人心，而陆王之学则忽视乃至泯灭道心、人心之

---

① 〔清〕童能灵：《理学疑问》卷一《心》，《四库全书存目丛书》子部第28册，齐鲁书社，1995年，第642页。

② 〔清〕蓝鼎元：《棉阳学准》卷三《闲存录》，《四库全书存目丛书》子部第28册，齐鲁书社，1995年，第442页。

间存在的差异与分歧，从而导致养人心而弃道心。因此，二者虽然都以心学为名，但其中却隐含着是非邪正的根本区别，言相似而实不同，只有以朱子学为代表的正统儒学才能称得上是真正的心学。

蓝鼎元进一步指出，人心以虚灵为特点，根源于知觉，而道心则根源于虚灵知觉之义理，故道心应主宰人心。朱子学言心注重心的义理层面，强调通过格物穷理、涵养省察等方式来发明、培养心中的仁义礼智，使心的知觉作用能够符合道德法则的要求，故能以道心统率人心。而佛老与陆王之学则仅以知觉作用言心，舍性理而专言知觉，故不学不虑，不假修为，于一切事物都不理会，终日只是完养其精神魂魄，希望完全摒除心中所包含的丰富的义理与事物，必然导致以人心作道心。故曰：

> 主于义理者，惟恐义理不明，或有非理之视听言动，则失其所以为心。故必读书穷理，以致其知，而涵养省察，不敢有一息之或间。由是而为圣为贤为豪杰，皆此道心为之也。主于知觉者，则止欲全其知觉，惟恐心泊一事，思一理，或扰其昭灵寂静之神，故不顾善恶是非，不立语言文字。若老氏之无视无听，抱神以静，佛氏之净智妙圆，识心见性，象山之瞑目静坐，收拾精神，白沙之虚灵万象，阳明之良知，皆误以人心为道心者也。[①]

由于陆九渊和王阳明都标榜自己的学术直承孟子而来，而孟子又特别关注心性问题，于儒学心性论多有开辟、发明之功，所以便不免有人产生疑问，认为陆王的心性思想皆本于孟子，似乎不应以异学视之。对于这一观点，蓝鼎元明确表示反对。他说：

> 孟子所言，仁义之心也；陆子所言，昭昭灵灵之心也。孟子求放心，

① 〔清〕蓝鼎元：《棉阳学准》卷三《闲存录》，《四库全书存目丛书》子部第28册，齐鲁书社，1995年，第442—443页。

必曰学问之道是教人读书穷理，主敬求仁者也。陆子以闭目静坐为求放心，是教人屏事物，绝思虑，废语言文字意见，即心是道，明心见性者也。言似同而旨不同，恶可以诬孟子！①

又曰：

陈清澜曰："孟子之先立其大，道心为主，不使欲得以害心。陆氏则养神为主，而惟恐事之害心，善之害心。天渊之别，若何而同也？孟子之先立其大，曰：'心之官则思，思则得之，不思则不得也。'陆氏则曰：'不可思也，心不可泊一事也。'冰炭之反，若何而同也？象山假孟子以欺人，未有能破其说者。"此论深切著明，可谓抉陆学之隐，如陆子所云"直截雕出心肝"者也。②

在蓝鼎元看来，孟子所说的心是主于义理的仁义之心，而陆王所说的心则是主于知觉的虚灵之心。孟子以读书穷理、主敬求仁为学问之道，注重内外交修并进，以此求放逸之心，而陆王则以闭目静坐为求放心的工夫，欲使人摒除事物，断绝思虑，以心为理，取消一切读书讲论与经典学习，显然是佛老一路的思想，从而与孟子之学有着本质上的区别，不可混为一谈。

## 五、结语

综上所述，不难发现，清初福建朱子学者对于王学心性论的批评和纠驳可谓既是准确的，又是有失偏颇的。首先，清初福建朱子学者选择以"性即理"与"心即理"为代表的心性论议题对王学进行批驳，本身虽不新鲜，在

---

① 〔清〕蓝鼎元：《棉阳学准》卷三《闲存录》，《四库全书存目丛书》子部第 28 册，齐鲁书社，1995 年，第 443 页。

② 〔清〕蓝鼎元：《棉阳学准》卷三《闲存录》，《四库全书存目丛书》子部第 28 册，齐鲁书社，1995 年，第 443 页。

大的论证思路上也无重大理论创新之处，但又确实针对朱学与王学之间存在的核心问题与主要分歧作了比较全面的辨析和讨论，在批判王学负面的社会影响的同时，注重发掘其背后的思想根源，在宣传、捍卫朱子理学的过程中，亦对其中的某些理论作了一定适应时代特色的调整和发挥，并非像某些学者所说的那样一无是处。

其次，从清初福建朱子学者对于王阳明的批评中可以看出，不少学者其实对阳明的整个心学思想体系缺乏全面、客观、深入的认识，加之受到门户之见的影响，使得他们对阳明思想的理解与批判往往流于粗糙和片面，显示出某种脸谱化与表象化的倾向。其中某些被指为阳明所说因而遭到大加鞭挞的理论观点，不但与阳明本人的思想有所出入，甚至根本就是阳明所反对的，不免给人一种无的放矢之感。但是，若从另一个角度来看，这些被批判的王学思想虽然经过了不同程度的简化、发挥与变形，但也并非某人某派凭空虚构出来的，而是明末清初思想界确实存在，并为众多学者所公认的严重问题，也是王学快速膨胀、泛滥所导致的必然后果。其中大部分的理论观点都可以在阳明那里找到某种源头或依据，可以说是阳明的部分思想，特别是阳明思想中的主观主义、自然主义、直觉主义、个体主义等新趋势与新精神在不同角度和不同层面上发展演变的逻辑结果。因而清初福建朱子学者所直接面对的也就不是阳明思想本身这样一套相对单一的思想理论，而是各种为王门后学所不断诠释与发挥，并充斥、主导着明末思想世界的“泛王学”思想，以及由此给原有的社会秩序、学术规范和价值体系造成的种种混乱与破坏。面对这种状况，清初福建朱子学者对各种“泛王学”思想之间的异同演变往往不暇细辨，而是直接追根溯源，将主要的错误与责任归罪于阳明，亟欲廓清其负面影响，以恢复朱子学的主导地位。因此，清初福建朱子学者对于王学的批判虽然存在种种偏颇之处，却反映出学术思想史上每次重大的思想转变时期的一般情况与普遍规律，有其现实的逻辑性与内在的合理性。

# 以李光地家训《诫子孙》为例谈述家史传家风

邱丽芳

“绾发绾发，发亦鬓止。日祗日祗，敬亦慎止。靡专靡有，受之父母。鸣鹤匪和，析薪弗荷。隐忧孔疚，我堂靡构。义方既训，家道颖颖。岂敢荒宁，一日三省。”“家风”一词最早见于西晋著名文学家潘岳的这首《家风诗》。家风，又称门风，指的是一个家庭或家族在代代繁衍过程中，逐步形成并世代相传的“较为稳定的生活方式、生活作风、传统习惯、道德规范，以及待人接物、为人处世之道等等，其核心内容指一个家庭的思想意识方面的传统”[①]。正如每个人都有其独特的性格和气质一样，我们可以将家风理解为一个家庭或家族的风格和气质，它以一种隐性的形态，体现在家庭成员的举手投足之间。家风作为特定家庭代代相传的行事方式和精神风貌，是该家庭经过长时期过滤汰选、历史沉淀的结果，也是一代又一代家庭成员遗留下的精神足印和生活结晶。它是历经延传而持久存在的家庭传统，因此，“家风”一词本身就生动地传达了下对上、后对前的承继接受，蕴藏着对家庭历史和传统的继承意义。这种精神的馈赠世代相传，对家庭成员有恒久的影响和塑造。那么对“家风”的传承在现实中怎么体现呢？笔者拟以清代理学名臣李光地广为流传的家训《诫子孙》为例试论之。

## 一、追述历史，传扬家风，以诫子孙

李光地（1642－1718），字晋卿，号厚庵，别号榕村，福建安溪人，清朝

---

① 闫旭蕾、杨萍编著：《家庭教育新论》，北京大学出版社，2012 年。

名臣，著名理学家。清康熙九年（1670）进士，历任翰林编修、内阁学士、直隶巡抚、吏部尚书、文渊阁大学士等职，为官近五十年。康熙评价他“谨慎清勤，始终一节，学问渊博”。李光地故乡福建省安溪县湖头陇西李氏家族历经二十七世而兴盛不衰，堪称世家望族，这与其优良家风的传承有直接的关系。康熙五十五年（1716），年逾古稀的李光地“到家来，见子弟辈习气甚庞，匪类窜籍者亦多，因地方发觉，公同革逐”（《榕村续集·致曾石岩邑令书》）。《文集·复陈眉川巡抚书》中亦记载：“弟抵里来，见自家子弟及乡党间习染深重，未暇与之语上，聊为立规约数条，望其去太甚者知怀刑守法而已，谨录呈。”年迈体弱的李光地，回乡目睹子弟乡党胡作非为，痛心疾首，为约束族人，告诫子孙，“期改陋习，以奉善政”，特制定《本族公约》及《诫子孙》。且看《诫子孙》：

> 昔吾祖念次府君，起家艰难，十三岁能脱父冤狱，遂辍学营生以养亲。溪谷林麓之间，颠沛万状，至状岁渐赢。然自五十以前，率百里徒步不肩舆。尝曰：“非力弗能乘，念亲苦也。”伤以贫失学，课子孙为学敦甚。期望之殷，每形忧叹。尊师笃旧，乐善分灾，此吾祖所以崛起中微翼我后裔者也。前乙未、丙申间，家遭大难，陷贼十余口。渔仲府君，因心侧友，义不反兵，毁室复完，遂歼巨憝。鼎革之余，继以寇乱，祖里榛荒，坟庙毁翳。惟念府君，承先志而修之，辍其饔飧，宗族是事，焕新旧址，披识荒丘，虽袒免以降，也不使有餒馬忽诸之恨，憔悴形神，焕属复收。西崗府君，继惟念府君之后，整肃宗规，修明世牒，春秋朔望，疾病必亲。甲寅、乙卯之年，闽乱大作，余既踪迹孤危，亦系家门祸福，耳属于垣，莫可计议。白轩叔父，避世佯狂，阴相谋划，蜡丸赣岭，拜表西江，款诚既达，臣节无隳。天吏南征，余孽尚炽，执锐披坚，掖余以济。家世旧事，此其大略也。夫世无百年全盛之家，人无数十年平夷之运，兴衰激极，存乎其人。昔者家道单微，而祖振之，中更大难，而伯父平之。宗法凌替，而父与季父修之。天狼殀星，薄蚀太阳，而六

叔父与余艰贞以幸度之。此皆兴衰存亡之机，间不容缓，原其所以克济，岂曰有他谬巧？亦云孝友未漓，本实存，故枝叶未有艾也。三十年来，颇安且宁，食禄通籍，遂称官家。尔等生晚，皆在此三十年前后耳。身不预忧艰之事，耳目不接官吏诃诟之声。贵强桀大倨侮侵凌之状，渐习骄惰，其势则然。夫先世既以孝友勤劳而兴，则将来也必以乖睽放纵而败。吾生七十年间，所阅乡邦旧家，朝著显籍者多矣，荣华枯陨，曾不须臾。天幸其可徼乎？祖泽其可恃乎？譬之花木，不冲寒犯之，则其根可护。譬之炉焰，不当风扬之，则火可宿。收敛约束，和顺谦卑，所以护其根而宿其焰也。且况维桑与梓，古人必恭。巷路乡邻，孰非亲串。侮老犯上，谓之鸱鸮；贪利夺食，谓之虎狼。吾等老成尚在，必不尔容，即祖宗神灵在家，亦必不尔佑。况于不类子弟，又每藉吾影似，以犯法理，尔不为吾惜名节，吾岂为尔爱身命。国宪有严，亦必不尔宽也。

在李光地这篇告诫子孙的家训中，并不着墨于劝诫子孙什么当为什么不当为，而是开篇即宕开一笔，用大量笔墨追述自祖辈以来的家世遭际，还原家族历史情境，展现祖父辈的生活细节及其待人接物、为人处世的立场和态度。家族的兴衰变化、数代人的生活起伏变迁、祖父辈披荆斩棘、艰难创业守业的家史图卷便在这娓娓道来中徐徐展开。李光地首先陈述祖上念次公起自寒微，开榛辟莽，颠沛流离，饱受困苦，至中年才慢慢有些积累。盖因起家艰辛，故克勤克俭，殷殷期望子孙后代能勤奋向学，耕读传家。接着，细数自己的二伯父、父亲和四叔在家族遭逢大难、发生敌寇骚乱，致使故地荒芜，祖坟家庙被毁的情况下，除旧布新、重建家园；修缮祠庙，修葺祖坟；整顿族规，修编谱牒。父辈一代，历经灾难变故而不悖祖训，艰难持家，守护家族。随后，回顾福建大乱之时，自己与六叔白轩于孤立危急之间，坚守忠诚和节操，暗中谋划，向康熙皇帝密陈“蜡丸疏”，并招兵买马奔赴战场，从而扶持成就了李氏家族的事业。至此，李光地对子孙后代的谆谆告诫和殷殷期许尽在对家族历史的回顾追述之间。“昔者家道单微，而祖振之，中更大难，而伯父平之。宗法凌替，而父与季父修之。天狼妖星，薄蚀太阳，而六叔父与余艰贞以幸度之。”他用自祖辈以来三代人的经历告诉子孙，李氏家族在兴衰存亡之际，形势极度危急之间，皆能化险为夷，非因有其他窍门，都是因为家中族人克勤克俭、兄弟友爱、守望相助，才能渡过重重难关，守护家族基业。家风无形，家史有质，在述往忆旧之间，如烟的家族历史故事自然而然烙印到家族成员的心灵深处，其中蕴含的优良家风对家族成员为人处世、品格言行进行“润物细无声”的影响和塑造，从而使其一生足迹与祖先遗训对接和榫合。正如《诫子孙》中所言：“夫世无百年全盛之家，人无数十年平夷之运，兴衰激极，存乎其人。”祖先留下的荣华富贵易散，真正弥足珍贵的传家宝是历代相传的家族美德，是祖先们积极健康的生活方式、生存信念。良好的家风在对家族历史的追忆中如血脉一样代代传承，无法割裂，形成家族一脉相承的精神谱系。正因如此，湖头李氏后人至今皆能各禀家风，牢记祖先筚路蓝缕以启山林的家族历史，秉承祖辈克勤克俭、兄弟友爱、耕读传家、知书明理、和顺谦卑、恭敬桑梓的优良家风。

## 二、述家史传家风的意义

### （一）树立富有历史纵深感的人生观

“我是谁？我从哪里来？我要到哪里去？”这是哲学上一直解不开的命题。而述家史传家风为我们提供了一条思考这个问题的方法。作家张大春说，面对“家族”这个词，大家都会像未出生的孩子一样，“将会认识他的父亲、他父亲的父亲，以及他父亲的父亲的父亲……他将认识他们”。我们每一个人，都来自于某个家族，无论我们的家族是书香世家、名门望族，还是白丁俗客、寒门布衣，我们的先祖都无一例外地通过自己顽强的生存方式，在历史上留下了一笔，于是才有家族的代代传承。那么，祖先与后代在时间的夹缝中相遇的仅仅只有血脉吗？那些我们从未谋面的先人，他们遗留下来、流淌在我们身上的，除了血脉，还有一代代人秉承的为人处世的信念和方向。作为一个家族的成员，追述家族历史，传承优良家风，有助于了解在自己之前，一代又一代的祖辈先人如何生活，家族如何在风云流转变幻、时代社会变迁中纵贯数代而一脉相承。知道了这些，便找到了自己的根基，知道自己从何处来，便不再感觉自己是飘荡在宇宙中的孤零零的个体，而是千百年来血液和精神力量融合汇聚在一起的集合。因此，我们每一个人，不仅仅是独立的个体，同时也是家族的一分子，是奔流不息的家族生命之流和生活巨流的一部分。如果把家族比喻成一棵大树，我们每个人的生命都是家族之树的一部分或一个分枝，长在树身上，帮助整棵树的生长和赓续。林语堂说："我们必须把人类的生命视为一种生长或赓续，每个人在家族历史里扮演着一个角色，对整个家族履行其责任，使他自己和家庭获得耻辱或光荣。"述家史传家风能让我们深刻意识到自己肩负着的家族使命和希望，历史的厚重感、时间的感染力把我们每一个人都变得如此有张力，生命再也不是以我们个体的生命为终始，我们由历史延续而来，我们现在经历的也终将成为历史。这样一种人生观会使人对世间的事物抱着远见，因此不会去随随便便地安排自己的生活和人生，而是会严肃认真地思考自己今时今日当如何自处，进而努力地去过不使祖宗羞辱的生活，做不损祖辈父辈颜面的儿孙。

**（二）培养家族归属感，塑造美好品质**

"相比于人的行为和外在成就，精神、价值和信仰才更接近一个人真正的定义和内涵，在家庭故事里，听众可以找到'他是谁'这个问题的答案。"① 家庭是一个人自我定义和自我认知中不可或缺的组成部分，对家族历史和家族精神的继承，对人有更恒久的塑造和影响，从而将他与其他人区分开来。述家史传家风让我们了解自己的祖先，从而获得对祖先的认同，而只有认同了自己的祖先，才能真正认同自己，并对自己的未来有更准确地把握。美国心理学家马绍尔·杜克和他的同事罗宾·菲伍什一起研发了一个测试系统，并以此对 48 个家庭进行了心理测试，得出一个结论：孩子们对于家族历史知道得越多，他们就越有控制自己人生的意识，自尊心就越强，适应能力也更

① 黄斯涅：《家史对孩子的价值》，《少年儿童研究》2017 年第 4 期。

强，面对挫折和困难时也表现得更好。因为熟知家族历史故事的孩子，有家族归属感，他们具备“代际自我”，知道自己属于比自我更大的事物，因此拥有一份对生活的谦卑和敬畏。而人类的许多美好品质和潜力，如尊重和礼貌、好奇心和探索精神、艺术灵感和创造力等，在很大程度上都源于谦卑和敬畏。

**（三）为社会和谐发展提供正能量**

“天下之本在国，国之本在家，家之本在身。”一个家族的历史，不仅仅是这个家族存在的标签，同时也是民族历史的细节，是一个时代的写照，我们在一段家族历史中，可以窥见一个民族一个时代的动荡起伏，它记录了一个民族一代人的生存处境；而社会时代的动荡，会对每个家族的历史和风气产生深刻的影响。如李光地撰写《本族公约》和《诫子孙》，是因痛心于“子弟辈习气甚庞，匪类窜籍者亦多”“自家子弟及乡党间习染深重”。他在分析造成子弟族人作风败坏的原因时，指出“原此等恶习之所自来，盖因先年闽乱，山海猖獗，奸民倚盗贼之势而作威”“乡俗自当年寇乱以来，习染最深”。社会环境和风气对普通个体造成的影响由此可见一斑。但李光地在正家族之风时，却以父辈们在“家遭大难”“继以寇乱”和“闽乱大作”的环境中不坠家风的历史来告诫子孙，社会环境的影响不能成为作风败坏的理由。祖辈们在动荡不安的时代皆能克绍家风，以“孝友勤劳”兴家立业，族人子弟身处富贵安逸之境，不知“荣华枯陨，曾不须臾”，一味“贵强桀大倨侮侵凌之状，渐习骄惰”，家族将来也“必以乖睽放纵而败”。并以形象的比喻“譬之花木，不冲寒犯之，则其根可护。譬之炉焰，不当风扬之，则火可宿。收敛约束，和顺谦卑，所以护其根而宿其焰也”，告诫子孙谨慎谦逊、切忌张扬才是为人处世的道理，不忘祖训、家风克嗣才是家族兴旺的保证。

习近平总书记指出，“不论时代发生多大变化，不论生活格局发生多大变化，我们都要重视家庭建设，注重家庭、注重家教、注重家风……使千千万万个家庭成为国家发展、民族进步、社会和谐的重要基点。”述家史传家风，从小处而言有利于将一个家庭或一个家族优秀健康的文化基因一代代不间断地传递延续下去，成为家族成员之间的精神纽带，并对其性格乃至命运产生积极的影响和塑造，从而使整个家族拥有在历史洪流的载沉载浮中代代无穷、生生不息的能力。从大处而言，就是将千千万万“家和”的精神力量汇聚起来，为国家发展、民族进步、社会和谐提供源源不断的正能量。

# 论李光地《朱子礼纂》的编撰思想*

王志阳

李光地（1642—1718），字晋卿，福建安溪人，清康熙九年（1670）进士，经历平三藩、收复台湾，官至直隶巡抚、文渊阁大学士，为康熙朝汉族著名儒臣，在经学、理学方面均有重要贡献。在礼学方面，学术界主要以《榕村语录》《榕村文集》等文献考察李光地的礼学思想，如姚艳霞、章启辉《论李光地的礼学思想》[②] 即是如此。目前仅见我国台湾高雄师范大学郑伊珊《李光地〈朱子礼纂〉述要与对闽台文化之影响》[③] 涉及了李光地的礼学专著。但是郑伊珊此文混淆了《朱子礼纂》中的朱子的礼学文献内容与李光地按语内容，如《朱子礼纂》第一篇文献被其认定为李光地的作品，且下结论："李光地先叙礼学之历史演变，中叙本书之书写原因及原则，最后说明书写方式。"但是考之《朱子礼纂》，李光地明确在此内容之下自注"《文集·乞修三礼札子》"[④]，可见此篇源自《晦庵先生朱文公文集·乞修三礼札子》。正因如此，本文拟以《朱子礼纂》为依据，考察李光地的编撰此书的体例与编撰思

---

* 本文系武夷学院引进人才科研启动经费项目"《仪礼经传通解》与朱子学派礼学思想衍变过程及其影响研究"（YJ201707）的阶段性成果。

② 姚艳霞、章启辉：《论李光地的礼学思想》，《湖南大学学报（社会科学版）》2011年第3期。

③ 郑伊珊：《李光地〈朱子礼纂〉述要与对闽台文化之影响》，福建省炎黄文化研究会、龙岩市新罗区政府、台湾中华闽南文化研究会、龙岩市闽南文化研究会编《闽南文化新探——第六届海峡两岸闽南文化研讨会论文集》，鹭江出版社，2012年，第348—352页。

④ 〔清〕李光地：《朱子礼纂》卷一，清刻榕村全书本。

想，以就正于方家。

## 一、严谨的文献思想：《朱子礼纂》的编撰体例

关于《朱子礼纂》的编撰体例，四库馆臣说："是书于朱子《仪礼经传通解》及《家礼》二书外，凡说礼之条，散见于《文集》《语类》者，分类纂集，分为五目：曰总论，曰冠昏，曰丧，曰祭，曰杂仪。条分缕析，具有统贯。"[①] 四库馆臣所强调的内容有二：一是搜集材料之全；二是对礼学材料归类清晰。但是四库馆臣尚未考察《朱子礼纂》对各条礼学文献材料的遴选与排序、五目设置与分类排序问题，故本部分拟先重点考察《朱子礼纂》的具体编撰体例。

第一，在各条文献之末注明来源，确保文献之可靠性及来源之可溯性。《朱子礼纂》属朱子礼学资料汇编作品，其资料的真实性直接决定其文献价值，故李光地慎重对待每条朱子礼学文献资料，其处理方法就是在每条引录文献之下逐一标注其具体文献出处，如《朱子礼纂》卷一《总论》收录 31 条内容，李光地逐条标注原始文献出处，其中第一条来源于"《文集·乞修三礼札子》"，第二条来源于"《文集·讲〈礼记〉序说》"[②]，第三条来源于"《语类》程端蒙录"[③]。其余文献均采用相同体例。这样的编撰体例具有两方面优点。

一是确保每条文献都出自朱子本人作品，避免存有争议的朱子文献被纳入作品中，提升《朱子礼纂》资料的权威性。如李光地仅选择《晦庵先生朱文公文集》和《朱子语类》的内容，并标注以书名和篇名或者书名和记录者的形式于文献之末。这避免了在学术史上著作权存有争议的《家礼》等内容被纳入《朱子礼纂》当中。

二是有助于学者循线索查找原始文献，为深入学习朱子礼学思想提供帮

---

① 〔清〕永瑢等：《四库全书总目》，中华书局，1965 年，第 181 页。

② 〔清〕李光地：《朱子礼纂》卷一，清刻榕村全书本。

③ 〔清〕李光地：《朱子礼纂》卷一，清刻榕村全书本。

助，强化《朱子礼纂》的指引功能。如《总论》第31条内容选自《晦庵先生朱文公文集》卷六十九《民臣礼议》，虽然保留了朱子《民臣礼议》的正文，但为了统一编撰体例，李光地删除了“民臣礼议同安作”之“同安作”，但在文末标注“《文集·民臣礼议》”[①] 则已能指明此文献之原始出处。使用者在查找朱子原著时也能够获悉原标题“同安作”三字，有助于学者确定朱子青年时间的礼学思想，进而帮助学者考察朱子一生礼学思想的转变过程。

第二，以文献重要性为材料编列依据，力求呈现朱子礼学思想体系。《朱子礼纂》虽属资料汇编，但是李光地根据朱子礼学文献各条内容的思想进行重新排序，力求建构朱子礼学思想的完整体系。

《总论》第一条内容源自《文集·乞修三礼札子》，被李光地放置于全书首要位置，这是源于其呈现了朱子礼学思想的整体面貌。《乞修三礼札子》概述了朱子的礼学发展演变史、三礼关系及《仪礼经传通解》的编撰体例，具有纲领性作用。其在朱子礼学思想体系中的重要性，亦可见于朱在编《仪礼经传通解》之时置于卷首前的记文：

> 顾念先君蚤岁即尝有志于是书，昨在经筵尝具奏，欲请于朝，乞招致生徒，置局编次而不果上，然其著述之旨意具存此篇。今谨缮录如右，读者当有以识其心之所存矣。[②]

由此可知，《乞修三礼札子》不仅回顾了礼学史，还保存了朱子礼学观念、文献思想等内容，这意味着《乞修三礼札子》在朱子礼学思想体系中具有提纲挈领的地位。因此，李光地将其置于《朱子礼纂》的第一条位置，有助于学者整体把握朱子礼学思想的情况。

至于其余内容，李光地则是从阐述《乞修三礼札子》的角度来安排具体

---

① 〔清〕李光地：《朱子礼纂》卷一，清刻榕村全书本。

② 〔宋〕朱熹：《仪礼经传通解》，朱杰人、严佐之、刘永翔主编《朱子全书》第2册，上海古籍出版社、安徽教育出版社，2002年，第26页。

内容，如《总论》最后一条文献出自《民臣礼议》，重在说明礼“欲其行于下者难也”[①] 的五大原因，其最重要的原因在于士庶百姓疏于掌握礼学文献，即“盖今上下所共承用者，政和五礼也。其书虽尝班布，然与律令同藏于理官。吏之从事于法理之间者，多一切俗吏，不足以知其说。长民者又不能以时布宣，使通于下，甚者至或并其书而亡之。此礼之所以不合者一也”[②]。其余内容均是对此条内容的说明而已。由此可知，只有从礼学文献的普及入手，方能从根源上解决《乞修三礼札子》的实现途径问题，即“可以兴起废坠，垂之永久，使士知实学，异时可为圣朝制作之助，则斯文幸甚，天下幸甚”[③]。故第一条文献与最后一条文献形成了前后照应的完整礼学体系。

第三，根据内容归类，有助于学者查阅各类礼仪文献。除《总论》之外，《朱子礼纂》将各礼仪内容分为四大类，即卷二《冠昏》、卷三《丧》、卷四《祭》、卷五《杂仪》，李光地从礼仪的重要性与完整性两方面来对上述礼仪内容进行排序，具体如下。

在重要性方面，冠昏丧祭四大礼仪的排序源于《礼记·王制》孔颖达疏解“司徒修六礼以节民性”所说：“六礼，谓冠一，昏二，丧三，祭四，乡五，相见六。”[④] 则四礼属于六礼的前四条内容，当属礼仪的最重要内容。只因朱子论述冠礼、婚礼的内容主要保存于《家礼》《仪礼经传通解》当中，《文集》《语类》所涉内容较少，故李光地将冠昏二礼合并为一卷。李光地依据冠、昏、丧、祭四大礼的传统顺序来排序，这是遵循传统经学的顺序，有助于《朱子礼纂》的学习者查阅相关内容。

在完整性方面，李光地在收录四大礼的内容之外，也兼顾其余礼学内容，

---

① 〔宋〕朱熹：《晦庵先生朱文公文集》卷六十九《民臣礼议》，朱杰人、严佐之、刘永翔主编《朱子全书》第23册，上海古籍出版社、安徽教育出版社，2002年，第3352页。

② 〔宋〕朱熹：《晦庵先生朱文公文集》卷六十九《民臣礼议》，朱杰人、严佐之、刘永翔主编《朱子全书》第23册，上海古籍出版社、安徽教育出版社，2002年，第3352页。

③ 〔宋〕朱熹：《晦庵先生朱文公文集》卷十四《乞修三礼札子》，朱杰人、严佐之、刘永翔主编《朱子全书》第20册，上海古籍出版社、安徽教育出版社，2002年，第688页。

④ 〔清〕阮元校刻：《十三经注疏》，中华书局，1980年，第1342页。

如乡饮酒礼、乡射礼等乡礼及士相见礼等，但因其重要性远低于前四礼，故李光地将它们归入《杂仪》，其作用体现于两方面。

一是补充四大礼所缺内容。四大礼仪是礼学的主要内容，但并未囊括礼学的所有内容，故通过《杂仪》部分囊括四大礼之外的其余内容，能够使《朱子礼纂》具有容纳全部礼仪内容的完整性。如相见礼，《朱子礼纂》收录“初见君”的礼仪，“摰是初见君时，用以献君，二生一死，皆是抱羔、雁、雉真物以献……”[①] 记载了臣初见君所执摰的具体礼品情况，还包括臣见君所用笏与衣服等礼仪内容，如“如今笏却是古人记事手板，插之带间。今人笏，却是用行礼记事，但其私记也。今之公服，皆古之戎服……”[②] 这些内容虽不属于传统四大礼的内容，但是这些礼仪内容是朱子礼学思想的有机组成部分，有助于完整呈现朱子礼学的内容。

二是有助于呈现朱子礼学的完整面貌。《杂仪》收录了各类礼仪制度内容，如第一条文献源自“《文集·天子之礼》”[③]，涉及天子住处的六寝六宫、三朝五门等制度及各类官制内容，显然无法纳入前述《礼记·王制》六礼之内，但却是朱子礼学史的重要组成。故将其收入《朱子礼纂》，有助于呈现朱子礼学的全貌，也有助于为学者提供朱子礼学思想的完整面貌。

## 二、实用性与权威性：《朱子礼纂》取舍礼学材料的标准

关于《朱子礼纂》对编撰材料的取舍标准，四库馆臣说：“虽采辑不无遗阙，若《文集》有《答潘恭叔书》论编《仪礼》《礼记章句》，《答王子合书》论居丧家祭，又有《周礼三德说》《〈乐记〉动静说》《书程子禘说后》等篇。此书皆不见录。又《与吴晦叔书》论‘太庙当南向，太祖当东向’，虽与此书所录《答王子合书》大义相似，然《答晦叔书》更为详尽。今乃删而存略。又《集》载《鄂州社坛记》前列罗鄂州所定坛壝制度，及社稷向位，朱子必

① 〔清〕李光地：《朱子礼纂》卷五，清刻榕村全书本。
② 〔清〕李光地：《朱子礼纂》卷五，清刻榕村全书本。
③ 〔清〕李光地：《朱子礼纂》卷五，清刻榕村全书本。

以其深合典礼，故详述之，以补礼文之阙。而此书乃尽删前篇，但存某案以下云云。亦失朱子备载之意。”① 四库馆臣认为《朱子礼纂》存有两方面问题：一是遗漏《文集》中的部分篇目内容，二是存有取简而删繁的情况。从单纯的文献编撰角度而言，四库馆臣是对的，但是李光地将其书命名为《朱子礼纂》，已含有遴选材料并重新编纂的体例之义，四库馆臣以纯粹的朱子礼学全集的文献视角来批评《朱子礼纂》，显然是未明李光地兼顾实用性与权威性的编纂思想而得出的片面结论，故笔者认为《朱子礼纂》是以实用性和权威性为标准取舍具体材料，兹述如下。

一方面，李光地注重学习者使用《朱子礼纂》的方便性。《朱子礼纂》分为总论、冠昏、丧、祭、杂仪五大部分，虽有助于学者较系统地学习朱子礼学思想，但因礼学的复杂性，即使博学如朱子，也无法完全掌握所有礼仪内容，正如朱子所说：

> 在讲筵时，论嫡孙承重之服，当时不曾带得文字行。旋借得《仪礼》看，又不能得分晓，不免以礼律为证。后来归家检注疏看，分明说“嗣君有废疾不任国事者，嫡孙承重”。当时若写此文字出去，谁人敢争，此亦讲学不熟之咎。②

上述内容是朱子对宁宗是否为孝宗承重之争事件思考内容，只是属于讲学过程的回忆内容，不够完整。查考《晦庵先生朱文公文集》，《乞讨论丧服札子》《书奏稿后》两篇文献不仅记录了上述观念的背景，还详细叙述了事件的来龙去脉，故李光地舍弃上引《朱子语类》的内容，反而选择收录《乞讨论丧服札子》《书奏稿后》的内容。这不仅避免内容方面的简单重复，还能帮助学习者掌握朱子礼学思想发展变化过程的具体背景。正因《乞讨论丧服札子》《书

---

① 〔清〕永瑢等：《四库全书总目》，中华书局，1965 年，第 181 页。

② 〔宋〕黎靖德编：《朱子语类》，朱杰人、严佐之、刘永翔主编《朱子全书》第 17 册，上海古籍出版社、安徽教育出版社，2002 年，第 3489 页。

奏稿后》两篇文献已经完整呈现了事件的来龙去脉，故李光地不仅省略了上引文献，还省略了《朱子语类》之中相关文献内容，如《朱子语类》卷八十五“孙为人君，为祖承重。顷在朝，检此条不见。后归家检《仪礼疏》，说得甚详，正与今日事一般。乃知书多看不办。”① 这不仅保证了《朱子礼纂》的完整性，还避免了简单重复，便于学者掌握其内容。

与此相同，前述四库馆臣批评《朱子礼纂》收录较简略的《答王子合书》，不收录叙述更详尽的《与吴晦叔书》“论太庙当南向，太祖当东向”，亦属四库馆臣之误，补证如下。

《答王子合书》出自《晦庵先生朱文公文集》卷四十九《答王子合》（前书所论实地工夫者），不过李光地删减原文的大部分内容，仅保留“宗庙南向，堂室皆南向”至结尾的内容。但是四库馆臣认为《与吴晦叔书》“论太庙当南向，太祖当东向”的内容较上述节录于《答王子合》（前书所论实地工夫者）的内容更详尽，显属以简单的篇幅大小来臆测内容多寡的情况。其要有二。一是《与吴晦叔书》“论太庙当南向，太祖当东向”，篇幅虽大，但大部分篇幅属于朱子引证各家观点以辨析礼学正误的内容，如引用《祭仪》《仪礼·特牲》《仪礼少牢·馈食礼》《通典·开元礼·释奠仪》及《二程语录》等内容，仅有篇中很少内容属于朱子的庙制思想，即“凡庙皆南向，而主皆东向，惟祫祭之时，群庙之主皆升，合食于太祖之时，则太祖之主仍旧东向，而群昭南向，群穆北向，列于太祖之前。此前代礼官所谓太祖正东向之位者，为祫祭时言也。非祫时，则群庙之主在其庙中无不东向矣，庙则初不东向也”②。从整篇文献的占比篇幅来看，此处朱子观点在整篇文献内容中占比不足20%，而《答王子合书》（前书所论实地工夫者）则占到30%的篇幅；以具体文字数量而言，前述《与吴晦叔书》属于朱子观点的内容仅有97个汉

① 〔宋〕黎靖德编：《朱子语类》，朱杰人、严佐之、刘永翔主编《朱子全书》第17册，上海古籍出版社、安徽教育出版社，2002年，第2906页。

② 〔宋〕朱熹：《晦庵先生朱文公文集》卷四十二《与吴晦叔》，朱杰人、严佐之、刘永翔主编《朱子全书》第22册，上海古籍出版社、安徽教育出版社，2002年，第1906页。

字，《答王子合书》（前书所论实地工夫者）属于朱子礼学观点的则分为两种：一是朱子的正文有 281 个汉字，二是起到注解作用有 19 个汉字，两者总计 300 个汉字。那么以四库馆臣所谓内容详细程度而言，属于朱子礼学观点的两篇文献不论是以篇幅，还是具体文字量来看，《答王子合》（前书所论实地工夫者）的价值远高于前述《与吴晦叔书》。二是上述《与吴晦叔书》朱子庙制思想内容与《朱子礼纂》引录《答王子合书》（前书所论实地工夫者）内容相较，不仅未见详尽之处，反而因其文献引用了其他学者的各类观点，不适合为初学者服务的《朱子礼纂》的体例，还会增加学习朱子礼学思想的难度。

另一方面，李光地高度重视朱子礼学材料的权威性，避免混入其他材料之余，更有助于学者系统学习、使用朱子礼学材料。前述四库馆臣批评李光地删除朱子《鄂州社坛记》所引述坛壝制度，其所持理由是朱子《鄂州社坛记》详述罗愿在鄂州所定坛遗制度及社稷方位，代表朱子赞同罗愿所定制度内容，有补于朱子礼学文献。只是四库馆臣仅知朱子详述罗愿所定制度内容，却未深入考察朱子对罗愿所定内容的态度，兹述如下。

一是朱子对罗愿等人所建社稷坛持赞赏态度，重在阐发以儒家礼仪来祭祀的意义。考之《晦庵先生朱文公文集》卷七十九《鄂州社稷坛记》，李光地全部删除朱子所引述的罗愿来信内容，还删除了其社交性文字。这是缘于上述内容不能代表朱子礼学思想，因为朱子赞赏罗愿等人坚持以儒家之礼行祭祀之礼的精神，主要立足于社会废弃儒家礼仪来施行祭祀之礼的现状，正如朱子所说："顾今之为吏者，所知不过簿书期会之间，否则觞豆舞歌，相与放焉而不知反。其所敬畏崇饰而神事之者，非老子、释氏之祠，则妖妄淫昏之鬼而已。"[①] 正是以鼓励施行儒家礼仪而写此篇文献，故朱子重在表彰罗愿等人推行儒家礼仪精神，且朱子在引述罗愿来信内容所述坛壝制度和社稷方向等具体礼学内容之后，未有任何针对其具体礼学制度的肯定之语，亦可见朱

---

① 〔宋〕朱熹：《晦庵先生朱文公文集》卷七十九《鄂州社稷坛记》，朱杰人、严佐之、刘永翔主编《朱子全书》第 24 册，上海古籍出版社、安徽教育出版社，2002 年，第 3771 页。

子并未完全肯定罗愿的具体礼学思想内容。

二是朱子对鄂州社稷坛祭祀风雨之神、雷神等内容持保留态度。朱子说：

> 熹按社实山林川泽、丘陵坟衍、原隰五土之祇，而后土勾龙氏其配也。……是皆著于《周礼》，领于大宗伯之官。唯社稷自天子之都至于国里通得祭，而风雨之神，则自唐以来诸郡始得祀焉。至于雷神，则又唐制所与雨师同坛共牲而祀者也。国朝礼文大抵多袭唐故，故今郡国祀典，自先圣先师之外，唯是五者……①

朱子先说明《周礼》的礼仪制度，再述及现实礼制中违背古礼的情况，只因其属于国家所定礼仪，无法直言批评，故以曲折之语说明鄂州社稷坛采用唐代礼制之误。虽然未见直接批评之语，但是朱子从《礼经》说起，再与现实礼仪实践相比较，则现实礼制之非不言自明。由此可见，朱子对鄂州社稷坛所祭祀的对象是不认可的。只是到南宋时期，能够按照唐代礼典来施行儒家礼仪制度的人也已经很少了，故朱子立足于礼仪的施行现状来推崇罗愿的重礼精神，大力阐述其意义与价值，而不评价其具体礼仪内容。

正是基于上述情形，朱子引述罗愿信函及写作此文的缘由，都与朱子礼学思想没有直接关系，故李光地舍弃其内容，避免后世学者如四库馆臣误解朱子赞同罗愿的礼学观点，避免造成不必要的思想混乱，从而有助于学者简明扼要地掌握朱子礼学思想。

## 三、遵照礼仪施行原则：《朱子礼纂》编列材料的原则

《朱子礼纂》历来被治礼者所忽略，原因在于《朱子礼纂》的各类资料均摘录于《晦庵先生朱文公文集》《朱子语类》，且没有编撰者李光地的任何按语，呈现朱子礼学文献汇纂的面貌。但是《四库全书总目》在考察《朱子礼

① 〔宋〕朱熹：《晦庵先生朱文公文集》卷七十九《鄂州社稷坛记》，朱杰人、严佐之、刘永翔主编《朱子全书》第24册，上海古籍出版社、安徽教育出版社，2002年，第3771页。

纂》之后，充分肯定其贡献，如言“朱子说礼之言，参差散见，猝不能得其端绪。光地类聚而区分之，使秩然有理，于学礼者亦为有功矣”①。只是限于总目提要的体例，四库馆臣仅一语带过《朱子礼纂》编撰体例的优点，尚未就《朱子礼纂》如何做到“类聚而区分之，使秩然有理”的内在原因展开说明，笔者拟从《朱子礼纂》的具体编撰情况考察其前述效果的成因。兹述如下。

一方面，以礼仪的具体功能作为各类礼学材料的分类依据，兼顾实用性与礼学史意义。由前述可知，《朱子礼纂》的前四卷以传统四大礼仪的顺序来编撰，分类明确，无可议之处，其复杂之处当在第五卷《杂仪》的部分，如第七条文献出自《朱子语类》卷八十七林夔孙所录内容：

> “幼名，冠字，五十以伯仲，死谥，周道也。”所谓“以伯仲”者，盖古者初冠而字，便有“伯某父”“仲某父”三字了。及到得五十，即除了下面两字，犹今人不敢斥尊者呼为几丈之类。今日偶看《仪礼疏》中却云，既冠之时，即是权以此三字加之，实未尝称也，到五十方才称此三字。某初疑其不然，却去取《礼记》看，见其《疏》中正是如前说。盖当时《疏》是两人做，孔颖达、贾公彦。故不相照管。②

此条内容是朱子针对冠礼中的表字环节而发表的内容，被黎靖德编入《朱子语类·礼四·小戴礼·檀弓上》，当是其针对《小戴礼记·檀弓上》的礼仪内容的看法。但是表字环节本是冠礼的有机组成部分，如《仪礼·士冠礼》所载“冠者立于西阶，东南面，宾字之，冠者对”③。其描述的内容正是表字环节，故朱子《仪礼经传通解》对上述内容冠以标题“字冠者”④，这亦可证实

① 〔清〕永瑢等：《四库全书总目》，中华书局，1965 年，第 181 页。

② 〔宋〕黎靖德编：《朱子语类》，朱杰人、严佐之、刘永翔主编《朱子全书》第 17 册，上海古籍出版社、安徽教育出版社，2002 年，第 2949—2950 页。

③ 〔清〕阮元校刻：《十三经注疏》，中华书局，1980 年，第 953 页。

④ 〔宋〕朱熹：《仪礼经传通解》，朱杰人、严佐之、刘永翔主编《朱子全书》第 2 册，上海古籍出版社、安徽教育出版社，2002 年，第 61 页。

表字是士冠礼的一部分内容。由此可见，不管是《仪礼》的作者、《仪礼》《礼记》的注疏者或者朱子，均认为表字是冠礼的必需环节。又据《榕村续语录》载："《仪礼》中惟有士大夫之礼，天子诸侯惟觐礼、聘礼，至于天子诸侯之冠昏、丧祭，总不存矣。"① 则李光地也清楚前述表字环节属于冠礼的内容，只是他仍旧将上引内容放置于《杂仪》当中，而非《冠昏》部分，这主要是因为上引内容重在讨论冠礼的表字环节的细节问题，意在为冠礼的表字环节提供现实可行的使用说明原则，显然属于现实施行礼仪的权衡环节，且对贾公彦《仪礼疏》与孔颖达《礼记疏》关于同一问题的不同意见作出最后的判定。但是《朱子礼纂》卷二《冠昏》已详载冠礼表字的通行情况，属于礼学史中公认无争议的内容，显然是礼经的内容，那么上引内容显然与《冠昏》的礼仪内容存在权与经的差异情形。若是放在一起，则会影响《冠昏》部分的权威性，甚至干扰学者对《朱子礼纂》所录朱子礼学观点的理解，从而影响《朱子礼纂》普及朱子礼学思想的客观效果。

与前述相似，李光地也将礼制演变史放置于《杂仪》当中。第八条收录《朱子语类》卷九十一辅广所录内容：

> 问："左右毕竟孰谓尊?"曰："汉初右丞相居左丞相之上，史中有言曰：'朝廷无出其右者'，则是右为尊也。到后来，又却以左为尊。而《老子》有曰'上将军处右'，而'偏将军处左'。丧事尚右；兵，凶器也，故以丧礼处之。如此，则吉事尚左矣。汉初岂习于战国与暴秦之所为乎!"②

以朱子时代而言，吉事以左为尊，丧事以右为尊。从上述内容可知，朱子与

① 〔清〕李光地：《榕村续语录·三礼》，《榕村语录　榕村续语录》下册，陈祖武点校，中华书局，1995年，第613页。

② 〔宋〕黎靖德编：《朱子语类》，朱杰人、严佐之、刘永翔主编《朱子全书》第17册，上海古籍出版社、安徽教育出版社，2002年，第3075—3076页。

学生讨论左右何者为尊的问题时，已然涉及先秦两汉之朝廷制度、军礼、丧礼等礼制问题。更重要的是朱子还梳理了左右位置尊卑变化的历史，如先秦时期，军礼和丧礼都是以右为尊，吉事以左为尊；到汉初则是吉事以右为尊，凶事以左为尊；到后来，又转变为吉事以左为尊，凶事以右为尊。这显然是属于礼制史中的施礼位置变化问题，而非具体的礼仪问题或者礼学施行的基本原则问题。故上引文献内容，其所涵盖的礼学内容，既不被放置于卷一《总论》之中，也不放置于卷二、三、四的《冠昏》《丧》《祭》之中，而归入卷五《杂仪》当中，这既能涵盖其涉及的具体礼制内容，还能够对前述分属于吉事之礼或凶事之礼起到补充说明的作用，更符合朱子礼学实用性特征与礼学史的基本情况。

另一方面，遵照礼仪施行程序，编列各条文献，便于学者的学习和具体实践。在遴选归类朱子礼学文献之外，李光地还极其讲究同类礼仪文献的排序问题。《朱子礼纂》卷二至卷四依次是《冠昏》《丧》《祭》四礼内容，但李光地不仅将同类礼学内容归入各自部分，还依据各礼仪施行程序编列各条文献，力求通过有序的礼学文献提升学者学习朱子礼学的效率。

以各大类礼仪而言，李光地依据人生礼仪实践一般过程将《冠昏》《丧》《祭》四礼依次排列于第二卷、第三卷、第四卷。这是遵照普通人的自然成长过程来编列礼仪，正如《礼记·昏义》说："夫礼，始于冠，本于昏，重于丧祭，尊于朝聘，和于射乡，此礼之大体也。"① 孔颖达疏曰："此经因昏礼为诸礼之本，遂广明礼之始终。始则在于冠昏，终则重于丧祭，其间有朝聘、乡射，是礼之大体之事也。"② 由此可知，标志一个人正式成年的冠礼当属最早，再以婚配实现家族繁衍目标，必然伴随世代更替的丧事之礼与慎终追远的祭祀之礼，只有朝聘礼、乡射礼等属于国家、社会的礼仪制度，并非每个百姓日常生活之事，故被归入《杂仪》之中。正是遵照人生的一般进程，并结合礼仪与个体关系的密切程度，李光地将冠、昏、丧、祭四礼依次排序，再将

---

① 〔清〕阮元校刻：《十三经注疏》，中华书局，1980 年，第 1681 页。

② 〔清〕阮元校刻：《十三经注疏》，中华书局，1980 年，第 1681 页。

其余各类礼仪放置在属于补充说明的《杂仪》之内，这不仅让学习者能够依据系统学习朱子礼学，亦有助于遵照自身生命进程来实践朱子礼学内容。

以具体礼仪而言，李光地依据各礼的施行程序与重要性编列各条具体文献。在《冠昏》中，冠礼从第一至第二条，婚礼从第四至第八条，第三条前半部分涉及冠礼，后半部分涉及婚礼，故冠礼有两条半的内容，婚礼则有五条半内容。其中《冠昏》第一条内容出自《朱子语类》卷八十九潘时举所录的内容，其核心内容在于规范冠礼施行过程中的语言，即“只以今之俗语告之，使之易晓乃佳”[①]。这是属于规范冠礼的语言原则，贯穿于冠礼的所有环节，覆盖范围最广，故放置于第一位。在确定行礼语言规范之后，李光地将冠礼的始加、再加、三加的内容排列在第二位，因为这些内容属于冠礼的核心环节。确定了语言和核心环节之后，李光地将朱子冠礼易行的观点放置于第三条，且引出婚礼涉及两家之事及婚礼行礼原则的内容，为后续的婚礼起到了承上启下的作用。这不仅使《朱子礼纂》呈现有机的整体结构，避免了朱子礼学原始材料散落于《朱子文集》《朱子语类》等文献的零散情况，有助于初学者依据朱子礼学内容掌握行礼的一般程序情况。至于婚、丧、祭三礼的排列顺序也与冠礼基本相同，在此不再赘述。

由此可见，李光地以施礼过程为依据编列朱子礼学内容，有助于学习者掌握朱子礼学文献，还方便学习者将《朱子礼纂》运用于现实的礼学实践。

综上所述，《朱子礼纂》虽未有一字按语阐述李光地的礼学思想，但是通过遴选、删减、编列朱子礼学文献资料，呈现了李光地兼顾保存文献与指导现实礼学实践的礼学典籍编撰思想。

---

① 〔宋〕黎靖德编：《朱子语类》，朱杰人、严佐之、刘永翔主编《朱子全书》第17册，上海古籍出版社、安徽教育出版社，2002年，第2999页。

# 邵懿辰《礼经通论》浅探

吴瑞荻

邵懿辰（1810—1861），字映垣，号蕙西，又号位西，浙江仁和（治所在今浙江省杭州市）人，清代晚期文学家、经学家和藏书家。从政十二年，历仕道光、咸丰两朝，官至刑部员外郎。咸丰十一年（1861），太平军攻陷杭州，邵懿辰殉难，其手稿大部分亡佚，传世著作有十种，多数为残稿，共计三十六卷。邵懿辰学术尊崇朱子，曾细读《四书章句集注》并写成笔记《忱行录》一卷，主要发明朱子《大学》大义。但他的《礼经通论》《四库简明目录标注》两书较为世人所知。

《礼经通论》今存一卷，写于咸丰十一年，稿本存于其友高均儒处。难后，高均儒以此稿示丁晏，丁晏遂为之校改订讹，然后请吴棠刻入望三益斋丛书。丁晏为其作序说："吾友高君伯平，与位西至交，藏有《通论》上卷，钞以示余。其下卷毁于浙烽，此幸而存者，重可宝也。"又李慈铭在《越缦堂读书记》中说："《礼经通论》共上下卷三十篇……仅刻其上卷。"可知原稿应该有两卷，共三十篇，但是下卷在杭城之难中亡佚了，因此最终只刊刻了上卷。其后，此书由南菁书院刻入《皇清经解续编》，蜚英馆又将《皇清经解续编》石印成缩本。民国时，邵章又以望三益斋本为底本，重刻入《半岩庐所著书》。然而，正是这本从思考到写作不足一年、尚未完成、思想最为激烈的《礼经通论》，这本体量甚小而又残缺不全的著作，在清末的思想界中真正激起了浪花，这是清代学术史上一个有意思的现象。

关于邵氏《礼经通论》的主要内容，因其书易得，且已有王汎森与叶国良两位先生的研究论文，本文便不再涉及。在讨论《礼经通论》的历史影响之前，须概述此书的创新之处，并考察时人对它的评价。以下择要说明此书三个主要的创新观点。

## 一、《礼经通论》之创新处

《礼经通论》是邵氏的绝笔之作。王汎森在撰写关于此书思想的时候，起初用了“邵懿辰与清末思想的激烈化”这样一个题目。“激烈化”一词，是针对考据之反动而言的。可以说此书也是邵氏自身思想的激烈化，至此，他从“以宋兼汉”的具有自主意识的立场逐步走向西汉今文经学的无意识之极端。

《礼运》篇中说：

> 孔子曰：“夫礼，先王以承天之道，以治人之情。故失之者死，得之者生。……是故夫礼，必本于天，殽于地，列于鬼神，达于丧祭、射御、冠昏、朝聘。故圣人以礼示之，故天下国家可得而正也。”

“礼”在于人事层面，具体表现为“丧、祭、射、御、冠、昏、朝、聘”。在这里，孔子下了一个大论断：“圣人以礼示之，故天下国家可得而正也。”此八者几乎是国家治理的根本原则。邵氏没有轻易放过这一句，他援引了李光地在《理学四际约言序》中所提出的“四际八编”之说。“四际”者，即夫妇、父子、兄弟、君臣四对伦理关系；“八编”者，即冠、婚、丧、祭、乡、射、朝、聘八种仪节。这个关于礼学的架构，与孔子之言形成了某种巧妙的契合，似乎可以统摄原本看似残阙而无定序的《仪礼》。但问题的关键在于，孔子所提“八者”中有一项与李光地不同，即“御”字与“乡”字有出入。邵懿辰在此处表现出了一种轻率的态度，他在此对《礼运》做了两个调整，一是将“御”改为“乡”，二是根据戴德本之篇次调整了“八编”的次序。他把之所以需要作出这种的原因，归咎于典籍流传当中的错简和讹字。如此，《仪礼》存留的十七篇与经过修改后的八个条目一一对应。由此可见，《礼经通论》的观点是以《礼运》作为基石发展出来的，他把《礼运》一篇单独提出，确认《礼运》中孔子的话语是最直接的圣人本意。这样一来，《仪礼》可以说是孔子精心裁定的一套完整的治国理论了。

他在《论礼十七篇当从大戴之次本无阙佚》一篇中说：

> 懿辰初不习乎《礼经》，偶因读《礼运》识御、射一字之误，因据孔子之言，证以《经解》《盛德》及十七篇之次，有会于“四篇八际”之说，窃自幸天牖其衷，是乃二千年儒先未发之覆也。

从结果上看，便是他从《礼运》中拎出了一个礼学的总纲，这个总纲有“圣人之言”的权威性作保证。这种思维，类似于朱子在《大学》中提出“三纲领”与“八条目”。但是在《礼运》问题上，朱子及其弟子认为不是圣人所作，反是接近老子的思想，进而怀疑此篇并非出自子游之手；邵氏对待《礼运》的态度却已大不同于朱子与先儒。他在《论礼运首段有错简》一节中说：

> 《礼运》一篇，先儒每叹其言之精而不甚表彰者，以不知首章有错简而疑其发端近乎老氏之意也。今以“禹汤文武成王周公由此选也此六君子者未有不谨于礼者也”二十六字移置“不必为己”之下……“天下为公”即后文所谓以“天下为一家，中国为一人”，“不独亲其亲，子其子”谓“老吾老以及人之老，幼吾幼以及人之幼”，“老有所终”以下六句皆人情之所欲，即“人情以为田”，而大同即大顺也。

可见邵氏也意识到了朱子及先儒的态度，但是他认为这是由于《礼运》有错简，才使文义看起来像是道家的理念。于是他将语句次序进行了调整，重新梳理了《礼运》的逻辑，使之符合先秦儒家的观念。邵氏改《礼运》做法与朱子改《大学》所遵循的原则都是义理的贯通，这是邵氏濡染于宋学（改经之风自宋代起）的必然结果。总而言之，这样的“表彰”是邵氏有意之举，第一次将《礼运》提高到了前所未有的重要地位。

其次，邵氏在《礼运》中还找到了一条礼学道统的传承。关于这一点，叶国良先生《驳〈仪礼〉为孔子手定完书说及其延伸之新道统说》一文已有详说，以下简略说明。此说在《论圣门子游传礼》一节中：

> 故曾子、子思，圣学之正传，而子游则礼学之正传也。子夏兼通五经，而子游则礼学之专门也。荀卿以礼法为宗，大小戴多采取，而其言曰“仲尼、子游为兹厚于后世”，以子游、仲尼并称，疑其隆礼之学，自子游而来也。

在传统的儒家道统体系（孔子—曾子—子思）之外，邵氏又提出了一个以子游（言偃）为代表的“礼学之正传”。而荀子“以礼法为宗”，且在礼学上将孔子和子游放在一起表彰，因此也被列于此传统之下，最终构成了“孔子—子游—子游门人—荀子”的传承脉络。这一礼学正传建立的重要前提，即调整了次序以后的《礼运》拥有儒门正典的地位。基于此，邵氏才能理直气壮地说：“子游特受《礼运》精微之说，其徒又为《檀弓》上下篇，记行礼节目甚详。”

其三，同样基于《礼运》权威性，邵氏论证了《仪礼》是孔子手定之完书，并对一系列关于《仪礼》残阙的质疑进行了响应。譬如古文经《逸礼》三十九篇的地位问题，邵氏认为是刘歆从河间献王所辑的《礼》及《礼记》五百篇中剽取作伪而成，而五百篇中真伪杂糅，“就令非伪，亦孔子定十七篇时删弃之余”。尽管邵懿辰之前的某些经学家也质疑《礼》古经的真实性，但高堂生所传《仪礼》十七篇非全书基本上是一个共识。“《仪礼》为孔子手定完书说”这样的结论是武断的，直接颠覆西汉以来学者对《仪礼》的共识和前儒考据的结果，同时将矛头指向刘歆，重申其伪造古文经的说法，彻底否定了《礼》古文经的合法性。这其实是一种对先前的文本上所呈现之历史之真实性的消解，即邵氏在了解前人考证情况的基础上，避开了多数致命的证据，进行历史的重建，使得先前学者们的考据“无的放矢”。这是《礼经通论》最显著的新奇之处，也是此书最重要的观点。

## 二、《礼经通论》之历史评价与意义

上节所述三者，是《礼经通论》中对于清代学术影响最大的观点，关系到清代经今文学的走势。应当说明的是，虽然邵氏的观点从结果上看是基于今文经学的立场，但他自身并没有偏向今文经学的意思。他在撰写《尚书通义》时曾担心“无忌惮之小人，将有偏主今文学而概他经古文为伪者，势不至废经不止”，于是他在《礼经通论》中充满了“疑辞”，如“《仲尼燕居》疑亦子游所记”“疑其（荀子）隆礼之学，自子游而来也”，等等。就此而言，支伟成《清代朴学大师列传》将他列入“常州派今文经学家列传”的做法值得商榷。不过，《礼经通论》被当时的今文学经师们所关注，并援引作为构建自身学术体系的重要部分，则是不争的事实。

皮锡瑞在《经学通论》中特地表彰此书：

> 邵氏此说，犁然有当于人心。以十七篇为孔子所定，足正后世疑《仪礼》为阙略不全之误。……订正《礼运》两处“射御”当为“射乡”，尤为一字千金，真乃二千年儒先所未发之覆。学者治《礼》，当知此义，先于冠、婚、丧、祭、射、乡、朝、聘八者求之。

直接将邵氏所提出的“八目”作为治《礼》的门径。又在《论邵懿辰以逸〈礼〉为伪，与伪古文〈书〉同，十七篇并非残阙不完，能发前人之所未发》一节中说：

> 学者于二十九篇《书》、十七篇《礼》未能发明，而偏好于逸《书》、逸《礼》，拾其残剩，岂可谓知所先务乎？邵氏据诸书所引而斥其不足信，又谓《王居明堂礼》出于伏《传》，比于《武成》出于《世俘》，可

谓卓识。

又赞扬邵氏对于逸《礼》与逸《书》的否定。皮氏在这里说学者偏好“拾其残剩”，可以说是今文学家对于经古文学以及考据学的主要批评之一，也表明了皮氏的治学理念是以阐发传世的《尚书》和《仪礼》文本为先务。邵氏《礼经通论》以《仪礼》十七篇为孔子所定完书，正与皮锡瑞的为学旨趣相契合，皮氏因此感叹“犁然有当于人心”。

廖平《知圣篇》对此书更是极尽褒奖之词，称其为“二千年未有之奇书”：

邵《礼经通论》以经本为全，石破天惊，理至平易，超前绝后，为二千年未有之奇书。……自经残一说盛行，学人平时追憾秦火，视诸经皆为断简残篇，常有意外得观全文之想。其视经已在可增可减、可存可亡之例，一遇疑难，不再细考求通，有秦火一说可以归狱。故东汉以下，遂无专心致志，推究遗经之人。残经在可解不可解之间，安知所疑所考者，不适在亡篇内？故经残一说为儒门第一魔障！余因邵说，乃持诸经皆全，亦备为孔修。

从廖平的叙述里可以发现，古文经的残阙某种程度上限制了学者的思想发展，使得他们“一遇疑难，不再细考求通”，而诉诸未知。倘若出于在求真的目的，这样的做法显然更符合“阙疑”的态度。但是，今文家们所注重的是思辨与创造，他们期待典籍真正发挥“经世致用”之实效，更愿意推究一套体系完备的治国理论。《礼经通论》对于他们的意义，不仅在于驳斥古文经而成为今文学阵营的一股力量，更在于它揭示了今文经学所秉持的观念、所贯彻的精神。它甚至提供了一种治学路径：

盖授初学一经，首饬之曰：经皆全文，责无旁贷。先求经为全文之所以然，力反残佚俗说，然后专心致志。精诚所至，金石为开，专一之余，鬼神相告。故学者必持经全，扎硬营，打死仗，心思一专，灵境忽辟，大义微言，乃可徐引。故予以邵书为超前绝后，为东汉下暗室明灯。（《知圣篇》）

先确定一个“经皆全文”的观念，继而证明“经为全文”，反驳任何怀疑经文完整性的说法，然后专心致志地求索“大义微言”。这与邵氏的初衷已然背道而驰。毕竟邵氏“天牖其衷”之悟是偶然的，并没有视为同样适用于其他经典的绝对原则，况且他对于“《仪礼》十七篇乃夫子删定”的证明依然遵循考据的形式。而在廖平这里，直接将“经皆全文”定为经学家的第一信仰，《礼经通论》被改造成了今古文之争中的绝对权威（“东汉下暗室明灯”）。

在这种激进的思想之外，并非没有冷静的学者。丁晏校定邵氏的手稿时，曾指陈邵懿辰的考证之失，但他的总体评价依然是正面的。李慈铭则敏锐地看到邵懿辰的学说已经对传统的汉学造成了破坏，否定了清代长期发展的考据成果。他在《越缦堂读书记》中说：“《礼经通论》共上下卷三十篇，皆泛论大旨及传授源流，古今分合，仅刻其上卷，亦多武断不根之谈。”又在《越缦堂文集》评价道：“邵位西《礼经通论》持议不根，实汉学之大蠹。”章太炎《訄书》则将魏源、龚自珍、邵懿辰三者并提，谓“要之三子皆好姚易卓荦之辞，欲以前汉经术助其文采，不素习绳墨，故所论支离自陷，乃往往如谚语”。然而，这并不能带来真正普遍的反省，在迫切的历史形势和政治需求之下，这种激烈的思想还是在清末的政坛上发挥了作用。

## 三、《礼经通论》对康有为之影响

若要深入了解 1898 年的那场轰轰烈烈的百日维新，必定要先了解康有为。而要了解康有为的思想之形成，除了廖平之外，邵懿辰也是至关重要的人物。邵氏从咸丰十年（1860）的一次“天牖其衷”（甚至带着某种天启意味）的领悟出发，推理出了一套《仪礼》学系统，成了三十年后康有为大举摧毁古文经及其学术之历史合法性的凭据之一。邵氏学说对康有为的影响是多方面的，就其直接影响而言，可以概括为三点。

其一，是邵氏对于“《仪礼》十七篇为孔子手定完书”的观念，经由廖平推之于五经，提出“经为全文，责无旁贷”“经残一说为儒门第一魔障”，最终形成康有为《新学伪经考》当中的《秦焚六经未尝亡缺考》一章。此章旨在说明秦代所焚之书是民间之书，经学博士则自存“六艺”之书，因此未曾亡缺。“六艺”之书即六经，六经是“孔子之经”，当它作为“圣法”的完整性得到保证，便意味着这个体系逻辑自洽且具有普遍适用性，学者才能够放心地去探索其中的“微言大义”。这是第一层的论断。在《新学伪经考》当中，康有为逐步对各经的完整性进行论述，而涉及《仪礼》的部分则几乎全采纳《礼经通论》的观点。

其二，邵氏驳斥逸《礼》、逸《书》为伪书，认为刘歆“作伪徒劳，乃发露于千载之后”的议论同样被康有为所继承。为了包裹作为核心的第一层论断，康有为也必须响应所有古文经的地位问题。《新学伪经考》开篇便说：“始作伪乱圣治者自刘歆，布行伪经篡孔统者成于郑玄。”在他那里，刘歆不仅要为逸《礼》、逸《书》之伪而负责，还要为《毛诗》《左传》《周礼》等经之伪而负责。除此之外，郑玄也难辞其咎。这种“发奸露覆，雪先圣之沉冤”的立场与邵懿辰如出一辙，甚至更为极端。

其三，邵氏根据《礼运》篇，在曾子、子思为代表的“圣学之正传”（即传统的道统谱系）之外，提出一个以子游为代表的“礼学之正传”，并因“仲尼、子游为兹厚于后世”之言将荀子列入其中。康有为对《礼运》的重视恐非偶然，他在《礼运》中看到了孔子、子游的传统，这与邵懿辰一致。相较于邵氏，他做了一系列的改动，一是以子游代替了曾子的位置，认为“孔子—子游—子思—孟子”一系传大同之学（以《礼运》言）、升平之学（以《公羊》“三世说”言），是儒门正传，二是将荀子与曾子并称且一同降格，认为“曾子—荀子”一系所传则是据乱之学。将荀子与曾子并称的依据，一是“曾子将死之言，尚在容貌辞气颜色之间，与荀子之礼学同”，二是看到了荀子对于曾子、子思的否定。荀子《非十二子篇》中说：

> ……子思唱之、孟轲和之，世俗之沟犹瞀儒，嚾嚾然不知其所非也，遂受而传之，以为仲尼、子游为兹厚于后世，是则子思、孟轲之罪也。

虽然邵氏想要将荀子容纳在礼学传统之下，但荀子学术显然不局限于礼学，并列的两个“正传”间存在一个否定另一个的危险。康有为意识到了这个矛盾，他在《孟子微》里说：“《荀子·非十二子篇》攻子思、孟子……此传据乱世之学，以攻升平之学也，同门别派。”这也算是对邵说的一种修正和发展。

翁同龢曾经写过一首《题戴文节画扇》描述邵懿辰，说他“围城弦诵有余声，慷慨从容孰重轻。一卷礼经传不得，更无人说邵先生”。康有为写《新学伪经考》是在邵氏死后三十年。翁氏诗中所言“一卷礼经传不得，更无人说邵先生”，大概正是邵氏身后三十年内的声名状况之写照。邵氏撰写《礼经通论》时，曾在与友人信中说此书相较于其他著作而“关系尤大”。后来也确如他当日所言，这部著作中的诸多新说直接或间接地引起了后世学者的关注。不过，邵氏的思想所产生的影响，是经廖平和康有为表现出来的。倘若没有廖、康，《礼经通论》或早已湮没于历史的尘埃之中。

# 朱子理学研究

# 现代哲学视域下的朱熹理学世界观

康德衡

思想家的养成，往往以发问开始。朱熹自幼聪明过人，求知欲极强，受教于其父朱松时便具有浓厚的好奇心理，已然具备了日后成为一名思想家的潜质。在此驱动下，他留心观察周边的事物并产生了不少疑问。

朱熹幼时就萌发了对于宇宙本体的初步思考，“某五六岁时，心便烦恼个天体是如何？外面是何物？”[①] 朱熹四岁，其父指日示曰：“此日也。”熹问：“日何所附？”其父答：“附于天。”再问：“天何所附？”[②] 此事表明幼时朱熹的探索精神就异于常人。

在日后漫长的学术生涯中，朱熹逐渐形成了自己独具特色的理气论宇宙观并对后世产生了深远的影响。今天，我们寻找中国文化自信之根脉，需要对朱熹理学重新定位，就不可避免首先对其世界观进行现代意义上的重新解读。

## 一、朱熹理学并非“客观唯心主义”

思维与存在的关系问题其实非常简单，马克思主义哲学的那条基本原理是正确的：存在决定意识。但是，本体论需要研究的是宇宙自身的结构与性质，“思维与存在的关系”还算不上本体论所要探究的最终问题。

朱熹理学对本体论的研究沿着一条迥异的理路展开。理气关系才是研究

---

① 〔宋〕黎靖德编：《朱子语类》，岳麓书社，1997 年，第 1032 页。

② 吴怀祺：《中国史学思想通史・宋辽金卷》，黄山书社，2002 年，第 292 页。

宇宙本原的更高层次范畴。试着去想象：地球人类尚未产生之前，思维之花无从绽放，但世界早已在那里，万物循道演进，恐龙等动物业已出现，此时的宇宙当然也是有结构的，也就是“质料”和“形式”的复合（即理气交融）。再有，倘若人类不幸毁灭意识不复存在，而世界依旧会有秩序地运动下去，所谓“不以人的意志为转移”，那么还是有一个关于本体的“结构和性质”问题。

天地之间，有理有气。理也者，形而上之道也，生物之本也。气也者，形而下之器也，生物之具也。

然以意度之，则疑此气是依傍这理行。及此气之聚，则理亦在焉。盖气则能凝结造作；理却无情意，无计度，无造作。……若理则只是个净洁空阔的世界，无形迹，他却不会造作。气则能酝酿凝聚生物也。但有此气，则理便在其中。[①]

理学家张载认为天地万物皆为一“气”，“气”的聚合和分散，导致事物的产生和消亡。朱熹继承了张载的观点，并且有更进一步的发展，认为宇宙的存在和发展不但要有“质料因”——气，还必须有“形式因”——理，而且作为“形式因”的“理”才是更为本质的要素。若是世界只有“质料”这一单一的要素，就不会产生有秩序、有规律的事物及其运动。朱熹认为，理气结合，浑然难分，气便有了存在的意义，理便有了存在的依托。理和气结合以“万物（现象）”的形式赫然在目，人们也只好承认其现实存在，这也就是所谓的“世界的客观实在性”。诚然，单独的“气”无意义、无根据、无来由，纯粹的“理”无形无相、不可捉摸、玄虚无着，都是不可思议的，只有理气媾和，方可化生出形形色色的事物。

南北两极构成一块完整的磁铁。近似地，世界也是“两极”复合成的

① 〔明〕王阳明撰，邓艾民注：《传习录注疏》，上海古籍出版社，2015 年，第 129 页。

“一体”。“气”和“理”是宇宙一体中分出的两极，是人们为了研究的方便而做出的逻辑上的划分。“一阴一阳之谓道”，阴阳差别才能化生万物。高能物理已经超越了旧的物质含义，认为构成实体事物的最小的材料单位是缥渺无常、极富虚幻性的“光量子”。这些基本材料经过千千万万条信息规则（物理与化学定律）的支配和作用，才演化出有秩序、合目的、能为人类感知的现象世界。“信息”是标志世界理性的、“形而上”的形式因，物质材料是“形而下”的质料因，用于承载“信息理性”。①

机械唯物论不符合“矛盾成对出现”的辩证原理。质料（气）和信息（理）是构成世界的两大要素。质料是信息的载体，信息为质料存在提供模板、意义和规则。正如制作银币的两个要素，质料因（白银）和形式因（模型），二者缺一不可。② 由此，世界观的第一大问题应该是“理”和“气”的问题，而不是“存在与思维”的相互关系。存在与思维的关系，反倒应该属于认识论的问题。

朱熹的理学体现了人类高度的理性思维，并非什么“客观唯心主义”。然而，把通过高度的理性思考得出的清晰结论，无端地称作“客观唯心主义”，就是命名上的张冠李戴。历史上朱熹的理学和康德的理性哲学，与其叫作“客观唯心主义”，不如称之为“辩证理性主义”③。

对于异说纷呈的哲学流派，唯心唯物的分类法并不合理，倒是有些思维上的错乱，因此一直以来受到各种非议。作为一名对东方文化高度推崇的德国哲学家，叔本华对于“心物对立的哲学争论”抱持不以为然的态度，他说：

> 在没有受过哲学训练的人们中，包括所有不曾研究过康德哲学的人和外国人。同样，在今天许多德国物理学家及其他专家间仍然存在着古老的、根本错误的心物对立观念，因为他们还是用自己的一套看法来从

① 康德衡：《丹道与生命哲学》，四川省社会科学院硕士学位论文，2011 年。

② 康德衡：《丹道与生命哲学》，四川省社会科学院硕士学位论文，2011 年。

③ 何新：《哲学思考》，万卷出版公司，2013 年，第 180 页。

事哲学思维。用这种错误的对立观念，便产生了许多唯心论思想家和唯物论思想家。[①]

机械唯物论和“唯心论”同属舶来品。机械唯物主义的实质是机械还原论，而“唯心”乃是佛教的观点——以“人的心灵”为宇宙的根本。而且，中国人错误地用“客观唯心主义”冠名康德等人的“理性/理想主义（idealism）”。困扰中国人多年的“心物之争”，从哲学的严格性来讲，本身是一个思维错位的、有大纰漏的问题。

机械唯物论认为世界只是由单一“质料”构成，那些无生命的“质料”仅仅是因为偶然运动就产生了大千世界、创造出奇妙的生命，这何尝不是一种主观臆断的观点。而人们将主观臆断的东西称之为“唯心主义”。列宁说过，绝对的唯物主义就会走到其反面——唯心主义。

唯物论实质是从现象出发的唯实主义。我们所指称的“物质”，事实上就是“气和理”结合而成的“现象”，人的“意识”也是一种“现象”。所以，“物质”和“意识”都不是本体层次上的存在。物质存在，乃是理与气复合的产物。唯物论，就是从实际现象出发来研究问题，而这个“现象”归根结底乃是“理气媾和”的结果。

由此可见，中国古人在哲学思维上远远领先于同时代世界其他民族。朱熹理学不是什么愚蠢的“唯心主义”，而是高超的辩证理性主义。朱熹理学绝对不能冠名为“客观唯心论”，也幸亏我们的先哲英明，并没有失足落入“心物之争”的哲学陷阱。

综合以上，中国哲学并不是落后，而是西方哲学心物对立的分法本身非常荒谬，而我们偏偏奉为圭臬，这是一种西方中心论的表现。以此错误的标尺来度量本土的东西，难免在文化上不自信，得出中国哲学落后的荒唐结论。我国台湾学者朱高正认为，中华民族的理性思维在宋代就已经达到了极高的

① 高适：《叔本华说欲望与幸福》，华中科技大学出版社，2012年，第320页。

水平，欧洲近代的理性主义受到了宋明理学的滋养。故而，我们岂能再拿欧洲旧有的粗浅的心物两分法来评价衡量之？

## 二、朱熹倡导高度理性的有机世界观

钱穆先生认为，中国文化为全人类作出的最有意义的贡献是“天人合一”的观念。“天人合一”主要思想现代语境下的解释就是：人天同构，都是信息能量（理和气）的复合体；天人性近，母体和子体一样，都是有生命活力的智能系统。人体是一个小宇宙，人类可以根据自己去推想宇宙母体的属性。

在朱熹那里，宇宙是活泼泼的、有生命力的智能系统，而且人类可以与宇宙母体进行能量信息的互动，叫作“天人感应”。可悲的是，“天人合一”连同“天人感应”思想，一并被后人讥讽为“封建迷信”，这种评价是不够客观理性的。

朱熹的宗教观，是一种高度理性的宇宙生机主义，是对“天人合一”思想的深度阐发。朱熹并不认同人格化的上帝，但认为“天”是超越人类之上的智能系统。人们既要敬畏天地，又必须极尽人力。

朱熹对于“天命”高度敬畏，惕厉至诚。他悲悯百姓流离失所，讽喻朝廷不宜大兴土木，乃上书曰：“臣恐不惟上帝震怒，灾异数出。正当恐惧修省之时，不当兴此大役。”① 朱熹也曾多次祈祷求雨，“里中秋来阙雨，数日来晚稻秀而将实，尤觉焦渴为患，方议祈祷”②，又云“旱甚不雨，祷祀未有以感格”③。

朱熹在诚敬天命的同时，更能竭尽人力，这一点以其各地卓著的救荒政绩为证明。漳州某地降陨石，县官恐有火灾祈禳，朱熹叮嘱“岂可不修人事？合当拘家家蓄水警备”④。朱熹在南康任内，高度重视常平仓以备饥荒。蝗虫

① 〔宋〕朱熹：《朱熹集》，郭齐、尹波点校，四川教育出版社，1996 年，第 561 页。
② 〔宋〕朱熹：《朱熹集》，郭齐、尹波点校，四川教育出版社，1996 年，第 1614 页。
③ 〔宋〕朱熹：《朱熹集》，郭齐、尹波点校，四川教育出版社，1996 年，第 3489 页。
④ 〔宋〕黎靖德编：《朱子语类》，岳麓书社，1997 年，第 2387 页。

为灾时，一面询究祈祷，一面招人捕杀收买焚埋。[①]

陈荣捷先生在评价朱子的宗教行为时说："朱子言天命流行，不止阐明万物之生死始终，而亦以天命决定其本人之进退行止。故宗教不止为其讨论之对象，而亦是其兴居之指南也。"[②]

深受东方文化的熏染，叔本华对于宇宙生机论高度认同——

> 时下对"生命力"假设所作的反对，与其说是错误的，不如说是彻底愚昧的。因为，凡是反对生命力的人，就是根本否定自己存在的人。因此，也可以说达到了极端荒谬地步……如果认为物理和化学力量本身可以产生生命有机体的话，我们早就说过，那不但是一种错误，简直是愚昧。[③]

世界的实有，乃人类最大的困惑。康德、叔本华等近代西方大哲认为"世界本初是一团云雾"，原始物质以稀薄气体的形态存在着，类似于张载所讲的"气"。"星云学说"和"世界是本来就有的""万物从虚无中产生""宇宙本身是有智能的生命系统"等假说一样，对人类来讲同样都是巨大的难下结论的"超级谜语"，都是不可最终结论的。既然如此，倘若人们比较诸多的世界观，从中选择价值最优的一种，则非"智能宇宙论"莫属。儒家的有机宇宙观，世界是个生命体，充满了无限的生机趣味；而生命偶成论的原子论宇宙观，世界整个就是一个无生命的大机器，冰冷寂寞，更无合目的性与价值追求，生命的形成纯属侥幸（巧合与偶然）。

假设"宇宙是由一团基本粒子随机组织的毫无目的性的物质体系"为真，就等于抹杀了万物存在的终极价值，人生的崇高意义也便荡然无存，人们从此陷入了对肉体享乐的极端追求中，于是便孳生出"及时行乐"的人生观。

① 陈英捷：《朱学论集》，华东师范大学出版社，2007年，第124页。
② 陈英捷：《朱学论集》，华东师范大学出版社，2007年，第119页。
③ 高适：《叔本华说欲望与幸福》，华中科技大学出版社，2012年，第323页。

这种宇宙观导致的价值的追求，必然会锁定在攫取和炫耀世俗的财富与地位，而不是对于神奇天地的不断揭秘。然而，在中外古今圣哲心里：生命的本质意义不在于占有多少财富恣意吃喝玩乐，而在于探究宇宙和自身的奥秘并追求生命向更高层次进化。

生命在地球上出现，的确是一个不可思议的事件。猴王以为自己统治着整个的世界，却不曾了解人类的精神生活。我们是否会陷入同样的误区——受到既有认知能力的限制，断然否定茫茫天地间可能存在更为高级的智慧生物。

欧洲无神论是对“基督教上帝控制论”的反抗。事在人为，否定了人格化的上帝，人们要自己扼住命运的咽喉。《国际歌》唱道：“从来就没有什么救世主，也不靠神仙皇帝，要创造人类的幸福全靠我们自己。”

当今，绝大多数中国人以为“无神论”的精髓就是要求人们发挥主观能动性去改造世界，却很少去深入思考无神论的负面作用。任何事物都有两面性，由无神论必然推出“人类中心主义”的结论。如果我们认为大自然本身是无生命、无智能的，人类是偶然出现的幸运儿。人类就成了宇宙中唯一且拥有最高智慧的物种，人类作为独享宇宙的“宠物”就可以肆意妄为。

儒家的宇宙生机论，是一种高度理性的世界观。它既摒弃了基督教“上帝控制论”的宗教迷信，同时为宇宙生命的多样性预留下足够的空间，绝不迷信“人类是天地间唯有的和最高的智慧生命”。这样，人类作为宇宙的精灵，就会生出升华生命的崇高追求和对大自然真正的终极敬畏。

儒家的“天命观”，或者叫作“天道信仰”对当今人类社会具有极大的伦理价值。其精髓所在如下：

> 大自然是最高意义的生命本体，而且作为“生命发生器”创造演化出不同层次、千差万别的生命。天地之间所有生命和宇宙本身都遵循最高自然法则——“道”。层级不同的生命在一定程度上互相影响，但不存在绝对的控制和被控制关系。人类的自由是相对的，是在宇宙预设理性

之下的自由。在天道统治之下，人们选择“自强不息”，尽人力而听天命。同时，人类必须有所戒惧，有所不为。这样，人类就能避免在西方近代科学主义误导下，因对自然的狂妄征服、盲目开发所带来的灭顶之灾。以“天人合一”和“天人感应”为基础的“天道信仰”是中华民族的宗教情感之所在，它具备一切伟大宗教所有的正面效益，同时避免了宗教的狭隘和偏执。①

## 三、结论

对于命运起着最终决定作用的因素乃是人的精神，而决定人的精神的乃是文化价值体系。黑格尔认为，国家建立在意识形态的基础上。此论虽不符合马克思主义的基本观点，但却指出了意识形态（思想观念）的极度重要性。一个民族一定时期内的主流思想，塑造出一个民族的精神风貌，而一个民族的现实命运则由此决定。南京大屠杀屈辱悲惨的牺牲者，上甘岭浴血奋战的志愿军战士，各自展现出的精神境界简直判若云泥。1937－1952 年，短短十几年，中国人的民族精神大为改观，从畏缩懦弱到英勇无畏，似乎人种改良、脱胎换骨了。

习近平总书记曾指出，“人民有信仰，民族有希望，国家有力量”。信仰的强化，文化的自信，当务之急需要中国学界立足本土、博采众长，构建一整套民族的、现代的意识形态体系。

许嘉璐先生在题为《世界格局巨变与中华文化担当》的讲座中指出，中华民族应清除掉自身潴留的西方有害激素、筛去我们传统文化中的糟粕、实施中华文化走出国门的伟大事业、使中国人的智慧达到地球上一切有人居住之处。

近代西方文化的两种极端要不得。机械唯物主义和基督教神学是西方文

① 康德衡：《丹道与生命哲学》，四川省社会科学院硕士学位论文，2011 年。

化两大误区，认为宇宙有个“人格化的主宰”（基督教）和认为宇宙自身根本没有智能（机械唯物论），是西方文化的两个极端的偏颇之见。而且，我们常说的“有神论”特指基督教的上帝迷信之类，这又是西方文化中心主义在作祟，是一种“本土文化不自信”的表现。

朱熹理学的世界观，足以修正欧洲哲学的两个弊端，对近代西方文化的毒素予以强力脱除。“叩其两端而取其中道”的原则恰恰贯彻于朱熹理学之中。中国人的天道信仰远远优于欧洲近代的上帝信仰和无神论。以朱熹为代表的儒家有机世界观，阐述的是宇宙生命主义，既消解了机械唯物主义生命偶成论的独断，又避免了西方“上帝控制论”的宗教迷信。在儒家世界观的指导下，中国人形成了“尽人力而听天命”的人生观，一方面积极发挥人的主观能动性，一方面又怀有高度的敬畏心，做到行止有节、不逾规矩，而且，这正是我们努力追求的、理想的人格状态。

研究传统文化的目的，乃是为了正确地理解和借鉴古人本意从而服务当代社会。我们运用中西哲学比较的方法，对朱熹理学的世界观进行现代意义上的梳理和解读，有助于人们走出目前弥散全球的精神危机，帮助我们尽快找到新奇美好的心灵家园。

优良的哲学令人高尚，低级的哲学令人卑劣。我们一定要从西方哲学的误导中走出，消除西方中心主义的遗毒，澄清我们对于古人的曲解，找回我们失落多年的文化根本，重建辉煌灿烂的大中华文化。诚然如此，朱熹理学作为传统思想一大宝库，亟待深入发掘其现代价值，今日之朱子学研究者任重道远且须当仁不让。

# 朱熹礼乐哲学思想的当代价值*

冯　兵

中国传统文化历来被称为“礼乐文化”，中华文明也被称为“礼乐文明”，可见礼乐正是成就华夏民族文化与文明的核心元素。我国的礼乐文化或礼乐文明以三代以来的儒家礼乐思想为主体，旁及其他的先秦诸子和秦汉以降的佛教、道教等宗教礼乐思想及相关文化传统。但作为礼乐文化之主体的礼乐，却不可被简单地视为一种个体或集体的仪式规范和艺术行为，也不仅仅是华夏文化的一种符号象征，它更主要的，乃是一种意义的载体。礼乐（主要是指儒家的礼乐）承载并凝缩了华夏民族最优秀的生存智慧，也具备了较为充分的人文理性，内蕴着博大精深的哲学思想，且自成体系，在此我们可名之为“礼乐哲学”。具体而言，我们认为，一切基于礼乐的立场或以礼乐为研究对象作出的哲学阐释与发挥，都可名为“礼乐哲学”。它是对传统礼乐的哲学意蕴及相关哲学思想的高度概括，其内容既包括关于礼乐起源与发展的哲学探讨，也包括对礼乐经籍、历代思想家的礼乐思想之哲学蕴涵的发掘与升华，还包括对诸如具体的礼乐名物制度、礼乐实践行为及礼乐文化现象等的哲学依据与内涵的辨析提炼，等等。①

传统礼乐哲学经过漫长的发展演化，从史料来看，历经“百家争鸣”的诸子时代的“轴心突破”之后，至宋明时期发展到了又一个高峰。这一时期

---

* 本文系国家社科基金后期资助项目“朱熹礼乐哲学思想研究”（16FZX009）的阶段性成果。

① 冯兵：《礼乐哲学论纲》，《社会科学研究》2015 年第 4 期。

的代表人物首推朱熹。朱熹是两宋理学的集大成者，他所建构起来的哲学王国体大思精，而其理论基础仍主要是建立在对先秦经典的诠释和发挥之上，其中礼乐占据着重要地位。他在对礼乐经籍进行注解以及总结礼乐实践经验的基础上所阐发出来的哲学观念，即构成了其礼乐哲学思想。朱熹的礼乐哲学思想一方面是对传统礼乐哲学观念体系的总结和继承，另一方面他又结合理学这一理论背景和当时的社会生活实际，融入佛、老哲学的部分原理及思辨方式做出了创新。因此，朱熹的礼乐哲学思想最终便呈现出了一种既与传统一脉相承，又颇具时代特色的新面貌。它与理学有着很多交叉与重合的内容，彼此相激相长，共同提升了中国传统哲学的理论水平，同时也具备了较为丰富的现代价值。

## 一、朱熹礼乐哲学思想的当代价值转换何以可能

传统儒家礼乐文化作为数千年来中华民族赖以长养繁衍的文化根基，一直都在对中国人的宇宙观、人生观、价值观、实践观等产生着潜移默化的影响，并在政治、教育、经济等以至于人们日常生活的每一细节中都得到了淋漓尽致的展现，是塑造中华民族心理与性格的根本元素。从近代以来，随着西方资本主义经济的迅猛发展，以传统礼乐文化为代表的中华文化被“全方位地置身于一个崭新的文化参照系中”，“中华文化遭遇到前所未有的挑战”。[①] 鸦片战争之后，广大的爱国思想家纷纷寻求强国的路径，对传统文化的反思也全面展开。到了 20 世纪初叶，由于五四新文化运动的兴起，传统礼乐文化被打入历史的冷宫，受到了较为普遍的批判。直到改革开放之后，以传统礼乐文化为主要内容之一的“国学”重新受到了中国学术界、知识界的普遍重视，并在社会上逐渐热了起来。整个国学热的背后，实质体现出的乃是人们在面对西方文化的强势入侵以及各种社会问题与现象时，试图在传统文化中寻求文化复兴和解决各种现实问题的方案，从而在工具理性与价值理性等多

① 冯天瑜、何晓明、周积明：《中华文化史》（下册），上海人民出版社，2005 年，第 723 页。

个层面所进行的反思、追索与回归趋向。哲学作为文化的一种升华与凝练，随着中国传统文化的渐受重视，中国哲学也因此得到了较好的发展机遇。而传统礼乐哲学乃中国哲学的重要构成部分，必然能够，同时也理所应当的在这一历史背景下有所作为。

在这样一个时代的社会文化与学术背景下，朱熹的礼乐哲学思想自然有着较为重要的借鉴价值。原因何在？

首先，朱熹是中国哲学史、思想史以及文化史上最为重要的人物之一，其礼乐哲学思想代表着我国自春秋战国以来传统礼乐哲学的最高成就，是封建社会礼乐文化在哲学与伦理层面上最精练和集中的展现。20世纪初，严复就曾指出："中国所以成为今日现象者，十之八九为宋人所造就。"[①] 朱熹则可以说是"宋人"中的代表，其思想对于当今社会的潜在影响仍然是较大的。譬如他的理欲观、义利观以及礼学思想等，不仅在当今中国仍有着较为深远的影响，甚至对日、韩等周边国家和地区的思想与文化也产生了重要影响。

其次，在文化的冲突与融会方面，中国当代社会与朱熹所处的南宋社会在一定程度上有着相似的境遇。改革开放之后，中国一方面是对西方文化敞开了"国门"，另一方面对传统文化也开始解禁，同时又坚持着马克思主义思想的主导地位；所以，在比较长的一段时间里，中国（不含港澳台地区）社会的意识形态领域中都呈现出一种中、西、马三分天下的局面。由于中、西、马三家有着各自独立的哲学思想体系，三者的并存必然免不了相互之间的冲突与融会。这种不仅保持着既有张力，维护着彼此独立个性，又在不同层面发生着不同程度的交流与融合的动态平衡局面，与整个唐宋时期，甚至可以说是自汉以来的整个中国传统社会里的意识形态领域中儒、释、道三足鼎立的对立而又统一的状况，是较为接近的。在这种具有相似文化形态的社会背景下，朱熹的礼乐哲学思想在继承与发扬传统儒家礼乐文化的基础上，如何应对佛、道两家哲学思想与文化的挑战，以及如何整合与创新整个中华文化，

① 严复：《严几道与熊纯如书札节钞》，《学衡》第13期（1923年1月），江苏古籍出版社影印合订本，1999年，第3册。

这一系列的相关理论和社会实践，对于当前我们的整个学术界、文化界，尤其是从事传统文化与哲学方面研究的广大学者们如何去重振“国学”，如何去建设既是华夏民族的也是世界的中国文化与中国哲学而言，无疑在很多方面都是有着较为重要的启示意义的。

## 二、朱熹礼乐哲学思想对传统礼乐之当代实践的方法论启示

中国自古以来即有“礼仪之邦”的美誉，知礼重礼是构成中华民族形象标签的重要内容。但在较长的一段时间里，中国传统礼仪却受到了人们较多的忽视甚至是贬低。尤其是改革开放以后，随着西方文化的强势进场，再加上日益增多的国际交流的需要，西方礼仪文明在我国大受欢迎和追捧，中华民族优秀的传统礼仪文明反而受到冷落。但与此同时，国人也开始注意到，一些被我们自己遗落的传统礼乐文化精神及许多古老的礼仪在周边国家和地区，如韩国、日本等国家均保存得相对完好。这无疑有着令国人尴尬的讽刺意味。出现本民族的传统文化被冷落和贬低的现象，实际是在一定程度上反映出了国人的文化自卑心理。然而，“中华民族要振兴，首先要有文化自尊和民族自信。一个失去了文化自尊和民族自信的民族，是不能凝聚人心、走向腾飞的”[①]。而要提升文化自尊与民族自信，重拾我国优秀的传统礼乐文明，并在全社会范围内普遍推广实施，是必要，也是行之有效的。只是我们在具体的操作实践中，对于传统礼仪必须加以合理扬弃与改造。而当今中国社会要继承与发展传统的礼乐文化与文明，朱熹的礼乐实践智慧就可以为我们提供有益的借鉴。

1. 传统礼乐的诠释与修订原则

从青年时期开始，朱熹就在筹划和从事《家礼》的编订；到了晚年，由他牵头并组织众多友人和弟子参与编修《仪礼经传通解》，将传统礼经学“尽数拆洗一番”，则是他最重要，也是最让他自得的学术活动之一。由此可见，

① 彭林：《儒家礼乐文明讲演录》，广西师范大学出版社，2008 年，第 286 页。

关于传统礼经学的编修改订的讨论与实践，可以说基本上贯穿了朱熹整个的学术生涯。“以义起”“缘人情”、注重礼乐器数，是朱熹关于传统礼乐的修订与诠释思想的基本内容。① 结合当前的国情与时代特点，我们要合理有效地继承与发展传统礼乐文化，将传统经籍所载之礼仪古为今用，进行现代转换，上述三点仍然是值得我们认真借鉴的。

首先，朱熹所谓的“以义起”，乃是强调以儒家的中庸智慧与中和精神为指导，因时、因地制宜，在延续和保留礼乐本质内涵的基础上对于传统礼仪礼制进行合理适度的改革，以使其“合时之宜”，更具可操作性。在现代礼仪的修订和推广中，我们同样需要在以中国传统礼仪为主体的前提下，结合时代特色，并适当借鉴西方国家的相关礼仪规则，制订出既具有中华民族传统礼乐文化精神，又简便易行，为中国各阶层人民所广泛认可，也能在涉外礼仪活动中为外国友人所理解和接受的新的礼制规范。

其次，朱熹一贯认为，“先王制礼，本缘人情”，因此，“缘人情”，即主张以人的情感和心理为依据，也是朱熹编订和改制礼仪的重要原则。如今图书市场上琳琅满目的礼仪类书籍，以及各种礼仪讲座中的内容，大多都能较好地贯彻“缘人情”这一中华礼仪文明里重要的制礼与行礼原则。但是，我们还必须注意到的是，这里的“人情”所强调的乃数千年礼乐文化熏陶下的中国人的情感世界与价值体系，而当前人们所看到的众多礼仪书刊多是借鉴参考西方礼仪，并不能很好地契合受传统文化影响的中国人的情感与心理。所以，朱熹的这一礼乐编修原则就提醒我们，在制订现代中国人“日用常行”之礼仪规范时，一方面要深入生活实际，真正符合中国人的情感需求和情感特征；另一方面则必须坚持以中国传统礼仪文明为制礼的主要依据。

最后，朱熹也曾强调，古礼所保留下来的大多数具体仪式和礼器形制在后世礼仪的制订与实践活动中都有着重要价值，认为对它们的基本保留和沿用不仅体现了对古礼的尊重，也是传承古礼主体精神的主要手段。在现代礼

① 详见冯兵：《“义”·“人情”·礼乐器数——朱熹论“礼”的传承与修订》，《哲学动态》2015 年第 2 期。

仪规范的设计当中，我们同样有必要沿袭较多的传统礼仪，并模仿古代礼器的形制而制作相关的礼器。譬如韩国尤其是在韩国农村的婚俗中，就大体保留下来了中国古代婚礼的“纳采”“问名”“纳吉”“纳征”“请期”“亲迎”等程序仪式，而且制有木制的“雁”以替代真实的大雁活体来作为媒人向女方家长提亲时的信物，这就是对传统礼仪的一个合理变通。在现代社会，尽管提倡自由恋爱，但通过双方所举行的这类传统礼制活动，可以有效地提升婚姻的神圣性和严肃性，端正年轻人对待婚姻的态度。当前我国离婚率呈逐年上升的趋势，就与许多年轻人视婚姻如儿戏，缺乏严谨认真的生活态度有着较大关系。所以，在制订和推行能够普行于世的现代礼仪时，较多地保留古礼中具体仪式和礼器的原貌，抑或予以适当变通以便更好地实践，对于有效继承与发扬优秀传统文化，增强民族自尊心，提高文化自信，进而提升国民人文素养是大有裨益的。

2. 礼乐的生活实践原则

朱熹关于礼乐的生活实践原则，一为强调“因人之情”的情感原则，一为“经权相济”的辩证智慧。在我国当前的文化建设中，要构建具有中国特色的社会主义核心价值体系，传统礼乐文化是绝不可忽视的，故而传统礼仪文明在现代社会生活中的具体实践问题就显得尤为重要。上述朱熹所运用的两项基本实践原则，对传统礼乐在21世纪的中国人日常生活中的具体实践同样有着较重要的借鉴意义。

其一，朱熹深受传统礼学思想的影响，认为礼乐的形成缘于“人情”，亦为“人情”所用。因此，他在讨论礼乐在日常生活中的具体操作原则时，对“人情”，即礼乐实践中人的情感和心理因素及其所具备的作用和意义十分看重。礼乐实践主体的“诚敬”“敬爱”等情感、心理与“礼宜从厚”的实践原则，也就构成了朱熹礼乐实践观的情感原则的基本内容。事实上，传统礼乐对人的情感的重视，尤其是朱熹所强调的“诚敬”心理与“礼宜从厚”的情感原则，主要便体现在日常生活里的孝亲敬长、尊祖敬宗的道德情感，以及丧、祭礼中事鬼敬神的各种宗教性心理体验方面。但对于现代中国人来说，随着年龄段的递减，尊祖敬宗的传统宗法伦理观念和以血缘关系为纽带的宗族情感就愈发淡薄；再加上曾受到一些浅显的、片面的无神论思潮的影响，年轻人面对老一辈于传统节假日举行的祭祖仪式等也感到不可理解，甚至反感。这些都说明，随着新的社会结构的形成，许多传统文化元素，如原有的宗族和家庭伦理观念等正在逐渐消失，而相应的新的价值体系又没能很快建立起来，这实际上是当前中国社会所面临的一个进退两难的文化困境。

为什么会造成这一困境？社会政治、经济、人口政策等各方面的原因都有，而文化方面的原因主要在于：一方面，西方自由主义思潮以及被作为国家意识形态的马克思主义的唯物论等在一定程度上消解了中国传统文化里维护宗族与家庭之稳定的宗法伦理观念；但另一方面，由于数千年的传统文化力量在社会的各个层面均盘根错节地存在着，可谓根深蒂固，又岂是一朝一夕就能完全颠覆的！这便给民众在文化心理上造成了一定的混乱与矛盾，使其显得茫然而彷徨，无所适从。所以，面对极富冲击力的西方文化与市场经济所带来的快节奏生活方式和功利性极强的浮躁的快餐文化，以及由此给人们带来的文化心理上的迷乱和消沉，我们就必须在华夏民族的土地上，以传统礼乐中优秀合理的部分为基础，结合当前社会实际，并借鉴参考西方现代文化与文明，来继承与发扬具有数千年历史的优秀传统文化，恢复人们的文化自信心与自尊心。这就要求我们必须在现实社会生活中认真贯彻实践传统礼乐文化的核心精神。朱熹的“诚敬”“敬爱”“礼宜从厚”等情感原则即可在情感和心理方面为我们提供指导，提醒我们以“诚敬”的态度、“礼宜从厚”的原则去践行如祭祖敬宗、孝亲敬长等日常生活礼仪，进而真正实现社会的和谐安定。当然，朱熹所强调的“礼宜从厚”，并非是指无节制的铺张浪费，而是以适中合宜为根本要求，坚持“经权相济”的实践原则。

其二，朱熹所运用的“经权相济”的实践原则，其核心内容就正是“中”与“时”这两个中国哲学中的重要概念。他反复强调“礼贵得中”，认为把握与坚持“中”是制订和实践礼乐的根本，为“经”；同时又必须以“时”的观念来调适不同时代和环境下的礼乐实践活动之“中”的表现形态，这便是

“权”。二者的有机结合，即构成了朱熹“经权相济”的礼乐实践观。

“经权相济”是一种典型的儒家式的思辨智慧与实践智慧，在当代社会，我们在编定礼仪规范和实践礼乐传统时即需要运用这一重要的实践原则，以在继承传统礼乐基本精神的基础上，能够有效地迎合时代的需要，同时也使之切实可行，具备普遍适用性。具体如前述所言朱熹的“礼宜从厚”原则，我们在现实生活中，无论是祭祖敬宗，还是人际间的礼尚往来，虽然为了让礼节更加到位，使情意更显真挚深切而强调“礼宜从厚”，但也并非是越“厚”越好，否则将不仅仅是造成无谓的人力物力的浪费，而且还会因不合礼节而适得其反。显然其间是有着基本原则和底线的，而这一基本原则和底线又因人、因时、因地各有不同。如何去判断言行是否合礼适度，就需要认真去体悟和把握朱熹所提倡的“中”与“时”的实践智慧。当然，不仅是在重构和实践传统礼乐时有必要采用这一原则，事实上，“经权相济”的实践智慧也几乎适用于所有的社会实践活动，它无疑是朱熹礼乐哲学思想的一个重要贡献。

3. 礼乐的政治实践原则

朱熹一生虽满怀报国之志，却仕途坎坷，在外为官不足十年，其切身的政治实践活动并不足够充分。不过，就在他不长的政治生涯中，他经办社仓，整肃吏治，惩戒贪腐恶霸，努力推行“正经界”等农业经济改革，等等，为国为民尽心尽力，做了许多事情。其中如“正经界”之举虽没有成功，但总体来说，朱熹的政绩还是令人称道的，为其赢得了很好的官声。

朱熹为官时所推行的各种政治、经济、教育等措施，以及在向当朝皇帝献书进对，与弟子、友人讲论时所提出来的诸多政论思想，等等，大多都是直接或间接源于《周礼》。可以说，朱熹的政治思想是一种较为典型的儒家礼治思想。从政治哲学的高度来审视朱熹的政治实践及相关理论体系，我们可以将其归纳为两个主要的方面：一、合理政治秩序的建构；二、君臣关系的维护。他的礼乐政治哲学思想是其政治实践的基本指导原则。在政治秩序的建构方面，他延续了儒家一贯的德政主张，强调德礼为先，政刑为后，但同时也并没有否定政刑的功能和价值，与荀子“隆礼重法”的政治哲学思想较为一致。而朱熹的礼乐政治哲学思想中，最具价值的则是他关于礼制之下君臣关系的反思。他曾指出，金廷在礼制确立之后“上下位势渐隔，做事渐难”①，认为儒家礼制在严格确立上下位阶等秩的同时，也有着不可避免的负面效应。因此，他极力宣扬先秦儒家所主张的“君使臣以礼，臣事君以忠”（《论语·八佾》）的君臣伦理关系，要求君臣上下“亲爱一体”，以“礼让为国”，共襄强国盛举。作为一个典型的传统士大夫，朱熹从中所体现出的理性精神与爱国爱民之心着实令人感佩。

现代政治强调民主与法治，封建时代的君主集权专制和德政礼治的政治思想自然与之有别。但即便如此，朱熹的礼乐政治哲学思想与政治伦理精神仍有许多值得我们认真思考和借鉴的地方。

第一，朱熹所极力推崇的德礼为先、政刑为后的德政与礼治观念，虽然并不完全适用于今天的社会现实，但其中对为政者的道德品质的重视，就提醒我们必须切实加强对于政府公务员的个人道德素质的考察和培养，而非仅仅是关注其政治表现。当前之所以贪腐现象屡禁不绝，除了官员权力过于集中、制度监管有限等客观因素之外，部分政府官员缺乏“慎独”精神，道德素养低下，自我约束能力不足，也是重要原因。所以，从传统伦理思想入手加强“官德”建设，是建构现代政治伦理的重要方面。尽管这是一个老生常谈的话题，却是经由数千年的历史所证实，有着充分的理论依据和实践价值的。

第二，朱熹对严格的礼制之下君臣关系的反思以及对于君臣之间“诚爱”“相亲”的伦理关系的呼吁，在当前我们的政治生活中更是有着重要的启示意义。中国共产党之所以能够在国内战争中取得胜利，顺应了社会发展的历史规律，迎合了时代的需要，是其根本原因，而良好的党内民主作风和亲如一家的干群关系也是不容忽视的重要部分。建国之后，在较长的一段时间内，

① 〔宋〕黎靖德编：《朱子语类》卷八十九，朱杰人、严佐之、刘永翔主编《朱子全书》第 17 册，上海古籍出版社、安徽教育出版社，2002 年，第 3013 页。

无论是行政事业单位内部的上下级关系，还是社会上的干群关系都基本上延续了这一优良传统。但随着时代的发展，尤其是改革开放之后，党政机关内部的上下级关系以及干群关系之间也不同程度地出现了一些问题，“同志加战友”的亲密感情已渐渐淡薄，“位势渐隔”的现象初现端倪。因此，在各级政府工作人员均坚持原则、各尽其职，努力维护民主、公正、透明的行政环境的基础上，合理借鉴朱熹所主张的君臣关系理论，去其封建专制制度方面的糟粕，进一步加强有原则的“亲爱一体”的现代政治生活中上下级关系和干群关系的建设，也是十分必要的。

## 三、朱熹礼乐哲学思想对当前社会道德价值体系建设的启示

改革开放发展到今天，国家日益富强繁荣，人民物质生活水平大幅提高，这是我国举世共睹的成就。然而，由于随之而来的社会关系的日益丰富和复杂化，以及改革开放初期客观上对国民思想道德建设一定程度上的松懈所造成的影响等因素，使得我国的社会伦理道德问题越来越成为一个人们普遍关心的话题。具体而言，则如焦国成所说：“善恶标准模糊，耻感低下，规则意识淡漠，是当今社会最主要的问题。”① 但事实上，中国是一个有着非常深厚的文明积淀的国度，数千年绵延不绝的文化传承中，强烈的道德属性恰是其最根本的特征。如今国民道德素质所呈现出的下滑趋势，除了受市场经济与西方文化的冲击之外，也和较长时间以来我国的文化建设与传统文化的传承有些脱节不无关系。甚或后者才是关键。所以，在当前具有中国特色的社会主义核心价值体系的建构中，我们不只是要顺应时代发展的要求，认真借鉴和吸收西方文化里具有普遍意义的优秀价值观，更要充分发掘与传扬中国传统伦理思想的精髓。朱熹的礼乐价值论中对于“仁”“敬”“和”等儒家核心伦理观念的深刻论述，既可为我国当前所出现的如“善恶标准模糊，耻感低下，规则意识淡漠”等现实道德问题提供较有针对性的理论借鉴，并有助于

---

① 焦国成：《守善寻本：雕塑和谐社会中完善的人》，《中国教育报》2005 年 1 月 18 日。

真正建构起来一套既与传统道德价值观念一脉相承，又能够和世界优秀文化对接，完全合乎社会与时代发展要求的价值论体系。它主要体现在以下几个方面。

1. 仁德培养

朱熹关于“仁”的解释主要有两点，一是指出“仁者，心之德，爱之理”①，强调“仁”是人心固有之德，乃形成与实践人类之“爱”的基本原理；二是认为“仁”是“天地生物之心”在人心中的体现，“仁是个生底意思”②，将传统的“上天有好生之德”的先验性伦理观念与人类个体心性结合贯通起来。随后他在讨论“仁”与礼乐的关系时，一方面依循先秦儒家的传统，认为“仁”是礼乐实践的核心价值观念；另一方面则以礼乐为“仁”的实现途径。同时，“仁”作为儒家伦理思想中最具代表性、涵义最广泛的一种德性，它既是与“义”“礼”“智”等并列而居首的人伦之大者，同时又能涵括其他诸德。“仁”在孔子的大力提倡宣扬之下，成为了中国传统伦理思想中最重要的内容，到了朱熹，则在原有的基础上结合时代理论背景，对之予以了更为充分的演绎和阐发，进一步强化了“仁”在中国人的价值观念体系中的首要地位。

朱熹“仁者，心之德”的看法乃是对孟子性善论的继承与发展，这一性善论倾向无疑能够有效地增强人们对人性的良性发展并有效提升整个社会道德风尚的信心。因而从社会价值方面来看，它无疑是有着积极意义的。而朱熹强调“仁者，爱之理”，主张“仁”为人们在日常生活中推行仁爱之道的基本原理，也正是建立在其性善论基础上的。将“仁”由“爱”延伸到“生生之意”，不仅是朱熹对于孔孟关于“仁”的观念的发展，同时也告诫人们：除了关爱家人、朋友之外，也要由亲及疏，由近及远，逐层推扩，最终超越地

---

① 〔宋〕朱熹：《孟子集注》卷一，《四书章句集注》，朱杰人、严佐之、刘永翔主编《朱子全书》第 6 册，上海古籍出版社、安徽教育出版社，2002 年，第 246 页。

② 〔宋〕黎靖德编：《朱子语类》卷二十，朱杰人、严佐之、刘永翔主编《朱子全书》第 14 册，上海古籍出版社、安徽教育出版社，2002 年，第 702 页。

域和族群；而且还应将仁爱之心传递给生活世界中的其他生物，充分保障它们的有效生存与发展，这便是“仁”所具备的“生生之意”的大体含义。用现代话语来阐释朱熹的这一理念，则是当前社会所大力提倡的博爱与环保意识。尤其是后者，更是当前的一个事关人类生存与发展的全球性问题。地球是人类共有的家园，我们在其中求取生存资源，亲爱家人朋友的同时，也必须顾念与我们同处于地球家园的其他生灵，维护它们的生存权利，进而保护地球的生态环境，促进全球生物的共同繁荣与发展。

由于“仁”是礼乐的核心伦理价值依据，礼乐则是“仁”的外在表现与实践途径，二者是紧密联结的整体，因此若要真正使得“仁”这一传统伦理智慧为现代社会所用，并深入到人们的日常行为观念之中，对经过合理现代转化的传统礼乐的宣传、教育和推行就是一个必不可少的重要途径。这也从另一方面说明了当前加强传统礼乐的研究与推广的意义。

2.“敬”“和”意识的养成

“仁”是一个相对宽泛、缺乏具体操作原则的伦理论题，礼乐实践作为它的培养和实现途径，其内蕴的“敬”“和”观念就要显得更具实践价值。朱熹认为，“敬”与“和”分别构成了传统礼、乐的基本伦理内涵和依据。“敬”主要有着“敬畏”“爱敬”“诚敬”三个方面的含义，“和”则主要强调的是个体心灵与情感的和宁安定，为“情之正也”，认为“合于礼便是和”“吾心安处便是和”。从中我们不难看出，朱熹的礼乐价值论中对“敬”与“和”的重视，实际上所体现出的乃是他对于以礼为根本标志的宗法伦理的极力维护，以及对于人的情感和心灵世界的终极关怀。而二者由礼乐之间唇齿相依的紧密联系所形成的“敬”体“和”用、“敬”先“和”后，以及“敬则和，和则自然敬”的流转相依的关系，便揭示出了朱熹礼乐伦理思想中重视情理和谐的基本特点。

就现代人的社会伦理生活而言，“敬”与“和”作为礼乐的核心价值观念，伴随着礼乐的生活实践，在人际关系的伦理建设中同样有着重要意义。

当前社会之所以会出现诸多问题，如人类对环境的肆意破坏，年轻人的桀骜不驯、目无尊长，人际交往中的诚信缺失，等等，都与传统的“敬”伦理观念在现代社会生活中的弱化有着莫大关系。朱熹关于“敬”之“敬畏”“爱敬”“诚敬”三个意涵的讨论，则提醒我们应当以这三种伦理态度认真对待日常生活中与自然、社会和他人的交往事务。

孔子讲“畏天命，畏大人，畏圣人之言”（《论语·季氏》），朱熹认为，此处之“畏”应释作“严惮”，“严”便指敬肃，“惮”则有“畏”的意思，孔子所言之“畏”即指“敬畏”①。在孔子之“畏”的基础上明确添入了“敬”的内容，无疑是朱熹的一大贡献，体现出了理学重“敬”的伦理特征。同时，“敬畏”伦理观念也是朱熹礼乐价值论的重要内容，今天对于我们仍然有着借鉴价值。虽然我们已不再迷信“天命”，但仍需要敬畏自然，敬畏生命，关注生态环境，注重人与自然的和谐。而孔子所讲的“大人”“圣人”主要是指贵族统治者和古圣先贤，“大人”在现代社会则大致可比拟为领导或师长。对于领导，今天由于直接的利益相关性，或许人们内心深处的“畏”比“敬”要多得多。对于师长及古圣先贤，从当前各类媒体的报道，以及我们耳闻目睹的许多现象来看，年轻人也已逐渐丧失了应有的那份敬畏之心，如近些年高校中频发的师生冲突事件就是典型例子。所以，“今天，我们有必要对朱熹的敬畏伦理思想进行辩证扬弃和现代转换，批判地吸取其合理元素，为新时期加强公民道德建设，构建和谐社会提供文化资源”②。

此外，由于近年来我国社会年龄结构已日趋老龄化，而社会养老制度和机构建设相比西方发达国家尚有很大差距，加上我国又有着深厚久远的孝文化传统，故而由子女来赡养父母仍是主要的养老方式，同时也是造成我国中青年人群普遍感觉压力很大的重要原因。在这样的情况下，加大对于朱熹礼乐价值论中“孝敬”观念的宣传与推广，自然就有了较强的现实针对性和社会价值。其中，特别是要强调“孝养”与“爱敬”的必然结合，使得子女在

---

① 〔宋〕朱熹：《论语集注》卷八，《四书章句集注》，朱杰人、严佐之、刘永翔主编《朱子全书》第 6 册，上海古籍出版社、安徽教育出版社，2002 年，第 215 页。

② 郭淑新：《朱熹的敬畏伦理思想及其现代意蕴》，《中国哲学史》2009 年第 1 期。

对父母尽孝的过程中不仅仅是给予物质上的满足，更要在情感与心理上给予周到细致的关爱和照顾。同时，朱熹强调做人做事的“真实无妄”，要求在社会生活中坚持“诚敬”的态度，这对强化人们在人际交往中的诚信与尊重他人的伦理意识也有着积极意义。

至于“和”的礼乐价值观念，则主要体现出了朱熹在礼乐实践活动中对于人类情感与心理和谐的重视。对现代人而言，面对着激烈的社会竞争，尤其是正处于成家与立业关键时期的年轻人，所要承受的精神压力可以说是与日俱增。精神压力主要来自于两个方面：一为生存困境，譬如说房价飙升，就业不易，以及“生不起，死不起，也病不起”的社会现实，等等，都是十分严峻的生存难题；一为心态失衡，由于社会贫富差距拉大，理想和现实的落差强烈，加上社会的公平与公正在一定区域和一定时间里没能得到有效体现，等等，都比较容易导致部分人的心态失衡，从而做出过激的举措，如轻生、易冲动，从而引发伤害自身、他人及社会的事件等。这些都是影响社会和谐的重要因素，也可以说是一种社会危机。朱熹认为“和”为“情之正”“吾心安”的情感状态，并认为“合于礼便是和”，这一观念对和谐社会的建设来说，无疑有着较大的借鉴价值：第一，它提醒我们，“和”首先是一种个体内在的情感和心理体验，是个体内心的祥和安定，而非任何外在于人心的物质化的东西；第二，“合于礼便是和”，作为传统道德规范的礼虽然与今天的社会道德规范有所区别，也更非今天的法制，但朱熹所强调的这点则告诫我们，相比众多的“心灵鸡汤”，如各种“心得”式的讲座、书籍，等等，要营造内心的和谐世界，遵纪守法、依循基本的社会道德规范恰恰才是最基础、最普遍适用，也是最重要的途径。

# 朱熹礼学思想及其当代意义

黎　昕

朱子是中国历史上继孔子之后又一位具有国际影响的重要思想家、教育家。其学说“致广大，尽精微，综罗百代”，不仅集理学思想之大成，而且集中国传统文化之大成。在他建构的庞大而精致的理学思想体系中，内在地蕴含着丰富的礼学思想。朱子的礼学思想不仅对宋元以降的中国及东亚社会产生了深远的影响，而且它对我们今天的日常生活和文化建构仍然具有重要的价值和意义。

## 一、朱子治礼的大致经过与贡献

在中国古代社会，“礼”通常是指各种典章制度、礼节仪式和行为规范的总称。它起源于事神祭礼，是人们进行这些活动的礼节礼仪。儒家思想体系中，“礼”是最为重要的概念之一。孔子曾提出“不知礼，无以立”“克己复礼为仁”等思想，认为不懂得礼数，就不能够立身行事，“恭而无礼则劳，慎而无礼则葸，勇而无礼则乱，直而无礼则绞”。约束自己而遵守礼的规定就是仁，主张“道之以德，齐之以礼”的德治。孟子把仁、义、礼、智作为基本的道德规范。荀子强调“礼”维持社会差异结构的功能和价值。“礼也者，贵者敬焉，老者孝焉，长者弟焉，幼者慈焉，贱者惠焉。”“国无礼，则不正。礼之于所以正国也，譬之犹衡之轻重也，犹绳墨于曲直也，犹规矩之方圆也，既措之而人不能诬也。”

朱熹作为儒家思想的承前启后者，一生极为重视礼学。他在青年时期就因父丧而考订诸家礼，《朱子语类》曰："某自十四岁而孤，十六而免丧。是时祭祀，只依家中旧礼。礼文虽未备，却甚整齐，先妣执祭事甚虔。及某年十七八，方考订得诸家礼，礼又稍备。"朱熹在任地方官期间也常常编定一些实用的民间日常礼仪颁发到各地，为世人的行为提供规范。如在同安主簿任上，他不仅发布《申严婚礼状》，而且取《周礼》《仪礼》《唐开元礼》《绍兴祀令》相互参考，自己订定写成《释奠仪图》颁行于县。他在中年时编有《家礼》《古今家礼祭》《增损吕氏乡约》等，晚年更是热衷于编修礼书《仪礼经传通解》。在《朱子语类》中有关朱子与学生讨论各种礼制和礼义的记录比比皆是，《朱子文集》中涉及礼学的文章和书信也很多。朱子的礼学研究，对后世影响最大的当属《仪礼经传通解》和《家礼》。

《仪礼经传通解》是朱子晚年编撰的一部礼书。此书由朱熹及其弟子黄榦和杨复续修而成，该书凡三十七卷，续二十九卷。前二十三卷由朱熹亲自定稿，为绝笔之作，后十四卷由朱熹草定，未及亲自定稿。朱熹三子朱在跋曰：

> 右先君所著《家礼》五卷，《乡礼》三卷，《学礼》十一卷，《邦国礼》四卷，《王朝礼》十四卷，今刊于南康道院。其曰《经传通解》者，凡二十三卷，盖先君晚岁之所亲定，是为绝笔之书。次第具见于《目录》，惟《书数》一篇缺而未补，而《大射礼》《聘礼》《公食大夫礼》《诸侯相朝礼》八篇，则犹未脱稿也。其曰《集传集注》者，此书之旧名也，凡十四卷，为《王朝礼》，而《卜筮》篇亦缺，余则先君所草定，未暇删改者。今皆不敢有所增益，悉从其稿。至于《丧》《祭》二礼，则尝以规模次第，属之门人黄榦，俾之类次，他日书成，亦当相从与此，庶几此书始末具备。顾念先君早岁即尝有志于是书，比在经筵，尝具奏欲请于朝，乞招致生徒，置局编次，而不果上，然其著述之旨意，具存此编。今谨缮录如右，读者当有以识其心之所存矣。礼缺乐坏，千有余年，今幸讨论粗见端绪，而天不假之年，使不克究其大全，而所就者止此，呜呼已矣！其可为千古之恨也夫！

从中可以看出，朱熹早年就有意编撰这部礼书，“今欲定制一书，先以《仪礼》篇目置于前，而附《礼记》为后。如《射礼》则附以《射义》，似此类已得二十余篇”。绍熙五年（1194），他又上《乞修三礼札子》，试图借助朝廷之力来完成礼书的编修工作，可惜这个愿望最终未能实现，所以他只好另寻他法。庆元二年（1196），朱熹不得不发动弟子共同编纂这部礼书。尽管一直到朱熹逝世时该书还没有完全完稿，但仍然可以堪称是一部礼书大全。朱熹希望将古今礼制融会贯通，以《仪礼》为经，以《礼记》为传，以《周礼》为纲的编纂设想在该书中得到了实现。可以说，这部礼书最能反映朱子的礼学思想。《仪礼经传通解》重新确立《仪礼》在三礼中的核心地位，打破三礼相分的传统注经方式，采取三礼合一、经传合一，同时注入理学精神的编纂方式也在后世产生了重要的影响。

《家礼》是朱子礼学思想的另一重要代表性著作。它是朱子以司马光的《司马温公书仪》为基础，参照各家之说增损裁剪而成的。《家礼》以家庭、家族为中心，以礼仪实践为主导，从世俗生活本身入手，重新在冠、婚、丧、祭生活起居应对进退各方面，融入礼的精神，并进一步对礼制进行整理考订，将繁琐重复的仪节加以改进，为人们提供了人生各个阶段，包括冠、婚、丧、祭等家常日用的仪节和实践方式。《家礼》一反古代礼书的繁琐，简便易行，将传统的“贵族之礼”改造成适应性更广的“庶民之礼”，在当时社会产生了广泛的影响，许多学者加以翻刻或注释，或仿照它重新编定各种因时制宜的家礼，明代，朝廷将它颁行天下，要求民众一体通行。《家礼》通过祠堂设施、宗法原则、祖先信仰、祭田和其所提供的一套行为仪轨，不但使儒家之教获得了广阔的社会空间，而且实现了家礼规范的定型，对明清以后的民间社会结构、日常生活、民俗礼仪等都产生了深刻的影响。

## 二、朱子礼学思想的主要特点

朱熹在构造宏大的性理之学时，从不忽略经世致用的外王之学和社会教化。他以儒家传统礼学思想为渊源，与时俱进，结合当时的社会风俗和时代需求，建构了理、礼融为一体的新礼学思想。一方面，朱熹重视义理，赋予“礼”天理的内涵。另一方面，朱熹重视践履功夫，关注洒扫应对进退之间的威仪，应社会之需，以《仪礼》为经，《礼记》为传，《周礼》为纲，编撰《家礼》《仪礼经传通解》等，不仅为士庶阶层确立了通用之礼，而且在礼制构想上形成了家、乡、学、邦国到王朝的系统礼仪制度，为人们的践履提供了重要的依凭。朱子礼学思想至少具有以下几个特点。

（一）以理释礼。朱熹认为，礼体现了天理，礼由圣人所作，但并非凭空而做，而是由天理所决定的。他说：“礼只是理，只是看合当恁地。”“礼者，节文也。礼数。”“礼者，天理之节文。”“礼即理也，但谓之理，则疑若未有形迹之可言。制而为礼，则有品节文章之可见也。”“礼谓之天理之节文者，盖天下皆有当然之理，但此理无形无影，故作此礼文画出一个天理与人看，教有规矩，可以凭据，故谓之天理之节文。”朱熹在注释《论语·学而》“礼之用，和为贵”一章时说：“礼者，天理之节文，人事之仪则也。”所谓“节”，就是要有所节制，不要超过必要的界限；所谓的“文”，就是文饰，让他人能够清晰地看到。陈淳解释“节文”曰：“‘节’则无大过，‘文’则无不及。”所以，节文具有节制、中节之意。陈淳解释“人事之仪则”说：“‘仪’谓容仪形见于外者，有粲然可象底意，与‘文’字相应。‘则’谓法则，准则，是个骨子，所以存于中者，乃确然不易之意，与‘节’字相应。”“文而后仪，节而后则，必有天理之节文，而后有人事之仪则，言须尽此二者，意乃完备。”礼的本源是天理之自然，所谓礼，本来就是圣人按照天理来制订的，天理是人类社会规范的原理，而这些具体的礼节和礼制则是天理的体现，“盖圣人制礼，无一节是强人”。由于形而上的理无形无影，未有形迹之可言，所以才由圣人之心与天合一，制而为礼，使人教有规矩，行有凭据。礼有本有文，天理是圣人制礼的凭据，礼文则是圣人依据天理为人们提供的规范和准则。

由于“礼”具有强制和规范之意。所以朱熹说“礼是严敬之义”，但他认为这种严敬并不违背天理之自然。“礼之体虽严，而皆出于自然之理。”又说：“礼乐者，皆天理之自然。节文也是天理自然，和乐也是天理自然。这天理本是笼统一直下来，圣人就其中立个界限，分成段子，其本如此，其末也如此，其外如此，其里也如此，但不可差其界限。才差界限，便是不合天理。”

朱熹认为，天理是人本心所具有的。“盖自天降生民，则既莫不与之以仁义礼智之性矣。”“须知天理只是仁义礼智之总名，仁义礼智便是天理之件数。”在他看来，仁义礼智是人的本性，是天理。“仁义礼智，性也。性无形影可摸索，只是有这理也耳。惟情乃可得见，恻隐、羞恶、辞逊、是非是也。”性有未发之性和已发之性，未发之性是天理，已发之性则为情，情是一个善恶相混的概念，只有发而中节才能符合天理。而礼则具有节制、中节的作用，它能够约束情感，使之符合天理。“才说理，便自有个中制，贤者可以附而就之，不肖者便可企而及之。”所以他强调“礼贵得中”。只有内心感情表达适中，外在行为才能合乎时宜。朱熹正是通过这样的以理释礼，赋予了“礼”以“天理”的内涵，实现了理、礼的融合，使礼学得以理学化。

（二）明礼致用。朱子修礼、治礼，其根本旨趣在于经世致用。钱穆先生指出：“盖朱子治礼，其意在于博古通今，明礼以致用。”明礼致用是朱子礼学思想有别于其他经学家的一个显著特点。关于这点，我们可以从朱子编撰《家礼》和《仪礼经传通解》的意图中窥见一二。朱子在《家礼·序》中这样写道：“凡礼有本有文，自其施于家者言之，则名分之守，爱敬之实，其本也。冠昏丧祭仪章度数者，其文也。”“三代之际，礼经备矣。然其存于今者，宫庐器服之制，出入起居之节，皆已不宜于世。世之君子，虽或酌以古今之变，更为一时之法，然亦或详或略，无所折中。至或遗其本而务其末，缓于实而急于文。自有志好礼之士，犹或不能举其要，而困于贫窭者，尤患其终不能有以及于礼也。熹之愚，盖两病焉。是以尝独观古今之籍，因其大体而不可变者而少加损益于其间，以为一家之书。”修定家礼，其主旨是为了谨名分，崇爱敬，略浮文，敦本实。博通古今，以补礼之不备和匡正“遗其本而务其末，缓于实而急于文”，“不能举其要”而“终不能有以及于礼”的时弊，使人们“谨终追远之心”，熟讲而勉行古人所以修身之道，国家所以敦化导民之意，做到行之有时，施之有所，临事之际，以合宜而应节。

朱熹在《乞修三礼札子》中针对“熙宁以来，王安石变乱旧制，废罢《仪礼》，而独存《礼记》之科，弃经作传，遗本宗末，其失已甚。而博士诸生又不过诵其虚文以供应举，至于其间亦有因仪法度数之实而立文者，则成幽冥而莫知其源。一有大议，率用耳学臆断而已”的现状，请求皇帝允许他网罗一批学者共同参与礼书的编纂。编纂的基本原则就是“以《仪礼》为经，而取《礼记》及诸经史杂书所载有及于礼者，皆以附于本经之下”。他认为这样不仅“可以兴起废坠，垂之永久，使士知之学”，而且“异时可为圣朝制作之助”。这些都鲜明地体现了朱子明礼致用，试图通过对古礼的整理注释，为普通民众制订日常礼仪，实现社会教化、改变社会风俗的目标和追求。

（三）适时易行。钱穆先生说：“朱子论《礼》，大要有两端。一曰贵时，不贵泥古。一曰《礼》文累积日繁，贵在通其大本。”朱熹认为，礼要做到切实可行，就必须根据社会实际需要，因时变通，删繁就简，在不失本原的基础上，把从古至今累积的繁琐礼文简洁化，使其易知易行。他说：“礼，时为大。有圣人者作，必将因今之理而裁酌其中，取其简易易晓而可行，必不至复取古人繁缛之理而施之于今也。”又说“礼时为大。使圣贤用礼，必不一切从古之礼。疑只是以古礼减杀，从今世俗之礼”。朱熹无论是对礼书的整理，还是对礼经的注释，都体现了适时易行的原则。他说：“礼学多不可考，盖为其书不全，考来考去，考得更没下梢，故学礼者多迂阔，一缘读书不广，兼亦无书可读。”“今所集《礼书》，也只是略存古之制度，使后人自去减杀，求其可行者而已。若必欲一一尽古人衣服冠履之纤悉毕备，其势也行不得。”整理古礼，并不是要原封不动地照搬古礼，而是要体现古礼的大义。“古礼难行。后世苟有作者必须酌古今之宜，若是古人如此繁缛，如何要今人要行得!”由于古今时势不同，宫室、服饰、语言、风俗迥异，因而后世要完全实行古代繁冗之礼已不可能，因此，“必须酌古今之宜”。不但古礼需要变通从简，今礼也要简便易行。“若圣贤者作，必须简易疏通，使见之而易知，推之而易行。”他甚至认为，只要遵循了礼的大义，“随俗不碍理”，即使不符合古礼也行。《语类》载：“问丧礼制度节目。曰：恐怕《仪礼》也难行。孔子曰：‘行夏之时，乘殷之辂，’已是厌周文之类了。某怕圣人出来，也只随今风俗立一个限制，须从宽简。而今考得礼仔细，一一如古，固是好；如考不得，也只随俗不碍理底行去。”考古礼，最重要的是要看它在今天是否可行，只要“不碍理”，不失礼之大义，随俗亦无不可。“三王制礼，因革不同，皆合乎风气之宜，而不违乎义理之正。”又如朱熹考证古礼有盘坐、有跪坐，但宋代已经有椅子，所以他认为不必拘泥于古礼。“今人有椅子，若对宾客时，合当垂足坐；若独居时，垂足坐难久，盘坐亦何害?”对于冠礼、婚礼、丧礼等这些重要的仪礼来说，朱熹也主张从现实出发，不拘泥于礼书和古礼而加以变通。适时易行，体现了理学经世致用的追求。

（四）重在践履。朱熹说：“博学而详说之，将以反说约也。何谓约？礼是也。礼者，履也，谓昔之诵而说者，至是可践可履也。故夫子曰：‘君子博学于文，约之以礼。’颜子称夫子亦曰：‘博我以文，约之以礼。’礼之为义，不其大哉!”把“礼”解为履，是朱子礼学思想的一大特点。朱熹认为，礼不仅是调整人际关系的规范，而且更是自我实践“仁”的现实之路。因此，他十分重视礼仪规范的推行和实施。有感于礼学实践中“礼不难行于上，而欲其行于下者难”的现实，他在任同安主簿时曾着手日常礼仪的修订和实施；他针对宋代官吏平常行礼大都潦草敷衍，毫无庄重之感，不足以给当地百姓以榜样示范作用的现状，从释奠礼着手，整理、刊刻、颁发相关条目到州郡，试图在地方上恢复古礼。他编《家礼》，作《家训》，希望通过这些家仪礼节来达到谨名分，崇爱敬，同时使人们深明义理，在家修习礼法仪节以体现修身齐家，从而起到教化民众的作用。他在白鹿洞书院期间，制定《白鹿洞书院学规》，五教之目中的修身之要、处世之要、接物之要，都是要求学生遵守礼仪规范。他编撰《小学》教儿童以明伦，敬申之礼，又撰《童蒙须知》，教儿童以明衣服冠履、语言步趋、洒扫涓洁之礼，他作《增损吕氏乡约》，推广“德业相劝”“过失相规”“礼俗相交”“患难相恤”为主要内容的乡约制度，对礼俗交往等日常行为规范作了详尽规定，希望人们以这些礼俗为标准，“同约之人，各自进修、互相劝免”“各自省察、互相规戒，小则密规之，大则众戒之”，以达到社会教化的目的。考虑到文字表达不易让人一目了然，他还准备为《仪礼》制成礼图，图文并茂，使其礼学体系更加通俗易懂，以便民众在日常生活加以遵行。

朱熹认为，礼作为天理之自然，其本身就是表里如一的，因而对礼的践履也必须是发自内心的。“礼是恭敬底物事，尔心中自不恭敬，外面空做许多般模样；乐是和乐底物事，尔心中自不和乐，外面强做和乐，也不得。心里不恁地，外面强做，终是有差失。纵饶做的不差失，也只表里不相应，也不是礼乐。”又说：“若人而不仁，空有那周旋百拜，铿锵鼓舞，许多劳攘，当不得那礼乐。”所以他强调为礼须以敬为根本，把持敬作为践礼的基本原则，“盖圣贤之学，彻头彻尾只是一个敬字，致知者，以敬而知之也；力行者，以敬而行之也。”那么，什么是敬？朱熹说：“然敬有甚物？只如畏字相似。不是块然兀坐，耳不闻，目不见，全不省事之谓。只收敛身心，整齐纯一，不恁地放纵，便是敬。”敬是拒绝放纵，强调收敛身心，使内心持久地处于一种敬畏的状态。同时，它更要在日常生活中力行。“今所谓持敬，不是将个敬字好物事样塞放怀里，只要胸中常有此意，而无其名耳。”敬有死敬，有活敬。只有心中真正敬畏并把其切实贯彻到实践中的敬才是活敬，只有“敬义夹持”的敬才是活敬，只有做到活敬，才能真正做到表里如一，身心合一。“持敬之说，不必多言。但熟味‘整齐严肃’，‘严威严恪’，‘动容貌、整思虑’，‘正衣冠、尊瞻视’此等数语，而实加工焉，则所谓直内，所谓主一，自然不费安排，而身心者然，表里如一也。”“敬”就是要做到内无妄思，外无外动。在践礼的过程中，除了要以敬为本，保持敬畏之心外，还要以礼之节文为标准和依凭，做到持敬与礼文相统一，两者相互交养，才能圆融渐进，成圣成贤。

## 三、朱子礼学思想的当代意义

毋庸讳言，朱子礼学思想作为特定时代的思想产物，不可避免地存在着一些适应当时社会需要而在今天看来不合时宜的内容和形式。但同时我们也要看到，朱子礼学思想作为中国传统文化的重要组成部分，其中亦蕴含着丰富的治国理政思想和建构新时代中国特色社会主义文化的丰富资源，是涵养社会主义核心价值观的重要源泉。

如朱子礼学思想中强调家国同理，忠孝一体，强调格物致知、诚意正心，修身齐家治国平天下的内在关联，把个人与社会、家庭与国家视为密不可分的整体，忠孝互为表里，注重家庭、家教、家风对治国平天下的重要作用，这对于推动新时代家风建设具有重要启示。

又如，朱子礼学思想中以理释礼，把理与礼贯通起来，从天理的高度对礼进行了详尽的阐释，同时又注重日常的践履功夫，视礼为现实规则，作为实现仁的过程中绝不可或缺的重要环节，把道德教育渗透到衣食住行、言谈举止各个方面，通过各种礼仪、制度来规范和约束人们的言行，这对于帮助我们正确认识社会主义核心价值观与具体社会主义道德规范之间的关系，把我们所提倡的与人们的日常生活紧密结合起来，通过有计划地建立和规范一些礼仪制度，健全各行各业的规章制度，完善市民公约、乡规民约、学生守则等行为规则，通过把社会主义核心价值观的要求转化为具有刚性约束力的法律规定等方式，从而把社会主义核心价值观融入社会生活，在落细、落小、落实上下功夫，把社会主义核心价值观日常化、具体化、形象化、生活化，使每个人都能在实践中感知它、领悟它，内化为精神追求，外化为实际行动，使社会主义核心价值观成为人们日常工作生活的基本遵循也有重要的启示。

再如，朱子礼学思想要求要明礼致用，适时易行，这对于帮助我们坚持守正创新，推动传统文化资源更好地创造性转化、创新性发展，以适应新时代中国特色社会主义发展的需要也有重要性启迪。

# 朱子“尽心”诠释转向考论

江佳凤

《孟子·尽心上》：“尽其心者，知其性也。知其性，则知天矣。存其心，养其性，所以事天也。殀寿不贰，修身以俟之，所以立命也。”此一节，短短数语蕴含着中国哲学中的许多重要概念，因而受到了古今学者的诸多重视。朱子在《四书章句集注》花了许多笔墨解释此节：

> 心者，人之神明，所以具众理而应万事者也。性则心之所具之理，而天又理之所从以出者也。人有是心，莫非全体，然不穷理，则有所蔽而无以尽乎此心之量。故能极其心之全体而无不尽者，必其能穷夫理而无不知者也。既知其理，则其所从出。亦不外是矣。以大学之序言之，知性则物格之谓，尽心则知至之谓也。存其心，养其性，所以事天也。存，谓操而不舍；养，谓顺而不害；事，则奉承而不违也。

朱子对《孟子》此节的解读以“尽心”概念为核心，具有两个特点：1. 朱子认为“者”字有倒装意，因此“尽其心者，知其性也”意为“人能尽其心者，只为知其性，知性却在先”。2. 结合《大学》的八条目来解读“尽心知性”与“存心养性”，《集注》以“物格”解释“知性”、以“知至”解释“尽心”。但在《语类》中又可见到朱子将“尽心”解释为“意诚”的说法：

> 某前以孟子“尽心”为如大学“知至”，今思之，恐当作“意诚”

说。盖孟子当时特地说个“尽心”，煞须用功。所谓尽心者，言心之所存，更无一毫不尽，好善便“如好好色”，恶恶便“如恶恶臭”，彻底如此，没些虚伪不实。童云：“如所谓尽心力为之之‘尽’否?”曰：“然。”

针对朱子的诠释，学界已有关注：如牟宗三先生的《心体与性体》，黄俊杰《孟子尽心上第一章集释新诠》、方旭东《尽心与知性——朱子对〈孟子〉“尽心知性”的诠释问题》、唐东辉《对朱子、阳明、牟宗三解“尽心知性”章之批判》等研究成果对朱子的诠释分析详细，褒贬不一，部分成果注意到了朱子对“尽心”的诠释发生了从“知至”到“意诚”的转变。但对于朱子“知至—意诚—知至”的诠释转向未能有全面的认识。

## 一、朱子“尽心”诠释考

1. 第一阶段：解释为“知至”。

朱子对将“尽心”解释为“知至”在《答何叔京》中已可见其端倪：

“尽心知性知天”，言学者造道之事。“穷理尽性至命”，言圣人作易之事……

存心养性，便是正心诚意之事。然不可谓全在致知格物之后，但必物格知至然后能尽其道耳。

《朱子书信编年考证》中将此书信的时间定为壬辰（1172年前后），《朱熹师友门人往还书札汇编》中认为此书有待考证，但可能与上书所撰时间相近。参考上书，则时间大致于庚寅（1170）以后。此处朱子将“尽心知性”对应于“致知格物”，将“存心养性”对应于“正心诚意”，虽未直言“尽心”为“知至”，但已有意识地将“知性”对应于“格物”，“尽心”对应于“致知”，认识到要做到“尽心知性”需“致知格物”后方可达到。《胡子知言疑义》有类似记载：

熹按孟子尽心之意，正谓私意脱落，众理贯通，尽得此心无尽之体，而自其扩充，则可以即事即物，而无不尽其全体之用焉尔。但人虽能尽得此体，然存养不熟，而于事物之间一有所蔽，则或有不得尽其用者。故孟子既言尽心知性，又言存心养性，盖欲此体常存，而即事即物，各用其极，无有不尽。夫以大学之序言之，则尽心知性者，致知格物之事；存心养性者，诚意正心之事，而夭寿不贰、修身以俟之者，修身以下之事也。此其次序甚明，皆学者之事也。

据《朱熹年谱长编》考订，《胡子知言疑义》撰成于辛卯（1171 年）。这一时期朱子对于“尽心知性”与“存心养性”的解释已经掺杂了对《大学》八条目的理解，但还未走向成熟。纵观朱子所有对“尽心”的解读，多是以“知至”“意诚”的“境界”来解释的，但朱子此时仍常以“格物”“致知”来做诠释。“物格”与“格物”、“知至”与“致知”之区别与联系，王夫之在《读四书大全》中有提及：

朱子以“物格”言知性，语甚奇特。非实有得与中而洞然见性，不能作此语也……盖格物者知性之功，而非即能知其性；物格者则于既格知后，性无不知也。故朱子以曾子之唯一贯者为证。“一以贯之”，物之即格也，而非多学而识之即能统于一一贯也。穷理格物只是工夫，理穷物格亦格物穷理之效。乃至于表里精粗无不豁然贯通之日，则岂特于物见理哉！吾心之皆备夫万物者固现前矣。

依王夫之之见，格物是工夫，物格是格物工夫之后的“效果”，或境界。朱子大多以“物格”解释“知性”，“知至”或“意诚”解释“尽心”，都是以“效果”言之。朱子少以“格物”“致知”“诚意”言之，或可看作一种“方便之言”，即朱子偶尔以强调工夫的一面来解释“尽心知性”，但“尽心知性”

在朱子的总体考虑中仍应是一种“效果”或是“境界”。

2. 第二阶段：解释为“意诚”。

朱子在庚戌（1190 年）前后又转向以“意诚”来解释“尽心”，《朱子语类》记载：

1.1 问：“尽心，只是知得尽，未说及行否?”曰：“某初间亦把做只是知得尽，如大学‘知至’一般，未说及行。后来子细看，如大学‘诚意’字模样，是真个恁地尽。‘如恶恶臭，如好好色’，知至亦须兼诚意乃尽。如知得七分，自家去做，只著得五分心力，便是未尽。有时放缓，又不做了。如知得十分真切，自家须著过二十分心力实去恁地做，便是尽。‘尽其心者，知其性也。’知性，所以能尽心。”此段句意恐未真。

1.2“某前以孟子‘尽心’为如大学‘知至’，今思之，恐当作‘意诚’说。盖孟子当时特地说个‘尽心’，煞须用功。所谓尽心者，言心之所存，更无一毫不尽，好善便‘如好好色’，恶恶便‘如恶恶臭’，彻底如此，没些虚伪不实。”童云：“如所谓尽心力为之之‘尽’否?”曰：“然。”

1.3 黄先之问“尽心”。曰：“尽心，是竭尽此心。今人做事，那曾做得尽，只尽得四五分心，便道了。若是尽心，只是一心为之，更无偏旁底心。‘如恶恶臭，如好好色’，必定是如此。如云尽心力为之。”

1.4“尽心、知性、知天”，工夫在知性上。尽心只是诚意，知性却是穷理。心有未尽，便有空阙。如十分只尽得七分，便是空阙了二三分。须是“如恶恶臭，如好好色”，孝便极其孝，仁便极其仁。性即理，理即天。我既知得此理，则所谓尽心者，自是不容已。如此说，却不重叠。既能尽心、知性，则胸中已是莹白净洁。却只要时时省察，恐有污坏，故终之以存养之事。

1.5 尽心者，发必自慊，而无有外之心，即大学意诚之事也。

1.6 问“尽心者知至也”。曰：“知得到时，必尽我这心去做。如事君必要极于忠，为子必要极于孝，不是备礼如此。既知得到这处，若于心有些子未尽处，便打不过，便不足。”

依据《朱子语录姓氏》，1.1 与 1.2 两条的记述时间可确定为庚戌（1190年），其余四条的记述时间分别在辛亥（1191 年）、己亥（1179 年）、己酉（1189 年）、辛亥（1191 年）以后。由此可猜测朱子在庚戌（1190 年）前后，对“尽心”的解释发生了第一次转向，即以“意诚”来解释“尽心”，以“省察”来解释“存心养性”（1.4）。

材料 1.1 中，朱子直言从前以“知至”解释“尽心”，并认为这种解释的缺陷在于似乎“未说及行”，此时既说及行，朱子不免要对知（知至）与行（意诚）关系作出诠释。首先，朱子认为知先行后，即“知得到时，必尽我这心去做”（1.6）。因此此阶段对“尽心”的解释仍未排斥“知至”，而是在此基础上又往前了一步，即“知至亦须兼诚意乃尽”（1.1）。其次，朱子对“尽心”状态的描述是“如知得十分真切，自家须著过二十分心力实去恁地做”，而“未尽”状态则是“如知得七分，自家去做，只著得五分心力”，则知之尽与行之尽是“尽心”的必要条件，但知是否必然能行，朱子于此未有过多解释。

3. 第三阶段：解释为“知至”。

朱子仅在短暂的时间内将“尽心”解释为“意诚”，很快又转向了以“知至”解释“尽心”，《朱子语类》记载：

2.1 知性也，物格也；尽心者，知至也。“物”字对“性”字，“知”字对“心”字。

2.2 问：“横渠谓：‘心能尽性，’”人能弘道“也；性不知检其心，”非道弘人“也。’如孟子：‘尽其心者，知其性也。’先生谓：‘尽其心者，必其能知性者也。知性是物格之事，尽心是知至之事。’如何？”曰：“心与性只一般，知与尽不同。所谓知，便是心了。”问：“知是心之神明，似与四端所谓智不同?”曰:“此‘知’字义又大。然孔子多说仁、智,如‘元亨利贞’,元便是仁,贞便是智。四端,仁智最大。无贞,则元无起处;无智,则如何是仁?易曰:‘大明终始。’有终便有始。智之所以为大者,以其有知也。”

2.3“尽心、知性”,以前看得“知”字放轻。今观之,却是“知”字重,“尽”字轻。知性,则心尽矣。存养,有行底意思。

2.4问:“‘尽、知、存、养’四字如何分别?”曰:“尽知是知底工夫,存养是守底工夫。”

2.5孟子说“知性”,是知得性中物事。既知得,须尽知得,方始是尽心。下面“存其心,养其性”,方始是做工夫处。如大学说“物格而后知至”。物格者,物理之极处无不到,知性也;知至者,吾心之所知无不尽,尽心也。至于“知至而后意诚”,诚则“存其心,养其性”也。圣人说知必说行,不可胜数。

据《朱子语录姓氏》所录,可直接确定谈话时间的有2.2、2.3和2.4三条,其时间分别为甲寅(1194年)、辛亥(1191年)、甲寅(1194年)。则朱子对“尽心”诠释的第二次转向应当不晚于辛亥(1191年)。除《语类》以外,《文集》中还有两封值得注意的书信:

孟子所谓“尽心”,今既定作“知至”说,则“知天”一条当系何属?

——《答陈安卿》

尽心之说,当时见得如此,故以为诚意之事。后来思之,似只是知至之事,当更寻旧说考之。

——《答朱飞卿》

《答陈安卿》中,陈淳直接提及“今既定作‘知至’说”之语,结合上文材料1.1，陈淳曾记朱子将“尽心”解释为“意诚”的话语，则知“今”以前，朱子将“尽心”解释为“意诚”，经过反复推敲后，最后定为“知至”说。此则材料亦说明，陈淳受教于朱子时，必定经历了朱子对“尽心”诠释的这一转变。《朱子书信编年考证》中于此书时间未详，仅以其余书信皆在辛亥而推此书作于辛亥（1191年）前后。而《朱熹师友门人往还书札汇编》中认为此书所论与《朱子语类》卷八十九所载黄义刚所记相合，故推之此书可能作于癸丑（1193年）间。今取《汇编》之考证，此封书信内容与前文“‘尽心’诠释的第二次转向应当不晚于辛亥（1191年）”的结论相合。

《答朱飞卿》中，朱子直接提及自己“当时”将“尽心”解释为“诚意之事”，写信之时则认为“尽心”仍是“知至”之事。《朱子书信编年考证》中认为“此书疑在守漳之后”，即辛亥（1191年）间。《朱熹师友门人往还书札汇编》亦然。此封书信内容亦与前文“‘尽心’诠释的第二次转向应当不晚于辛亥（1191年）”的结论相合。

由以上考证可大致推断朱子对“尽心”的诠释发生了如下转变：庚戌（1190年）以前，朱子将“尽心”解释为“知至”；在庚戌（1190年）与辛亥（1191年）间，朱子将“尽心”解释为“意诚”，认为“工夫在知性上，尽心只是诚意”；辛亥（1191年）以后，朱子再次将“尽心”解释为“知至”，并又把“意诚”归于“存心养性”。

## 二、朱子“尽心”诠释转向之原因探究

前人对朱子“尽心”诠释的转向的关注主要集中在第一次转向上，即由“知至”到“意诚”。牟宗三在《心体与性体》一书中虽然认为无论以“知至”还是“意诚”来解释“尽心”都非孟子本义，但仍承认了这二种解释仍存在一些区别。牟宗三认为“以意诚说尽心，是实行地尽。但此实行地尽却是依所知至理尽心力而为之，心成虚位字，是他律道德”。方旭东在《尽心与知性——朱子对〈孟子〉“尽心知性”的诠释问题》一文中认为“用‘知至’说‘尽心’带来的理解问题，朱子后来有所自觉，他发现，这样说会让人误以为

‘尽心’只与认识（知）有关，而‘尽心’其实更多与力行（行）有关，遂改用‘意诚’说‘尽心’”。盖以朱子自言从前以“知至”作诠释，“未说及行”，两位学者对朱子诠释转向的原因探讨主要由知行方面入手，肯定了朱子以“意诚”来做诠释有强调行的一面。

本文则从朱子对“意诚”的理解变化入手，主要关注朱子的“尽心”诠释的第二次转向。

朱子对“尽心”之诠释转向与对“意诚”的理解变化之间的联系在《答朱飞卿》一书中可以窥见一二：

> 尽心之说，当时见得如此，故以为诚意之事。后来思之，似只是知至之事，当更寻旧说考之。下文且只平看，不必以“所以”二字为关键也。
>
> ……
>
> 改“诚意”章说
>
> “诚意”一章，来喻似未晓《章句》中意。当云人意志发，形于心者本合皆善，惟见理不明，故有不善杂之，而不能实其为善之意。今知已至，则无不善之杂，而能实其为善之意，则又不病矣。又善恶之实于中而形于外，但有为恶之实，则其为善也不诚矣。纯一于善而无不实者，即是此意未尝异也。

如前文所述，《朱子书信编年考证》和《朱熹师友门人往还书札汇编》都认为“此书疑在守漳之后”，即辛亥（1191年）间。此封书信中，朱子先言自己将“尽心”的诠释由“意诚”转向了“知至”，再言自己改“诚意”章之内容。可见朱子对“诚意”的理解转变，使得朱子认为“诚意”不适宜再用以诠释“尽心”，转而认为“尽心”仍应当是“知至”之事。此封书信中“诚意”之观念相较于从前有何改变还有赖于对“诚意”章修改过程的考证。《答汪长孺别纸》中，朱子提及了“诚意”章的修改：

《大学》“知至而后意诚，意诚而后心正”二句，《章句》注解新旧说不同。

若如旧说，则格物之后更无下工夫处，向后许多经传皆成剩语矣，意恐不然，故改之耳。来说得之。

此封书信中，朱子认为自己对于“意诚”的旧理解中存在一个问题，即“意诚”无工夫。依照旧说，则《大学》之八条目，仅“格物”处需要做工夫。这种诠释方式下，似乎人只要做好“格物”便能达到“心与理一”的境界，而“格物”以下的经传就成为了“剩语”。朱子对四书的诠释极深研几，必然不能接受这种使经传成为剩语的诠释方法，由此对“意诚”章进行了重新思考。值得注意的是，《朱子书信编年考证》中认为此封书信写于辛亥（1191 年）以后，这一时间与朱子将“尽心”的诠释由“意诚”改为“知至”的时间是一致的。加之上文所引《答朱飞卿》一书，可以推测辛亥年间，朱子意识到了“意诚”旧说会使得“格物”条目以下经传皆成剩语，由此对“意诚”进行了重新解读。由“意诚”的重新解读又导致了“尽心”诠释的转向。

以辛亥（1191 年）为界，重新考察朱子在关于“尽心”的诠释中涉及“意诚”的话语应当有助于我们厘清朱子对“意诚”的理解发生了何种变化。辛亥以前，朱子在将“尽心”解释为“意诚”的同时，格外强调“意诚”处“煞须用功”（1.1），“工夫只在知性上”（1.3）。

问椿：“知极其至，有时意又不诚，是如何?”椿无对。曰：“且去这里子细穷究。”一日，禀云：“是知之未极其至。”先生曰：“是则是。今有二人：一人知得这是善，这是恶；又有一人真知得这是善当为，恶不可为。然后一人心中，如何见得他是真知处?”椿亦无以应。先生笑曰：“且放下此一段，缓缓寻思，自有超然见到处。”

此条语类由魏椿所录，据《朱子语录姓氏》所记，时间当在戊申（1188年）。魏椿于此实则提出了一个十分尖锐的问题："知至"与"意诚"之间既应联系也应区别，但因为朱子强调工夫只在"格物致知"，一下工夫似乎是顺其自然即可达到的，那么"知至"与"意诚"之间的区别则难以体现。朱子对于"知极其至"的情况下，为什么"意又不诚"的问题，赞成了魏椿自己的回答，即"意不诚"还是因为"知不至"，若"知极其至"则不当出现"意不诚"的情况。因此朱子此处仍在"知至"的范围内理解"意诚"。

朱子的回答中则提出了两种不同的"知"。依照王凯立先生对朱子哲学中"知"的划分，朱子言"知"有先验之知与经验之知的区别。先验之知即"本知"，经验之知则有"无知""浅知""真知"的区分。于这条《语类》而言，朱子所说"一人知得这是善，这是恶"实则是一种"浅知"，这种情况下的人对善恶有着基本的认识，但是未必能依照认识来行动。朱子所说的第二种"真知得这是善当为，恶不可为"则是一种"真知"，这种情况下，人既有对善恶的认识，也有依照这种认识去行动的动力。朱子提出了"浅知"与"真知"这两种不同的知，再次将问题抛给了魏椿。魏椿问如何意不诚，朱子只以"知"回答，"如何见得他是真知处?"一问实则想说一个人很难知道自己的知是"浅知"还是"真知"，由是"意诚"的作用才凸显了出来。

> 欲知知之真不真，意之诚不诚，只看做不做如何。真个如此做底，便是知至、意诚。

朱子认为一个人是否"知已至"是很难判断的，必须做出来以后方可知道，而"格物者，知之始也；诚意者，行之始也"，因此"知"究竟至不至，必须到"诚意"阶段才可显现。当"行"成为了"知之真"与"意之诚"的判断依据时，无怪乎朱子在此阶段会将"尽心"解释为"意诚"。这与牟宗三、方旭东先生的研究结果亦相合。

总之，辛亥之前，"诚意"是无须作工夫的，工夫全在"格物致知"。当人做出行动后，便能看出知是否至，意是否诚。知至则意诚，知不至则意不诚。朱子在此阶段，承认了"无知""浅知"下的"意不诚"，而"真知"则必然是"意诚"的。

再看辛亥（1191 年）后朱子对"意诚"之看法：

或问："知至以后，善恶既判，何由意有未诚处?"曰："克己之功，乃是知至以后事。'惟圣罔念作狂，惟狂克念作圣'。一念才放下，便是失其正。自古无放心底圣贤，然一念之微，所当深谨，才说知至后不用诚意，便不是。'人心惟危，道心惟微'，毫厘间不可不子细理会。才说太快，便失却此项工夫也。"

孟子说"知性"，是知得性中物事。既知得，须尽知得，方始是尽心。下面"存其心，养其性"，方始是做工夫处。如大学说"物格而后知至"。物格者，物理之极处无不到，知性也；知至者，吾心之所知无不尽，尽心也。至于"知至而后意诚"，诚则"存其心，养其性"也。圣人说知必说行，不可胜数。

正如《答汪长孺别纸》所提，朱子意识到旧说中，"格物之后更无下工夫处，向后许多经传皆成剩语矣"，故而改之。因而辛亥以后，朱子不再说"诚意"工夫都在"知至"，转而认为诚意就是一种"工夫"。对于"知至"与"意诚"之关系，朱子也有了新的理解。董铢所问实则与魏椿于戊申（1188 年）所问基本一致，但与回答魏椿之问不同，朱子不再以"知未至"来回答"意不诚"，而是在"知已至"的前提下回答"意不诚"。前者是一种"未知""浅知"下的"意不诚"，后者则是"真知"下的"意不诚"。朱子在描述这种"真知"下的"意不诚"时以"圣贤"为例，并提及了"放心"与"微"。关于"放心"，朱子认为"放心，不独是走作唤做放，才昏睡去，也是放。只有些昏惰，便是放"，因此"知至"在一定程度上达到后，也很可能在一定程度上被“放”掉。关于“微”，朱子认为“自古无放心的圣贤”，言下之意即圣贤试试“求放心”。“求放心”在朱子看来是“只是此心频要省察，才觉不在，便收之尔”。“自古无放心的圣贤”，则圣贤必然频频省察。即便如此，朱子仍是强调“一念之微”处，仍是频频省察之圣贤应当“深谨”之处。可见朱子言“真知”下的“意不诚”，人心“毫厘间”可能出现的私欲而言的。

因此，辛亥之后，朱子认为“诚意”是作工夫处，“格物致知”虽是基础，但不是全部工夫。“诚意”工夫便是要人在“知至”之后，在“隐微”之处省察可能出现的私欲。在这一理解下，再将“尽心”解释为“意诚”有不妥之处：首先，“知至”在这一理解下未必能够“意诚”，“知至”与“意诚”不是“真知必能行”的关系，因此“知至”与“意诚”必须分开。其次，“意诚”强调的是在隐微之间的省察工夫，这种工夫实则与“操则存，舍则亡”的“存心养性”表达的意义更为相近。由此，朱子在《四书章句集注》中的最终定论为：

以大学之序言之，知性则物格之谓，尽心则知至之谓也。存其心，养其性，所以事天也。存，谓操而不舍；养，谓顺而不害。

综上所述，朱子对“意诚”的反复琢磨影响着他对“尽心”的诠释，最终朱子将“尽心知性”诠释为“知至物格”，“存心养性”诠释为“意诚”。

## 三、小结

朱子对“尽心”的诠释有两次转向，这两次转向与朱子对“意诚”的理解变化有着重要联系：辛亥（1191 年）以前，朱子认为“诚意”是无须作工夫的，工夫全在“格物致知”。当人做出行动后，便能看出知是否至，意是否诚。知至则意诚，知不至则意不诚。朱子在此阶段，承认了“无知”“浅知”下的“意不诚”，而“真知”则必然是“意诚”的。由于这种对“行”的强调，在庚戌（1190 年）与辛亥（1191 年）间，朱子短暂地将“尽心”解释为

“意诚”；辛亥（1191 年）以后，朱子认为“诚意”虽以“格物致知”为基础，却为一种独立的工夫。朱子在此阶段，承认了“无知”“浅知”“真知”下的“意不诚”，而“诚意”工夫便是要人在“知至”之后，在“隐微”之处省察可能出现的私欲。因此朱子再次将“尽心”解释为“知至”，并又把“意诚”归于“存心养性”。

# 朱熹心性工夫论对提升当代人自我修养的启示

李永杰

## 引言

东方的智慧不同于现代西方的智慧，现代西方文化的总体特征是功利主义的，物质主义的，它更多的是对外在物质世界的积极追寻；而中国传统的智慧则是超功利的玄妙之思，是需要靠悟性去领略的价值和意义，它更强调对自我内在精神世界的体验，强调对内在成圣成德的积极趋归。从历史的面相来看，中国古代智慧是前现代社会典型的实践智慧，而西方文化则是现代性的体现，随着西方社会现代性的充分彰显，其弊端也逐渐显露并为诸多现代性批判者所诟病。不管是法兰克福派学者用“工具理性”和“价值理论”对现代性所做的批判，还是西方左翼学者用“资本批判”“消费社会批判”“生态批判”等理论范式对现代性所做的批判，他们的一个共性特征就是批判现代性对外在物质世界的过度倚重。现代化的启蒙打破了中世纪的禁欲主义，把以追求利润最大化为志业的商人从原来的受排挤、被贬抑的地位提升到一个极具道德合理性的地位，甚至有启蒙思想认为“证券交易所的人是最具有道德的人”。现代性赋予了追求外在物质利益最大化以合理性与道德性，发家致富成为被鼓励和受支持的事业，那些真正发了家的人成为这个社会的英雄，成为人们所学习和向往的标杆。外在世界的追求是一个无止境的过程，你成为百万富翁后发现，这个世界上还有很多千万富翁比你还拼命地追寻进一步的资本增值，资本的增值是贪婪的，人在资本逻辑的驱使下贪婪地追求资本的无止境增值。与这种物质主义文化不同，中国传统文化，尤其是宋明理学以追寻“内圣”为志业，以成圣成德为努力的目标。内圣的追求是无止境的，内在德性没有具体的表现，它“只有更好，没有最好”，所以内在德性的修养是一个内在超越的无限过程。它并不重视外在物质世界，“一箪食，一瓢饮，人不堪其忧，回也不改其乐”，外在物质追求适可而止，满足基本的物质生活即可，用天理限制人欲，以尽力把全副精力用在内圣的修炼上。而现代性文化则在内在修养方面适可而止，一个人只要不侵害他人的权利，则都是自由的，现代人的道德追求只限于不伤害他人，只要你不伤害他人，你就是一个合格的现代人，人们的大多数精力不再放在内在德性的修炼上，而是放在了外在利益最大化的追求上，“理性人”就是现代人生存状态的写照。西方现代性过度倚重外在物质的文化导致了诸多弊端，而中国的古典智慧在一定程度则可弥补现代性的一些不足。现代社会要彻底否弃物质主义是不可能的，但如果现代人能够在追求物质增值的过程中花一些时间和精力在自我内在德性修养的修炼上，能够既有内在无限性的超越，又有外在无限性的追求，这岂不是对现代性理念的修补与完善。

现在中国人所学的，西方的东西很多，传统的东西很少。牟宗三先生说，现在中国人不了解中国的智慧，“对于老祖宗的东西总好像隔着万重山，不读中国书嘛!”身处市场经济大潮中的现代人过多地追求发家致富，追求在各个功利方面的成就，但人的精神世界，人生意义方面却相对贬值，为了增加人生意义，为了增厚生命的价值，获得理性的幸福，我们应该关注中国的古典智慧。而在中国的智者中，朱熹是宋明理学的集大成者，对中国历史产生过重大的影响，他所思考的是时代大问题，是“为天地立心，为生民立命，为往圣继绝学，为万世开太平”的大问题，是为人生意义增值、增厚的大问题，很值得现代人去研读、思考和品评。一个人所思考的问题决定了他的人生格局，只思考自我私人利益最大化的人是不会有什么大的成就的和大的思想格局的，而只有思考社会发展进步大问题的人才会有宏达的人生格局。

任何人都需要有一定的自我修养，对社会而言，修养是社会秩序的根基；

对个人而言，修养是驾驭盲目冲动，获得理性快乐的基础，追求“美好生活”不能任由自我作感性欲望的努力。现代社会之不同于前现代的重要之处就是市场经济是社会的支配性经济运行模式，而市场经济的特点之一就是激发人们理性的发财致富欲，激起人们的竞争意识，没有追寻自我利益最大化的理性个人，就不会有现代市场经济，市场经济调动了人们的劳动积极性，推动了社会生产力的快速发展，但市场却让人深处激烈的竞争之中，让人们把利益最大化作为终生为之奋斗的目标，人们终日繁忙于外在物质利益的竞争与勾斗，无暇顾及自我内在心灵的修葺。因此很多现代人虽然物质已经丰裕，财富已经积累得相当充裕，但我们看不出他由衷的幸福与快乐，究其原因，是因为他没有一个充实的内在自我。包括梁启超在内的一些近代学者曾指出，西方近代文明的弊端就是人们过度驰骛于物质利益，而罔顾自我价值世界，进而提出“中体西用”的主张，从理论上说，用中国传统的心性修养工夫论补充修正西方文明的弊端确实是最为理想的文明形态，但理论的理想性如何实现却不是一件易事。现代中国人的生存状况大有重蹈西方窠臼的趋势，在这种情况下，充分发掘传统心性工夫理论，让现代人在驰骛于外在纠缠之余，有时间建造一个虚灵不昧、宁静悠闲的诗一般的栖居之境，以实现对物质文明过度化的纠偏，实在是社会走向公序良俗、和谐文明，个人获得幸福安宁的重要途径。以是之故，本文试图梳理概括朱子学的心性修养工夫论及其当代启示，或许有益于当代人的修养。

## 一、主敬涵养以培育敬畏之心

“主敬”是程朱修养工夫论的重要方面，“主敬”就是为了收敛身心，强化觉解之精神状态，以达到“涵养”的目的。二程强调“敬以直内”，敬原本有外貌端庄，举止合规矩之意，偏于外在方面，但到了理学那里，敬则由外转向了内，成为内在修养的主要范畴。主敬要以虔敬的心情去敬畏天理，敬畏社会伦理，要保持一种收束内心，肃然心趋的心理状态。朱熹对敬有很多论述，概括起来有以下几个方面：1. 敬，降伏人心也。敬是一种心理状态，是降伏人心的状态。朱熹说："人只有个心，若不降伏得，做甚么人。"人之所以为人而区别于其他动物，关键是人有人心，人心支配着人行善事，但人也是动物，人之超越动物之处就在于人心能超越动物的本能，能够用仁义礼智来规范自我，人也可能堕落，也有诸多本能的欲望，关键要降伏得住人心，使人向善。2. 敬，专一也。朱熹晚年高弟陈淳在《北溪字义》中对"敬"有这样的归纳："所谓敬者无他，只是此心常存在这里，不走作，不散慢，常恁地惺惺，便是敬。"保持收敛身心，注意力集中于一件事情上，"主一只是心主这个事，更不把别个事来参插。若做一件事，又插第二件事，又参第三件事，便不是主一，便是不敬"。专一于一件事，就是敬，"敬者，一心之主宰，万事之根本"。3. 敬，惺惺也。《宋元学案》中有关于"惺惺"状态的解释是："'惺惺'乃心不昏昧之谓，只此便是敬。心若昏昧，烛理不明，虽强把捉，岂得为敬。"4. 敬，收敛身心也。收敛身心，常使自我保持警醒和觉解，这是敬畏伦理的内在要义之一。5. 敬体现在应事接物上。朱熹说："平日涵养之功，临事持守之力。涵养、持守之久，则临事愈益精明。""存心不在纸上写底，且体认自家心是何物。"持敬不是纯粹的理论推演，它更多的是道德实践，更多地体现在日常的应事接物上，在日常生活中历练自我道德意志。朱熹把主敬涵养当作修养工夫的重点，"敬之一字，真圣门之纲领，存养之要法。""圣贤之学，彻头彻尾只一个敬字。"

"主敬"所"涵养"出的是一种虚灵不昧的真实精神状态，它所看重的不是物欲的满足，沉潜于泛滥物欲中的人也不可能体会到这种虚灵不昧，这种体现更加凸显了人的良知自我，更加凸显了真、善、美的价值觉解。敬是对某种事物的敬，朱熹所敬的对象是先验的天理。发掘"主敬涵养"对当代人自我修养提升的启示在于人要学会敬畏，现代应该对"敬"的对象做重新解释，程朱讲先验的"天理"，现在当然可以继续讲"天理"，但应该对天理做现代化的诠释。最重要的是敬畏良心。人们在敬畏中所激发的是良知的自觉，良知不仅维系社会秩序，促进社会和谐，也充实个体自我精神世界，让人获得幸福体验。个别商贩为了赚钱，而在食品中掺杂有害身体的物质、贩卖地沟油，等等，这就是因为他毫无敬畏，泯灭良心。当然这种人也会在获得昧心钱的时候感到快乐，甚至质问“良心值多少钱?”但这种快乐是短暂的，不真实的，反社会的。只有心存敬畏，一个人才会超越感官的暂时快乐，获得理性的幸福。为了获得这种体验，现代人应该：第一，多阅读传统心性修养论的文字，沁润于工夫论的文字本身就是一种修养。人们所学的东西大致可以分为两类，一类是知识性、技能性的文字，学习这些东西就是为了获取知识和技能，是为了生存。一类是触动心灵的文字。第一类更多的是外在的知识性的东西，第二类则触及了内在自我修养，传统心性修养工夫论就是第二类。阅读这类文字本身就会让人产生一种内在的新鲜与冲动，有助于提升自我修养。第二，多反省自我。朱子学强调要学会静坐、冥想，要学会“体验未发”，这实际上就是在反省自我。现代人工作时忙于工作，而不工作的时候则看电视、看电影、旅游以消遣自我，也就是说在不工作的时候，人们仍然繁忙于外物，没有反省自我、修葺自我内在之灵府。为了提升自我修养，人们应该充分利用工作之余的时间反省自我，让自我内在的心性得到强化。

## 二、心统性情以发掘内在良心

朱熹的心统性情说来源于张载，张载首先提出了心统性情说，朱熹非常推崇这一学说，所以他讲“伊川性即理也；横渠心统性情，二句颠扑不破”。朱熹接受并丰富和发展了张载的这一学说。在朱熹那里，性是天理在人身上的体现，是个对天理的禀受，在天为理，在人则是性，理是“一般”“共性”，而性则是落实在具体个人身上的“特殊”“个性”，这也是朱熹“性即理”的意思。天理是纯善无恶的，所以禀受于天理的人性从根本上说也是善的。情则是人们对各种事物产生的情感，包括喜、怒、哀、乐、爱、恶、欲等方面，是人因感于物的发动，它不一定都能得性之正，喜、怒、哀、乐发而中节才算是得性之正，“人之生，不能不感物而动，曰感物而动，性之欲也，言亦性所有也。而其要系乎心君宰与不宰耳。心宰则情得其正，率乎性之常，而不可以欲言矣。心不宰则情流而陷溺其性，专为人欲矣”。“心君宰”就是“性”

主导了情，这时候的情“得性之正”。以学界的理解，心统性情的“统”有两种含义，一是兼具，心兼具性和情的因素；一是统摄，心统摄性和情。我们一般认为，朱熹是理学大师，理是朱熹学说的本体，但钱穆先生在对“心统性情”说做解释的时候把朱熹解读为心学，理由就在于心对性和情的统摄。其实理学和心学的区别没有那么大，更不是相互对立的两个学派，理和心只是本体上的区别，在心性工夫论上，二者是一致的，朱熹也有大量的对“心”的论述，陆九渊在骨子里也还是敬佩理学的。心统性情说不管做何种解释，其本意在于强调心的重要性，在工夫论中，不管是讲主敬涵养、学习静坐，还是强调体验“未发已发”，其根本所在在于修心，修养之本在于心的修养。心是行为的主宰，朱熹讲“心者人之知觉，主于身而应事物者也”。“主于身”意思就是心是人的主宰，有什么境界的心，就会有什么境界的行。可以说，心统性情是朱熹心性学说的纲领，“朱熹‘心统性情’的思想涵盖心、性、情，又分别与理、气、知觉、仁、欲、动静、体用、已发未发等众多范畴及由范畴组成的命题逻辑地联系在一起，共同构成朱熹心性哲学的整体系统”。

现代人提升自我修养应该重视心的修养，第一，要注重道德意志的修养和锤炼。德性的维系不是靠公权力的强制，而是靠自我内在良心的自觉，没有内在自觉和坚定的良知，道德往往摇摆于理和欲之间，无法发自内心、光明磊落地做出道德行为。第二，要注重道德情感的熏陶。道德不是冷冰冰的规则，而是充满着温情与热度的，道德修养重在于把情感和规则结合起来，用理性来统摄情感，非理性的情感如果缺乏理性的指导则是盲目的，而道德如果缺乏情感支撑则是苍白的，难以执行的。第三，在道德实践中磨炼自己的道德良心。当代社会道德滑坡的趋势固然有社会环境的问题，但个体良知的不坚定也是重要原因，现代性把人们引导向物质利益的追求，自我私人自由的追求上，而个体对社会的责任，人们的良心则被社会边缘化，现代社会需要有一套与之相配套的道德律令，但这套道德律令还没有建立起来，在重建道德规范的过程中，我们应该充分吸收传统心性修养工夫论的内容，坚持在道德实践中磨炼自己的道德意志。

## 三、用天理约束驾驭人欲

宋儒为儒学建构了形而上学的基础，这一形而上学的基础就是“天理”，周敦颐把道家的太极图做了儒化的解释，程朱则把太极解释为天理，“太极即理”奠定了儒家的形而上学基础。儒家强调要“忠”“孝”“仁”“义”“礼”“义”“廉”“耻”，但宋之前的儒学没有找到为什么要做到忠孝仁义、礼义廉耻的原因，宋儒认为理是世界的本体，万物皆本于天理，人们之所以要忠孝仁义、礼义廉耻，根源于这是天理，天理是世界的客观规律，人们在天理面前只有服从。朱熹说：“天理只是仁、义、礼、智之总名，仁、义、礼、智，便是天理之件数。”那什么是人欲呢？朱熹所讲的人欲并非人的所有欲望，人们的基本欲望，比如吃饭穿衣的欲望就不能算欲望，人欲是超越了基本需求而追求奢华的欲望，朱熹曾说：“饮食者，天理也。”“要求美味，人欲也。”渴了喝水，饿了吃饭这种欲望是天理而不是人欲，但吃饭追求美味则是人欲了，按照现在的理解，人欲就是超越了自我能力的奢求。理欲问题是中国哲学的一个重要问题，比如孟子讲：“养心莫善于寡欲：其为人也寡欲，虽有不存焉者寡矣，其为人也多欲，虽有存焉者寡矣。”老子讲：“不见可欲，使民心不乱。”张载讲：“所谓天理也者，能悦诸心，能通天下之志理也。”王阳明讲：“圣人之所以为圣，只是此心纯乎天理而无人欲之杂。”在理欲观上，朱熹讲“存天理，灭人欲”，但有人把朱熹的这句话解释成为朱熹护卫封建道德根基，其实朱熹讲“存天理，灭人欲”的意思就要人们学会驾驭自己的欲望，控制自己的欲望，不要成为欲望的奴隶，只有驾驭了欲望自己才能够获得意志自由。其实这一观点也可见于古希腊哲学家的著作中。

以理制欲是自我修养的重要方面，对提升当代人的修养具有重要意义。第一，人们要学会对“欲”的自觉。我们看到一些落马的贪官，一些入狱的奸商，他们就是因为没有约束住自己的欲，甚至他们根本没有意识到自己所追求的是欲，自己成了欲望的奴隶，最终落得悲剧的下场。所以，挖掘宋儒“天理人欲”理论的当代意义首先要让人们意识到自己的欲，当自己的欲望出现泛滥的苗头的时候，自己如果能够见微知著，意识到欲望的危害就会自觉地约束自己的欲望。就怕有的人某个欲望一旦获得满足就开始飘飘然不知所以，就开始自我膨胀，最终走向了可悲的下场。第二，要学会用理智驾驭自己的欲望。人有欲望是必然的，问题的关键是要能够用自己的理智驾驭自己的欲望，把欲望引入正途，让欲望转向为合理的行为提供动力。第三，要学会减少自己的欲望。学会用出世的精神做入世的事业（朱光潜的观点），道家的“无为”精神对当代人具有重要的启迪意义，但当代人不可能走消沉的人生，人要积极面对人生的各项事业，要参与竞争，只不过我们在积极入世的同时多一分出世的超然之心，把欲望的满足看得淡一些，这样人在各种诱惑面前会更加淡定一些，定力会更加强一些。第四，培育积极健康的欲望。对于人来说，欲望并不都是破坏性的，欲望是人们积极向上的动力，关键是要培养积极健康的欲望，对于我们所从事的事业，对于有益于社会的事情，我们要有欲望，把欲望从偏于私的趋势扭转向趋于公的方向，健康的欲望我们应该积极追求满足。

## 四、明了道心人心用道心约束人心

朱熹的“道心人心”论来源于《尚书·大禹谟》的“人心惟危，道心惟微，惟精惟一，允执厥中”一语，对于这句话，程明道认为，“‘人心惟危’，人欲也；‘道心惟微’，天理也”。人心就是人欲，道心就是天理，用理欲来解读道心人心。

程伊川对这组概念的解释略有不同，“人心，私欲也；道心，正心也”。伊川把人心道心解释为心的两个面向，人心是私欲方面，道心则是正心。朱熹的理解偏于后者，我国台湾学者李明辉指出，“朱子在此显然采取心性论的解读，即将‘人心’与‘道心’理解为‘心’的两个层面。他所理解的‘心’是以‘知觉’为功能，觉于天理便是‘道心’，觉于人欲便是‘人心’”。人心道心只是心的两个层面。“道心”源于得“性命之正”，根源于天理，是“义理”之心，是纯善之心，是仁、义、礼、智，恻隐、羞恶、是非、辞让之心；而人心出于“形气之私”，“如饥饱寒暖之类，皆生于吾身血气形体，而他人无与所谓私也。亦未能便是不好，但不可一向循之耳”。形气之私主要表现为外物的诱惑，人有肉体就有欲望，而欲望则是人心的根本，所以人心“惟危”，很危险，容易受到诱惑。其实道心人心和天理人欲等心性修养方面的内容具有很大的关联性，甚至很大部分是重叠的。任何人的心都是道心和人心的统一，圣人也有人心，下愚也有道心。同样是一个人心，既有道心的成分，也有人心的成分，心性修养重在用道心指导人心，当人心符合道心的时候，人心就是道心；当人心不符合道心，甚至是违背道心的时候，道心要匡正人心，规约人心，把人心引导到道心上来。在宋儒那里，心性修养最重要的就是修心，就是“存心养性”。

当代人面临着激烈的市场竞争，都想实现经济上的成功，因此市场主体存在为了经济利益而采取不道德行为的动机，市场本身具有一定的非道德倾向，但市场又是需要道德的，不仅市场，整个社会都是需要道德的。这就需要“存心养性”，每个人都会有一颗为利益而蠢蠢欲动的心，这是人之常情，问题的关键是人们在寻求“人心”满足的时候，要有“道心”。什么是现代“道心”？所谓现代“道心”就是遵守法律、遵守道德、诚信经营，一个人在成长的过程中都经历了社会化，社会化在一定程度上就是道德内化进个体的过程，所以任何健全的人内心都有善恶的标准，都有“道心”。虽然现代道德和前现代道德具有较大的差异性，但道德具有一些普遍性的“先天律令”，现代“道心”和传统“道心”也有很多共同之处，现代道德可以充分吸收传统道德的优点，然后再加入现代道德的因素。

总之，一切历史都是当代史，我们研究历史从来都不是仅仅去恢复历史的原貌，而是为了用现代的“视界”去融合历史，去发掘历史兴衰更替的规律，去挖掘古代思想的当代价值，以让现代社会实现更加健康的发展。我们研究传统朱子学不仅仅是为了沉浸在故纸堆里，而应为当代提供价值和意义。朱子工夫论对当代人提升自我修养，提升自我境界具有重要的启迪价值，本文所述，仅仅是一种宏大叙事而已，不妥之处，请学界同仁不吝赐教。

# 朱熹的廉政思想与正气观

方彦寿

朱熹是思想家、教育家，也是一位胸有凛然正气、敢作敢为的官员。他在任浙东提举时，曾六次弹劾贪官台州知州唐仲友。唐是当朝宰相王淮的姻亲，朱熹的浙东提举之职又是王淮推荐的，面对大义和私情，朱熹选择了前者，体现了一位政治家和理学大师的凛然正气。

朱熹（1130—1200），字元晦，一字仲晦，号晦庵，出生于福建南剑州尤溪县，逝世于建阳考亭。南宋时期最伟大的哲学家，理学的集大成者。

## 为官守则：公廉勤谨

《宋名臣言行录》是朱熹于乾道八年（1172）在建阳编纂并刊刻的一部史书。其目的，是为了给当朝以及后世君臣治国理政提供有益的借鉴。朱熹对北宋大臣范仲淹的言行尤为赞赏。在书中，他高度赞扬了范仲淹“慨然有志于天下”的情怀，并着力向读者推荐了范仲淹惩治贪腐的故事。

范仲淹（989—1052），字希文，苏州吴县（治所在今江苏省苏州市吴中区）人。北宋庆历三年（1043）任参知政事时，上书主张建立严密的任官制度，而深忧各路监司等官吏“不才”（指德不配位的庸官、贪官），下决心整顿吏治。他查阅各路监司的簿册，凡遇“不才”姓名“一笔勾之”，按序予以撤换。枢密使富弼见此情景，试图劝阻他说：“‘丈’（对长辈的尊称）只是轻轻一笔，您可知道，这背后将是这些官吏一大家人的哭声！”范仲淹回答：“一家哭何如一路哭耶？”意思是一家哭怎么比得上这一路民众的哭声！毫不留情把这些贪官、庸官全部罢除。以“不才”官吏一家之“哭”，而换取一路百姓不“哭”，这是范氏任命官员、澄清吏治的主要标准，充分体现了范氏以民为本，“先天下之忧而忧，后天下之乐而乐”的坦荡胸襟。此即中国吏治史、反贪史上著名的“一家哭何如一路哭”（按：“路”为宋代行政区域，相当于后来的省）的典故。

后来，朱熹在从政中，发扬了范仲淹这种大刀阔斧的治吏作风。他认为，只有“治吏以严”“御吏以法”，才能为民除害，从而保护善者弱者。对贪赃枉法者，他深恶痛绝。学生王过记曰：“先生一日说及受赃者，怒形于言。曰：‘某见此等人，只与大字面配去！’”（《朱子语类》卷一百七）对官吏的基本要求，朱熹认为“大抵守官，只要律己公廉，执事勤谨，昼夜孜孜，如临渊谷，便自无他患害”（《晦庵先生朱文公文集》卷六十四《答吴尉》）。公、廉、勤、谨（公平公正，廉政勤政，谦恭谨慎），此即朱熹制定的为官基本守则。其中的“廉”字，他认为是对士人最基本的要求。他说：“士人先要识个廉退之节。礼义廉耻，是谓四维。若寡廉鲜耻，虽能文要何用！”（《朱子语类》卷一百六）

亲贤臣，远小人，扶忠良，除奸佞，这是历代有为的政治家所竭力提倡的治国主张。朱熹对奸佞误国、贪腐害国的危害性有着深刻的认识，对官场腐败深恶痛绝。他谴责当时的官场，“盖通身是病，无下药处”。他希望有这么一位大贤君子，能“正其根本，使万目俱举，吾民得乐其生”（《朱子语类》卷一百三）。这实际上是朱熹的夫子自道，他愿意努力去做这样一位大贤君子；所以，在朝时，他力劝君主正心诚意远离奸邪；在地方，则打击贪官污吏，反贪倡廉。在给弟子传授为宦之道时，他强调“当官廉谨”“事上以礼，接物以诚，临民以宽，御吏以法”（《晦庵先生朱文公文集》卷三十九《答范伯崇》）。他还说：“官无大小，凡事只是一个公。若公时，做得来也精采。便若小官，人也望风畏服。若不公，便是宰相，做来做去，也只得个没下梢。”（《朱子语类》卷一百一十二）后来，他的私淑弟子真德秀将此概括为“律己以廉、抚民以仁、存心以公、为事以勤”四事箴，流传到当代，仍然不失为廉政建设的重要借鉴和指导思想。

## 反贪倡廉，为政之道

针对时政的各种弊端，朱熹曾提出了一系列政治主张，如正君心、除奸佞、主抗金、正吏治等。而反贪倡廉，是其为政之道的重要组成部分。这些政治主张，实际上是朱熹以“存天理，灭人欲”为核心的理学思想在为政之道的反映。也就是说，朱熹的理学思想是其治国理政、反贪倡廉思想的指导原则，而治国理政、反贪倡廉思想则是朱熹理学思想在政治领域的贯彻和落实。

绍兴三十二年（1162）八月，朱熹生平首上封事，就对贪佞当道的现象提出严厉批评。他认为，地方官是否贤良，是否清廉，直接关系到百姓的安危休戚；而贪赃枉法、欺压百姓的地方官之所以横行无忌，又与朝中佞臣密切相关。对此，朱熹提出只有“以正朝廷为先务”，此弊病才能从根本上得到解决。此后的数十年间，朱熹在上给朝廷的众多奏章中，几乎都离不开“亲贤臣，远小人，讲明义理之归，闭塞私邪之路”等内容。与此一脉相承的，则是他在各地从政时，大刀阔斧端正吏治，惩治腐败。

淳熙八年（1181）十二月，朱熹应诏赴浙东救灾。他单车简从，调查民间的疾苦，弄清了浙东的灾害，实际上是三分天灾，七分人祸，是一批贪官不顾百姓死活，消极救灾，勾结当地豪绅侵吞救灾物资！面对这样一种腐败和黑暗，朱熹震怒了！朱熹并不是一个只会叫嚷“存天理，灭人欲”的空头理论家，一旦有机会，他就会将这个理论付诸实施。

随即，朱熹依法查办，或上状弹劾了这些贪官污吏。一批偷盗赈灾官米，隐瞒灾情、不理荒政，不顾百姓死活的贪官污吏，在朱熹挥动的“存天理”的帅旗，和“灭人欲”的道学之剑下纷纷落马！但是，朱熹在上章弹劾浙东最大的贪官唐仲友时，却遭受了严重的挫折！

唐仲友，字与政，号说斋，浙江婺州（治所在今浙江省金华市）人。绍兴二十一年（1151）进士。在朱熹来浙东之前，他任台州知州。唐氏是婺州城里有权有势的豪门大户。唐仲友的父亲、大哥、二哥都是进士出身，也都有一官半职。而现任宰相王淮，也是婺州人，唐仲友的弟媳就是王淮的妹妹。这种姻亲戚友的关系，使他们在浙东形成了一股腐朽的封建恶势力。他们鱼肉乡里，欺压百姓，贪赃枉法。尤其是唐仲友，在大旱灾之年，不但不赈灾救荒，反而违反税法，擅自将缴纳夏税的期限提前两个月，迫使台州的饥民大批流亡。当浙东一带饥民嗷嗷待哺的时候，唐仲友却在干着大肆贪污，侵吞官钱，蓄养亡命之徒，伪造纸币的勾当。

对于这样一个罪恶累累的官场恶棍，嫉恶如仇的朱熹当然是毫不留情地连续上了六道奏状予以弹劾，而不顾唐仲友与当朝宰执王淮有姻戚关系，更不因为王淮对自己有所谓“荐举”之恩而网开一面。此时，先贤范仲淹“一家哭何如一路哭”惩治腐败的故事激励着他：若唐仲友一家“不哭”，则浙东一路百姓就“哭”无宁日；而要让浙东百姓“不哭”，就只有让唐仲友一家去嚎啕大“哭”。在选择“哭”与不哭，让谁“哭”让谁不哭之中，体现了儒者的胸襟，和理学大师以民为本的人文精神。

## 阐明义理，弘扬正气

朱熹倡导公平公正，廉政勤政，传统儒学所提倡的“正气观”，也是其思想渊源之一。何谓“正气”？什么是正气观？

朱熹认为，这可以从两个方面来说。

其一，从“人”与“物”对比而言。天地万物包括人在内，都由“理”和“气”所构成，而只有人“以其受天地之正气，所以识道理，有知识”（《朱子语类》卷四）。战国时期的思想家孟子提出人性本善，是为了解决人与动物、人性与兽性的根本区别；朱子在此说正气，则是强调世间万物包括动物在内虽同为天地所生，“而人独得天地之正气，故人为最灵”（《朱子语类》卷九十八）。

其二，从“人”与“人”的对比而言。由于每个人的先天气禀与后天的道德修养不同，免不了有正邪之分和正邪之争。“若以正胜邪，则须是做得十分工夫，方胜得他，然犹自恐怕胜他未尽在。正如人身正气稍不足，邪便得以干之矣。”（《朱子语类》卷五十九）所谓“做得十分工夫”，指的就是要不断加强自身的道德修养，并在这方面做足“工夫”，才能以正胜邪，正气压倒邪气。

朱熹认为，正气就是孟子所说的“浩然之气”，是“仰不愧于天，俯不怍于人”的为人气概，是“彼以其富，我以吾仁；彼以其爵，我以吾义，吾何慊乎哉”！是“自家有道理，对着他没道理，何畏之有！”（《朱子语类》卷五十二）正是凭着这股“何畏之有”的大无畏精神和“仰不愧于天，俯不怍于人”的气节，朱熹才能不畏权贵，倡导公平公正，廉政勤政。

朱熹认为，在每个人身上，自然具备的，只能是“血气”，而不是正气。正气的来源与养成，靠的是道德修养，对“义理”的广泛吸收。血气与正气的区别在于，“义理附于其中，则为浩然之气。若不由义而发，则只是血气”。所以，“与天地为一”的“浩然之气”不可能凭空产生，它靠的是日常的“养成”，靠的是日积月累不间断地格物致知、诚意正心的道德修养工夫，从而“讲明义理之归，闭塞私邪之路”。

对朱熹的正气观，朱门后学文天祥用诗的语言作了一番描述：“天地有正气，杂然赋流形。下则为河岳，上则为日星。于人曰浩然，沛乎塞苍冥。”“时穷节乃见，一一垂丹青。”“是气所磅礴，凛烈万古存。”（〔宋〕文天祥《文山集》卷二十《正气歌》）

刘述先先生说得好：“中国历代都不缺少性格强毅守正不阿的学者，朱夫子就是其中最著名的一个。”[1]

① 刘述先：《文化与哲学的探索》，台北学生书局，1986 年，第 68 页。

# 朱熹《大学章句》中的人才思想

郑建光

朱熹阐释孔子提出的“贤才”一词含义时说：“贤，有德者；才，有能者。”可见圣贤所说的“贤才”是指德才兼备的人，与现代对人才的理解基本一致。《辞海》中“人才”的释义：有才识有学问的人，德才兼备的人。《中共中央国务院关于进一步加强人才工作的决定》对“人才”做了科学的阐述：“人才存在于人民群众之中。只要具有一定的知识或技能，能够进行创造性劳动，为推进社会主义物质文明、政治文明、精神文明建设，在建设中国特色社会主义伟大事业中作出积极贡献，都是党和国家需要的人才。要坚持德才兼备原则，把品德、知识、能力和业绩作为衡量人才的主要标准，不唯学历、不唯职称、不唯资历、不唯身份，不拘一格选人才。鼓励人人都作贡献，人人都能成才。”

《大学》云：“古之欲明明德于天下者，先治其国；欲治其国者，先齐其家；欲齐其家者，先修其身；欲修其身者，先正其心；欲正其心者，先诚其意；欲诚其意者，先致其知；致知在格物。物格而后知至，知至而后意诚，意诚而后心正，心正而后身修，身修而后家齐，家齐而后国治，国治而后天下平。”朱熹的《大学章句》阐述说：“明明德于天下者，使天下之人皆有以明其明德也。心者，身之所主也。诚，实也。意者，心之所发也。实其心之所发，欲其一于善而无自欺也。致，推极也。知，犹识也。推极吾之知识，欲其所知无不尽也。格，至也。物，犹事也。穷至事物之理，欲其极处无不到也。此八者，大学之条目也”。“物格者，物理之极处无不到也。知至者，吾心之所知无不尽也。知既尽，则意可得而实矣；意既实，则心可得而正矣。修身以上，明明德之事也。齐家以下，新民之事也。物格知至，则知所止矣。意诚以下，则皆得所止之序也”。“治国平天下”是儒家外用之道的最高目标，同时也是道德主体修为的最高境界，历代一些有作为的知识分子无不以“穷则独善其身，达则兼济天下”的宽大胸怀激励自我，追根溯源，这句至理名言正是从《大学》中引申而来。

《大学》提出的这一套被称为“三纲领、八条目”的人才培养和修行之道，对汉代以后中国知识分子的为学、为人与为政有极大的影响。从朱熹在《大学章句》中的论述看，修身治国的基础是格物致知和正心诚意，就是要学习基本的知识和技能，养成良好的道德情感和道德行为习惯。对现代的人才观具有积极的借鉴意义。

朱熹在《大学章句》序文中说：“人生八岁，则自王公以下，至于庶人之子弟，皆入小学，而教之以洒扫、应对、进退之节，礼、乐、射、御、书、数之文。”他又说：“某窃观古者圣贤所以教人为学之意，莫非使之讲明义理以修其身，然后推以及人；非徒欲其务记览，为词章，以钓声名，取利禄而已也。”读书的出发点不在“务记览”“为词章”，社会需要达济天下的人才，所谓“推以及人”，即是治国平天下。朱熹说：“古人之所学者，岂读书为文以于利禄而温饱之云乎哉？亦曰，明理以修身，使其反夫天下国家而已矣……学不是读书，然不读书又不知所以为学之道。圣贤教人只要诚意、正心、修身、齐家、治国、平天下，所谓学者，学此而已。”教育的目标综合起来说，一方面是修身，另一方面是齐家、治国、平天下。朱熹认为，人才问题的解决必须从整个社会民众素质的提高上入手，只有坚持“王公以下”“至于庶人之子弟”的全民教育，才是“治隆于上，俗美于下”，即政治清明，国家安定，社会繁荣，百姓安乐的根本保证。朱熹的这种观点是对孔子“有教无类”思想的继承与发展。朱熹提出既要重视基础教育，提高社会民众的素质，又不排除为国家培养急需的“实才”，他将人才培养分为“大学”与“小学”阶段，就是为了处理培养国家急需人才与提高全民素质之间的关系。“小学”阶段则以“六艺”为主，以达到知能兼求，文武兼备的人才培养的初步目标；“大学”阶段则主要着眼于造就一大批德才兼备的人才。

朱熹强调要废除以“诗赋取士”，提倡选拔经世致用之才。他愤怒指出，“士人千人万人，不知理会甚事，真所谓游手，只是恁底人，一旦得高厚禄，只是为害朝廷，何望其济事，真是可忧。”“今上自朝廷，下至百司庶府，外而州县，其法无一不弊，学校科举尤甚。”“自乡选举里之法废，取士者，先文艺，后材实，于是野多遗贤，朝多旷位，而治具民俗，每不能无愧前世”。兴学的目的应是为国家社会造就急需的人才，整体提高民族文化的素质，然而，实际情况是通过科举录取之士人往往是于国于民无益之辈，许多人都梦想通过科举的途径获得高官厚禄，于是，读书、应试、做官、享受就成了一种被社会普遍认同的人生目标，朱熹对这种“野多遗贤”“朝多旷位”的人才选拔的腐败现实表示强烈的愤慨。

《大学》一开篇就开宗明义地提出了“大学之道，在明明德，在亲民，在止于至善”。朱熹在注释中把这三者称为“大学之纲领也”。所谓“三纲领”就是“明明德”“亲民”“止于至善”。很显然，后人认为这三点是理想人格实践的“纲领”，这与朱熹对《大学》的重视与推崇有重要的关系，如果没有朱熹对《大学》的竭力推崇以及他在宋明理学上的权威性地位，“三纲领”学说就不会受到后人如此高度的重视。朱熹认为：“大学者，大人之学也。明，明之也。明德者，人之所得乎民，而虚灵不昧，以具众理而应万事者也。但为气禀所拘，人欲所敬，则有时而昏，然其本体之明，则有未尝息者。故学者当因其所发而遂明之，以复其初也。”从朱熹的阐述来看，“明德”的内涵是人本来所具有的，是一种先验地理解万事万物内在的心理状态，此其一；其二，由于“明德”被个人气质或人的欲望所迷惑，这样一来，“明明德”便成为道德主体通过学习、修为努力来恢复本性的过程，个体后天的活动都是为了能找回自我、寻求本来善良的内在特性。

科举潜在的消极因素对北宋影响日盛，士人学子趋炎附势，倾心于“钓声名干利禄”，虽老死于文场也不悔恨。借吏治不善乘机篡权的蔡京之流则利用这种心理倾向，将学校与科举变为推行文化教育专制暴政的工具。到了南宋秦桧执政时期愈演愈烈，朱熹痛恨指出，“是时秦桧用事，天地闭塞，几二十年”。正是蔡京、秦桧之流长期推行愚民政策，使得“科举世俗之学，以夺其志”“科举之学，坏了人心”“此是今日莫大之弊”。对此，朱熹认为“国家建立学校之官，遍于郡国，盖所以幸教天下之士，使之知所以修身齐家治国平天下之道，而待朝廷之用也，此德意可谓厚矣。然学不素明，法不素备，选用乎上者，以科目词艺为足以得人；受任于下者，以规绳课试，为足以尽职。盖在上者，不知所以为人师之德，而在下者，不知所以为人师之道，是以学校之官，虽遍天下，而游其间者，不过以追世好，取世资为事，至于所谓修身齐家治国平天下之道，则寂乎其未有闻也，是岂国家所为立学教人之本意哉！”朱熹认为，要使“闭塞”之“天地”得以开通，真正培养选拔一大批于国于民有用之才，必须提倡《大学》中的“教士”“养士”的精神，尽伦尽制，明德新民，改革教育，启发民智。

朱熹告诉我们《大学》所要做的也是给人一种“明明德”的道德设定，要恢复人之本性，就要从儒学经典中、从儒家思想中去寻找，这就是《大学》的“明明德”所昭示于我们的基本思想倾向。

《大学》中有这样一段话：“汤之《盘铭》曰：‘苟日新，日日新，又日新。’康诰曰：‘作新民。’诗曰：‘周虽旧邦，其命维新。’是故君子无所不用其极。”《大学》在这里所表述的“新”代表的是一种“革新”的政治作为，也就是朱熹所说的“新者，革其旧之谓也”。朱熹在《大学章句》中解释“作新民”时说：“鼓之舞之之谓作，言振起其自新之民也。”鼓舞民众的志气，振奋民众的精神，称为“作新民”，在这里，《大学》所说的“作新民”是从政治角度来讲的。朱熹的《大学章句》还说：“言周国虽旧，至于文王，能新其德以及于民，而始受天命也。”这是对“周虽旧邦，其命惟新”的解释。如果说“明明德”所注重的是对个体主观精神状态的一种规定或启发，那么“在新民”则涉及个体道德完善之后如何运用到群体的外用之道。

《管子》中提出“以人为本”、《孟子》中提出“民贵君轻”的思想，都是对民众力量的一种肯定，都是呼唤对人的尊严和价值的尊重。自春秋以来，“民本”思想成为社会发展的一股思潮，一直受到社会的广泛关注，《大学》充分借鉴吸收了早期儒家这一优秀的思想成果，把“新民”作为其“三纲领”之一，使之成为是否达到理想人格境界的评判准则和道德修养纲领。

“三纲领”的最后一条是“止于至善”。“止”在这里有追求真善美的理想境界，遵循某种道德准则的含义。它始终应保持或致力于“至善”方面的道德追求和修为。“至善”显然是指一种最高的道德目标和道德境界而言，万事万物运动变化发展的最根本规律就体现为一种“至善”，实际上此处“至善”既有社会伦理意义上的道德含义，又有政治生活方面具体的行为规定，它所针对的对象既可以是一般道德个体或大多数“士”阶层，也可以是上层贵族或封建统治者，所以朱熹在《大学章句》中说：“止者，必至于是而不迁之意。至善，则事理当然之极也。”“至善”的道德境界和准则当然是最高的，是“明明德”和“亲民”二纲领的最终发展归宿，也是对二者发展的目标要求，要求在实践中把“明明德”的内在修为和“新民”的外在事功这两方面的个体主动性行为都发挥到最高点。

《大学》说：“物格而后知至。”朱熹在《大学章句》中解释说：“物格者，物理之极处无不到也。知至者，吾心之所知无不尽也。”

朱熹阐释“致知”“格物”强调的是理想人格在“修己”时应时刻注重尽自己最大努力去学习、研究，以丰富自身的知识，以便为“诚意”“正心”做准备。从这一点上看，朱熹的观点是符合人的一般认识规律的。没有对外界事物的研究考察就不可能获取丰富的知识，外界的万事万物是人的认识的唯一源泉，只有通过主、客观的互动才能达到真正“修己”的目的。朱熹强调的是个体的主观能动性，他注意引导人们勇于探索、善于学习的兴趣，抓住人们为修身而努力提高自身道德水平的特点，促使人们对自身及外界事物进行必要的研究，造就有用之才。

从《大学章句》可以看出，“修身”既是人学思想的根本目的，同时也是“治国平天下”的出发点。由内到外、由小到大、由家到国乃至天下的实践之路是有先后顺序的。家庭是社会的最基本细胞，而人又是组成家庭的最基本元素，只有社会中每一个独立个体全面提高自身的整体素质，才能维系家庭的相对独立，为保持社会的稳定奠定基础，从而实现社会道德水平的进一步提高。所以说“身修而后家齐，家齐而后国治”有一定的科学道理，至今还具有现实意义。

朱熹对人才问题的认识理解较前人更为深入与全面。如王安石将人才培养与选拔作为加强中央集权制和变法革新的政治需要的重要途径，他所谓的人才只是指国家社会所需的“天下之才”，其余，“苟不可以为天下国家之用”者，则或不教之，或可愚之。朱熹的理想是“人文以化成天下”，他以为“圣贤施教，各因其材，小以成小，大以成大，无弃人也”。

朱熹的“小以成小，大以成大，无弃人也”的人才培养原则虽然在南宋时期只是一种美好的愿望，然而这种思想观点具有积极的理论价值，带给后人十分有益的启示。在现在看来至少可体现以下意义：一、普遍实行全民教育是一个国家、一个民族社会文明进步的标志；二、根据不同的社会群体，因人而异培养人才，引导个体全面融入社会，使现代个体人格与社会人格协调发展，从而促进社会的稳定和发展；三、提高全民文化素质，完善培养与选拔人才体系是当今发达国家十分重视的战略问题，它影响到一个国家、一个民族在国际舞台中的地位。

朱熹《大学章句》中人才观点的阐发与当前国家提出“要坚持德才兼备原则，把品德、知识、能力和业绩作为衡量人才的主要标准，不唯学历、不唯职称、不唯资历、不唯身份，不拘一格选人才”的原则，在一定层面上还有相一致的地方，他的思想对当今社会的影响无疑具有积极的意义。

# 论朱子的饮食之道

兰宗荣

朱子除了教育家、思想家的名号外，其实还是一位饮食养生保健专家。饮食作为常行之道不离日用之间。朱子的饮食言论表面上不过是片言只语，但透过这些散见于其著作篇章中的论述，可以看出其丰富而庞大的饮食理论体系。朱子的饮食之道是对孔子所创立的儒家饮食之道的继承和发展。这些饮食理论在朱子之后饮食实践产生巨大影响。学术界何融融先生曾专门探讨了朱子理学与中国茶道的关系，巩志先生则探讨了宋大儒朱子的茶道人生。但朱子的饮食之道博大精深，目前尚未有更系统的论述，故本文试图通过考察朱子文献及民间流传的朱子饮食文化，总结归纳其饮食之道。

## 一、辨饮食天理人欲之正

朱子继承和发展了张载“天命之性”和“气质之性”的理论，同时又继承程颐“性即理”的基本思想。朱子认为，理表现在人身上就叫作性。天地之性为天所命，所以又叫天命之性。天命之性就是天理，是纯善的。气质之性则受气所累而有善有不善。禀气之清者为圣为贤，禀气之浊者为愚为不肖。人修养的目的就是要变化气质，克服“气质之性”带来的不善因素，恢复天命之性的至善。在朱子的语境里，本体的心，是天理的显现，叫作道心；人心可善可不善，流于不善，即是人欲。人的目的，从心方面说，就是要使人心服从道心，存天理而灭人欲。

朱子重视饮食中天理人欲的辨别。他说：“一饮一食，都有是非。是底便是天理，非底便是人欲。如孔子‘失饪不食，不时不食，割不正不食，不多食’，无非天理。如口腹之人，不时也食，不正也食，失饪也食，便都是人欲，便都是逆天理。如只吃得许多物事，如不当吃，才去贪吃不住，都是逆天理。”（《朱子语类》卷三十八）又说：“饮食者，天理也；要求美味，人欲也。”（《朱子语类》卷十三）饮食是一个人生存的前提条件，是天理，但是要求饮食一定要山珍海味，就属人欲了。又说：“须是食其所当食，饮其所当饮，乃不失所谓‘道心’。若饮盗泉之水，食嗟来之食，则人心胜而道心亡矣！”（《朱子语类》卷七十八）；又说：“饥食渴饮，人心也；如是而饮食，如是而不饮食，道心也”（《朱子语类》卷七十八）；“人心是此身有知觉，有嗜欲者，如所谓‘我欲仁’，‘从心所欲’，‘性之欲也，感于物而动’，此岂能无！但为物诱而至于陷溺，则为害尔。……凡饥渴而欲得饮食以充其饱且足者，皆人心也。然必有义理存焉，有可以食，有不可以食。如子路食于孔悝之类，此不可食者”（《朱子语类》卷六十二）；“虽是人欲，人欲中自有天理”（《朱子语类》卷十三）。又说：“若是饥而欲食，渴而欲饮，则此欲亦岂能无？但亦是合当如此者。”（《朱子语类》卷九十四）又说：“使饮食之人，真个无所失，则口腹之养本无害。然人屑屑理会口腹，则必有所失无疑。是以当知养其大体，而口腹底他自会去讨吃，不到得饿了也。”（《朱子语类》卷五十九）譬如饮食之有五谷，惟其平常，故不可易。朱子说：“若是珍羞异味不常得之物，则暂一食之可也，焉能久乎！”（《朱子语类》卷六十二）。所以广因举释子偈有云：“世间万事不如常，又不惊人又久长。”（《朱子语类》卷六十二）从以上这些言论，反映了朱子非常重视饮食天理人欲之辨，饮其所当饮，食其所当食，避免陷于物欲、排场而不能自拔。

端正饮食态度很重要。朱子说：“中重于正，正不必中。”（《朱子语类》卷六十三）又说：“一件物事自以为正，却有不中在。且如饥渴饮食是正；若过些子，便非中节。中节处乃中也。”（《朱子语类》卷六十七）“饮食，人心也；非其道非其义，万钟不取，道心也。人心、道心，如饮食男女之欲，出于其正，即道心矣。”（《朱子语类》卷七十八）又说：“‘割不正不食’，与

‘席不正不坐’，此是圣人之心纯正，故日用间才有不正处，便与心不相合，心亦不安。”（《朱子语类》卷三十八）且“如‘不得其酱不食’，这一物合用酱而不得其酱，圣人宁可不吃，盖皆欲得其当然之则故也”（《朱子语类》卷三十八）。《礼记》中有数般酱，随所用而不同，鱼脍芥酱之类。朱子说：“今人不是不理会道理，只是不肯子细，只守着自底便了，是是非非，一向都没分别。”（《朱子语类》卷三十八）

朱子教导小孩们说：“凡饮食，有则食之，无则不可思索，但粥饭充饥不可缺。”（《童蒙须知》）也就是告诉小孩饮食要随遇而安之，不要过分地强求。他主张饮食宁俭勿奢，提倡简朴节约。他说：“譬如人之饮食，有珍馐异馔，须是吃得尽方好。若吃不透，亦徒然。”（《朱子语类》卷二十九）“珍馐”是指珍奇名贵的食物，“异馔”是指特别的饭食。吃了这些山珍海味却没吃完，或者却弄不清楚到底吃了啥，也是徒劳厨师了。

《道命录》卷七记载：“先生待学子惟脱粟饭，至茄熟，则用姜醯浸三四枚共食。”①《素隐》中对“脱粟”是这样解释的：“脱粟，方脱壳而已，言不精凿也。”故“脱粟饭”即指“糙米饭”。朱子在武夷精舍讲学期间，生活比较艰难，师生每天的主食就是“脱粟饭”，一种去壳而不加精舂的粗粮，粗涩难以下咽，以此实践其“咬得菜根，方能做得学问”的主张，学生辅广负笈前来，友人赠诗说：“闻说平生辅汉卿，武夷山下啜残羹”，就是这种生活的真实写照。朱子与许多学生虽生活得十分清苦，但精神愉悦。但不少人就未能明辨饮食天理人欲。胡纮曾到武夷山拜朱子为师，就因没有鸡酒招待而怀恨在心。据《宋史·胡纮传》记载：“胡纮字应期，处州遂昌人。淳熙中，举进士。绍熙五年，以京镗荐，监都进奏院，迁司农寺主簿、秘书郎。韩侂胄用事，逐朱熹、赵汝愚，意犹未快，遂擢纮监察御史。纮未达时，尝谒朱熹于建安，熹待学子惟脱粟饭，遇纮不能异也。纮不悦，语人曰：‘此非人情。只鸡樽酒，山中未为乏也。’遂亡去。及是，劾赵汝愚，且诋其引用朱熹为伪

① 束景南：《朱熹年谱长编》，华东师范大学出版社，2001年，第1276页。

学罪首，汝愚遂谪永州。汝愚初抵罪去国，缙绅大夫与夫学校之士，皆愤悒不平，疏论甚众。侂胄患之，以汝愚之门及朱熹之徒多知名士，不便于己，欲尽去之，谓不可一一诬以罪，则设为伪学之目以摈之。”[①] 胡纮因朱子没有鸡酒款待不告而别后，于庆元党禁中，罗织朱子罪名，毁谤诬蔑朱子为伪学魁首，堕落成权奸韩侂胄的爪牙和打手。这是朱子因招待胡纮以脱粟饭而惹的祸。后来监察御史沈继祖也落井下石，其中，奏劾朱子六大罪状之一是没有用好米奉养母亲，沈继祖说：“人子之于亲，当极甘旨之奉，熹也不天，惟母存焉，建宁米白，甲于闽中，熹不以此供其母，而乃日籴仓米以食之，其母不堪食，每以语人。尝赴乡邻之招，归谓熹曰：‘彼亦人家也，有此好饭。’闻者怜之。……今熹欲餐精钓名，而不恤其母之不堪，无乃太戾乎！熹之不孝其亲，大罪一也。”[②] 显然是欲加之罪，何患无辞！

## 二、遵恭敬诚意饮食之礼

中国是一个崇尚礼仪的国家，无论从古代的“饮和食德”，还是到今天的现代饮食文明，都充分体现了文化古国的文明饮食风尚。然而，这种传统美德的形成，毫无疑问与儒家倡导的“饮食之礼”有一定的影响。朱子说：“杨氏谓礼始诸饮食燔炙。言礼之初，本在饮食。”（《朱子语类》卷二十五）说明礼制最早就是产生于饮食活动。

关于饮食之礼，朱子主张小孩子要从小养成饮食礼节习惯。朱子的《童蒙须知》规定了儿童日常生活饮食所必须遵循的礼节：“凡饮食于长上之前，必轻嚼缓咽，不可闻饮食之声；……凡饮食之物，勿争较多少美恶；……凡众坐，必敛身，勿广占坐席；……凡饮酒，不可令至醉；……凡如厕，必去外衣，下必盥手；……凡饮食，举匙必置箸，举箸必置匙。食已，则置匙箸于案。”这些规定主要是让小孩子们养成恭敬诚意的饮食习惯和礼节，文明饮食。在宴席上，“席不正，不坐”。朱子引用谢良佐的话说：“圣人心安于正，

---

① 〔元〕脱脱等：《宋史・胡纮传》，中华书局，1977 年，第 12023 页。

② 束景南：《朱熹年谱长编》，华东师范大学出版社，2001 年，第 1273 页。

故于位之不正者，虽小不处。”又释“乡人饮酒，杖者出，斯出矣。”说“杖者，老人也。六十杖于乡，未出不敢先，既出不敢后。”（《论语集注·乡党》）乡饮酒的礼仪结束后，一定要等老年人先出去，然后自己才出去，同样表达了对老者的尊敬。

古代非常重视敬天法祖，不忘水源木本。朱子《论语集注》对“虽蔬食菜羹，瓜祭，必齐如也”解释说：“古人饮食，每种各出少许，置之豆间之地，以祭先代始为饮食之人，不忘本也。齐，严敬貌。孔子虽薄物必祭，其祭必敬，圣人之诚也。此一节，记孔子饮食之节。谢氏曰：圣人饮食如此，非极口腹之欲，盖养气、养体，不以伤生，当如此。然圣人之所不食，穷口腹者或反食之，欲心胜而不暇择也。”（《论语集注·乡党》）意思是说，古人饮食即使吃粗米饭，喝蔬菜汤，吃饭前也要把它们取出一些来祭祖，而且表情像敬献祭礼那样严肃恭敬。

朱子对《论语》“康子馈药，拜而受之。曰：丘未达，不敢尝”解释说：“范氏曰：凡赐食，必尝以拜。药未达，则不敢尝。受而不饮，则虚人之赐，故告之如此。然则可饮而饮，不可饮而不饮，皆在其中矣。杨氏曰：‘大夫有赐，拜而受之，礼也。未达不敢尝，谨疾也。必告之，直也。此一节，记孔子与人交之诚意。’”（《论语集注·乡党》）对“君赐食，必正席先尝之；君赐腥，必熟而荐之；君赐生，必畜之”解释说：“食恐或馂余，故不以为荐。正席先尝，如对君也。言先尝，则余当以颁赐矣。腥，生肉。熟而荐之祖考，荣君赐也。畜之者，仁君之惠，无故不敢杀也。”（《论语集注·乡党》）意思是说，国君赐给熟食，一定摆正坐席先尝一尝。国君赐以生肉，一定煮熟了，先给祖宗进供。国君赐以活物，一定养着它。对“侍食于君，君祭，先饭”解释说：“周礼：‘王日一举，膳夫授祭品尝食，王乃食。’故侍食者，君祭，则己不祭而先饭，若为君尝食然，不敢当客礼也。”（《论语集注·乡党》）“君祭先饭”意思是说，同国君一道吃饭，在国君举行饭前祭礼的时候，臣一定要先自吃饭，先尝一尝，不敢当客礼。钱穆先生袭用朱子的说法：“古者临食之前必祭，君赐食则不祭，于君祭时先自食饭，若为君尝食然，亦表敬意。”乡饮酒的礼仪结束后，孔子一定要等老年人先出去，然后自己才出去。“有酒食，先生馔”，意思是说有了酒饭，让长辈先吃。“斋，必变食；居，必迁坐。夫君子之居丧，食旨不甘。”（《论语集注·乡党》）意思是斋戒，一定要改变平常的饮食；居住，一定要搬移地方，不与妻子同房。一个君子，父母死了居丧，内心思念的悲愁，吃饭都没有味道，听到音乐也不快乐，睡觉都睡不好，所以三年之中，没有礼乐。

对“有盛馔，必变色而作”朱子解释说：“敬主人之礼，非以其馔也”。意思是说做客时，如果食物丰盛，一定要站起来整冠施礼致谢，这是敬主人的礼节，并非因菜肴。在饮食中要“不为酒困”，朱子解释说：“酒以为人合欢，故不为量，但以醉为节而不及乱耳。程子曰：不及乱者，非唯不使乱志，虽血气亦不可使乱，但浃洽而已可也。”（《论语集注·乡党》）意思是说，喝酒可以活跃进餐气氛，量多量少根据个人自己把握，但以不喝酒醉、不乱心志血气为限，尤其不可酗酒闹事。

## 三、重精、洁、时、量饮食之养

朱子一生大部分时间不得志，经历了许多生活的纷扰，晚年更是受到“庆元党案”的影响，被诬为“伪学魁首”备受打击，并且长期受病痛的折磨，可是他仍活了七十一岁。人生七十古来稀，应该说，朱子是长寿的，这与其科学饮食养生有关。

首先，重视饮食烹饪的精致，以利养生。对“食不厌精，脍不厌细”朱子解释说：“食，饭也，精，凿也。牛羊与鱼之腥，聂而切之为脍。食精则能养人，脍粗则能害人。不厌，言以是为善，非谓必欲如是也。”（《论语集注·乡党》）意思是粮食舂得越精越好，肉切得越细越好。吃饭不要求数量而要求质量，吃饭不求饱而求精，吃肉不求多而求细。在当时的社会背景下，也只能是被视为一种养生之道，真正有条件或者能做到的还是少之又少的。有人对此提出质疑，因为有个常识是，食品在加工过程中会丢失大部分的维生素、矿物质及其他营养物质，通常只剩下糖分和淀粉。其实，正确的理解应该是，把蔬菜或者肉类适当地做细有利于肠胃的吸收，而且便于食物营养更充分地释放，有利于身体迅速汲取热量。因此，从饮食保健的角度讲，适当把烹饪过程做“精细”，还是可取的。朱子对“割不正，不食；不得其酱，不食”解释说：“割肉不方正者不食，造次不离于正也。汉陆绩之母，切肉未尝不方，断葱以寸为度，盖其质美，与此暗合也。食肉用酱，各有所宜，不得则不食，恶其不备也。此二者，无害于人，但不以嗜味而苟食耳。”（《论语集注·乡党》）美食是经过精巧烹调、色香味俱全的菜肴，能刺激人的食欲，使人胃口大开。现代很多营养学家都主张：保健食品应该是美食，如果经济条件允许，应提倡家庭美食。美食并非豪华的宴会，并非宾馆、高级酒店的菜肴。“美食精细以颐年”，对老年人来说，这不是一种奢求，而是养生的需要。不仅加工如此，吃的时候朱子也提倡细咀慢咽，“譬如饮食，从容咀嚼，其味必长；大嚼大咽，终不知味也”（《朱子语类》卷十）。细嚼不仅有利于营养的吸收，而且可以体验饮食的美味。

其次，讲究食品的洁净卫生。腐败的食物会影响健康是不能吃的。对“食饐而餲，鱼馁而肉败，不食；色恶，不食。臭恶，不食”朱子解释说：“饐，饭伤热湿也。餲，味变也。鱼烂曰馁。肉腐曰败。色恶，未败而色、臭变也。”（《论语集注·乡党》）这些变质的东西是不能吃的。朱子也提倡食物尽量自制，“沽酒市脯，不食”，朱子说：“沽、市，皆买也。恐不精洁，或伤人也。与不尝康子之药同意。”（《论语集注·乡党》）

再者，讲究饮食的时令季节。不符合时令的食物不吃。对“不时，不食”朱子解释说：“不时，五谷不成，果实未熟之类。此数者皆足以伤人，故不食。”（《论语集注·乡党》）又说：“五谷者，种之美者也，苟为不熟，不如稊稗。稊，稗之熟者也。”（《朱子语类》卷五十九）对于分到的祭肉要及时吃掉或分赐。朱子对“祭于公，不宿肉。祭肉，不出三日；出三日，不食之矣”解释说：“助祭于公，所得胙肉，归即颁赐，不俟经宿者，不留神惠也。家之祭肉，则不过三日，皆以分赐。盖过三日，则肉必败，而人不食之，是亵鬼神之余也。但比君所赐胙，可少缓耳。”对“失饪，不食”他解释说：“饪，烹调生熟之节也。”（《论语集注·乡党》）对于膳食，不仅讲求进食规律，合理搭配、餐饮礼仪，也非常注重烹调技艺和火候。烹调火候不当，食物没有熟透，口味、气味不佳，都不可食用。膳食的外观不好，看相差，也主张不要吃。膳食的味道不好，味道不正，也不主张食用。他认为把分割处置不当的食物，没有调味料的食物提供给人食用，这是不能接受的。“食不语，寝不言”朱子解释说：“答述曰语。自言曰言。范氏曰：圣人存心不他，当食而食，当寝而寝，言语非其时也。杨氏曰：肺为气主而声出焉，寝食则气窒而不通，语言恐伤之也，亦通。”（《论语集注·乡党》）因此，吃饭时说话不是时候，说话会伤肺的。

最后，注重食量及饮食结构的荤素搭配。朱子主张以素食为主，且菜量不超过饭量。“肉虽多，不使胜食气”朱子解释说：“食以谷为主，故不使肉胜食气”（《论语集注·乡党》）；又说：“非特肉也，凡蔬果之类，皆不可胜食气。”（《朱子语类》卷三十八）“食气”，同“食饩”，指主食。意思是说，席上的肉菜虽多，不能超过吃饭的量。朱子提倡少吃肉有利于养生，《戒子帖》记载朱子告诫儿子说：“年来衰病，多因饮食过度所致。近觉肉多为害尤甚。自丁巳正旦以往，早晚饭各不得过一肉。如有肉羹，不得更设肉饤。如是菜羹熟水下饭，即肉饤不得用大楪，只用菜楪大小一般。晚食尤须减少，不食肉更佳。一则宽胃养气，一则节用省财，庶几全生尽年、俭德避难之方一。野等亲如有爱亲之心，切宜深体此意”。由于蔬菜稀少，冬春正月期间的餐桌经常是肉类唱主角，即使是到现在过年的时候总是大鱼大肉，民间也流行诸如吃火锅、羊蝎子之类的饮食，它们更是肉类食品的主阵地。冬春时节人很少活动，肉类食品最易在脏腑内积食积热，多吃反而会导致体力下降。特别是中老年人群更要注意，动物性蛋白质摄取得越多，钙质就越容易排出体外。饮食节制要持之以恒。朱子说：“饮食过度伤生，此固众所共知，然不是真知。偶一日饮食过度为害，则明日决不分外饮食；此真知其伤，遂不复再为也。”（《朱子语类》卷一百一十八）朱子认为：“只易中‘节饮食’三字，人不曾行得。”（《朱子语类》卷一百一十四）他还批评王安石、吕祖谦、苏轼等人“吃物不知饥饱”（《朱子语类》卷一百三十）。他说：“尝记一书，载公（王安石）于饮食绝无所嗜，惟近者必尽。近世吕伯恭亦然，面垢身污，似所不恤，饮食亦不知多寡。然老苏诗云：‘老态尽从愁里过，壮心偏傍醉中来。’如此无所守，岂不为他荆公所笑！”（《朱子语类》卷一百三十）所以他评论说：“如人饥而后食，渴而后饮，方有味。不饥不渴而强饮食之，终无益也。”（《朱子语类》卷十一）朱子还提倡适当吃些姜。餐桌上“不撤姜食，不多食”。这是因为姜味辛性温，能够通神明，去秽恶，又可助阳保健养胃，保健驱寒功效好，故不撤。但是生姜多吃会伤目，应适可而止，不要贪心。其实，调味品和补品都不宜多吃。

## 四、审中和诗意饮食之美

朱子在长期的生活观察中，深刻地体会饮食中富含辩证中和的思想，并赋予饮食文化以诗意。朱子曾说：“物之甘者，吃过而酸，苦者，吃过却甘。茶本苦物，吃过却甘。”（《朱子语类》卷一百三十八）茶是苦与甜的辩证统一体，体现了中和之理，融合了儒家理学文化的精髓。[①] 朱子主张以茶修德，用茶可以明伦理，表谦虚，不重虚华，崇尚俭朴。朱子居五夫里时，老师刘子翚的古宅厅堂有副柱联云：“开门七件事，油盐柴米酱醋茶；持家三自律，勤俭耕读世泽长。”这副厅联给他很大的启发。朱子曾自酿米酒，观山临水常携酒时饮一杯，并写有两首崇安酒市的诗。朱子在中年时期有段时间也曾戒酒，以茶修身。他给友人书云：“近日一种向外走作，心悦之而不能自已者，皆准之酒洌，戒而绝之，似觉省事。”因此，过着“客来莫嫌茶当酒”的生活。

朱子在五夫有地可蔬，有池可渔，后来在云谷山还亲自种起茶来。在崇阳交界处，地势高处云谷山上，飞云出没其间，朱子爱其幽胜。他四十一岁时在山上构筑草堂，称为“晦庵”，在这里闭门著述多年，并在岭北亲手种植茶园，取名“茶坂”，平展一片，茶树百余株。春来，携篮采摘枝头雀舌；冬

---

① 何融融、郭柯柯：《朱子理学与中国茶道》，《农业考古》2010 年第 5 期。

临，荷锄除草精心培育茶树，颇得耕读之乐趣。他的《茶坂》诗云："携籝北岭西，采撷共茗饮。一啜夜心寒，跏趺谢衾影。"他曾与吕东莱在建阳寒泉精舍共编《近思录》，著述时一饮"云谷茶"，睡意全消，又奋起写作。淳熙五年（1178）朱子赴东田培村，会表兄邱子野家茶宴，席上赋诗云："茗饮瀹甘寒，抖擞中气增。顿觉尘虑空，飘然悦心目。"

朱子有《素食》诗："种豆豆苗稀，力竭心已苦。早知淮南术，安作获帛布。"朱子曾写过《次秀野种粟韵》《次韵谢刘仲行惠笋二首》《次秀野蔬食十三诗韵》等十多首反映武夷山区的绿色食品的诗歌，蔬食十三诗中有《乳饼》《新笋》《子姜》《茭笋》《蕈菜》《木耳》《萝卜》《芋魁》《笋脯》《豆腐》《日蕈》《芹》《蕨》这些蔬食至今仍为有益健康的蔬菜和山珍。诗中的秀野即指刘韫，字仲固，以刘韐门荫，官朝散大夫，历倅三州典二郡，有政声。辞官归里，自号"秀野山人"。筑室崇安县南，有台榭花木之胜。经常与刘子翚、朱子相唱酬。朱子深谙蔬菜治病，水果疗疾的道理，提倡药食兼养。前文中的蕈菜为一年生草本植物，可入药。朱子《杂记草木九首》之《天门冬》记载说："高萝引蔓长，插楦垂碧丝，西窗夜来雨，无人领幽姿。天门冬作用与麦门冬相近，同具养阴润肺之功，但麦门冬兼能滋胃阴，降心火；天门冬兼能滋补肾阴。"天门冬是常用中药，煮食之，令人肌体滑泽白净，除身上一切恶气不洁之疾。朱子有《寄谢刘彦集菖蒲之贶二首》，菖蒲是中国传统文化中可防疫祛邪的灵草，根茎可制香味料。朱子游南岳有饭黄精的记载。黄精常为修道之人所喜食，是一种山区生长的多年生百合科草本植物，又名鸡头参、老虎姜。加工成品油润、气香、味甜，既可药用，也可食用，具有补中益气，除风湿、安五脏、强筋骨、止寒热、填精髓的功效。久服神清气爽，能延年益寿。

素食中有水果，朱子在一些诗文中也提到了水果。他吃过槟榔、梨、柘、栗、橘、椰子等。有《槟榔》《食梨》《栗熟》《橘堤》《椰林》等。宋人嗜栗成癖。朱子《栗熟》这首诗就引用苏辙的例子。据说苏辙得了软脚病，一直治不好，后来，一位山翁要他每晨用鲜栗十颗，捣碎煎汤饮，连服半个月，果然灵验。

朱子日常饮食或有不周，但总是以旷达的诗意眼光来看待周遭的一切。据传，淳熙九年（1182）十一月，朱子路经次女朱兑家。女儿家贫未有佳肴款待，只得以热茶、葱汤与麦饭侍奉父亲，并自愧不已。岂料朱子津津有味地吃完，并赋诗一首："葱汤麦饭两相宜，葱补丹田麦疗饥。莫谓此中滋味薄，前村还有未饮时。"安贫乐道之诗意跃然纸上。

## 五、结语

综上所述，朱子已形成了比较系统的饮食之道。现代烹调所注重的色、香、味、形、质、养，从朱子文献中，基本可找到类似的饮食思想内容。虽时间遥隔，朱子的许多饮食方面的理论对今天人们养生观、礼仪观、审美观仍有重要的启示和借鉴价值。民间把朱子当作美食家来看待。800 年来武夷山饮食中流传着"文公菜""八卦宴""孝母饼"特色名菜名点。相传朱子治学之余自己动手制作美食，宾客尝后交口称赞，很快在当地流传。因为朱子谥号"文"，故称"文公菜"。古时候当地学生在赶考前夕，家人必备此菜，祝愿考生才思敏捷，一举上榜。这道菜原料为猪精肉、精粉、鸡蛋、白扁豆，味道可口，极富营养。朱子奉母至孝，远近闻名，相传其母喜食他亲手做的汤饼称为"孝母饼"。朱子每次出门远行游学，都要亲手制作大量的汤饼供奉母亲，漫漫长日，以慰老母思儿之情，乡人感其孝心，相互效仿，以饼奉母，教化子孙，乡人遂称此饼为"朱子孝母饼"。八卦宴则是朱子利用武夷山当地的食材亲手创制并用来待客的一种礼仪。先在八仙桌上画上八卦图，正中为有关卦理意义、富有武夷山风味的佳肴，整个宴席犹如一幅八卦图，可谓匠心独具。如乾卦位摆上腊肉炒笋干，腊肉是干的，笋干也是干的，很符合乾卦的卦理。客人们在品尝了这样一桌宴席，差不多就可以把精深的八卦卦理记住了。经整理后八卦宴已成为中国饮食文化的一朵奇葩。这些都反映了朱子饮食文化已深深扎根在闽北的民间社会。①

---

① 巩志：《朱熹的茶道人生》，《中国茶叶》2010 年第 9 期。

# 朱熹教育思想的启示

吴邦才

朱熹是我国古代伟大的思想家，也是伟大的教育家。朱熹平生不爱做官，常常是朝廷颁诏委职，他则屡屡以各种理由辞免。所以他考中进士后五十余年“仕于外者仅九考，立朝才四十日”。他一生钟情于著书讲学，即使在外做官，每到一地都不忘修书院兴教育，无论是到同安任主簿，到南康任知军再到浙东任提举，还是晚年到漳州任郡守以至到潭州任郡守三个月都留下了书院讲学的印记。再说立朝月余，更是专在经筵讲学。至于朱熹辞官在家的大部分时间里，则以“居家讲学、接引后来”为己任，先后创办寒泉精舍、云谷草堂、武夷精舍、竹林精舍（考亭书院）；创建了以《四书章句集注》为基础，集先贤之大成的理学体系；培育了门生黄榦、蔡元定、陈淳等上千名著名学者，书写了中国教育史上的辉煌篇章。

朱熹的教育思想博大精深，是中华民族宝贵的历史文化遗产。朱熹的教育思想不仅对其后的朝代有着重要的影响，即使在当代也有着重要的意义，至少有三个方面的启示。

## 一、教育的根本目的在于“修其身”，而非应对考试

朱熹的时代，教育虽然有了很大的发展，官学私塾众多，培养出来的学生，通过科举考试，源源不断地为官府输送人才，功不可没。但是这种教育也引发了读书人都往科举考试一条路上挤，学校教学只重应对科举考试的相关内容和技巧。朱熹尖锐地指出：“国家建立学校之官，遍于郡国，盖所以幸

教天下之士，使之知所以修身齐家治国平天下之道，而待朝廷之用也，此其德意可谓厚矣。然学不素明，法不素备。选用乎上者，以科目词艺为足以得人，受任乎下者以规绳课试为足以尽职。盖在上者不知所以为人师之德，而在下者不知所以为人师之道。是以学校之官虽遍天下，而游其间者，不过以追时好取世资为事。至于所谓修身齐家治国平天下之道，则寂乎其未有闻也，是岂国家所为主学教人之本意哉”。如果任其发展下去，必然是“风俗日敝，人材日衰”（《晦庵先生朱文公文集》卷七十五《送李伯谏序》）。

为了革除教育存在的弊病，挽救教育所陷的危机，朱熹从治本入手，强调学校重在立本，教育不能“忘本逐末，怀利去义”。什么是学校教育之本呢？朱熹认为这个“本”就是“修其身”。他说：“古昔圣贤所以教人为学之意，莫非使之讲明义理，以修其身。”（《晦庵先生朱文公文集》卷七十四《白鹿洞书院揭示》）他为白鹿洞书院制定了一套“学规”，把“明人伦、修其身”设为教育之本，并具体化为立“五教之目”（包括“父子有亲、君臣有义、夫妇有别、长幼有序、朋友有信”）为总纲；立“言忠信、行笃敬、惩忿窒欲、迁善改过”为修身之要；立“正其义不谋其利、明其道不计其功”为处事之要；立“己所不欲，勿施于人；行有不得，反求诸己”为接物之要；立“博学之、审问之、谨思之、明辨之、笃行之”为学之序。这可以说是中国教育史上的里程碑。

朱熹把“修其身”作为教育的根本目的，注重人格的塑造，这种教育思想在当今仍然具有现实意义。偏重应试，忽视德育的弊病已成为当今学校教育的顽症。欲革除此顽症，不妨从朱熹的教育思想中汲取智慧。

## 二、教育的基本方法在于引导式，而非填鸭灌注

朱熹在长期的教育实践中得出的一条基本经验是：教学方法应当是引导式，而不应是灌注式。他经常告诫学生：“事事都用你自去理会，自去体察，自去涵养。”（《朱子语类》卷十三）“书用你自去读，道理用你自去究索。某只是做得个引路底人，有疑难处，同商量而已。”（《朱子语类》卷十三）注重

培养学生自主学习、自我探究的能力，增强学习者的主动性。他曾比喻说："人之本心不明，一如睡人都昏了，不知有此身，须是唤醒，方知。恰如瞌睡，强自唤醒、唤之不已，终会醒。某看来，大要工夫只在唤醒上。"（《朱子语类》卷十二）因此，朱熹认为教师的作用，主要在引导，"指引者，师之功也"。

如何引导呢？朱熹引导学生"为学须先立志"。朱熹认为好学源于立志，"立志要如饥渴之于饮食"（《朱子语类》卷八）。"饥而后食，渴而后饮方有味；不饥不渴而强饮食之，终无益也"（《朱子语类》卷十一）。也就是说一个没有志向的人，是不可能好学的，即使勉强去学习也学不进去，最后必学而无用。

朱熹进而引导学生"为学在于穷理"。朱熹说："天下之物，莫不有理，而其精蕴则已具于圣贤之书，故必由是求之。"（《晦庵先生朱文公文集》卷五十九《答曹元可》），故而"为学之道，莫先乎穷理；穷理之要，必在于读书；读书之法，莫贵于循序而致精。而致精之本，则又在于居敬而持志，此不易之理也"（《晦庵先生朱文公文集》卷十四《行宫便殿奏札二》）。朱熹还经常鼓励学生在学习中"生疑"，"读书无疑者须教有疑，有疑者却要无疑，到这里方是长进"（《朱子语类》卷十一）。

朱熹还引导学生"为学贵有恒"。朱熹以逆水行舟和母鸡抱窝为喻说："为学正如撑上水船，方平稳处，尽行不妨。及到滩脊急流之中，舟人来这上一篙，不可放缓。直须着力撑上不得一步不紧。放退一步，则此船不得上矣。"（《朱子语类》卷八）又说为学"如鸡抱卵，看来抱得有甚暖气，只被他常常恁地抱得成"（《朱子语类》卷八）。只有坚持不懈、持之以恒，才能学有所成。

## 三、教育的有效途径在于"学即行"，而非知行脱离

朱熹总结了前人在教育上的得失，提出"学即行"这个富有创意的命题。他说："学即行也，所谓所以学者，将以行之也。"（《晦庵先生朱文公文集》

卷四十七《答吕子约》）反对为读书而读书，坚持知行并进。

朱熹强调读书要“反求诸身”，联系自身实际。《朱子语类》卷十一中反复记载着朱熹的说法：“学者当以圣贤之言，反求诸身，一一体察。”“读书须要切已体验，不可只作文字看。”“读书不可只专就纸上求理义，须反来就自家身上推究。”只有联系自身实际，才能学有所得，如果不切已体察，读书能有何用？“今人读书，多不就切己上体察，但于纸上看文义上说得去便了，如此济得甚事？何必读书。”“一向只就书册上理会，不曾体认着自家身己，也不济事。如说仁、义、礼、智，曾认得自家如何是仁？自家如何是义？如何是礼？如何是智？须是着身己体认得。如读‘学而时习之’，自家曾如何学？自家曾如何习？不亦说不得乎！”

朱熹还强调读书要“致知力行”，着力付诸实践。朱熹是这样来阐述知行关系的：“论先后，当以致知为先；论轻重，当以力行为重。”（《朱子语类》卷九）“知之非艰，行之惟艰，工夫全在行上。”（《朱子语类》卷十三）他得出的最后结论是：“知与行工夫，须着并到，知之愈明，则行之愈笃；行之愈笃，则知之益明，二者皆不可偏废。”

朱熹既是一位伟大的教育理论家，也是一位伟大的教育践行家，还是一位伟大的教育改革家。朱熹的教育思想不仅传承了孔孟以及二程之文脉，而且针对当时教育上的弊端进行改革创新。朱熹在传承中创新的教育精神，尤其值得当今发扬光大。

# 略论朱熹书法之成就与影响

徐良夫

朱熹是我国古代著名的哲学家、思想家、教育家，其融汇了儒、道、释三教，建构了涵括自然、社会、人生等完整、博大的理学思想体系，达到了当时世界范围内哲学理论的最高水平。历史誉之为宋代理学之集大成者。但其尚是一位成就卓著的书法家，人称“南宋四家”之一。写得一手理性十足的书法，带着理学家鲜明的书法观，对中国近古之书坛产生了显著的影响。只是朱子为当时一代大学者和思想家，书名被掩而已。

## 一、理学家鲜明色彩的书法观

人们谈到宋代书法，往往以北宋的苏（轼）、黄（庭坚）、米（芾）、蔡（襄）“四大家”为“宋尚意”书风的开拓者和时代书风的标志，而忽视了南宋书家的存在，尤其是朱子书法的理学精神。

南宋书学也主张尚意崇神，但与北宋尚意的主张有着明显的差异。北宋书家书法思想中最突出的特点是对“文人趣味”的倡导，其尚意思想主张“乐心”“寓意”“重韵”“率意”，体现出鲜明的个性张扬和强烈的情感流露。如苏轼主张书法要“自出新意，不践古人”“书初无意于佳乃佳”的自由创作精神。黄庭坚以“禅理入书理”“不计工拙”“不随俗低昂”，丰富了尚意思想的内涵及领域。米芾主张“意足我自足，放笔一戏空”，将尚意思想贯彻到书法技法之中。北宋大多书家均以行草书见称于当世，形成了有别于唐代尚法思想的时代基调。这一“尚意”，既有书法变革成功的一面，但也有其变革偏离的一面。在这一“尚意”笔下，出现了“欹侧怒张”的字势结体和不事雕饰的“狂狷”，有些破坏或渗入了书法的不和谐因素。

南宋以朱熹为代表的理学家，从不同角度对传统儒家进行审视和反思，开展新的研究和探索，将儒、道、释思想交汇融合的同时，也将其渗入到书学思想的构建之中，使北宋尚意思想在理学思想的深刻影响下，进入停滞与低落。

以朱熹为代表的南宋书法家，书学思想更强调温静平和、雍容中正、严谨内敛，反对狂怪变异、张扬外露，从而回到儒家“中和”之美的轨道，把艺术纳入“以道为本”的理学规范之内。故朱子对北宋书法表现出明显的不满。他在《跋朱喻二公法帖》中曰：“书学莫盛于唐，然人各以其所长自见，而汉魏之楷法遂废。入本朝来，名胜相传，亦不过以唐人为法。至于黄、米、而欹倾侧媚、狂怪怒张之势极矣。近岁朱鸿胪、喻工部者出，乃能超然远览，追踪元常于千载之上……”这段跋语说明了朱子对历代书法艺术的观点。其认为唐人书学很盛，“各以其所长自见”，但失“魏晋楷法”，北宋黄庭坚、米芾两家，“狂怪怒张”，朱、喻二人能师法钟繇，才算得上是“超然远览”。表达了他的书法观点强调法度，崇尚古法，主张由唐入晋，恢复纯正的魏晋风韵，追求恬淡静雅、平和中正，力图以此矫正北宋书法之失。朱子以其理学思想，认为书法亦是一个表现问题，都要使之恰如其分地表现自然物象，构成形象的“笔墨”都要求秀美、流畅、柔和、淡雅，容不得奇拙狂怪的形态，只有这样的意趣风格才是达到极高的境界。

在中国书法史上，有一个必然而共同的事实，即“魏晋风韵”，是其后书家们永远追求的最高目标和终极理想。“魏晋风韵”简单地说，既是风流、清雅、流美一路的王氏书风，又是古质、沉穆、温润的钟氏书风，代表了两种审美情趣。

从朱子的《家藏石刻序》中，可以明确地看到其崇尚“魏晋风韵”的观点。“序”中曰：“汉魏以前刻石，制度简朴，或出奇诡，皆有可观，存之足以佐嗜古之癖，良非小助。”可见他对汉魏石刻之爱及对其艺术的欣赏。朱子在其书法艺术实践中，也真的是从汉魏书法入手的。他在《题曹操帖》中云：“余少时曾学此表，时刘共父方学颜书《鹿脯帖》，余以字画古今诮之……”这表明他少时曾临摹过曹操书体。朱子极力追摹晋唐，曾先后临习钟繇、王羲之、颜真卿、王安石等诸家书帖，世人对其书法有“汉魏风骨”之誉。明宋濂《浦阳人物记》：“文公书韵度润逸。”明董其昌《书法阐宗》：“晦翁书近钟太傅法，亦复有分隶意。”可见，朱子以汉魏书法入手实践，是其将理学思想之主导而深情地投入到优秀传统之中。

北宋“尚意”诸书家，在理论上亦不得不崇尚“魏晋风韵”。苏轼《书黄子思诗集后》：“予尝论书，以谓钟、王之迹，萧散简远，妙在笔画之外，至唐颜、柳集古今笔法而尽发之，极书之变，天下翕然以为宗师，而钟、王之法益微。”黄庭坚《论书》：“凡作字须熟观魏晋人书，会之于心，自得古人笔法也。”米芾《论草书帖》：“草书若不入晋人格，辄徒成下品。”这些不正是以“晋韵”为极诣的书论么？然而嘴上虽说：“唯魏晋是宗”，但笔下却与“晋韵”背道或变异了。我们从北宋诸家的书法上看，他们对前人规范的离心倾向是十分明显的。北宋书家试图冲决传统，最大可能地发挥创作主体自由的能动作用，在破坏传统的探索中形成自己的风格。他们在情性抒发上的突破是肯定的，这也是宋一代书法上的壮观一幕。只是中国书法的传统毕竟太悠久、太丰厚、太权威，令书家们在心理上或书论上不得不仍将“魏晋风韵”视为书学的最高范式。

朱子站在理学家之立场上，将书学思想与创作实践同步发展、促进，达到高度的统一。其重视优秀传统，并忠实地实践着。但在书法艺术上并不是复古主义者。其真正所倡导的是要在传统的基础上创新，既要富有时代风貌，又要有个性鲜明的独特风貌。且看他在《跋十七帖》评话中所说：“玩其笔意，从容衍裕，而气象超然，不与法缚，不求法脱，真所谓一一从自己胸襟流出者。窃谓书家者流，虽知其美，而未知其所以美也。”在这里可以看出朱子重视传统，而主张要“法”，但不要受“法”所缚，要“从容衍裕，而气象超然”，最重要的是要“一一从自己胸襟流出”，这是一种自然天放的创作态度，难道这不是良好的“尚意”么！

理学家以道为本。朱子提出：“道者，文之根本；文者，道之枝叶。惟其根本乎道，所以发之于文皆道也。三代圣贤文章皆从此心写出，文便是道。”（《朱子语类》卷一百三十九）从这一基本思想出发，其书学思想又特别强调伦理道德，注重自我修身养性，为学主张“明理居敬”“立身品节”，要求书法表现人心，体现作者温厚雍容、和平中正的气质与涵养。其在《跋韩魏公与欧阳文忠公帖》中认为：“书札细事，而于人之德性其相关有如此者。”朱子认为学艺与学道相通。因此，尽管朱子对北宋苏、黄、米为代表的尚意书风颇有贬斥，但由于儒家思想在其整个思想中，始终是根深蒂固的，是最亲近的第一要义，故而在评论这些“尚意”书家时，仍渗透着儒家居仁游艺的思想和重视人品节操的道德准则。如他在《跋东坡帖》中说：“东坡笔力雄健，不能居人后，故其临帖物色牝牡，不复可以形似校量，而其英风逸韵，高视古人，未知其孰为后先也。”又如在《跋山谷宜州帖》中道：“山谷宜州书最为老笔，自不当以工拙论，但追想一时忠贤，流落为可叹耳。”其在《跋杜祁公与欧阳文忠公帖》中评曰：“杜公以草书名家，而其楷法清劲，亦自可爱，谛玩心画，如见其人。”可见，朱子论书，胸中无时不横一人品标准。故而他认为东坡“英风”，“不复可以形似校量”；山谷“一时忠贤”，“自不当以工拙论”。

朱子以儒家思想，强调书法的规范、功力、中和之美；以道家思想，主张书法的风韵、情感、天然之美；以释家思想，提倡书法的恬澹、修炼、个性之美。朱子曾诗书：“会得古人心，开襟静无语”（《泰宁小均坳四季读书题壁诗》）；“明月虚涵处，和风静养时”（《庐山白鹿洞书院楹联》）。这是一种哲理禅机之悟，浸透着儒家的底子、道家的诗理、佛家的性灵。正是朱子集诸儒之大成，又充分吸收释、道哲理的基础上，对理学系统的创造性总结，从而使理学之一统对南宋书法及其后之书坛产生了深远的影响。

## 二、理性十足的书法实践与创作

朱子在《赠笔工蔡藻》文中自谦道：“予性不善书。”实际上，其书法传统功力深厚，又有自身的鲜明风格。我们可以从他大量传世墨迹和题刻中，看出其书法创作实践，大致可分为三个阶段。

淳熙六年（1179）以前为前期书风。主要根本颜真卿，兼治蔡襄、王安石等。以《致彦修少府尺牍》《城南倡和诗》《论语集注残稿》《刘子羽神道碑》等为代表。其受颜真卿行草书“三稿”（《祭侄文稿》《祭伯父稿》《争座位文稿》）之书风的影响明显，体现了朱子“心正则笔正”的书法创作观。

《致彦修少府尺牍》为行书。凡 17 行，每行字数不一，共 156 字，是至今所能见到的朱子青年时期的作品。观此书风，可见其取法晋、唐的祈尚，与北宋黄、米诸家书风有迥然之别。北宋“尚意”书风大多讲究变化，追求放纵恣肆，较少典型楷则。然朱子尺牍，纯是无意求工而无拘束的抒写中，仍然能下笔沉着典雅，用笔起承转合，脉络分明，笔势挺拔，刚健有力；结字精微谨严，无狂怪之态，不乏典则，是其理学思想力正风教，提倡居敬的写照。

《城南倡和诗》书于乾道三年（1167）。此纸本行书，平和从容，温柔典雅，血肉丰满。用笔老练精到，提按有致，起伏成实；笔势委婉飞动，动中取静，变化和谐；结字严谨中含潇洒，活泼中有理序。整体上看从容安详，单个字态又呈飞动之势。正体现了朱子“动静无端，阴阳无始”之博大宽容的境界。内蕴着王羲之、颜真卿、陆柬之之行书的风韵势态。明人司马晋跋此卷曰：“晦翁此帖极神俊。”清人孙承泽《庚子销夏记》评曰：“字法俊逸，大有晋人风致。”难能可贵之处乃朱子能食古而化，令人感其“书路”不甚明，却又成自家面目。

《论语集注残稿》为行草书。其书写在印有竖格的便笺上，黑字列在格间的大空白之中，醒目而清寂，布白的空间美呈现出一种朗旷空阔的大格局。其书法运笔快捷，而点画线条却是沉雄的，顿挫转折于圆浑中见坚韧，肥腴劲利。结构省简，起承呼应，造成一脉沉着层叠的流动节奏，给人以清明简淡的形式美感。使人见到其那书意超然自放于笔墨之外，那种“文思涌发，如沧海波澜，不可遏止”之势的信笔书写神情。朱子留世的大量尺牍，让我们大多看到其在布局上行距宽、字距紧，纵横挥洒，跌宕有致，尤其是其书法行气十足，整个作品如是以“行”为单位，逐个独立的字似乎被淹没在字行中，无法从“行”中分离出来。这一特点对后世书法布白影响很大，到明代中晚期，倪元璐、黄道周、张瑞图等书法家都加以发挥，将尺牍的这一布局运用到大幅书法作品中，形成明代具有强烈面貌的书风。

《刘子羽神道碑》为楷书。碑文长达3725字，是迄今传世的朱子手迹中字数最多的书法珍品。此碑笔法险劲，精彩四射。结体以欹为正，有承欧阳询、虞世南、《洛神赋十三行》的轨迹可寻。点画峻挺犀利，隽永圆滑、坚实雄强，秀丽中有清劲之韵。用笔于矫健中存含蓄之势，引而不发，愈见坚强，又似得力于钟元常。碑文文字精练明快，情感深沉。朱子以酣畅的笔墨歌颂了刘子羽保南宋半壁江山、英勇抗金的功勋。

淳熙六年至绍熙五年（1179－1194）为中期书风。朱子上溯钟、王法书，心追北宋硕儒书迹，以《周易系辞本义手稿残卷》为代表。提倡“书守时甚敬”，反对“争出新奇以投世俗之耳目”的时风流弊。

《周易系辞本义手稿残卷》洋洋数十行。披卷赏读此作，全篇随思而书，随意而成。锋芒的锐利、游丝的劲细、笔势转换的快熟，使人见到其行笔疾而健，用笔劲而实，笔力聚而畅。通篇从容挥洒，势矢而下，一往无复。故脱字旁挎，错字叠压，删字涂抹，任其自然而随意。但又删减增补有度，相间恰当，卷面流贯和谐，行款整齐而变化，呈现一气直下，贯气呵成的意态。有着“疏处可以走马，密处不使透风”的变幻莫测的空间意境，充溢着天然情趣和活泼生机。这是作者全无因袭的心理负荷，以超脱的心态书写，没有苦心冥想与刻意安排，全在乎自然牵引、自然流露，充溢着一股“书卷气”。

这一“书卷气”的获得，源于这位一代理学大师毕生致力于经史研究，集宋代“理学”之大成。学问高深渊博，道德文章双馨，所有这些因素转变成艺术内在的有益成分而自然地流溢于字里行间。

庆元元年（1195）以后为晚期书风。心仪宋贤，回归自然。以《大学或问诚意章手稿残卷》《泰宁小均坳四季读书题壁诗》等为代表。体现其“皆由自家使得方好”，“一一从自己胸襟流出”的道义之气。

朱子晚年书法，观其《泰宁小均坳四季读书题壁诗》，可谓行草书非常熟练，已入化境。晚期书法落笔沉着，笔势连绵，圆转温婉，不激不励。与其中期书作比较，则更为古澹和平、萧散简远，韵度润逸，脱尽火气。笔法之精熟却不以巧媚世，哗众取宠，也不是花拳绣腿，声色俱厉。是以其特有的格调，风度见胜，亦是其道义精华之气的自然流露。

“问渠那得清如许，为有源头活水来。”朱子精湛的书法艺术正是从理学大家心灵的源头活水中流泻出来。作为大思想家，朱子写出了一手理性十足的书法，带有理学家鲜明色彩的书法观。正如明人董仲可云：“紫阳夫子之道在天下，著书垂训之大与一言一字传人间，皆道之所存也。”

## 三、后世推崇珍视　影响深远

关于朱子书法艺术，历代文献多有记载。元干文传《城南唱和诗跋》：“笔精墨妙，有晋人之风。大贤无所不能，固非一艺名也。”元王恽有评云：“道义精华之气，浑浑灏灏，自理窟中流出。”明陶宗仪《书史会要》：“朱子继续道统，优入圣域，而于翰墨亦加之功。善行草，尤善大字。下笔即沉着典雅，虽片缣寸楮，人争珍秘，不啻璠玙圭璧。”明王鏊《震泽集》：“晦翁书笔势迅疾，曾无意于求工也。而寻其点画波磔，无一不合书家矩矱。”明宋濂《浦阳人物记》：“文公书韵度润逸”。明陆简《城南倡和诗帖跋》：“紫阳夫子平生讲道之功日不暇给，而于辞翰游戏之事亦往往精诣绝人。评书家谓其书郁有道义之气，固耳。”又评曰：“词皆冲口而得，字亦纵笔所书，矩度弛张，姿态逸发，虽晋唐诸名家，未易比数。”明董其昌《书法阐宗》：“朱文公善评诸家书，言蔡忠惠以前皆有典则，及至米元章、黄鲁直诸人出来，便自欹衺放纵。世态衰下，其为人亦然云。”明李士实《朱熹城南倡和诗帖跋》：“晦庵先生书，初学魏武，晚乃成家。其成也则亦超然自得，颓乎其顺。”明晏宁《题晦庵翰墨卷后》：“顾其笔势遒劲，天机逸发，可枯藤朽木，云舒雾敛。”明何乔新《书林藻鉴》：“晦庵先生字如孤松老柏，晋宋间以书名家者，未易及也。”明费宏《城南倡和诗帖跋》:“然其学主于为己，归于求心，而非有争妍斗靡之意，故其形于歌咏，则古澹和平；见于简札，则萧散简远，非流俗所敢望，而人争宝之，盖又不专在于言语文字之间也。”清黄锡蕃《闽中书画录》:“苍郁沉深古雅，有骨有筋有韵。”等等。可见，朱子书法名重一时，后世对其书法极推崇与珍视。

朱子墨迹和题刻流传后世甚多。据《四部总目艺术篇》载：停云馆法帖、古宝贤法帖、海山仙馆藏真续刻、寒秀馆帖、弘一堂帖、宝贤堂集法帖、寿松堂藏帖、采真馆法帖、邻松园法帖、蕴真堂刻石等，均将其作品收入其中。其中，《书翰》（即《七月六日帖》）、《文稿》（即《大学或问诚意章》）合卷，是朱子传世书迹中最为引人注目者，也是南宋书法史上的代表名迹。这是朱子生命历程中最后的手迹之一，尤为后人所珍视。今人将此合卷统称为《书翰文稿》二帖卷。在清乾隆年间收入内府，藏于养心殿。有“养心殿鉴藏宝”印，“乾隆御览之宝”“石渠宝笈”“乾隆鉴赏”“三希堂精鉴玺”“宜子孙”等印记。

朱子书法艺术，是其一生生活轨迹的印记和理学思想的生动体现。其对传统的重视、法度的关注，书学思想的转换，不仅影响着南宋一代的书法，尚对元、明两朝书法造成了一定的影响，给元、明书家们提供了借鉴。其为开元代复古回归书风之先，为元代书法力图超越宋代，复归晋唐书风的形成进行了铺垫。元、明两朝掀起的复古主义思潮，至今尚令人感悟到传统书法的哲理、风采、胸怀、审美情调。这正是朱子在书法史上的影响和价值。

# 读书是立身强国之要

## ——浅谈朱子读书法及其现实意义

叶梦婷

读书、修身、立人、强国之间的密切关联自古便是众家立说明志、进谏纳言的重要命题之一。因何读书？如何读书？朱子读书法讲明读书的道理与具体的方法，流传至今仍具有重要的现实意义，是立身处世的宝训，强国兴族的金箴。

### 一、读书是立身处世之基

#### （一）动机纯然、专心诚意地读书

朱子言“自古圣贤，皆以心地为本”。每个人做任何事都存在着各种动机，但往往专心诚意才能让事情朝着合理、正义、期望的方向发展，读书也不例外。鲁迅先生说过：“读书人可以分为两种，一种是职业的读书人，一种是嗜好的读书人。职业的读书人，是强迫，是勉强，是有利害关系的读书人，极易对书本产生疲劳，减掉趣味，甚至把读书变成了苦差事了！但嗜好读书的人则全然不同，他们能够手不释卷，因为随便，因为轻松，他们可以在任意一页文字的背后，都可以毫不费劲地找到滋润自己灵魂的营养，并且乐此不疲。”朱子十分热爱读书，在读书中穷理致精，格物致知，虽然晚年体多弱衰，甚至被不合理的冤屈禁锢，但他仍坚持读书，编书著述。可见，拥有纯然动机、真诚实意的人才能在不如意的现实中找到工作与生活的乐趣，并为之努力。

“思诚为修身之本，而明善又为思诚之本。”在读书中时刻保持的初心与

专心，能够让人们努力地做到眼到、口到、心到，专一致志，从而明理行理。此乃修身之道也。

### （二）分明条理、熟练精练地读书

从朱子的《读书之要》中可见，他主张按一定次序读书，“处静观动，如攻坚木，先其易者而后其节目；如解乱绳，有所不通则姑置而徐理之”。并且强调读书不要贪多。真正的读书人常以“温故而知新”“学而时习之”作为学习乐趣，但有些人却以家中有多少藏书，或是读过多少书作为谈资与炫耀的资本。殊不知与将书本束之高阁或是囫囵吞枣的读书相比，对一本书精读、细读的态度和方法反而更容易知识的吸收，从而取得事半功倍、举一反三的效果。故朱子劝诫道：“常使自家力量有余。须看得一书彻了，方再看一书。”这种观点符合人类思维发展的客观规律，反之容易落得遇难则退，朝三暮四，最终一无所得的境地。

此外，朱子认为“对书册，详缓看字，子细分明读之。……只是要多诵遍数，自然上口，久远不忘。古人云：‘读书千遍，其义自见’。”提醒着人们读书应抓住中心，宁精勿杂、宁专勿多，循序渐进，这样既能捋顺思路，清晰逻辑，又能学到知识，探得规律，然后才能将知与行融会贯通，学有所出。

“立身以立学为先，立学以读书为本。”读书要诵读、涵泳与玩味，人生亦是如此。读书中养成的这些条理分明、熟读精练的态度与习惯，能够让人们自觉地按照实际情况明确计划，理清头绪，抱着认真仔细的态度，熟练并提高自身的技能。此乃君子立身之法也。

### （三）虚心静虑、坚毅谨慎地读书

圣人之所以为圣也，只是好学下问。“敏而好学，不耻下问”是中华民族优秀的传统美德，也是每个人成长的必修课。“三人行必有我师”，读书切忌狂妄自大，须知人生有限，求知无涯，“学而不已，阖棺乃止”；读书切忌慌忙焦躁，须知慌中常乱、忙中易错。

朱子提倡读书应当虚心静虑，他写了一首颇为有名的《调息箴》，通过道家的气息方法，来调节呼吸，收止心念，养生、读书、求道。朱子曾对学生说道："半日静坐，半日读书，如此一二年，何患不进!"安详和缓的心境是提高读书成效的首要环节。试问，天下何事不是如此?

除了虚心清净的心态外，读书贵在坚持，"不经一番寒彻骨，哪得梅花扑鼻香?"天下事皆坏于懒与私，浅尝辄止，半途而废是决计寻不得真理的。

读书珍在严谨，严谨之人必然善疑，"读书无疑者，须教有疑，有疑者，却要无疑，到这里方是长进"。朱子认为读书长进需经过两个阶段，敢于质疑，深入钻研，而后释疑解惑。有疑才会有思，"日省其身，有则改之，无则加勉""都无所疑，方始是学"。这既符合教育心理学的一般规律，也利于培养读书人发现问题、解决问题与总结反思的能力。

《九思》曰："人之进学在于思，思则能知是与非。但得用心才熟后，自然后处有思随。"谦虚谨慎、坚毅不屈、善思善疑的学养，能够让人们自然地在困难面前发挥出正能量，明辨是非、坚定信念，反思过程、积累经验，用心地学习与生活。此乃处世之技。

**（四）立志笃行、借鉴创新地读书**

读书是一件需要长久精力与强大意志的事，人们常用"苦"字来形容学习，但"为学，正如撑上水船，……一篙不可放缓"，因此立志十分必要。朱子言："书不记，熟读可记；义不精，细思可精；唯有志不立，直是无著力处。"

中华上下几千年的历史，多少英雄豪杰、仁人志士的事迹都证明了"立志"的重要性。"气无强弱志为先，努力便行休放肩。捱得一番难境界，便添脊骨一番坚。"立志后便需付诸实践，致知力行，才能实现量变到质变的转化，才能促成"知""行"的良性循环。

另一方面，朱子认为读书应当懂得借鉴与创新。"半亩方塘一鉴开，天光云影共徘徊。问渠那得清如许？为有源头活水来。""昨夜江边春水生，艨艟巨舰一毛轻。向来枉费推移力，此日中流自在行。"脍炙人口的《观书有感二首》其中的一层寓意也在说明借鉴前人总结，他人经验的基础上，发挥主观能动性，创新理论与实践才能真正做到"源头活水""中流自在"！"旧学"

“新知”的结合，反过来也能带来学习中虚心涵泳、交流切磋的新局面。

读书需要立志笃行，借鉴创新，让人们在逆境中前行，在瓶颈处突围，在“已知”“新知”“未知”中游刃有余，在竞争中占据有利位置，拥有实际的操作能力与创新能力。此乃行事之宝。

此外，朱子还劝诫人们要珍惜时光，“少年易学老难成，一寸光阴不可轻”。少年是学习的黄金期，但时光如流水，匆匆而逝，如若随意浪费时间，最终也只能是碌碌无为，虚度此生。因此，把握当下，并为之努力，此乃君子成功之方。

读书需要修身，立身方能合理处世。读书中养成的性格、气质与习惯，将直接影响其为人接物与待人处事的礼节与教养。因此读书是明理的首要途径，它能使人心始终处在道德的状态之中，于己于人皆大有裨益。学习、践行朱子读书法的过程即是提高自身素质能力，涵养道德情操，树立高尚人格的过程，能够帮助读书人找到安身立足的道义准则，具有重要的现实意义。

## 二、读书是强国兴族之钥

### （一）读书有利于培养德才兼备的人才

朱子云：“诗书不可不读，礼义不可不知”“自修则人不得以非理相加”。践行朱子读书法，养成好读书、读好书的习惯，在读书的过程中培养出具备纯粹品质、广泛技能、优秀道德素养与独立精神的人才，是儒家教育思想的核心，也是当今国家教育的终极目标。

何为好书？经典。经典并非专指中国古代的“经书典籍”，它是经历史长河淘炼，至今仍生机勃勃的书籍，经得起一切时间与空间的考验。熟读经典，吸取传统文化中可贵的知识，反复推敲、思考、交流、实践，才能得出真正利国利民的思路、行之有效的方式方法，进而磨练自身，成为担得起祖国复兴的德才兼备的人才。

### （二）读书有助于营造和顺文明家庭氛围

《朱子治家四本》中提及：“读书，起家之本……和顺，齐家之本。”我们正处于小家庭时代，每个小家的建设不仅关系着少年儿童的成长命运，更关系到民族未来的发展进程。因此将朱子的读书法引入家庭十分必要与迫切。

朱子读书法所倡导的修身养性、虚心静虑、居敬持志等品质，有助于家庭成员养成谦让中和、积极向上的心态与热爱读书、学习的习惯。家长通过阅读经典，学习做人育人的观念方法，进而让少年儿童从小受到“美、智慧、道德”的熏陶，营造文明、和顺、欢乐的家庭氛围。

**（三）读书有利于形成好学明理的学风与校风**

学校是读书的地方，是培养“读书人”的地方。什么是“读书人”？暂且不提读书的“自然境界”“功利境界”“道德境界”，笔者认为，将读书视为人生的重要追求，与之建立密切关系并以此为生活方式的人即为“读书人”。

学无止境，每个人是否能养成读书的习惯与品位，中学时代是关键。教育家苏霍姆林斯基曾经说过：“少年的自我教育是从读一本好书开始的，学生的智力发展取决于良好的阅读能力；一个真正的人应当在灵魂深处有一个精神宝藏，这就是他通宵达旦地读过的一二百本好书；如果少年时没有品尝过阅读激动人心的快乐，没有自己心爱的书和喜爱的作家，其全面发展是不可设想的。”在学校教育中，读书教育是实现终极教育的关键环节。因此，将朱子的教育思想、朱子读书法与当代学校教育接轨，既是向经典学习，传承传统文化的有益行为，又能让学子们从经典中了解读书的意义、人生的乐趣，同时营造出乐学、好学、善学的学风与校风，推动学校教育的现代化建设。

**（四）读书有益于提升国家的软实力**

读书本身就是一道美丽的风景线。读书人的数量和素质，标志着一个国家文明发达的程度。

一个人的精神发育史，应该是一个人的阅读史。而一个民族的精神境界，在很大程度上取决于全民族的阅读水平；轻视读书的力量，阅读能力、思维方式最终也会跟着退化，国际阅读学会在总结读书对人类的最大的益处时指出：阅读能力的高低，不仅影响着个人，更直接影响到一个国家和民族的未来。

清代著名学者全祖望曾说："杨文靖公四传而得朱子，致广大，尽精微，综罗百代矣!"钱穆先生也将朱子与孔子并观，认为"旷观全史，恐无第三人堪与伦比"。朱子的读书法是他多年读书的积累与总结，也是启迪心灵，惠及后人的宝贵财富。

21世纪，作为世界上唯一一个文明不曾断绝的国家，中国的文化之于我们，之于全球都是不可或缺的重要部分。如何在激流中勇进，如何提高我们的国民素质与国家综合实力？如何实现中华民族的伟大复兴？有识之士纷纷出谋划策，但毋庸置疑，读书是其中最重要且不容忽视的途径之一。践行朱子的读书法，学习传承中华民族优秀传统文化，让我们的民族充满生机与活力!

# 朱子与闽南安海文化研究

# 闽南朱子文化的保护与推广研究

丁玲玲　林振礼

朱熹是我国历史上著名的哲学家、教育家、思想家、理学家、诗人，同时还是闽学派的代表人物，世人尊称为朱子。朱子文化是中国封建社会后期的主流文化，其学说不仅影响中国思想文化数百年，还远播朝鲜半岛、日本及东南亚、欧美等地，成为继孔子之后又一位对中国乃至世界思想文化史产生巨大影响的文化圣哲，被联合国教科文组织称为“后孔子主义”。朱熹幼童曾生活在泉州晋江县安海，青年初仕之地是泉州同安县，晚年出知漳州，一生中为官时间最长的地方是闽南，是故闽南被称为朱子“过化之区”。闽南拥有丰富的朱子文化资源，是值得进一步深入保护与开发利用的。

## 一、朱熹与闽南的不解之缘

宋绍兴初，朱熹父亲朱松经抚谕东南的胡世将保举，任石井镇首任监税。“抱负经济，耻于自售”的朱松赴泉州安海，携小名沋郎的朱熹及全家人上任。朱松监镇之公余，常集优秀士子讲习“义理之学”，里人黄护在官署旁建“鳌头精舍”作为其讲学场所。朱熹仕宦后，曾在闽南两度任职，闽南成为朱熹为官时间最长的地方。绍兴二十三年（1153）朱熹任同安主簿，又“职兼学事”，历时四年五个月。职位虽不高，但一心为民，特别重视教育，为同安争取教育经费，修县学，建“经史阁”，亲自讲学；甚至渡海上岛，到金门讲学，在泉州同安一带留下政声。《朱子行状》称之“士思其教，民怀其惠”。朱熹在同安主簿任上，常访问其父遗迹，讲学安海的“鳌头精舍”。此后因与知交傅自得、陈知柔两位学者交游，又讲学泉州多处书院。朱熹在泉州属县的著名弟子，有同安的许升（顺之）、陈齐仲、徐元聘、王力行（近思）、徐应中、许景阳（子春）；晋江（包括州治泉州）的杨至（至之）、杨履正（子顺）、高禾（颖叔）、林峦、王宾；南安的李亢宗（子能）、黄谦；永春的陈易（后之）；惠安的刘镜（叔光）、张巽（子文）、黄岩孙（景传）、刘叔文（籍未详，疑与叔光同县）等人。此外，如傅自得之子傅伯成，陈知柔之侄陈朴、陈模，莆田陈俊卿之子陈宓，也是朱熹的著名门人。

绍兴二十七年（1157）朱熹任泉州同安县主簿期满后，在泉州盘桓数月才归家，其间他与泉州名士傅自得、万如居士李缜、永春名士陈知柔等过从甚密，曾到小山丛竹等书院讲学。淳熙十年（1183），五十四岁的朱熹重游泉州。那年八月，好友傅自得去世，十月朱熹从闽北南下泉州吊丧，其间与赵汝愚、陈俊卿、陈知柔相晤论道、酌酒赋诗。后来又与陈知柔相携遨游莲华峰、九日山、凉峰、凤凰山、云台山等处，临别辞行于洛阳桥畔。

绍熙元年（1190），六十一岁的朱熹到漳州赴任，又特地一次来泉访友。朱熹知漳，是他在闽南的二度任职。年逾六旬的朱熹出任漳州知州，此时他早已是声名远播的大儒，具有崇高的学术文化地位，还因为他在江西、浙东等地政绩，包括“六劾”贪官唐仲友而名扬天下。朱熹知漳期间，在整顿吏治、发展经济的同时，重视教育，兴官学、育人才。“时州学设‘宾贤馆’，聘请名士讲学。每旬逢二必率僚属下州学视察诸生，并亲自讲解‘小学’；逢六，又到龙溪县学讲学。”同时大力推进社会教化。史书记载，当时的漳州“僻陋涉海，俗未知礼”，社会秩序松弛。朱熹“首述古今礼律开谕之”。他以务本安业、守正祛邪、端正信仰为原则，先后颁布《论俗文》《晓论居丧持服律事》等文告。经教化后，漳州“士君子服习诗书，敦尚礼义，贤才奋兴，彬彬日盛”。后人怀念朱熹在漳州的政德，亲切地称朱熹的办公地点漳州府衙为“紫阳古署”。为表达对朱熹敬仰之意，立了“朱文公祠”奉祀朱熹。

## 二、闽南的朱子文化遗存

朱熹任同安主簿及其后两度重游泉州，足迹遍及泉州治下的晋江、南安、惠安、安溪、永春等县及当时同安县治下的金门、厦门等地，在诸多名山胜迹也留下诗作，故在泉州留下了许多有形与无形的朱子文化遗产。如：

小山丛竹书院遗址。朱熹曾经讲学的小山丛竹书院，遗址在今泉州市鲤城区第三医院内。“小山丛竹”原为纪念唐欧阳詹的“不二祠”，朱熹曾讲学于此。绍兴二十七年（1157）七月同安秩满，在府治等批书，得暇到附近的资寿寺、不二祠讲学。这里是他经过踏勘，认为是清源山“龙首之脉”的风水宝地。《晋江县志》记：“小山丛竹书院在府城隍庙旁，地处高埠，其气独温，温陵之名实肇于此。朱文公种竹讲学其中，匾为朱子手书、镌于石。”后来书院旧址一度改为“温陵养老院”，弘一法师于1942年圆寂于此。如今的“小山丛竹”，朱熹题刻、弘一圆寂的“温陵养老院”旧址依然存在，纪念欧阳詹的“不二”题匾存于他处。

安海朱子祠。乾道年间（1165—1173），朱熹的学生傅伯成，感念朱氏父子对安海倡教兴学之功绩，于鳌头精舍辟建“二朱先生祠”，绘朱松、朱熹父子画像奉祀。嘉定三年（1210），朱熹之子朱在以荫补官，通判泉州。嘉定四年（1211），镇官游绛应安海士民要求，报请泉州知州邹应龙建造“石井书院”。邹应龙命朱在主持营建石井书院事宜。翌年（1212）落成，朱祠与石井书院合二为一。石井书院“如州郡学之制”，成为当时泉州地区县属建院最早、规模最大、设备最完善的书院。近年安海社会贤达重建“石井书院”，使“朱子祠”得以重光。

此外，朱熹对泉州山川风物的题刻、吟咏，也不胜枚举。如青年朱熹谒呼禄法师诗。绍兴二十三年（1153）秋，时年二十四岁的同安县主簿朱熹与同僚们一起往清源山谒呼禄法师墓，并咏作《与诸同寮谒奠北山过白岩小憩》诗文一首。朱熹仕泉之初，过洛阳万安桥谒位于桥南蔡忠惠公祠，留下了鲜为人知的“谒祠文”。绍兴二十三年冬，朱熹奉檄赴安溪按事三日，留下诗歌题刻诸遗迹。再如在同安有朱熹在梅山寺后以朱砂在石壁上书写“同山”二字。如今，这两个字依然清晰；朱熹在同安与南安交界的小盈岭，建造“同民安”石坊“以补岭缺”，寓意“安斯民于无既”。现在，朱子手书并落款的

“同民安”匾额还在。

朱熹在漳州任宦一年多，在漳州也存留了不少的朱子文化遗址、遗存以及深受朱子文化浸润的人文环境。如漳州府衙，始建于唐贞元二年（786）。宋朝府治仍在旧址，朱熹知漳时曾在府衙前建九区亭。原府衙大堂之后，为朱熹等历代太守眷属之住所，清康熙四十九年（1710），知府魏荔彤于其地建楼，额曰仰文楼，盖所以思慕朱熹之雅名。现该楼仍名为仰文楼。府衙和府衙之后圃，民国年间改建为中山公园。至今中山公园仍是漳州闹市区百姓一方休闲娱乐的公共场所。朱子知漳，致力于教育事业，举力办学。漳州文庙曾是朱熹知漳州时讲学之处，“每旬之二日必领官属下州学，视诸生，讲小学，为正其义”。漳州城南的白云岩，朱熹曾在此修建书院，著书讲学。现为纪念朱熹讲学，村民们在此修建了百草亭，亭中朱文公的雕像栩栩如生。石雕后立有一石碑，上刻“紫阳夫子解经处”。道原堂，即龙江书院的前身，后改为芝山书院，曾是朱熹讲学之地。清光绪三十二年（1906），因废科举，办新学，知府陈嘉言把芝山书院改为漳州府中学堂，并把试院划归校舍。漳州中学堂即是现在漳州一中的所在地。如今漳州一中的后山仍保存着芝山仰止亭，该亭是朱熹知漳时讲学授经的地方。在漳州市龙文区云洞岩景区霞东壁上有朱熹题写的“溪山第一”的石刻，今保存完好。

总之，在闽南的朱子文化遗存丰富多彩，有遗址，有碑记题刻，有石亭塔楼，有后人纪念朱熹的祠堂等物质文化遗产，也有朱文公礼的礼俗礼仪等非物质文化遗产。

## 三、闽南朱子文化的保护与开发探讨

### 1. 进一步加强闽南朱子文化遗存的保护与开发

文化是软实力。一个地区深厚的历史文化积淀，其价值是难以估量的。闽南各地众多的朱子文化遗迹，是不可再生的珍贵文化资源，应该好好利用开发。开发利用是保护传承的有效途径，合理利用本身就是一种保护。目前，闽南的朱子文化遗存还是缺乏有力保护及开发的力度不够大。泉州孔子学会洪辉煌会长曾经感慨地说："韩愈任潮州刺史八个月，赢得'潮州山水喜姓韩'，而朱熹仕泉州长达四年之久，其事迹却隐而不彰。"因此要进一步加强闽南朱子文化遗存的保护与开发利用力度。如朱熹曾经讲学的小山丛竹书院遗址，在今泉州市鲤城区第三医院内，有欧阳詹、朱熹、弘一法师等人遗迹，文化内涵丰富。朱熹以毕生精力完成《四书章句集注》，使儒学焕发新生机，其讲授《论语》，提出"格物致知"，读《孟子》有得与集注《四书》是从泉州开始的，作为其初仕讲学的场所，"小山丛竹"的特殊意义不言而喻。目前朱熹题刻、弘一圆寂的"温陵养老院"旧址依然存在，还有地方政府所立的文物保护碑清晰可见。但是，整个量观狭窄，没有标志性建筑物，缺乏生气和知名度，与其应有的地位极不相称。可考虑拓展旧址，追寻、补刻有关遗存，修复"不二祠""过化亭"、弘一大师圆寂处等，将此规划为具有瞻仰意义的人文景观。朱熹与同僚们一起往清源山谒呼禄法师墓的遗址有待继续寻觅，可在老君岩附近，营建朱熹《与诸同寮谒奠北山过白岩小憩》诗碑，提醒学界继续寻觅朱熹谒墓遗址。在安海朱子祠可以进一步搜集朱氏画像、墨迹、题刻充实其间，辟为纪念馆，与武夷山朱熹纪念馆南北呼应。在洛江桥南村的蔡忠惠公祠，可将朱熹的洛阳万安桥南"谒祠文"，连同朱熹的老师刘子翚的《题万安桥》一诗。集字或请名书法家题刻于祠中陈列，既可使蔡襄祠斐然增色，也可弘扬朱子文化。在漳州的中山公园可重建府衙大堂并塑朱子蜡像，以供游人瞻仰。

朱熹对闽南山川风物的题刻、吟咏遍布闽南各地，不胜枚举。各地可结合实际，寓朱子文化遗存于自然景观之中，彰显朱子文化底蕴和特色，共襄保护与推广朱子文化之善举。

2. 推广闽南朱子文化旅游

随着旅游者对文化需求的追求，以及中华传统文化的复兴，作为中国传统文化优秀因子的朱子文化，具有旅游开发价值，而且朱熹在韩国、日本以及一些东南亚国家的影响很大。因此朱子文化旅游的客源市场有较大的开发潜力。闽南泉州、厦门、漳州、金门等地，均存留有众多与朱子文化有关的物质与非物质文化遗产，其开发朱子文化旅游具有资源的优势。可整合闽南各地的朱子文化旅游资源，推广闽南朱子文化旅游专线。以书院、朱子祠、纪念馆等为中心，结合闽南的宗教建筑、古民居建筑、名胜古迹、生态景观等，用朱熹的理学思想把它们串起来，整合为文化、生态、养生旅游，开展朱子文化体验研习活动。与闽北的朱子文化旅游相呼应，共同把旅游资源设计好，开发好，利用好，提高福建朱子文化旅游品牌的影响力，吸引国内外游客。

3. 进一步加强闽南朱子文化的研究

朱熹在我国思想文化史上有着重要的历史地位。朱熹及其后学为闽南留下了宝贵的精神文化资源，朱子及其门人在闽南的活动对闽南的文化教育、社会教化产生深远的影响，使闽南成为“朱子过化”的“海滨邹鲁”。为进一步挖掘朱熹这位历史名人及其后学同闽南的渊源关系，弘扬中华优秀传统文化，不少学者对此进行探讨，如林振礼教授的《朱熹与泉州文化》《朱熹新探》等专著，对朱熹与泉州的文化进行深入的研究探讨。相关部门也主持召开朱子文化研讨会。如 2016 年泉州市社科联、泉州市孔子学会、晋江市文化广播新闻出版局、晋江市文联、晋江市安海镇人民政府联合主办“朱熹及其后学与泉南文化”研讨会，推进了朱子学与闽南文化关系的研究。2016 年同安举行了“2016 厦门（同安）首届国际朱子文化节”，并举行朱子书院的开院仪式。但是目前在闽南还没有专门研究朱熹的研究机构，对于朱子及其门人在闽南的活动以及对闽南的影响研究仍需进一步加强。可在闽南设立朱子文化研究机构，调查、搜集、整理朱熹留在闽南的匾联、题刻、墨宝、碑铭，开设朱子文化讲坛，出版朱子文化研究丛刊，持续开展朱子文化理论研究，推进闽南朱子文化研究的深入。

4. 进一步加强闽南朱子文化的宣传

朱子文化不仅是中华优秀传统文化的重要组成部分，南宋以后，还逐渐传播到朝鲜半岛、日本及东南亚、欧美等许多国家和地区，成为其思想文化界、教育界甚至官方争相学习、借鉴的文化范本，被日本、朝鲜李朝、越南等国家称作“国学”或“官学”，甚至被誉为“东亚文明的体现”。但是，目前闽南大多数普通社会公众仅仅知道朱子是历史名人、理学巨匠，但对其内在精髓、理论知之甚少，甚至还有不少误解。因此要加强朱子文化的宣传教育，特别是在其通俗化、大众化方面的推广。近年来，泉州市孔子学会深入泉州属地各县区中小学，考察建立十个“经典诵读”，其中包括推广《朱子家训》基地。可在原有的基础上，加强朱子文化的宣传力度，将其与加强闽南文化建设相结合，与培育践行社会主义核心价值观相结合。在学校、机关、乡镇（街道）、村居（社区）开设朱子文化讲座、讲理堂等，进行朱子文化宣传和普及，推动朱子礼文化、孝文化、俭文化、廉文化等进课堂、进社区、进家庭，为建设和谐家庭，弘扬醇正民风，促进社会稳定发挥作用，使朱子文化不仅在书斋研究，而且走向民间传承。充分发挥朱子文化的社会教化功能，将朱子文化与现代社会，与当代文明有效融合。

# 李光地与闽南理学

林华东　苏黎明

李光地（1642—1718），福建省安溪县湖头镇人，清康熙初年进士，官至文渊阁大学士兼吏部尚书，康熙帝的重要辅臣。李光地既是名臣，亦是思想家，其学术思想在中国思想史上占有一席之地。李光地别具特色的理学思想体系的形成，追根溯源与其对闽南理学长期研究和思考有极为密切关系，而其成就亦是对闽南理学的继承和发展。

## 一、高度肯定闽南理学

闽南得朱熹“过化”之功，向来为理学重要阵地。朱熹少年时就曾随父来过泉州，考中进士后在泉州同安为官五年，后又在漳州任知州，晚年又重游过闽南，足迹遍及闽南各地。朱熹在闽南期间，兴修官学，创办书院，传播理学，拥有许多得意门生。大批朱子门人活跃于闽南，积极播扬朱子学说，使朱子理学在闽南具有深厚基础，自宋迄明，闽南理学始终极为兴盛。清人陈科捷称：“吾泉务实学，自欧阳四门以后，至宋为朱子过化之地，渊源所渐，骎骎与伊洛比盛。”（陈琛《陈紫峰先生文集》卷首）《泉州府志》亦称，泉州“自宋迄明，理学经济为本”。李光地二十九岁举进士前，基本上是在闽南家乡读书生活，考中进士步入仕途后，因各种原因又在家乡居住了十多年。因此，闽南的理学传统，不能不对其读书治学产生深刻影响。

李光地自小深受闽南理学熏陶，这与其父亲李兆庆崇尚程朱理学及闽南理学先贤有重大关系。李兆庆本就是读书人，受当时闽南理学氛围影响，年轻时即对程朱理学情有独钟，“独喜蓄濂、洛、关、闽及同郡蔡、林诸先贤书，虽橐无赢赀，而购辑不择价”[①]。李兆庆尊崇程朱理学，亦希望李光地如此，故尽管生计颇为艰难，家中却购置不少程朱之书及明代闽南理学家蔡清、林希元等人的著作，有时间就督促李光地诵读。李光地亦称父亲“笃好《性理》，亦贫赴考时，十金买得一部内府版《性理》，喜若重宝，归而督予读之”[②]。因此，李光地较早就读了不少闽南理学家的著作。尤其十五岁从林日胜山寨脱归后，更是发奋读书。“时家计已大罄，益自刻苦，穷日夜专心一力。曾积月危坐，不就枕席。所讲诵无旁杂，卓然以前修自期。不徒追时好，务应举之业而已。”[③] 十八岁时，更是大读性理之书。“既励志，首抽《性理》之编，专心一力。每夜手录数千言，昼则熟诵精思，穷极深微，遂毅然希从前哲，敛衣冠，谨坐起，非程、朱不敢言。”[④] 可见，青少年时代的李光地，即与闽南理学结下不解之缘，曾花费大量时间和精力，潜心学习，深入钻研，不断思考，既打下坚实的理学基础，又对闽南理学怀有深厚感情。考中进士后，直到晚年，无论请假居乡或在外为官，他也没有放弃对闽南理学的研究和思考，这从其洋洋大观的著作中，可以得到有力佐证。因此，李光地对闽南理学及众多理学家，可谓了如指掌，亦有许多精辟见解。李光地高度肯定宋代以来的闽南理学，尤其明代成化、弘治年间的闽南理学，这从其所写的两篇文章，即可略见一斑。李光地为泉州重修蔡清祠写的《祠引》称：“吾闽僻在天末，然自朱子以来，道学之正，为海内宗。至于明兴，科名与吴越争雄焉。暨成、弘间，虚斋先生崛起温陵，首以穷经析理为事，非孔、孟之书

① 〔清〕李光地：《榕村全书》第 10 册，陈祖武点校，福建人民出版社，2013 年，第 8 页。

② 〔清〕李光地：《榕村全书》第 7 册，陈祖武点校，福建人民出版社，2013 年，第 466 页。

③ 〔清〕李光地：《榕村全书》第 10 册，陈祖武点校，福建人民出版社，2013 年，第 118 页。

④ 〔清〕李光地：《榕村全书》第 10 册，陈祖武点校，福建人民出版社，2013 年，第 8 页。

不读，非程、朱之说不讲，其于传注也，句谈而字议，务得朱子当日所以发明之精意。盖有勉斋、北溪诸君子，得之口授而讹误者，而先生是评是订。故前辈遵岩王氏谓，自明兴以来，尽心于朱子之学者，虚斋先生一人而已。自时厥后，紫峰陈先生、次崖林先生、净峰张先生，皆以里闬后进，受业私淑，泉州经学，遂蔚然成一家言。”① 虚斋即蔡清，紫峰即陈琛，次崖即林希元，净峰即张岳。泉州府学重修，李光地所写《重修记》又称：“泉在前代，文章科名为天下蔚，学者谈说，至今艳之。……盖自成、弘间，虚斋蔡先生醇品邃学，洛、闽是承，亲炙之士，则有陈、林、张、史诸君子，皆所谓守章句，践规矩，不谬于古人明经笃行之意。泉之最盛时也。”② 这里的“陈、林、张、史诸君子”，同样指蔡清高徒陈琛、林希元、张岳、史于光。蔡清被称为明代朱子学者第一人，陈琛、林希元、张岳等，亦皆是明代中期福建著名的朱子学者。正是这些学者共同努力，明代闽南理学声名远播，且为捍卫朱子学作出巨大贡献。当王阳明学说盛行时，诚如李光地所言，这些闽南学者，“守师说，践规矩，而非虚声浮焰之所能夺”，坚守朱子学说。因此，李光地颇为感慨地说：“故尝以为，吾闽之学，独得汉儒遗意。明章句，谨训诂，专门授业，终身不背其师言者，汉儒之学也。师心任智，灭裂卤莽者，近代之学也。是二者，孰古孰今，孰淳孰薄，后之君子，必有辨之者。”③ 在李光地看来，闽南理学的斐然成就，闽南理学家的学术定力，无疑非常值得彰扬，亦值得闽南人引以为傲，“则岂非世道学术之高下，占诸吾泉而可知与？”④

---

① 〔清〕李光地：《榕村全书》第10册，陈祖武点校，福建人民出版社，2013年，第150页。

② 〔清〕李光地：《榕村全书》第8册，陈祖武点校，福建人民出版社，2013年，第360页。

③ 〔清〕李光地：《榕村全书》第10册，陈祖武点校，福建人民出版社，2013年，第150页。

④ 〔清〕李光地：《榕村全书》第8册，陈祖武点校，福建人民出版社，2013年，第360页。

李光地热情褒扬蔡清、张岳等人的理学成就，且对这些理学家的高尚品德亦赞赏有加。他称赞张岳和蔡清说："张净峰为两广总制，家惟一犁，躬自耕田。又蔡虚斋做学道，寄四两银子还家，细细剖分，几钱作何事，几钱作何事，极言此银子不易得。……渠辈想官物官用，视之与己无与。"① 张岳为官清廉，且刚正不阿，因谏明武宗，受到惩罚，终至罢官，无怨无悔，李光地甚为赞赏："吾乡张净峰谏武宗，在午门外晒五日，罢归，过谒阳明。净峰年亦廿余，相见亦抗宾主礼，数日卒不服，阳明亦听之。"② 蔡清任江西提学，不愿阿附宁王，遭排斥打击，亦不屈膝，辞官归乡，讲学授徒，安贫乐道，李光地更是赞叹不已："明朝人学问，事功都不透，想是读书不专之过。只有蔡虚斋专精《四书》《易经》，而年只有五十七，又贫不能多得书，如朱子《语类》都不曾见，故到底不明白'理气'二字。然荐廿余人于王三原，皆有成就，识宁王必反，便拂衣归，已不是无用人。"③ 又说："世有自厉风标，清风高节至不可攀，而无流风余韵在人间者，无此段关切世道意思故也。……蔡虚斋先生，终身授徒于僧寺，有劝之讲学者，笑而谢之。"④ 在李光地看来，这些理学家的高尚情操，为学者树起很好风范，同样非常值得彰扬。

## 二、深刻反思闽南理学

李光地作为学者，颇有独立思考精神，不人云亦云，随意附合，在高度肯定闽南理学的同时，对于闽南理学存在的问题，亦有深刻的反思，冷静地辨析，并提出许多见解。

---

① 〔清〕李光地：《榕村全书》第 7 册，陈祖武点校，福建人民出版社，2013 年，第 178 页。

② 〔清〕李光地：《榕村全书》第 6 册，陈祖武点校，福建人民出版社，2013 年，第 226 页。

③ 〔清〕李光地：《榕村全书》第 6 册，陈祖武点校，福建人民出版社，2013 年，第 127 页。

④ 〔清〕李光地：《榕村全书》第 7 册，陈祖武点校，福建人民出版社，2013 年，第 179 页。

李光地反思闽南理学，其直接动因，无疑来自阳明学的冲击。朱子理学创立后至明初，可谓一统天下。明代中期，阳明心学横空出世，影响迅速扩大，正如李光地所言："姚江王氏，标新立异，一时靡然宗之，其声华游从之盛，又非从前诸子之可所及也。"① 整个江南几乎是阳明学天下，朱子学大有被取代之势。闽南情况较为特殊，学者大都仍持守朱子学，阳明弟子寥寥，亦如李光地所言："姚江之学，大行于东南，而闽士莫之遵，其挂阳明弟子之录者，闽无一焉。"② 不过，闽南理学还是面临严峻挑战。明代后期，闽南两位大名鼎鼎的学者，李贽和黄道周，更是为阳明学大张旗鼓，阳明学在闽南影响进一步扩大。李光地年轻时的安溪，阳明学氛围亦颇浓厚。李光地家族，更与王阳明有些因缘，其六世祖李森崇尚王阳明，曾亲率家族武装配合王阳明率领的官军平定闽赣。李光地青少年时期，家族中亦有学者崇尚阳明学。李光地长期生活于这种氛围中，不能不受到濡染。最为明显的影响，正是来自于李贽和黄道周。关于李贽，李光地晚年回忆说："明末闽中学者饮酒读史，崇尚李卓吾书，举国若狂。"③ 至于黄道周，这期间在安溪更有重大影响，亦是学者津津乐道的人物。李光地六叔李日呈"生平不喜宋儒学问，而视黄石斋为圣人"，谁要是讲黄道周半点不是，"必挥拳相向"。④ 在这种背景下，李光地不能不正视阳明学，并对朱子理学及闽南理学进行反思。

李光地在研修朱子学过程中，发现朱子学确非完美无缺。李光地步入青年时，开始大读朱子之书，即觉得朱子有些注释"了无甚味道"。随着时间推移，他对朱子学缺陷也有更深刻认识，曾说自己在读书时，发现朱子所著之

---

① 〔清〕李光地：《榕村全书》第 10 册，陈祖武点校，福建人民出版社，2013 年，第 151 页。

② 〔清〕李光地：《榕村全书》第 10 册，陈祖武点校，福建人民出版社，2013 年，第 151 页。

③ 〔清〕李光地：《榕村全书》第 7 册，陈祖武点校，福建人民出版社，2013 年，第 466 页。

④ 〔清〕李光地：《榕村全书》第 7 册，陈祖武点校，福建人民出版社，2013 年，第 466 页。

书，“如《参同契》《仪礼经传解》之类，多有疏漏舛错处”，[①] 朱子不少议论，亦不恰当，委实“不敢附和”。因此，李光地明确指出，近世学者认为，“程朱发明已尽，不必措意。却不是”[②]。他尖锐地批评这种观点：“近世惟朱子四面打开，光明洞达，无一点黑暗处可以起人疑惑。”[③] 在李光地看来，“圣人非无过”，朱子学作为某种学说，存在局限甚至错误并不奇怪。正视这一点，并敢于修正圣人错误，无疑是正确的态度。可是，问题恰恰出在这里，后世朱子学者，包括明代闽南那些著名的朱子学者，大多不敢逾越，株守有余，创新不足。李光地尖锐地指出：“读书人不思经义，株守传注，字字胶执，牵经合注，甚至并传意亦失之……真村学究。名为遵程朱，何尝有丝毫发明？当时如蔡虚斋、林次崖，已有是病，故阳明等厌之，而有反其道以治之之弊。”[④] 显然，这是个严重问题。因此，李光地不无感慨地说：“看《语类》门目，便见得朱门无大贤。”[⑤]

李光地还直言不讳地指出，明代闽南几位著名的朱子学者，某些理学问题也没有弄清楚，诸如知与行、理气等问题，就没有完全弄懂。他说：“学问须将头脑处通透方得。姚江主先行后知，虚斋、次崖则主先知后行；姚江引‘尊德性’节为宗指，蔡、林求其说而不得，乃谓先知后行者用功之序，先行后知者成德之序。不思注中明说‘圣人示人入德之方，莫详于此’，安在其为成德乎？不知敬在知行之先，贯于知行之后，朱子已经说明。”[⑥] 又说：“蔡虚

---

① 〔清〕李光地：《榕村全书》第 7 册，陈祖武点校，福建人民出版社，2013 年，第 33 页。

② 〔清〕李光地：《榕村全书》第 6 册，陈祖武点校，福建人民出版社，2013 年，第 249 页。

③ 〔清〕李光地：《榕村全书》第 6 册，陈祖武点校，福建人民出版社，2013 年，第 192 页。

④ 〔清〕李光地：《榕村全书》第 6 册，陈祖武点校，福建人民出版社，2013 年，第 136 页。

⑤ 〔清〕李光地：《榕村全书》第 6 册，陈祖武点校，福建人民出版社，2013 年，第 219 页。

⑥ 〔清〕李光地：《榕村全书》第 6 册，陈祖武点校，福建人民出版社，2013 年，第 218 页。

斋留心朱子之学，然于天命、诚意诸章注，都不曾讲透。他以存心、持敬为力行工夫，不知存心只是提起此心，不要昏去，原无多事，如何谓之力行？戒谨不睹，恐惧不闻，有何事可行？”[①] 李光地还坦率指出，蔡清论“理气性命，说得全不是”。“分别理气不清，直认气为理，固不是”。[②] 李光地也指出林希元的问题：“林次崖《存疑》辟阳明数段，却不中要害。他的病根，在‘无善无恶心之体’。但观有道君子，于事物未交寂然端坐时，满腔无非善意，通身都是善气，岂得云无善？若无善，此等气象从何处来？”[③] 李光地对张岳也有批评，认为张岳极不服王阳明，亲往浙江与之辩论“明明德，在亲民”问题，张岳随后提出“存养”问题，王阳明笑而不答，张岳高兴，以为难倒王阳明了，殊不知，是张岳自己没把问题搞清楚：“不知到得亲亲、亲君，存养已在内，如何说该不得？特为姚江所不屑辨耳。当只应就文义析之。”[④] 李光地这些评论，颇为客观中肯。

正因如此，李光地认为，阳明学出现并风靡天下，有某种必然，王阳明正是看到朱子学的缺陷，欲以自己的学说取而代之。在李光地看来，阳明学说确有值得肯定之处。实际上，李光地在反思朱子学和闽南理学的同时，亦在研究和思考阳明学说。李光地自称，二十一至二十五岁，看陆子静、王阳明集及诸难书，正是很好的说明。李光地读陆、王之书，亦是与朱子学比较。李光地认为，王阳明不少论述，颇为精辟，曾推崇说：“王阳明讲‘立志’，及‘人放下时须振起，人高兴时须收住’，皆是其自己得力处，言之亲切警

① 〔清〕李光地：《榕村全书》第6册，陈祖武点校，福建人民出版社，2013年，第233页。

② 〔清〕李光地：《榕村全书》第6册，陈祖武点校，福建人民出版社，2013年，第288页。

③ 〔清〕李光地：《榕村全书》第6册，陈祖武点校，福建人民出版社，2013年，第151页。

④ 〔清〕李光地：《榕村全书》第6册，陈祖武点校，福建人民出版社，2013年，第134页。

动，亦极好。至于说万物一体处，……其论甚精。”① 李光地在肯定阳明学优点的同时，对推崇阳明学的李贽和黄道周两位闽南老乡亦予以肯定。李光地读黄道周的书，并称赞黄道周的气节：“石斋生平直言极谏，已可死三次，而再起再谏，以次加厉，率卒大难，气终不挫，直是铁汉。”② 又说：“黄石斋云：‘人无今古’，最妙。如有人凡事淳厚，不肯苟且欺人，便是古人。”③ 李光地称李贽“以横议著称”，亦并非全然贬斥，且有某种赞赏之意。李光地讲过一件事：有位山东同僚知贡举，身边常携带黄道周《三易洞矶》，称生平只读这本书，并称黄道周是圣人。有位山西同僚则大赞李贽《藏书》，认为一字不怪，“一片道理”，亦称李贽为“圣人”。李光地因此颇为感慨：“吾乡此两公者，后进率不服，而外面推崇为圣者，却是山东一人，山西一人。”④ 可见，李光地对黄道周和李贽亦有欣赏。

## 三、弘扬发展闽南理学

李光地指出闽南理学存在的问题，并对阳明学给予某种肯定，然而，并非因此否定闽南理学，更非因此主张以阳明学取而代之，恰恰相反，目的在于推动闽南理学与时俱进，沿着正确路向不断发展。

李光地肯定阳明学某些优点，并非鼓动闽南学者追随阳明学。在他看来，从根本上说，阳明学并不值得崇尚，王阳明自以为学说一流，“似从孔子后，到他方明白”，实则不然，“未见他讲得天下大规模，经学是其所疏忽者，故

---

① 〔清〕李光地：《榕村全书》第 7 册，陈祖武点校，福建人民出版社，2013 年，第 323 页。

② 〔清〕李光地：《榕村全书》第 7 册，陈祖武点校，福建人民出版社，2013 年，第 183 页。

③ 〔清〕李光地：《榕村全书》第 6 册，陈祖武点校，福建人民出版社，2013 年，第 234 页。

④ 〔清〕李光地：《榕村全书》第 7 册，陈祖武点校，福建人民出版社，2013 年，第 184 页。

亦未能详备”。[①] 不仅如此，李光地认为，明代后期学风颓坏，王阳明责任重大，“大抵风俗人心之坏，皆起于读圣贤书，不信圣贤。明末人都是此见，风气虽嘉靖以后方坏，却是从阳明开始”。[②] 阳明学出现后，学者风从，不务实学，不明实理，“蹈虚空谈”，最终“国亦寻亡”。这就是严重的后果。李光地又指出，闽南学者蔡清、林希元等，恪守朱子学说，固然创新不足，而王阳明却从根本上予以否定，这亦甚为荒谬，“不知其说固陋处，但就其说以破之足矣。何至大决其藩篱而不顾耶？”[③] 如此，李光地对黄道周的学术取向亦颇有微词，称黄道周固然是君子，可惜“工夫都用在气上”，于匡时济世无补。“石斋虽当时用之，恐无益于乱亡，救乱须有体有用之人。”又称：“明代士大夫如黄石斋辈，炼出一股不怕死风气，名节果厉。第其批鳞捋须，九死不回者，都不能将所争之事，于君国果否有益，盘算个明白。大概都是意见意气上相竞耳，行有余而知不足，其病却大。”[④] 可见，李光地尽管推崇其气节，然而对于其没有治国安邦真本领甚有看法。

李光地指出朱子理学及闽南理学界存在的问题，并非从根本上否定朱子理学和闽南理学传统。恰恰相反，李光地始终认为，朱子理学对于儒学发展，意义重大，“朱子于学问源流，自伏羲、神农，以至于当时之贤者，皆能剖辨其得失，精审其是非”。[⑤] 又称：“夫性命之理，无声无臭，与造化为徒，能造其阃奥如程朱者，有几乎？”[⑥] 因此，尊信程朱理学，是大要所在，绝不可改

---

① 〔清〕李光地：《榕村全书》第7册，陈祖武点校，福建人民出版社，2013年，第177页。

② 〔清〕李光地：《榕村全书》第6册，陈祖武点校，福建人民出版社，2013年，第248页。

③ 〔清〕李光地：《榕村全书》第7册，陈祖武点校，福建人民出版社，2013年，第352页。

④ 〔清〕李光地：《榕村全书》第6册，陈祖武点校，福建人民出版社，2013年，第214页。

⑤ 〔清〕李光地：《榕村全书》第7册，陈祖武点校，福建人民出版社，2013年，第340页。

⑥ 〔清〕李光地：《榕村全书》第7册，陈祖武点校，福建人民出版社，2013年，第339页。

变，“理学不宗周、程、张、朱，虽终身专精何益?”[1] 李光地认为，在这个原则问题上，蔡清、林希元诸学者，无疑很值得推崇。他说：“地方果生一人能自立者，上天之所加意也。其精神定有发露时，气运亦随之而盛。如蔡虚斋在晋江，林次崖在同安，平日皆尽心朱子之学。而流风绪论，两公之后，……几百余年，号文物之地。”[2] 李光地对蔡清、林希元等人的理学著作，亦非常赞赏：“今经学久晦，士大夫好尚趋向，庞而不纯。浮华之徒，转相夸毗，独至《蒙引》《存疑》《浅说》《通典》诸书，则行于海内，家习而人尚之，翕如也。”[3] 在李光地看来，蔡清、林希元、陈紫峰等人，正因学风淳正，得到社会高度认可，著作广为流传。有人声称，“读书人跳不出宋儒窠臼，便村陋”，李光地则认为，“殊不知此真鄙陋也。”他明确指出：“《蒙》《存》《浅》《达》，依傍朱注，犹然行世。不尽其书之妙，而遽有异心焉，所谓坐井观天也。”[4] 因此，弘扬闽南理学先贤优良学风，推动闽南理学不断发展创新，乃是问题的关键所在。

李光地别具特色的理学思想体系，无疑亦正是对闽南理学的继承和发展。李光地理学方面的突出成就，乃在于创立“以性为本”的理学思想体系，把“性”作为理学的最高范畴。李光地成为清初理学的集大成者，乃在于这个理学思想体系兼采各家所长。这个理学思想体系，尽管已吸取陆王心学的思想因素，以此修正和补充朱子学说，然而，仍然以程朱理学为宗。修正程朱理学的某些观点，正是为了更好地弘扬程朱理学。诚如李光地所言：“所谓程朱当从者，非谓一字不可异同也。……今折衷而存之，归于发明圣经，此有何

---

① 〔清〕李光地：《榕村全书》第 6 册，陈祖武点校，福建人民出版社，2013 年，第 241 页。

② 〔清〕李光地：《榕村全书》第 7 册，陈祖武点校，福建人民出版社，2013 年，第 180 页。

③ 〔清〕李光地：《榕村全书》第 10 册，陈祖武点校，福建人民出版社，2013 年，第 151 页。

④ 〔清〕李光地：《榕村全书》第 7 册，陈祖武点校，福建人民出版社，2013 年，第 342 页。

害？周程所心喜者。”[①] 李光地这个理学思想体系的形成，无疑与其长期的闽南理学浸淫关系密切，是对闽南理学研究和思考所作出的选择，亦是对闽南理学的继续和发展，弘扬光大，从而把闽南理学发展推向新阶段，是李光地对闽南理学发展的重大贡献。

李光地推动闽南理学发展，还有诸多突出表现。康熙二十三年（1684），台湾刚统一，闽南局势刚趋稳定，同为朝廷命官的老乡庄素思，致书李光地，提出蔡清祠因战乱见毁，请发起重修倡议，李光地慨然允诺。祠宇重修后，李光地又写了篇《祠引》，表达对先贤的敬意和对闽南理学的期待："地窃不自量，方将以山林余暇，与同志之士，诵乡先生之遗书，蹈前修之典型，庶几'那与'卒章之志。……余惟斯文之运，无往不复，吾乡积乱之后，必将复有嗣音者也焉，绍续正学，如宋炎、兴，明化、治时。然则表彰先烈，使来者有所观瞻，其事诚不可已，愿与诸友勉之。"[②] 康熙五十年（1711），泉州府学重修，李光地应约写了篇《重修记》，又借此对明代闽南诸多理学先贤大加褒扬。李光地几次谈到，明代泉州理学先贤四部名书，即蔡清《四书蒙引》，林希元《四书存疑》，陈紫峰《四书浅说》，王振熙《四书达解》，是诸先贤积数十年工夫的成果，"近来节改者多，恐久便磨灭"。这四部书，"各有好处，中间不相干处甚多"。因此，欲"删去浮肤，存其精英，四家合一。《四书》《易经》各留一部，亦存居乡前辈之绪余也"。[③] 可惜没有时间，终未能如愿。李光地请假在籍时，主持修复安溪考亭书院，并为之制订规约，弘扬朱子学和闽南理学。李光地悉心培养陈万策、蔡世远等闽南理学人才，并推荐蔡世远出任福州鳌峰书院山长，亦是较为突出表现。所有这些，在闽南理学发展史上均留下了深刻印记。

---

① 〔清〕李光地：《榕村全书》第7册，陈祖武点校，福建人民出版社，2013年，第352页。

② 〔清〕李光地：《榕村全书》第10册，陈祖武点校，福建人民出版社，2013年，第151页。

③ 〔清〕李光地：《榕村全书》第10册，陈祖武点校，福建人民出版社，2013年，第151页。

# 闽学大儒李光地的民本思想

陈桂炳

在闽学史上，清初为其复兴期，是时的闽学出现了一些新特点，如趋向于求实致用，讲究齐家治国平天下，注意到国计民生的现实问题，等等。于是，儒家传统的民本思想，在这新的历史时期，又得到了进一步的发挥。被称为清初闽学复兴者之一的李光地，在这方面也有许多论述，并成为其思想体系中不可缺少的组成部分。

## 一、“遭逢时会”的李光地

李光地，字晋卿，号厚庵，又号榕村，清福建省泉州府安溪县感化里（今属湖头镇）人。其先世自闽北尤溪徙入闽南安溪，传到六世朴庵公李森，因有武功受爵于朝，为邑右族。至李光地的父亲惟念公李兆庆时，家道已经中落。对这一时期的贫贱生活，李光地终生难忘，他在《母太夫人七十徵言引》中曾经回忆道：“既窭且贫，崎岖多难，或衣被不完，或粗粝不饱，或遁荒逊野，风雪飘摇。”其后在《先太夫人行状》中又再次追忆：“母寿登八十，强半在贫贱患难中，际穷不仆，遇险而脱。……曾祖以下两世未葬，惟先君彷徨日夜，卜兆开圹，惟母营谋拮据佐之，兵燹后村落焚毁，先君未有栖止，亟构一椽以依先神，亦惟母节啬万端，克竟其事。家极贫窭，衣食之入，悉为葬茔祠宇祀田费，至饥饿无怨声。”

另李光地在为其夫人林氏撰写的墓志铭中也提到：“夫人二十而归余……时正家贫窭。”正因为家境贫窭，李光地父“被仇诬，官没于贿，累岁莫直”。

此事至李光地中举人后，“至家呈身代理，于福州遇太守王公之仪得白”。可见李光地青少年时期的大部分岁月，都是随双亲在贫窭患难中度过的，故对民间疾苦有切身的体会，这对他日后民本思想的形成，产生了深刻的影响。

在探讨李光地的民本思想时，我们更应注意到其时代背景。李光地出生于明崇祯十五年（1642），是时腐朽的明王朝在农民大起义风暴的冲击下，已摇摇欲坠，在苟延残喘二年后即告灭亡。而虎视中原已久的清朝，乘机入关，于崇祯十七年十月正式迁都北京，开始了对关内的统治。由于建立清朝的满洲贵族发家于奴隶主军事掠夺和杀戮，其轻民、掠民、残民的思想意识是根深蒂固的。他们在入关后，视被征服民族为草芥，烧杀抢掠，无恶不作，对因此而激起的民族反抗，更是实行惨无人道的屠城政策，“扬州十日”以及后来的苏州、嘉定、嘉兴、宁都、海宁、广州之屠等等，伤心惨目，罄竹难书。在这种轻民、残民思想的指导下，清初人口锐减，耕地荒芜，社会经济遭到严重破坏。因此，政局长期难以稳定下来，这从清兵入关仅用十天，而至全国统一却长达四十年这一点上可以得到说明。雄才大略的康熙皇帝对此有十分清醒的认识，他认为国家的根本在于百姓，《清圣祖圣训》卷七载曰：“守国之道，惟在修道安民，民心悦，则邦本得。”

在康熙皇帝看来，民为邦本，失去民心就失去国本，因此，他很重视“安民”“保民”“息民”“勤民”，并在满洲贵族中逐渐清除其轻民、掠民、残民等落后思想，从而促成了为后人所称誉的“康熙之治”盛世的出现。

“李光地之信奉程朱，亦遭逢时会，上有倡者，下有随之。”杨向奎先生主编的《清儒学案新编》对李光地虽颇有看法，但这句话对李光地思想的形成与“时”“上”关系的评价，却是允当的。李光地于康熙五年（1666）中举，九年（1670）登进士第，选翰林院庶吉士，授编修。十六年（1677）因在平定“三藩之乱”中立下殊功，被特授侍读学士。其后历任翰林院学士、内阁学士、兵部侍部、工部侍郎、直隶巡抚、吏部尚书等职。四十四年（1705）升任文渊阁大学士，入阁为辅，任此职直至去世。康熙皇帝对李光地恩宠备至，除了李光地对清廷的一片忠心外，其主要原因当与李光地理学造诣较深，“在发挥理学的社会作用方面确系康熙的一位不可多得的人才”① 也有很大关系。康熙皇帝称李光地：“专勤好学，博洽多闻，通窥秘府之珍函，详究遗经之奥旨，朕久玩羲文之易，独究理数之原，惟尔虚衷，随时请益，每共研寻终始，辨析精微，尝累日而未休，恒他人所莫解，君臣之契，特有深焉。”②

后于五十九年（1720）的谕祭文中又再次提到：“至于天人象数，朕尝加意阐明，尔则探索研究，靡不虚心请益。盖惟朕知尔最悉，亦惟尔知朕最深。”③ 康熙皇帝所说的这种“君臣之契，特有深焉”的关系，对李光地民本思想的提出及其实践是至关重要的。我们知道，清初统治者为适应君主专制的需要，对程朱理学大肆推崇，同时又大兴文字狱，特别是到雍正、乾隆二朝时，文学狱已发展到望文生义、借题发挥来杀人了。清代大兴文字狱的结果，使封建文人怕触犯文网而放弃经世致用的学风，远离社会现实，埋头故纸堆中，于是，烦琐的考据之学在乾隆、嘉庆二朝盛行起来，思想、文化的发展受到了严重窒息。这与“康熙盛世”相去甚远矣。《清儒学案新编》的作者称李光地“遭逢时会”，这句话是说得十分中肯的。

## 二、李光地民本思想的主要内容

李光地民本思想的主要内容，表现在以下几个方面。

1. 重视民心

民心的向背，关系到天下的得失，也是天下致治与否的关键。对于这一点，李光地看得十分清楚，在其著作中曾多次谈到这个问题。他说要想“垂拱而天下治”，其中很重要的一点，就是要“重民”。因为“民者，天之所生，其聪明视听即天之聪明视听也”（《初夏录·天地篇》），“若我不敢安于天命

① 侯外庐、邱汉生、张岂之：《宋明理学史（下）》，人民出版社，1997 年。

② 转引自郑金顺：《与李光地有关的三篇碑文的发现》，参见杨国桢、李天乙主编《李光地研究》，厦门大学出版社，1993 年。

③ 转引自郑金顺：《与李光地有关的三篇碑文的发现》，参见杨国桢、李天乙主编《李光地研究》，厦门大学出版社，1993 年。

而弗念其威，则民心必无怨背于我，而天命固矣”（《四书句读》）。作为一个君权天授论者，李光地认为国君受天命而治理天下，只有民心无怨背，才能天命固而天下治，故民心可畏。若不能敬天畏民，则天命坠而天下失。李光地还认真总结了历史经验教训，指出东周诸侯衰败原因之一，就是“暴其民”。因此，李光地认为，民心可畏，无论是为国君者，还是为民牧者，对这个问题都必须高度重视。他说：“天地交则泰，上下交则治。天地不通则闭塞而成冬矣，君与臣民之情阔绝则天下无邦矣。”（《读书笔录》）

作为最高统治者的国君，如与民包括臣处于阔绝对立的境地，就会导致“天下无邦”的可怕后果，故国君当以“立国以民为邦本”是念，要“养贤以及万民，乃一定之理”。（《榕村语录·治道一》）对于为民牧者，李光地认为：“为守令要在周知民情，甚非易事，必以心著实推求。”“要体认父母二字，须实引父母的事任在身上，养之教之，有此诚心为本，大段已得，又须委曲以得其心。”（《榕树语录·治道一》）李光地希望他们在处理诸事时，“自当法古，然亦必须顺民意”，“要因地势以制宜，顺民心而兴事”。对此，李光地还特地举一范例：“巡抚浙中者，前有范觐公，后有李武定，浙中士民至于今称之……及耿逆作乱，武定言于将军曰：‘今势危，全要得百姓之心，百姓一心，便可凭以立事。今与将军约，万一兵有生事害民者，吾关白将军，即当按法治罪，追后别为庇护，操纵总由吾等耳，要使民知吾等不护兵以蹂民而已’。”（《榕树语录·治道二》）将能否“得百姓之心”视为平定“三藩之乱”的关键。

2. 与民休息

李光地指出：“先王之世，取诸民者贡赋税三者而已，……此外不应复有名条，如后世之苛政。”（《周官笔记》）对于苛政之下农民的艰难处境，李光地十分同情，曾写过《农民苦行》等诗。而“三藩之乱”的爆发，使广大农民更是雪上加霜，因此，李光地请求清军入闽时要禁止屠戮，以慰残黎。当大乱取次削平，吴三桂授首可期之际，李光地又以历史教训为鉴，大力呼吁要抚恤疮痍。因为此时“海内元气亦虚耗已极，不特闽中为然，恐自大江南北凡征发调遣输挽所至之处，俱已大疲极弊”，只有“与民休息”，才能“民气日复”。至于如何与民休息，李光地提出了勿扰民、勿劳民、勿病民、蠲免钱粮等主张。

勿扰民。李光地说：“古者巡狩而国不费，民不烦，护卫少而征求寡也”。（《皇帝省方颂》）康熙帝三十八年（1699）南巡时，李光地即奏曰：“畿甸翠华时幸，一切供亿臣皆过从减损，以抒民力。”得到康熙皇帝的肯定和采纳。而李光地本人也以身作则，他每有出行，“车马省约，禁诫严明，所经由有敢需求骚扰者死无赦，有阴为趋奉供亿者罚无赦。终巡抚任，率以为常”。

勿劳民。李光地很重视在北方兴修水利，以减少漕运之烦扰。但因水利工程须动用大量人力物力，故李光地十分注重工程实效，以免劳民伤财。如广平县地当漳河之冲，农田常被水淹，但“该县一带土松河深，从来漳河迁徙不定，开河则旋淤，筑堤则旋塌，询之乡绅士民，咸谓不可筑堤”（《覆广平县不可筑堤疏》）。李光地经实地查勘后，即向康熙皇帝上了《覆广平县不可筑堤疏》，以免劳民伤财又难获实效。

勿病民。李光地在总结历代兵制的沿革之后，认为“多置兵则病民”。他说：“三代……不轻于用兵而民力裕”（《兵制》），而“汉唐之调发无时，其征戍也，经年其行役也，万里生出死归，诗人伤之”（《观澜录》）。李光地认为这是“亡秦之余弊也”（《观澜录》），故建议在当时海宇承平之际，应“除天下阨塞要害留兵外，其余城守半用民兵，即厄塞要害处，亦仿屯卫之制，以省养兵之费而厚官俸，以苏民困，是切时要务”（《榕村语录·治道一》）。

蠲免钱粮。“民无恒产，故乱则土荒，而治则人散，此非立法之所能济也。……下有定主，上有定民，则涣者聚矣。”（《观澜录》）民不定，天下就难治难定，而要使民安，就必须在经济上给人民留一线生路，剥削要有限度，使民有恒产。因此，李光地主张要蠲免钱粮，以厚民生。广平县因屡遭水淹，民不聊生，李光地就建议于被水淹之乡村暂除一年钱粮，如明年水势未消，则请求皇帝同意再蠲一年。他还请求蠲免红剥船徭户灾后的田赋，以稍苏民困。

3. 为民兴利

为了使“民生优裕，不至于流离而远去也”，李光地还希望地方官员能积极为民兴利，“一日为民牧须尽一日为民牧之心”，为民兴利，乃当官职内之事。对那些“但恤身谋，无能以民事为家事”的守令，李光地提出了批评，他认为：“若算计到其事之利害，又算计到自己之声名得失，如何有这样万全的事，故计较得及于民者有七八分得益，只得就去做。”（《榕树语录·治道一》）

对于平粜米粟这一济民善政，李光地是大力支持的。他说：“至于不肖有司那移亏空，出于意外，未便以后日难料之事，置良法于不问，仍请援例题请发粜。”（《覆平粜仓米疏》）

如果米价比常颇腾之岁，发仓以济贫民之食，其施有限，为“令富室不得擅囷仓之利，庶小民不致有升斗之艰”，他还建议“平粜以出富家之谷，为惠无穷”。（《请发仓赈借仍酌行平粜疏》）由于地方官府的仓库缺少，历年因露积散堆，或潮湿蒸烂而耗折的粮食不少。李光地上《请定仓谷春粜秋籴之例疏》，建议把以前曾实行过的春卖秋买的做法著为成例，“盖于平价便民之中，而寓推陈出新之法，宜每岁常行者也”。

李光地在修治子牙河及筑大城、河间、献县等堤岸的过程中，认为“此一带原属洼下水乡，虽复岁治堤防，但足补苴万一，倘遇溃决，仍付淹没，非有变通之策，终非永赖之计”。他根据南方农业生产的经验，建议静海、清县一带水居之民，“其可兴水田者，教之栽秧插稻之法，其难以成田者，则广其蒲稗菱藕之利，使民资水以为利，则不患水之为害矣”。至于献县、交河等与正定接壤之处，因位于盐河之上游，“若能修治沟洫，杂兴水田，则水势渐分，将下流之水势亦日减，是资水利即以除水之害也”（《请开河间府水田疏》）。李光地南稻北移的建议在当地的条件下是否行得通，可另当别论，但其为民兴利的良好动机，是应加以肯定的。

李光地特别注意避免因有司推行不善，而致利民之事适以滋扰的现象发生。他在奉命治理子牙河时，“乘春作未兴，遂竣斯役。滨河居民且千家，公别相基兆，官为营室以易之。民去水患得宁宇，欢声沸然”（〔清〕李光植《李文贞公年谱》卷上）。至于对民不利之事，李光地则坚决反对。福建大吏请开捐实仓，李光地就认为没有这种必要，因为“今地方仓谷大半都为官吏侵盗那移，且福建潮湿，实在浥烂亦有之。既至亏空，私行摊派，上司借端盘查，需索使费，层累申咨，部行驳诘，文案纷冗，生出许多事端，而害总归于民”。李光地更是反对禁止渔民出海捕鱼，他说：“如今海贼不比当年郑成功等……闽广小民以捕鱼为生，一行禁止，民便失业。”（《榕村语录·治道一》）

4. 省刑治贪

要使人民安定，还必须做到省刑治贪。如果在政治上把人民逼到走投无路的地步，当权者的统治也就很难稳定。因此，对人民适当的省刑是必要的。李光地曾上疏请“宽小民从前开荒之罪，使之各安耕种，照则输粮”（《覆马厂疏》）。当康熙皇帝在询问“闽贼陈五显”一事时，李光地趁机为之辩解，“五显之反，非设心为乱也，迫于饥耳”。后李光地又奏免“陈五显余党家属流配”，使参加这场“因饥酿乱”的起义群众，仅五显等五人坐斩，其余悉得免死。陈五显案的处理结果，对当道者后来在定刑方面产生了一定的影响，“是秋京师断死刑仅二十有四人，实为近古未觏”。

刑滥之由往往在于官吏贪酷，因此，要使小民安生，还必须治贪。李光地对贪官污吏是十分痛恨的，他父亲曾吃过贪官的苦头，累岁莫直，故在治贪方面是非常积极和坚定。他说对贪官者当“尽法绳之”，并接二连三地向康熙皇帝上有关治贪的奏疏。在《条陈清查钱粮亏空疏》中，李光地指出：“窃见目前因循之积弊，未有甚于亏空者也……有不肖各官，不问公私，任意侵那，动千万计”。而其盘查的有关上司，因“多牵于情面嘱托”，故往往从轻处理，“定案塞责，积习因仍，……诚不可不立法申饬，以期厘清宿弊者也”。考虑到“法轻易犯无顾忌”，李光地建议在量刑后，“不准折赎，不得以杂犯准徒各例完给，即遇恩赦、热审等典例，亦不准减免，庶人知畏法而库藏加谨矣”。但“于亏空各案，虽屡经严催，屡次参处，而承问各官展转稽迟如前”，李光地认为“凡此弊端，若非本管上司素有点染，为州县所挟持者，不敢据实明正其罪，则必州县央托权势，压制上司，不令据实审结，上下相徇，一味以迟延，侥幸巧脱，若不再行严定承审处分，则案件终难完结”，故他又上《请严定承审亏空处分疏》，限期要承问各官“作速审明招解”，否则将“严例议处，以除积弊”。

此外，李光地还在《请严定承审命案处分疏》中指出：“俯惟吏治民生之要，莫如钱粮刑名二事。倘积案不清，旷日持久，未有不为丛弊之薮者。……伏查刑名中最重大者，乃命案、盗案，而命案又与盗案不同”，盗案难以速结而命案易结。但地方官在审理命案时，“一则牵于财势，一则怯于公论，遂拖延岁月，意在监毙原告以灭口。完案者，更有听恶役借端苛索，无故牵连邻里，株逮无辜，名为研审真伪，实系借命居奇”。故李光地建议“将一切命案照例勒限半年，专责巡道严催府州县速行完结”。若再不按限完结，对有关官员及承问各官即“严行参处”。如有“听讼不平，锻炼失实”者，则另行严查究劾。这样，就可使“命案无久稽之虞，而刑名之弊可清，官吏之奸可破，囹圄无幽滞，而良善得以安生矣”。

李光地对贪官的斗争是十分坚决的，毫不退让。永定河分司吴禄礼是个贪官，他“筑堤旷年，不报奏”，李光地因此“节其请给”，结果受到吴禄礼的诬告。康熙皇帝派来审质的侍郎罗察也袒护吴禄礼。但李光地毫不动摇，抗疏论之，后来真相大白，吴禄礼被革职，沿河之民拍手称快。李光地之清廉，素有口碑。康熙皇帝曾称赞他是“清正抚臣”。后来赠给他“夙志澄清”匾额，即包含着对李光地夙志治贪，澄清吏治的褒扬。

最后，我们还应当指出，李光地提出民本思想的目的，在于“用民”，使清朝的统治“立于不倾之域”。李光地在回答“国家不患贫寡”之义时说：“贫害甚于寡，故不患寡而患不均也。”但不安又“祸大于贫，故不患贫而患不安也。……至于和而安则立于不倾之域，而寡贫虽有之不足道”（《经书笔记》）。

这就十分清楚地告诉我们，在李光地的眼中，清朝统治的“和而安”是至关重要的，至于广大民众的贫困问题，只能退居于次要地位，尽管两者之间是有一定的内在联系，但相对于封建统治阶级的自身利益而言，民众“寡贫虽有之不足道”。

总之，李光地的民本思想，是对历史上儒家传统民本思想的继承和发挥。作为“康熙盛世”的产物，李光地的民本思想值得我们进行认真的总结；对于李光地把其民本思想付诸一定的政治实践，更是值得我们充分肯定。至于李光地思想中存在着一些时代的局限性，我们应以唯物史观看待，不能苛求于前人。

# 略论李光地以书院为阵地对朱子理学思想的承继

叶茂樟

李光地是清朝康熙年间著名的政治家和思想家。长期以来，人们对他的研究主要围绕着其政治作为和理学思想，而对于李光地与教育特别是与书院教育方面的论述极少涉及。作为一位从科举制度“正途出身”步入清王朝统治中枢的“理学名臣”，李光地的思想从小就深深打上了程朱性理之学的烙印。李光地在朝为官后，更是为弘扬朱子理学发挥书院的教育功能不遗余力。纵观李光地的一生，他不仅乐于为各地书院撰写“院记”或吟咏诗篇，还亲自创办书院并为书院授课，可谓是一位不折不扣的书院教育家。本文拟对李光地与书院的因缘作一梳理，不仅展示清初理学思想对书院的影响，也从中窥见李光地作为书院教育家的一面。

## 一、清初书院教育和李光地概说

书院是古代进行教育的重要场所，最初为民办学馆，后来逐渐发展为民办、官办和官办民助三种形式，融讲学、祭祀、藏书和修书等多种功能于一体，其中著书立说、讲学授徒、探索学问是其主要职能。古代书院发端于唐，鼎盛于宋元，明朝初年逐渐转衰，直到王阳明出，书院再度兴盛。随后一些书院因抨击时政，遭到统治者毁禁，书院大多没落。清朝建立后，对书院保存的元气犹有余悸，继续抑制书院。顺治九年（1652）下令：“各提学官督率教官、生儒务将平日所习经书义理，着实讲求，躬行实践，不许别创书院，群聚徒党，号召地方游食无行之徒空谈废业。”（《清会典事例》卷三百九十五）同年，又令："生员不许纠党多人，立盟结社……所正文字，不许妄行刊刻，违者……治罪。（《清朝文献通考》卷六十九）另一方面，为了维护专制统治，又更多地继承了明代崇文重儒、笼络士子和强化纲常伦理的传统。为此，设学校、祀孔孟、尊理学、重科举。雍正十一年（1733），正式明令各省建书院，采取鼓励态度，书院渐兴；惟不分官立私立，皆受政府监督，不复宋元时的讲学自由，大部分与官学无异。

明崇祯十五年（1642）九月，明末农民战争正发展得如火如荼之际，李光地出生在福建安溪感化里的一个"甲族大家"。秉承"学而优则仕"的儒家传统，李光地五岁便入塾从师授读，"未尝一启齿，发声试之，辄已成诵，不失一字。善属对，矢口惊人。塾师弗能教也"（〔清〕杨名时《文贞李公光地墓碣》）。十三岁遍读群经，十八岁编写《性理解》，十九岁写《四书解》，二十岁写《周易解》，二十四岁辑《历象要义》，二十五岁通律吕之学，后又从著名学者顾炎武受音韵之学。他尤其致力宋明理学的探求，"以濂、洛、吴、闽为门径，以六经四子为依归"（《文贞李公光地墓碣》）。凭借扎实的经学基础，李光地沿着秀才、举人、贡士、进士、庶吉士的"正途"步步迈入清王朝的统治中枢。康熙十一年（1672）九月，李光地被授予翰林院编修，正式开始了他四十八年的宦海生涯，很快成了奠定清初思想统治的"理学名臣"。为此，他把传统的经学与性理之学结合起来，受命编写了《朱子全书》《性理精义》，并不遗余力地为发展书院教育、宣扬朱子理学而奔走。

## 二、李光地与清初书院之缘

纵观李光地与书院教育的因缘，可以发现与其有关联的书院基本都集中在福建和江西两省，而江西省内与其关联的书院又集中在今上饶市。究其原因，有二：其一，祭祀以朱熹为代表的理学名家。书院本身具有祭祀的功能，朱熹出生于福建尤溪，一生大部分时间都在福建省内活动，毕生致力于著书立说及讲学，在他去世后，其追随者在朱熹过化之地兴建了许多纪念性的书院。而朱熹祖籍江西婺源，上饶是他讲学论辩施教的处所。宋以后，上饶不仅因朱熹、赵汝愚、汪应辰和程端蒙等众多儒学家热衷于讲学著书而成为书院之乡，也因之成了理学之邦，是“江西学派”及“程朱理学”的根据地，理学名家璨若群星。其二，作为理学之乡的福建和江西上饶受到清统治者的特殊关照。清初，福建战乱频繁，文教设施破坏严重，一大批知识分子对新兴的王朝缺乏认同感。与此同时，“朱子理学由于受王阳明心学的冲击，当时在全国的影响已趋于衰落，但在福建却始终被尊奉不替，这种现象引起了康熙的重视，他想尽快恢复福建的文化设施，把福建培植成全国重要的理学基地。”“统治者试图通过恢复书院这种具有民间自由讲学色彩的机构，来争取对新政权持有隔膜感的知识分子。在这种大的背景下，作为与朱熹及其理学有着深厚历史渊源的福建书院，受到了各级地方官员的特殊重视。”（黄新宪《清代福建书院的若干特色及当代价值》）这种情形在江西上饶同样存在。在不许别创书院的情况下，上饶的地方官将原有的书院陆续修葺，并加强了对书院的控制。康熙年间，上饶的书院不仅没有减少，反而新建了很多，理学思想和文化在上饶遍地开花。

**（一）钟灵书院**

钟灵书院现名信江书院，坐落于上饶市信江钟灵桥南岸的黄金山麓，系江西四大古书院之一。创建于清康熙三十三年（1694），原名曲江书院，康熙五十一年（1712）扩建后改名为“钟灵书院”。乾隆八年（1743）在后山建楼以祭祀朱熹，改名“紫阳书院”，至乾隆四十六年（1781），始称“信江书院”。

康熙五十一年（1712），知府周淳元对曲江书院加以修葺并更名为“钟灵书院”后，李光地应邀作《广信钟灵书院记》，对钟灵书院的历史地位大加赞赏，曰：“文明之运，始于国家，而又视乎推行者之至不至”“西江故人文地，在宋，庐陵、临川、南丰诸子，为文章宗师，濂溪、明道、伊川于此相授受焉。南渡后，有陆氏兄弟，以学行与朱子道义相切。而朱子趋朝来往，必由信州取道。故玉山之讲，鹅湖之会，道脉攸系，迹在此邦”。并强调知府周淳元在兴复书院时的作用和书院的价值，“（太守周君）慨然远览，既访鹅湖遗址，檄其属邑兴修……而又即府治佳处，创为钟灵书院”。至于书院的功效，李光地从科举取士所取得的成果进行了前后对比，称“先时郡士科名寥落，自书院立，明年即有首举于乡者，后遂连年相踵起。故曰山川之秀，有开之者也，人文之盛，有倡之者也。人地之钟灵无绝期，开而倡之，则或百年而不相值”。

### （二）鹅湖书院

鹅湖书院位于上饶铅山县鹅湖山麓，为江西四大古书院之一，与白鹿洞书院齐名。鹅湖书院聚居过许多学者，曾经是著名的文化中心。南宋理学家朱熹与陆九渊等人的“鹅湖之会”就发生在这里，成为中国儒学史上一件影响深远的盛事。理学门徒为了纪念这次盛会，于鹅湖寺侧建起了鹅湖书院。据《广信府志》记载：“大义寺左为四贤祠。”此实为大义寺的附属寺左，即仁寿寺左，为“四贤祠”。祠为当时的信州刺史杨汝砺所建，这是鹅湖书院之始。以后屡有修举，明代朱宸濠之乱，兵燹之余，鹅湖书院的学舍全部毁坏。清康熙二十二年（1683），地方官潘士瑞曾予修理。康熙五十四年（1715），令尹施德大加修建，适逢乞假回乡的李光地经过这里，遂作《重修鹅湖书院记》。在“记”中，李光地一如既往地对书院的历史地位和现实意义大书特书，曰：“鹅湖者，考亭朱子、象山陆子讲学处也”，“今天子衡量道术，一以朱子为宗，圣人有作，万世论定矣。在学者诚宜禀皇极之彝训，奉一先生之言，以讲其思，以服其行，庶几沿河入海，而无断潢绝港之差也”，“为政者首访邦之明祀胜迹，继而修之，古之君子皆然”，“书院之建，实与国家学校相为表里。李渤，高士尔，讲洞之废，朱子犹惓惓焉。今使先贤遗址，焕然重修，江右故理学地，必有游于斯，而奋乎兴起以绍前绪者。倡明者之功，于是为大，故不可以无书”。

### （三）怀玉书院

怀玉书院为上饶古书院之一，位于江西玉山县城西北的怀玉山上。《方舆志》云：“天帝遗玉此山，山神藏焉，故名。”或云：“山有异光夜烛，因名辉山。”唐贾耽《华彝图》云：“其山上干天际，势联北斗，又名玉斗山。”唐大历中（766—779），僧志初担锡入山，创法海寺。北宋学士杨亿建精舍于金刚峰阳法海寺侧，初名怀玉精舍，为儒宗进山之始，史称其为“开山第一儒宗”。乾淳间，朱熹、陆九渊、吕祖谦、汪应辰等讲学精舍旧址，有司及门人扩之，置田以供四方来学者，玉山之会，鹅湖之争，倾动一时，从此精舍门徒日众而名著，后人改名书院。怀玉（草堂）书院遂与白鹿洞、鹅湖并立于东江。此后屡有兴废。康熙五十二年（1713），知县钱塘沈景韩又重修葺，李光地与沈皆有记。李光地《重修怀玉书院记》曰：“为政者以新学校、育人材为先，然学校之新也，必先聚集人士，而启告以圣贤为学之意。幸而其地为圣贤所生长、所游经，则遗教流风，往往而在。于是有贤者莅政于兹，谘诹旧迹，兴起坠绪，感动奋发，必倍于他邦。”“天子方躬圣学，扬绝绪，中外承风，蒸蒸广化。侯又尝教习禁地，密近清切，尤能深知上意，预闻道德之指归。则其为政，而知所先后也固宜。”

**（四）南溪书院**

南溪书院位于福建省尤溪县城南毓秀峰下，是南宋著名理学家、教育家朱熹诞生之所。北宋宣和五年（1123），朱熹之父朱松任尤溪县尉，任满辞官后，携眷寓居好友郑义斋馆舍。南宋建炎四年（1130）农历九月十五日，朱熹诞生于此。嘉熙丁酉（1237），尤溪县令李修在郑氏馆舍原址建祠三间，祀韦斋（朱松）、文公（朱熹）。宝祐元年（1253），宋理宗赐额御题“南溪书院”，遂闻名天下。元至正四年（1344）分建父子两祠，朱熹祠仍为书院。明弘治十一年（1498）扩建。清康熙五十五年（1716），御赐“文山毓哲”四大字匾额，悬挂在尊道堂上。背山面溪的南溪书院历经宋、元、明、清四朝多次修缮和扩建，已具有相当规模。《尤溪县志》载：“（南溪）书院之址，东西广二百有余尺，深视广杀二十之一，雄规伟观，穆然靓深，至是始有以称朝廷尊崇之典矣。”李光地怀着对朱熹的仰慕之情，“一再经此邑，登陴望文公山，洼突毕肖”，并应当时主持尤溪邑事的通判杨君之邀，撰写了《南溪书院志序》，《序》曰：“司马迁自谓明《易·象》《春秋》，本《诗》《书》《礼》《乐》之际，是以至东鲁，入庙堂，高山兴慕，低徊不能去。千载上下，有志之士，不有同心哉!”同时，李光地还为南溪书院题写了匾额“斯文正鹄”，表达了对朱熹为人、为文的高度评价。

**（五）鳌峰书院**

鳌峰书院由世称“天下第一清官”的理学大家、福建巡抚张伯行于清康熙年间（1707）创办，是一所讲学书院，因其南面正对着于山顶上的鳌顶峰，取“独占鳌头”之意而得名。在鼎盛时期，建有藏书楼、监院公廨和大成殿等十几个楼群，有学舍140多间，一个能容纳400考生的考棚。它的设立，有深刻的历史背景。清朝初年，福建长期战乱，社会经济遭到极大破坏。康熙帝平定叛乱、统一台湾后，急欲使福建社会早日复苏；同时，他推崇朱子理学，欲使朱子理学的故乡早日恢复“海滨邹鲁”的景象，于是派癖好读书的理学家张伯行来担任福建巡抚。张伯行治闽，最显要的政绩就是创办鳌峰书院。这在当时的政坛是个特例。该书院创办后，康熙帝亲自为它题写“三山养秀”匾额，还御赐藏书和库银。雍正十一年（1733），清朝改变文化政策，诏令全国普设书院，鳌峰书院便顺理成章地担当了这一角色。此后，鳌峰书院执福建学术文化牛耳近200年，对福建知识界乃至世俗人心，产生了悠远的潜移默化的影响。

鳌峰书院以弘扬程朱理学为宗旨，以教、学、研、编为经，以出当世名士为纬，定期从全省择优录取秀才，聘各方名士讲学。康熙五十六年（1717），李光地讲学于此，并就福建巡抚陈瑸之请，推荐其弟子、理学家蔡世远入主鳌峰书院。在《答陈眉川中丞》一书中，李光地表达了对世风日下的担忧，对书院的教化作用寄予厚望：“明府厉行清修，得儒者淡泊宁静之要，而且充广德心，以教人成俗为务。移棨来兹，真九郡士民之福也。前翰垂问，未有以复。盖教化风俗四字，自明季而不讲。礼义廉耻，自士大夫犯之。读书者荒于业而不检于行，齐民亦惰于游而习于奸。风声日下，殆非旦夕能还返也。”对其弟子蔡世远褒奖有加：“漳浦蔡翰林世远，与俗下秀才一片名利心者不同，所读书又知以程朱为宗，经史诸家，渐能涉猎，所见绅士未有过之者。明府若欲引与共事，更尽前辈切劘之义，庶几于教学交收其益也。”并作《留题鳌峰书院》一首，在“诗序”中对创办鳌峰书院的张伯行和现任巡抚陈瑸大加赞赏，认为“二公皆以宿学清修，建棨于兹，下车之日，首注意于文事，是闽学将兴之祥也”。其诗曰：

扶杖赴朝命，停车采国风。诸姜齐稷下，三峡待文翁。倡道中州杰，尊师百粤雄。有虔初秉钺，主静日销戎。媚学招韦素，贤僚倚帐红。葱青环藻棁，幽翳满芹宫。我老迷非是，群徒质异同。抗颜愁笏曳，写腹已瓶空。白首惭嘉会，虚心伫圣功。作人天子意，翙羽戾朝桐。

**（六）安溪考亭书院**

古代以“考亭”为名称的书院有多座，其中最具影响的要数建阳的考亭书院，建阳也因此被称为“理学之邦”。安溪考亭书院位于福建省安溪县城隍庙东。康熙五十四年（1715）安溪县令曾之传扩建文昌祠为书院，移祀文昌于后进，而祀朱子于中堂，又扩充前部为敬业堂，作为讲学场所，署名“考亭书院”。据考证，该书院是在李光地建议之下修建的。据《榕村续集·致曾石岩邑令书》记载，康熙五十五年（1716），李光地回到故乡，“见子弟辈习气甚庞，匪类窜籍者亦多，因地方发觉，公同革逐。某随出家规乡约，期改陋习，以奉善政。”

又据李光地《安溪考亭书院记》记载：“光地于乙未冬告休抵里，拜邑父母曾侯，寓其新落成文昌祠中，因请侯曰：‘俗祀文昌，盖古者司中司命之遗。虽然，星辰河岳必以人配。五百年来，朱子，人师也。今天子崇重之优，风闻天下，教学者知所向往。地之归也，取道西江，凡玉山、鹅湖，朱子信宿讲论焉者，其守类能修举。吾邑为朱子奉檄往来品题名胜之区，法得立祀，非其人不兴也，其有待于吾侯乎？’侯曰：‘兹吾素志也。’祠成，邑之人士感侯兴起倡明之意，相与请余记其事以示来者。”目的在于弘扬朱子理学的教化功能，彰显社会风气。

**（七）泉州府学**

泉州府学即明伦堂。古为学官讲学、儒士聚会之处。宋朝理学家朱熹曾来此讲学，察泉州民风淳朴、文学兴盛，赞曰："海滨邹鲁。"泉州府学在市内三教铺，始建于初唐，南宋绍兴七年（1137）重建，为左学右庙。康熙年间，在李光地的推动下由泉州知府刘侃知主持重修。据《榕村谱录合考》记载，康熙五十五年（1716），李光地回到故乡，"公之居里也，约束乡族，课训子弟，和而毅，宽而栗，所岳岳董劝不少假借者，自孝弟始。农忙晴雨咨嗟，公出祷，无不立应。由是奸盗屏息，狙狯失恃，工贾咸若，风雨大和。方是时，知泉州府事者山东刘君侃知、安溪县事者江西曾君之传，皆承公意，于府则重修府学，于县则特建朱子祠，各为延师教授。"（〔清〕李清馥《榕村谱录合考》）又据李光地《重修泉州府学记》记载："泉在前代，文章科名为天下蔚。学者谈说，至今艳之。然其世升降，俗淳浇，士术人心之变，则有群然波逝其中，而莫之訾省者。""其后则役于名利者多，又敝则破行检，作毒害，乡闾苦之，而至今为梗。此又乡俗人心淳浇之判。然其所以然者，亦源于世道学术而已矣。呜呼！学校者，四术所从出，故曰学术也，其废其兴，昔人重之。诗曰：'于论鼓钟，于乐辟雍。'盖言学校之盛，待文王而后兴也。又曰：'佻兮达兮，在城阙兮。'盖言学校之废为贤人君子所忧悯也。今天子恭承道运，以六艺渐摩四海，必世而再矣。"可以看出，重修泉州府学是针对当时泉州社会风气的变坏所采取的一种教育措施，旨在提高当地人们的文化水平和道德品质。

**（八）榕村书屋**

榕村书屋位于福建省安溪县俊民中学校内，为李光地于康熙二十四年（1685）命长子李钟伦建造，"因有榕数株，荫数十亩"而得名，专供家乡学者在此读书、著述、讲学。为此，李光地"选《古文精藻》，《榕村讲授》成，因并刻之以惠士子"，并在此"讲授性理之学，诵读圣贤之书"。（〔清〕李清植《文贞公年谱》）康熙三十八年（1699）李光地又设义学，让更多的贫困子女有机会受到教育，在他的影响下，泉州各地纷纷设馆讲学，培养人才。康熙五十六年（1717），李光地重构榕村书堂，"时公在里……从游门徒，有蔡梁村世远、陈谦季万策、庄元仲亨阳、婿富允让、姻戚暨子侄数十辈，追随请业。间日，或到榕村成云洞，论道谈艺，啸咏泉石。而族中文会，每月亦一修举，公皆手自批阅。由是族党人士，多兴起者”（《榕村谱录合考》）。雍正十一年（1733），为表彰李光地冰霜之节操、辅政之忠勤、学问之博洽，榕村书屋改名为贤良祠。整座建筑坐西向东，三进，四合院式，正堂为悬山顶，抬梁式架构，占地面积1000平方米。正堂宽深三间，厅堂内外环墙嵌大理石，镌刻康熙御书《太极图说》《巡子牙河谕坝诗》等诗文。祠右有石构碑亭，立碑一方，镌刻雍正《谕祭文》，赞誉李光地“学问悠长”“卓然一代之完人”。

除了广泛关注福建和江西的书院教育，康熙三十八年（1699），李光地担任直隶巡抚期间，也曾创办书院、设立义学，取得良好的教学效果，并产生深远影响。据载，“前后延孙勷、徐用锡等为之师，立为规条，务使整衣冠，谨鞶笑，一正俗学之陋。有间，则身临课之，诸生兼通五经者，以十数，独张南龄能诵十三经，中乙酉顺天乡试第一。嗣后推行所属，凡通都大邑，皆以次修举焉”（《文贞公年谱》）。

## 三、李光地与书院的教化之功

为了笼络汉人，争取民心，初掌朝政的康熙帝提出了“崇儒重道”的治国纲领，后来进一步具体化为以“文教是先”、全面体现儒家文化精神的十六条治国纲领——“圣谕十六条”。作为康熙朝重臣和理学名臣，李光地为落实“崇儒重道”的基本国策作出了巨大贡献。在熊赐履、李光地等人的影响下，康熙最终决定将朱子学发展成为一种经世济用的理学，以此确立清王朝思想统治的重心。[①] 纵观李光地为书院教育所付出的种种努力，固然有“迎合康熙的需要和好尚”之嫌，但这也是他践行“修身齐家治国平天下”儒家思想的表现，为创设和谐稳定、文化繁荣、积极进取的良好社会氛围奠定了基础，也为迎接“康乾盛世”的到来创造了条件。从这一点上说，李光地和书院的

---

① 许苏民：《李光地传论》，厦门大学出版社，1992年，第249页。

教化之功是显而易见的。

以朱子过化的福建福州、泉州和江西上饶为例。当年，朱熹以书院为阵地，传播儒家思想，不仅给泉州带来了良好的学风，而且培养了大批优秀人才。李光地继承朱子衣钵，身体力行地推进书院建设，为净化当地不良的社会风气作出了不懈努力，其“学校之废为贤人君子所忧悯”的拳拳之心清晰可见。历史上，福州、泉州均有“海滨邹鲁”之称。《宋史・地理志》记载，闽人“多向学，喜讲诵，好为文辞，登科第者尤多”。朱熹称：“福州之学，在东南为最盛。”（〔宋〕朱熹《福州州学经史阁记》）据乾隆《福州府志・风俗》记载，福郡自宋以后，“风气进而益上，彬彬郁郁，衣冠文物之选，遂为东南一大都会”。泉州也有“极之十室之间，必有书舍，读书之声相闻”教化兴隆的形象描绘。由于全国的许多书院都把理学思想作为办学指导思想，“书院成为广泛传播理学的最好载体，理学通过书院教育为士人确立了成圣成贤的最高人格目标，从而主导了士人的思想倾向和社会风气，其流风遗韵也绵延至今。今天，福建俗尚朴淳，民颇迁善，百姓以正直、重信义、重感情等而著称；福建学风兴盛，社会重学、尚学，学生向学，古风犹存。这些，都与理学的长期积淀有关”（黄新宪《清代福建书院若干特色及当代价值》）。

江西上饶教泽悠长，崇教尚学之风久盛不衰，自古以来就被誉为“书院之乡”“文章节义之邦”。其书院始于唐代，代代传承，尤其是南宋以后，上饶各地兴办书院蔚然成风，来自全国各地求学的读书人和讲学的学者络绎不绝。宋代以来，江西书院占了全国四分之三，形成了特有的书院文化现象。据记载，自宋至清，上饶各地有一定影响的书院就有 168 所。历代上饶的退隐官宦、博学士人和好文乡绅都热心建（办）书院，朱熹、陈文蔚、娄谅等著名学者都热衷书院讲学，地方学子更是热衷到书院求学。“比闾族党，无地不设学，无人不向学。凡属民读法之所，皆学也。”（《饶州府志》）这是上饶书院兴盛的原因。上饶民谣“山间茅屋书声响，放下扁担考一场”，形象说明了上饶人读书成风的景象，以至有“隔河二宰相，百里三状元，一门九进士”“兄弟三进士，六部四尚书”之说（《上饶地区志》）。这些书院辉煌的背后，必然提到的就是宋代理学的集大成者朱熹，上饶不仅因朱熹而成为书院之乡，也因之成了理学之邦，是“江西学派”及“程朱理学”的根据地。而李光地作为朝廷重臣和“理学名臣”，为复兴朱子学频频光顾上饶书院，其对书院教育的推动作用是不言而喻的。

# 别有书香育英华

## ——略论“二朱过化”对安海文化教育的影响

颜长江

## 一

晋江安海镇的石井书院，也称朱祠，曾是南宋著名理学家朱熹青年时代讲学的地方，素来有泉州古代“四大书院”之首的誉称。泉州府文庙明伦堂曾有一副对联云：“圣域津梁，理学渊源开石井；海滨邹鲁，诗书弦诵遍桐城。”指明朱熹终其一生的精力兴教讲学，把“理”作为教育实践的宏愿，就是由此发轫。透过岁月的云烟，那若隐若现的联语墨迹，昭示着安海八景之一的“石井书香”，钟灵毓秀，惠养一方之士。

朱熹（1130—1200），字元晦（一字仲晦），号晦庵，别称紫阳，谥号为“文”，后人称“朱文公”。祖籍江西婺源，南宋建炎四年（1130）生于福建尤溪县，宋代理学的集大成者。他所创立的理学思想体系，成为我国封建社会后期继孔子之后影响最大的学说，而他一生中桃李芬芳的青年时光，竟然与他父亲一样缘结安海小镇，使闽南这块滨海土地，人文鼎盛，簪缨鹊起。

安海学风的兴起，是因讲学者的提倡而发展起来的。朱熹的父亲朱松是北宋政和八年（1118）进士，曾任建州（治所在今福建省建瓯市）政和县尉及南剑州（治所在今南平市延平区）尤溪县尉。南宋建炎四年（1130），安海始设镇级建制，名曰“石井镇”，据束景南《朱子大传》，绍兴二年（1132），在抚谕东南的胡世将的保举下，朝廷调任朱松为石井镇监。朱松赴任之际，他的挚友苏籀还写了《送朱乔年被举荐监石井镇》的送别诗云：“石井镇初腾一鹗，管城子健斡千钧。已然自足雄吾党，其进只应轶古人。衣被卉裳殊俗惯，解捐犊佩猾商驯。万钟他日扶危手，五斗怡怡为奉亲。”

然而，据高令印、高秀华《朱子学通论》考证则称，南宋建炎四年(1130)，迪功郎朱松因“忤和议于朝”，被贬权监石井镇，于绍兴二年(1132)夏到任，至绍兴四年秋，其时尚在襁褓中的朱熹也随家人来到安海。这些新资料的考证，使历来众说不一的监镇时间更为清晰，也许能改正前人的许多说法。

朱松有《中秋赏月》《茱菊》两首诗收入《韦斋集》书中，束景南解读后认为其中两句诗“并海窥涛澜”“海上作重九”，是朱松与家人第一次在安海过中秋和重阳两节的真实写照。遥想诗句定格的意境，那一轮银白如洗的月色之下，朱松把小沈郎（朱熹幼时取名沈郎）搂坐在他的大腿上，对酒当歌，真是一幅美妙的画卷！

尽管朱松在安海当政执事仅两年多，然而“其时民智涸塞，朱公乔梓，先后讲学于是，道以倡明”（《安海乡土史话》）。朱松在处理公务的余暇，广泛接触街道里巷的下层平民，了解民间疾苦，立学教人。据《重建石井书院记》载：“绍兴初，韦斋尝为镇官，乃公事外，进民之秀者，教以义理之学，士向慕之。”他以文会友，礼贤结交读书人，甚至聚集生徒，亲自授课，因而深得老百姓的尊崇。

当时安海有一个叫黄护的大富贾，对朱松的学识非常敬佩，不但在镇内的鳌头境献地捐资建造镇廨，还在侧旁的龙首之脉修筑一座“鳌头精舍”的馆所，以作为朱松讲学著述的场地——这是小镇文化与经济相互促进的胜迹。朱松十分崇拜程颢、程颐理学，他倡导的这种社会学术聚会的模式，使理学思想在安海的传播，首开其端，奠定基础。

## 二

绍兴二十一年（1151），朝廷委任朱熹当泉州府同安县主簿兼治学事，两年后赴任，朱熹刚刚步入仕途不久，往返府县之间而经常逗留安海，寻访他父亲生前的挚友。《安海志》称其“常至镇与父友耆士论经义，镇人益勤于学”。朱熹对安海情有独钟，这里的琅琅读书声令他感叹不已，曾手书“普现殿”的竖匾高悬于龙山寺山门背面的正额之上，还在草庵留有“勇猛精进”的墨宝。他赞扬安海重教兴学的风气，称之为“海滨邹鲁”。

应该说朱松监镇安海的时间不长，而朱熹除孩提时随父任上来安海，又随父擢迁离开安海，更只是二十多年后或造访或路过的多次讲学。但朱氏父子的奠基之功，使一方乡土的文风为之大振，对小镇的影响可谓超越时间与空间。因此《晋江县志》载云：“得朱紫阳簿同，往来过化，海滨邹鲁之风，闽南佛国之号，由来旧矣!”

若干年后的乾道年间（1165—1173），曾拜朱熹为师的傅伯成（隆兴元年癸未科进士）客居安海，对朱松、朱熹父子感念至深，大师的谆谆教诲常在耳边萦绕，便把“鳌头精舍”辟建为“二朱先生祠”，并绘朱氏父子的画像奉祀，寄予深切的崇敬之情，初步构成祠宇的规制。

嘉泰二年（1202），朝廷取消对“道学”（也就是理学）的禁令，之后于嘉定四年（1211）彻底为朱熹平反，朱子学说重新获得肯定。逝者如斯，教泽流芳，时任镇官游绛为满足士民的求学要求，遂向泉州郡守邹应龙汇报，请其允准将朱祠扩建为“如州郡学之制”的书院，引起郡守足够的重视。“邹公应龙然其请，捐公帑四十万以倡”，还以其身份出面动员属下的衙司及诸绅士支持，并命通判朱在（朱熹第三子）董其事。次第建成大成殿、尊德堂，立富文、敏行、移忠、立信四斋等建筑。

翌年书院落成，始因地取名“石井书院”。其教学方式更上层次，文风更为勃兴，办学的规格有了历史性的提升。有些史话误认为石井书院为朱熹所建，近几年来，还有文章指说石井书院址在今南安市的石井镇，这大概是不了解石井书院来历的缘故。

据留元刚《石井书院记》载：“爰相兹土，面三峰，会众流，厥基崇，敷付规，制殿于中，堂于后，为斋者四。杏坛筑于西序之前。祭器藏于东序之左。又即堂为别室，以祀二朱先生。三门列峙，缭垣环周，檐楹层复，凡三百楹。公私经费，合四百万。”从此，作为讲读和育才的园地，朱祠成为书院整体格局密不可分的一部分，符合其道德教育与知识教育并举的基本内容。还绘了朱松和朱熹的像祀之于尊德堂，以标明书院的学风、宗旨和纪念他们对书院的贡献，作为以后治学的宗师。宝庆初年（1225），郡守游九功把“五废寺”的田产拨给书院，以作师弟子廪膳及其他开支之用的学田，至此后书院渐具规模，臻于完善。

## 三

进入元代以后，石井书院延续宋制教授生员，依然以理学为唯一的讲授内容。据《（万历）泉州府志》卷之九载称：“元代石井书院设山长一员，列泉州总管府员额。”可知元代石井书院尚为完备。然而《安海志》有此表述：“迨宋亡，元无考，以至明朝，岁久倾颓。”书院曾一度处于沉寂状态，直至明成化十三年（1477），晋江知县徐源才把早已倾圮的书院重建，并立了朱熹的塑像祀之。尊德堂的东北新辟了“小山丛竹园”，西北设杏坛。弘治十年（1497），同知罗憓又加以修缮，并在门外增建了石华表，额曰“石井书院”。嘉靖九年（1530），晋江知县钱梗又拨出公帑及乡之富民醵金维修一新，亭坛如故。

另据《南安县志·人物志》的“明名贤列传”载：“陈履贞，字乔岳，别号建齐，崇祯癸未进士……在安平复修考亭祠。”又明崇祯间累官南京工部右侍郎的何乔远写有《安平八咏》诗篇云：“石井西头鳌水波，考亭别庙亦嵯峨。诸生鲁国弦歌在，白首高山竟若何。”其时石井书院极有可能别称为“考亭祠”。

顺治十三年（1656），清王朝为了困死郑成功的海上抗清力量，实行“迁界”。安海镇民悉遭驱赶内迁，房屋宫庙（除龙山寺、十九间、六块厝留作驻军外）全部焚毁，石井书院也难逃此厄运，变成一堆断壁残垣。直至施琅统一台湾后，清政府废除“迁界令”，沿海居民复界生息。康熙三十九年（1700），晋江知县陈炎“悯之朱祠就湮，倡率鼎建”，才就其遗址再次重建，文脉再继。乾隆七年（1742），又建了韦斋祠（朱松号韦斋），匾曰“闽学开宗”。乾隆十四年（1749），通判马铭募资增建仪门及两庑……经过这一再的修葺兴复，石井书院气势重现。

查阅朱氏谱中“书院总记”与朱熹有关的书院，泉州仅列泉山书院和石井书院。历代石井书院延师讲说，大多是一方名望，这是书院的传统。据资料所载，出任书院的山长多有才高学博的贤士，如宋代的顾长卿、佘谦一，元代的杨相孙、陈玄，明代的陈惟白、刘绍祖。又如清康熙年间，进士翰林院出身的教育大家陈棨仁，为石井书院末任山长。这些大师名流不遗余力地授徒，对安海文化的发展与繁荣做出了很大的贡献。

正是这浓厚的学风，造就过南宋以降像王慎中、黄汝良、郑成功等这样出类拔萃的文学家、政治家和民族英雄。有学者据《安海志》对登科显仕的人文情况进行统计对比，以朱松监镇之时上溯至安海有资料可查的北宋雍熙的 140 余年间，进士仅出 16 名，而绍兴以后至南宋亡的 140 余年间，进士及第就有 46 名之多，很能说明朱松、朱熹父子对安海的影响。诚如柯敦圃咏诗赞道：“温陵理学开安海，泉郡黉宫铁券题。”

清末，全国兴起了“废科举、办学校”之风，在传播新科学、新思想的时代变革中，石井书院终于退出历史的舞台。然而，与时代同步的安海人不忘“二朱过化”之功德，改复石井书院名称为“朱祠”以延续文脉。光绪三十三年（1907），就在这座古老书院内创办了一所新式学堂——养正两等小学堂，安海创办学校走在闽南各县的前列。1996 年，为纪念朱松、朱熹父子对安海文化教育的贡献，安海还创办了松熹中学，以培育英才，激励新秀。

## 四

1999 年，朱祠被列为晋江市第三批市级文物保护单位。占地 1903 平方米的书院，面积比原来虽有减少，令人欣慰的是受到政府的立碑保护，成为安海显著的文化教育标志。2007 年，晋江市、安海镇两级政府斥资按“修旧如旧”原则重修大成殿、两庑、仪门，并建碑廊，其建筑仍为清代风格。历时近一年的修缮，复使书院古貌典雅、巍峨庄严的风采重新焕发。

石井书院是安海人才辈出的发祥地，它最核心的意义是，缘于朱松、朱熹、朱在祖孙三代均与之密切的关系，具有不可复制的历史人文背景，影响深远。2010 年 12 月 26 日“石井书院陈列馆”正式开馆，旨在以图文并茂的丰富内容，激励新秀，传承薪火，弘扬宝贵的朱子教育智慧及海纳百川的安海文化底蕴。

历经八百多年的沧海桑田，因为这座“泉州所有书院中始建年代最早、规模最大，持办时间最长的学府”的厚重感和影响力，朱氏祖孙三代播下的智慧种子在这片热土上生根、开花、结果，使得安海一直都是称誉遐迩的文化教育名镇。如今，朱子文化作为福建省重点保护发展的特色文化之一，当代社会将赋予其更加深远的意义。

# “闽学开宗”与安海

吴杭州

有宋一代，安海一直经济兴隆和文化发达，成为理学传播的一片热土。朱松、朱熹、朱在祖孙三代先后来到安海讲学建书院，启迪文风、奖掖士子，于是安海英才迭出。

## 一、朱松开理学传播之先河

朱松，字乔年，号韦斋，徽州婺源（治所在今江西婺源）人。师事杨时的学生罗从彦，与李侗同是二程的三传弟子，是北宋末较为知名的理学家。南宋初，朱松授迪功郎监石井镇（今安海），其主要任务是收税。加强赋税征收和管理是朝廷摆脱财政困境的主要手段之一。当时安海“因东西两市竞利相戕，榷税吏不能制，州请于朝，创石井镇，朱松为镇官”。朱松到安海赴任，其友人苏籀作《送朱乔年被举荐监石井镇》诗：

> 石井镇初腾一鹗，管城子健斡千钧。
> 已然自足雄吾党，其进衹应轶古人。
> 衣被卉裳殊俗惯，解捐犊佩猾商驯。
> 万钟他日扶危手，五斗怡怡为奉亲。

关于朱松监镇时间有多种说法，《韦斋集·行状》记：“丁内艰除服，更调南剑州尤溪县尉、监泉州石井镇，绍兴四年召试馆职……”《韦斋集·年谱》记："三年己酉，公三十三岁，八月权监泉州石井镇。"建炎三年即公元1129年。束景南《朱子大传》，根据南宋当时局势分析，否定了《韦斋集·年谱》的记载，考证为"朱松在绍兴二年五、六月间南下赴石井""绍兴四年秋间召试馆职入都"。

石井书院有一方《重建鳌头石井书院记》碑，碑石于1958年嵌入人民公社食堂墙体，2007年石井书院重修时，碑石重见天日，明成化戊戌进士傅凯在碑文中记："绍兴初，韦斋尝为镇官""朱松乃公事外，进民之秀者，教以义理之学，士向慕之"。朱松于公务外时间研习、著述并在鳌头精舍讲学，成为第一位在泉州书院讲学的理学家。当时，无论是朱松师事的罗从彦，还是朱松好友理学家李侗、胡宪、刘勉之、刘子翚都在家专心学问，而朱松借监石井镇的机会在泉州传播义理之学。清人柯敦圃"温陵理学开安海，泉郡黉宫铁券题"诗句以及泉州文庙明伦堂"圣域津梁，理学渊源开石井；海滨邹鲁，诗书弦诵遍桐城"联句都是对朱松闽学开宗的颂扬。"石井"指的是安海，"温陵""桐城"指的是泉州。

## 二、朱熹确立学术研究新目标

朱熹系朱松三子，自小接受父亲的启蒙教育，父亲病故后，先后从学于刘勉之、刘子翚和胡宪，接受理学教育。但由于朱熹的祖父朱森、父亲朱松、叔父朱槔、外祖父祝确、母亲祝氏、两个舅舅祝华、祝苹都嗜好佛老，因此朱熹受禅学影响比较深。绍兴二十三年（1153）五月，朱熹起程赴任同安主簿，顺道到剑浦（治所在今南平市延平区）拜访李侗，相处二十天，李侗对朱熹所学的佛学思想提出批评，但朱熹对李侗的批评无法接受。在泉州的四年半时间中，朱熹对李侗之言还是放在心头，反复思考。他一边研习《论语》《孟子》，一边到民间进行调查，亦不忘父亲在安海的遗迹旧事，数临安海访问父亲生前好友，讲论经学于鳌头精舍。每次讲课，各地学者云集，"坐席至不能容，溢于户外"。明人傅凯说："（朱熹）见老幼义理详悉，遂与论说，士因益劝于学。"朱熹发现二十年前父亲播下的理学种子已经生根、开花、结果，安海理学研习已成风气。对这样的“理学景观”甚是欣慰和鼓舞，从内心支持自己“端正方向”。绍兴二十八年，他步行再次到求教李侗；三十年他第三次见李侗，住数月，并正式拜师李侗；三十二年又去拜访李侗，经过五年的求教，实现思想的彻底转变。

朱熹潜心理学的研究，并把讲学、著作和办学作为自己的主要工作。他出任官职的目的在于推行和实现自己的政治主张。《宋史·朱熹传》：“登第五十年，仕于外者仅九考（九年），立朝才四十日。”

理学又称新儒学，始于唐朝中后期，当时佛教势力空前发展，占据社会意识形态的主导地位。其后佛教势力日趋衰落，儒家思想开始复兴，佛道思想受到批判，复兴儒家学说的思想汇成一股洪流，势不可当，至北宋中期这股洪流达到高潮。北方相继出现了周敦颐、张载、邵雍、程颢、程颐形成的北宋三大学派。周敦颐，称濂溪先生，因晚年筑濂溪学堂于庐山之麓，他的学说称之濂学，他是理学开山祖师；世称明道先生的程颢和伊川先生的程颐是河南洛阳人，两兄弟受业于周敦颐，共同创建的学派称洛学；世称横渠先生的张载，是陕西关中人，其学派称为关学。南宋推崇和传播二程洛学，当时福建出现了杨时、游酢、罗从彦、李侗、胡宪、刘勉之、刘子翚等知名学者。杨时是二程的直传弟子、得意门生，他传播“伊洛学说”为闽学的形成和发展奠定了基础。杨时把二程理学传给罗从彦，再由罗从彦传给李侗，李侗再传给朱熹，世称杨、罗、李、朱为二程的一、再、三、四传弟子。他们承上启下，递相授受，但之间都存在不同程度的差异，各个学派都有自己的理论和一大群弟子。理学传入福建有多条渠道，但上述渠道一脉相承，被认为是福建理学的道统。自从受李侗的批评后，朱熹在泉州即开始创建自己的理论，“他以孔孟思想为主干，兼取佛老唯心主义思想，吸取其他学派研究成果，构成了一个庞大的理学思想体系”，用四十年时间注释“四书”充分阐述自己的哲学思想，所以说朱熹集儒家各派学说之大成。当时各省都有代表性学说，朱熹一生主要在福建生活与讲学，因此其理学体系称为“闽学”。“闽学”一词来自明初文学家宋濂的“濂、洛、关、闽四大夫子”说法。

宋嘉定五年（1212），由于刘爚的请求，宁宗皇帝批准朱熹的《四书章句集注》立于学宫作为法定的教科书，元延祐二年（1315）又诏定以朱熹《四书章句集注》试士。

## 三、朱在营造石井书院，“如州郡学之制”

宋淳熙六年（1179）十月，朱熹任南康知军，即令军学教授杨大法和星子（治所在今江西省庐山市）知县王仲杰主持修复白鹿洞书院；绍熙五年（1194）朱熹任湖南安抚使时，又加以兴复、扩建岳麓书院，目的就是为国家培育人才，同时把书院办成确有“德行道艺之实”的教育机关。两所书院的复兴推动南宋书院的迅速发展，安海石井书院应运而起。

陈祥耀《朱熹的学术思想及其对闽南文化的影响》一文中说：“据后人考证，南宋泉州的十二所书院，朱熹亲自创建并讲学过的有三所，即小山丛竹书院（泉州）、九日山书院（南安，与傅自得合创）、燕南书院（金门）；他讲学过的有四所，即杨林书院（南安）、石井书院（晋江，即鳌头精舍）、凤山书院（安溪）、岩峰书院（永春）；受他影响或为纪念他而建的有五所，即泉山书院（泉州）、清源书院（泉州）、龙山书院（惠安）、科山书院（惠安）、文公书院（同安）。”

石井书院的前身是唐代鳌头舍，后称鳌头精舍，是聚徒讲学的场所。宋乾道年间（1165－1173）朱熹的得意门生、隆兴元年癸未科进士傅伯成感念朱熹谆谆教诲，以“二朱先生之裳衣”辟“二朱先生祠”于鳌头精舍。嘉定三年（1210）镇监游绛应士民要求，上书泉州太守邹应龙请建书院，邹不但批准了游绛的请求，还拨公帑四十万缗作倡建资金，并请漕运司和市舶司协助募集，指令时任泉州通判的朱熹季子朱在主持营造。朱在虽不是分管教育的官员，当时建造石井书院包括祭祀二朱的尊德堂，孝愿朱在与二朱之关系，请其主持，也是情理中的事。

石井书院建在风景秀丽的鳌头西，地势高耸突屹，果林环抱，“面三山，会众流”，船从安海湾顺西河沟直达书院。书院占地百亩，除有大成殿及尊德堂外，还有四斋和数十间号房，藏书室、乐轩等附属设施一应俱全。宋人留元刚在《石井书院记》中说：“凡三百楹”“天下如石井者凡几”。石井书院历次重修都由官府发起，如明弘治十年（1497）晋江知县罗憓，嘉靖九年（1530）晋江知县钱楩，万历初泉州知府窦子偁；清康熙三十九年（1700）晋江知县陈炎，乾隆七年（1742）知县王庭诤，乾隆十四年（1749）泉州通判马鐇，乾隆二十七年（1762）泉州通判靳起柏，嘉庆十九年（1814）泉州同知黄元礼。“石井书院，土名官学”，明人《官学高家复申文》有这样的记载。

石井书院是“二朱”遗迹，有着悠久的历史、宏大的规模，亦由于名儒掌教，世世代代人才辈出，列泉州古代四大书院之首。2007 年书院进行历史上最大一次修缮，基本恢复宋代旧貌并辟书院历史陈列馆，成为泉州市古代书院展示、弘扬中华优秀传统文化的重要基地。

朱松、朱熹、朱在祖孙三代以理学传播为纽带与安海结缘达八十年之久，为安海增添了文化魅力，这在中国历史上是绝无仅有、不可复制的文化遗产。安海人以此自豪，但并非定格在一般的“纪念”层面，而是通过纪念活动逐步推动书院历史的挖掘和朱子学说的研究，在具有极限性的理学中探讨朱熹道德思想和教学理念的现实意义，并从中加以借鉴，以促进安海文化教育品牌的不断提升。

# 试论安海“二朱过化”的时间

柯朝硕

晋江市安海镇，南宋建镇，称“石井镇”，是千年文化古镇。在文化、教育上，史载：“唐朝始立鳌头社”，北宋更名为“鳌头精舍”，南宋嘉定四年（1211）如州府之制升格为官办民助的“石井书院”。（《安海志·书院》）《安平志·书院》：“石井书院在府城西南安平镇，旧名鳌头精舍。宋绍兴初，吏部郎朱松尝为镇官，公余进民之秀者，迪以义理之学。后二十余年，其子熹来官同安，常至镇与父友耆士论经义，镇人益勤于学”①。该记载略显得时间模糊，措词谨慎。时间模糊如：“绍兴初”；措词谨慎如：“迪以义理之学”而概括。由于目前朱松监镇安海的时间，“诸说不一”，所以有必要深入探究朱松、朱熹在安海的准确时间及如何“过化”，怎样讲经论道、弘扬儒家理学及幼年的朱熹在安海的生活、学习。从而弘扬泉州全郡及安海镇“二朱过化”“闽学开宗”的历史地位。

## 一、朱松监石井镇（今安海镇）的时间说法不一

朱熹为朱松所作《行状》云：“公讳松，字乔年，以绍圣四年（1097）闰二月戊申，生于邑里之居第。未冠，繇郡学贡京师。以政和八年（1118）同上舍出身，授迪功郎、建州政和县尉。丁外艰，服除，更调南剑州尤溪县尉，监泉州石井镇（今安海镇）。绍兴四年（1134）召试馆职，除秘书省正字，循

① 安海乡土史料编辑委员会校注：《安平志（校注本）》，中国文联出版社，2000年，第137页。

左从政郎”①。由于行状只交代，朱松从北宋政和八年至南宋绍兴四年的任职，未说明何年任职于何地，所以造成后人对朱松监泉州石井镇的时间，“诸说不一”，影响较大有三种说法。

第一种：《安海志》《安平志》载：“绍兴初。”

此说基本正确，朱松在绍兴二年（1132）监镇石井（今安海），绍兴二年可认定为“绍兴初”，只是具体时间较为模糊而已。

第二种：建炎三年。

“朱熹的父亲朱松，调南剑州尤溪县尉，建炎三年（1129）五月任满后，闲居在尤溪的朋友郑安道家里。这时，朱松因忤和议于朝，遭投降派攻击，被任为监泉州石井镇税（其时安海尚未建镇）。建炎三年八月到任。公在镇十一月，闻有北骑自江西入邵武，时眷在尤溪，遂弃所摄，携家还政和。”②

此说采信清雍正六年朱玉刻本《韦斋集·韦斋公年谱》而以讹传讹：“（宋哲宗）绍圣四年丁丑闰二月二十三日午时，韦斋公生于婺源之居第。……（建炎）二年戊申（1128），公三十二岁。三月，服除，更调南剑州尤溪县尉。七月之任。（按，公尉政和仅二年，服除更调，补前考也。）三年己酉，公三十三岁。五月，秩满，假馆郑氏之义斋。（郑氏名安道，熙宁六年进士）。八月，权监泉州石井镇。（按，公在镇十一月，闻有北骑自江西入邵武，时眷属在尤溪，遂弃所摄，携家还政和。）”③

然而清朱玉《韦斋集·韦斋公年谱》有关朱松监镇石井（今安海）的时间失误，至今尚有人著书、立说不断引用。为此清朱玉《韦斋公年谱》有关朱松监石井镇时间的失误，有必要在下文：“3. 朱松建炎期间（1127—1130）闲赋在闽北（包括建州权职）”章段批误。

---

① 〔宋〕朱熹：《皇考左承议郎守尚书吏部员外郎兼史馆校勘累赠通议大夫朱公行状》，朱杰人、严佐之、刘永翔主编《朱子全书外编》第三册《韦斋集》，华东师范大学出版社，2010年，第244页。

② 高令印：《朱熹事迹考》，上海人民出版社，1987年，第37页。

③ 《韦斋集·韦斋公年谱》，朱杰人、俨佐之、刘永翔主编《朱子全书外编》第三册《韦斋集》，华东师范大学出版，2010年，第230—241页。

第三种：绍兴二年至四年。

“……宣和五年（1123）朱松任尤溪尉时，郑道安之子郑德与任尤溪宰，两人结为知交。……［靖康元年（1126）朱松尤溪秩满赋闲］朱松因为仕途蹭蹬失意，生计日困，萌生了倦游归隐之念，郑德与一再敦促他赴铨，朱松才在建炎三年（1129）十二月打起精神往建州权职。建炎四年（1130）五月，他闻北骑入邵武，避乱携全家寓居尤溪郑氏馆舍中。这默默无闻的寓所成了一代圣人的诞生地。在尤溪的朱松为避义军的追捕，先在绍兴元年（1131）二月携全家从尤溪往龙爬，接着秋间又逃到长溪，寓居在龟灵寺。……（绍兴二年春）沈郎（朱熹小名）这一年已经三岁。……朱松弃官遁逃按法要以擅离职守，戡乱不力惩处，但一个偶然的机遇又把他推上坎坷的仕途。朝廷这次在命韩世忠入闽武力进剿的同时，又除监察御史胡世将为福建路抚谕使。……大概在二月间朱松从桐江携家人回尤溪途经福州，他便去投谒胡世将，向他进献进据中原，克复神州之策，痛斥弥漫朝廷上下的投降派保守东南的腐说。因为胡世将这次又负有为朝廷访求选拔人才的使命，这个颇有胆识的小官得到了他的奖怜。胡世将不久入朝为尚书右员外郎（相当副相），经他保荐朱松除为泉州石井镇（今安海）监税，朱松在绍兴二年五、六月间南下赴石井。这次他是携沈郎全家人上任。……有济世爱国之热的朱松在僻镇当监税小官感到抑郁不得志，以至再次投书胡世将抱怨厌鱼盐之琐碎，想早日‘解归鞍’。但朱松的学行、才识得到了泉州守谢克家的赏识，内翰綦崇礼也特别器重他的诗才，经两人举荐，朱松在绍兴四年（1134）秋间召试馆职入都。”①

## 二、试论朱松“过化”安海（时为石井镇）时间

**北宋宣和元年至南宋建炎四年朱松在闽北**

1. 朱松入闽任政和县尉时间：宋宣和元年（1119）九月至宣和二年

---

① 束景南：《朱子大传》，福建教育出版社，1992年，第2—12页。

（1120）五月。

按朱熹《朱松行状》“……以政和八年（1118）同上舍出身，授迪功郎、建州政和尉。”由于《行状》没有说明朱松入闽任政和县尉时间，所以多人将授职的时间“政和八年”误为朱松入闽任职时间。

根据朱松《送程复亨序》：“广平程某复亨，谓予外兄，从予游于闽者二年。……宣和辛丑八月某日，韦斋朱某序。”①

程复亨，朱松表兄，随朱松入闽“从游”。按该序朱松撰于“宣和辛丑八月”，宣和辛丑年为宣和三年（1121），上推“从予游于闽者二年”，则为宣和元年（1119）九月，为朱松入闽任建州政和县尉时间。

根据朱松《此当上唐漕书》“某，江南草茅一介尔。既冠，与有名于吏部，来闽中，今七年矣。”② 该书系朱松寄给唐姓漕运官员的书信，从“来闽中，今七年矣”，可见写叹信时朱松入闽已七年。此“唐漕”当是唐绩。唐绩，宋宣和五年（1123）擢福建路转运判官，宣和七年（1125）再任，靖康元年（1126）罢。

而朱松另有《上赵漕书》“窃禄僻邑，未尝得拜伏于下风。”此“赵漕”当是赵岍。赵岍，宣和七年（1125）十一月二十二日擢福建转运副使，靖康元年（1126）罢官。

从福建转运使唐绩“宣和七年再任，靖康元年（1126）罢免”及福建转运副使赵岍“宣和七年（1125）十一月二十二日，擢福建转运副使，靖康元年（1126）罢免”，可推见朱松给唐绩、赵岍的信件书于宋宣和七年。从宣和七年（1125），上推朱松“来闽中，今七年矣”，正是宣和元年（1119）。然而宣和七年朱松尤溪县尉即将秩满，为谋取下届任职而上书唐绩、赵岍活动也符合情理，再次佐证朱松在宣和元年（1119）入闽任政和县尉。

---

① 〔宋〕朱松：《韦斋集》卷十《送程复亨序》，朱杰人、严佐之、刘永翔主编《朱子全书外编》第三册，华东师范大学出版社，2010年，第163—164页。

② 〔宋〕朱松：《韦斋集》卷九《上赵漕书》，朱杰人、严佐之、刘永翔主编《朱子全书外编》第三册，华东师范大学出版社，2010年，第147页。

根据朱松为其父朱森所作《先君行状》：“公讳森，字良材，姓朱氏。……以年月日卒于建州政和之官舍，享年若干。娶程氏。三男：松举进士，迪功郎，初尉则政和也；次柽；次槔。二女，未适人。将以某年月日寓葬于政和护国院之侧。谨状。”① 说明朱松之父朱森逝于“建州政和之官舍”并葬于“政和护国院之侧”。

2. 朱松更调南剑州尤溪县尉时间：宣和五年七月、八月之间。

从上文得知朱松宣和元年（1119）九月任建州政和县尉。其父朱森卒于政和任所并葬于政和护国院之侧，然而朱森何时卒于政和，何时入土为安？

根据《朱氏近代世系源流·第八世》：“绚公四子，森，行廿二，字良材，号退翁，生于元丰甲子，殁于宣和庚子。公迁闽建阳，赠承事郎。葬政和县感化村四都桂林坊寺傍，地名索谷岭。娶程氏，葬政和县将溪铁炉岭。生子三：松、柽、槔。”“宣和庚子”，即为宣和二年（1120），可见朱松父朱森在宣和二年（1120）逝“于政和之官舍”。

根据朱熹《婺源茶院朱氏世谱序》：“先吏部于茶院为八世孙，宣和中始官建之政和，而葬承事府君于其邑，遂为建人，于今六十年，而熹抱孙焉，则居闽五世矣。……淳熙十年癸卯（1183）五月，九世孙宣教郎直徽猷阁主管台州崇道观熹序。”② 从朱熹“淳熙十年癸卯五月”作序，上推“于今六十年”，即为宣和五年（1123）五月，为朱松葬父朱森于政和的时间。

从“葬承事府君于其邑”说明宣和五年（1123）是埋葬朱森的时间，但是多人将朱森的埋葬时间误为逝世时间，造成朱森卒于北宋宣和五年（1123）的失误。

束景南教授采信《华锦堂朱氏宗谱·朱森行状》：“以宣和二年庚子五月初

---

① 〔宋〕朱松：《韦斋集》卷十二《先君行状》，朱杰人、严佐之、刘永翔主编《朱子全书外编》第三册，华东师范大学出版社，2010年，第191—192页。

② 参见《朱子全书外编·韦斋集·韦斋记》外编第三册，第227—238页。笔者观清雍正朱玉刻本《韦斋集·韦斋记》：“宣和三年，岁在癸卯之中秋，朱乔年得尤溪尉。尝治一室，聚群书宴坐寝休其间。……”因宣和三年与下文“岁在癸卯，纪年不符，系刻工误刻“五年”为“三年”，所以采信《朱子全书外编·韦斋集·韦斋记》校刊本。

十己未，卒于建州之官舍”及《石岩朱氏宗谱·婺源阙里世系图》：“朱森……殁于宣和二年，以子朱松官政和县尉，遂葬于邑”。故束景南教授认为朱森在“宣和二年庚子五月初十己未，卒于建州政和之官舍”。

由于官场的“丁忧”制度，朱松在宣和二年（1120）五月初十日丧父，必须辞职尽孝。按宋制官员“丁忧”三（虚）年，实际守制时间为27个月。从“宣和二年庚子五月初十己未”，下推27个月即为宣和五年七月初十日，为朱松“丁外艰”期间。这样朱松最早只能在宣和五年（1123）七月底或八月初，服除更调南剑州尤溪县尉。

根据宋儒罗从彦《韦斋记》：“宣和五年，岁在癸卯之中秋，朱乔年得尤溪尉，尝治一室，聚群书，宴坐寝休其间。后知《大学》之渊源，异端之学无所入于其心。自知卞急害道，名其室曰‘韦斋’，取古人佩韦之义。”从“宣和五年，岁在癸卯之中秋”，可见朱松在宣和五年岁次癸卯（1123）中秋前更调尤溪县尉并于中秋在尤溪县建有“韦斋”书舍，请宋儒罗从彦为记。

根据朱松《上唐漕书》与《上赵漕书》说北宋“宣和七年（1125）十一月二十二日，诏奉直大夫权发遣福建转运副使赵岍”至钦宗靖康元年（1126）三月罢免唐绩、赵岍前，是朱松上书的时间；从朱松以“窃禄僻邑，未尝得拜伏于下风”，上书福建转运副使赵岍。说明宣和七年底朱松尚任尤溪县尉，至于朱松政和县尉再续尤溪县尉何时任满，因资料限制不敢妄议。

鉴于宋朝对官员的考核制度，按任职满一年考评一次，一任三考，再参加“铨选”，根据政绩决定官员的再次任职。由于朱松从宣和元年（1119）九月入闽任政和县尉至宣和二年（1120）五月，其父朱森亡故而“丁忧”，造成政和县尉任职未满一年不能参与考评。宣和五年八月服除更调尤溪县尉，系为续政和县尉的未满任期。朱松政和、尤溪县尉任满，“旋属靖康之变”，故朱松又未能参与“铨选”。

3. 朱松建炎期间（1127—1130）赋闲在闽北（包括建州权职）

朱熹《朱松行状》：“旋属靖康之变，中朝荡覆，公在尤溪，……既而建炎再造，王室漂摇，未有所定。寇贼纵横，道路梗塞，固不暇于博求幽远，以尽一世人材之用。”从以上朱熹著述中可见其父朱松，南宋建炎期间闲赋在闽北。

根据宋李心传《建炎以来系年要录》记载，南宋自建炎元年高宗登基至建炎四年，在金人的追击下数次迁都，二次乘船避于海上。说明初建立的南宋王朝，处于不战就亡国的状况，哪来“战和”之争呢？朱松又不为朝官何来“忤和于朝”？秦桧在“靖康之变”（1127）被金兵掳囚北方，直到建炎四年（1130）下半年金朝为“以和佐战”而放秦桧南归，说明南宋建炎期间朱松与秦桧没有任何关联。另宋建炎三年（1129）安海尚未建镇，哪有未建镇先委任镇官之理！

然而《朱松行状》所记载：“王室漂摇，未有所定”。正是当时南宋王朝处境的真实写照，在这种状况之下，朝廷是无暇对小县尉进行“铨选”任免的；所以说朱松在建炎期间只好“固不暇于博求幽远，以尽一世人材之用”，而赋闲在闽北一带，也说明清朱玉所作《韦斋公年谱》有关朱松监镇安海的时间，有违朱松、朱熹著述而存在失误。

4. 朱松建炎三年（1129）十一月权职建州

根据朱熹《韦斋与祝公书跋》“松奉娘子幸安。小五娘九月十五日午时免娠，生男子，幸皆安乐。自去年十二月初在建州权职官，（翌年五月）闻有虏骑自江西入邵武者，遂弃所摄，携家上政和”，知朱松携家人先避居政和，后寓居尤溪郑道安馆舍。建炎四年（1130）朱熹出生。那朱松“去年十二月初在建州权职官”，就是指建炎三年（1129）朱松到建州权职。所以说朱松不可能在建炎三年监镇泉州石井镇，也再次说明朱松建炎期间赋闲在闽北一带（包括建州权职），而清雍正六年朱玉刻本《韦斋集·韦斋公年谱》有关朱松监石井镇的时间，有违朱松、朱熹著述而存在错误。

5. 朱松于南宋绍兴二年（1132）六月，携幼子朱熹及家人，到泉州石井镇（今安海镇）监税（镇官）；绍兴四年（1134）秋季，经泉州知州谢克家及内翰綦崇礼的举荐召试馆职入都

朱熹《朱松行状》：“会诏出御史胡公世将抚谕东南，公乃因谒见而说

之……胡公奇其言，壮其策，归即以闻于朝。”

然而胡世将何时任福建路抚谕使？据宋李心传《建炎以来系年要录》与《宋史·胡世将传》：绍兴元年十一月朝廷令韩世忠为宣慰副使，同时任命监察御史胡世将为福建路抚谕使。绍兴二年（1132）正月初韩世忠带精兵三万，入闽一举平定范汝为；胡世将于绍兴二年正月入闽，范汝为之乱已平，胡世将驻署福州。二月朱松便去投谒胡世将，呈《上胡察院书》，向他进献进据中原，克复神州之策，朱松的才学及处境得到胡世将的“奖怜”。同时朱松与苏籀、张元干等人，还为福州守臣程迈的止戈堂赋诗。

不久胡世将入朝任尚书右司员外郎，旋迁中书舍人（南宋初期相位尚缺，其中书舍人具有副相级）。由于胡世将入闽还负有在福建选拔人才之使命，在这种情况下朱松经胡世将保荐，又降职录用（因弃建州所摄），所以很快在南宋绍兴二年（1132）六月，携家眷及幼子朱熹来泉州石井镇（今安海）为镇官。

根据宋张元幹《芦川归来集·诸公祭邓正言文》，朱松往安海任镇官时途经福清，于南宋绍兴二年（1132）五月三十日，朱松、苏籀、张元幹等友人，共同祭奠好友邓正言。说明朱松任镇监安海的时间，是南宋绍兴二年（1132）六月。

朱松好友苏籀作《送朱乔年被举荐监石井镇》一诗对“理学南传”第三代传人——朱松来安海任镇官以示祝贺。

石井镇（今安海）时人黄护于“鳌头精舍”西畔为朱松建镇廨，作为公署及居寓（《安海志·公署》）。朱松一家从闽北动乱之中，转到相对稳定的闽南生活。朱松在绍兴二年中秋节撰《中秋赏月》抒怀，从诗中可见朱松是携幼子朱熹及家人到安海上任，朱熹在安海的童年生活也可见一斑。

《中秋赏月》：

去年中秋雨，野芦凄薄寒。惊尘暗一方，客枕那得安。
起呼对床第，揽衣步蹒跚。握手仰太息，宇宙何时宽。

今年中秋月，并海窥涛澜。坐看郁蓝天，忽涌白玉盘。
眷言双峰客，倚闾念衣单。亦复取樽酒，承颜有余欢。
天涯等牢落，世路方艰难。且遵秉烛语，毋为泣河叹。
停杯玩飞辙，河汉静不湍。痴儿亦不眠，苦觅蛙兔看。
洲出暗潮落，鬓衰香雾溥。佳句付惠连，何时解归鞍。

全诗分四段，叙述绍兴元年（1131）及绍兴二年，朱松一家在霞浦及安海过中秋节的不同状况。

“去年中秋雨，野芦凄薄寒”，指绍兴元年（1131）朱松避乱携全家寓居长溪（今霞浦）龟灵寺；“惊尘暗一方，客枕那得安”，指范汝为等农民军举事，朱松一家处于动荡不得安宁的逃难之中；“起呼对床第”，指同一避居的还有朱熹叔父朱槔和朱柽。查《福建通志·寺观》：“龟灵寺，在县西九都，唐咸通元年建，宋韦斋先生和其子寓此。亦名晦翁书院。”陈国代《朱熹在福建的行踪》：“有文献记载，朱熹生平有二次到长溪。第一次到长溪的时间是在绍兴元年秋七月间朱熹在父母的带领下逃避兵乱逃到长溪，寓居在龟灵寺。”故可推见绍兴元年朱松避难霞浦。

“今年中秋月，并海窥涛澜”“亦复取樽酒，承颜有余欢”，指绍兴二年（1132）在滨海之泉州府石井镇（今安海镇）与家人听涛对月、共度中秋。“承颜”就是奉敬承欢于母亲身旁，说明朱松当时一家人都在安海。

“痴儿亦不眠，苦觅蛙兔看”生动展现幼年的朱熹之天真与聪颖，也是朱熹第一次来安海的真实描写。

“洲出暗潮落，鬓衰香雾溥”，述说朱松监镇不得志的情怀，“佳句付惠连，何时解归鞍”希望投书胡世将、谢克家、綦崇礼等人，得以保荐而“解归鞍”另就高职。

《韦斋集》有载：朱松曾上书胡世将、谢克家、綦崇礼的书信数封，谈及经保荐任职及推荐召试馆职。胡世将绍兴元年（1131）十一月，为福建路抚谕使，绍兴二年正月“入闽，韩世忠已平贼”。不久迁尚书右司员外郎入都，同年迁中书舍人，朱松还作《贺中书胡舍人启》祝贺荣任，并感谢保荐录用为泉州石井镇监镇，希望再次提携。但胡世将在绍兴三年放外任知镇江，绍兴四年调知洪州，不为朝官。可见胡世将绍兴四年，推荐朱松召试馆职可能性不大；而谢克家绍兴三年下半年知泉州，年底又调职万寿宫侍读入都，朱松先后作《上谢参政书》《谢谢参政启》《贺谢参政除万寿侍读启》《上綦翰林启》，可见朱松绍兴四年秋召试馆职入都，系经谢克家、綦崇礼推荐。

查录历史资料及谢氏谱牒资料，北宋靖康二年（1127）四月（当年改建炎元年），太后令吏部尚书谢克家护送“大宋受命之宝”（国玺），到济州授命赵构登基，赵构令谢克家操办登基大典。谢克家以拥立高宗之大功，除参知政事。但金朝在建炎四年（1130）下半年，为“以和佐战”放归秦桧到江南，秦桧投宋高宗赵构所好，成为宋高宗议和代言人。宋高宗在绍兴二年（1132）二月升秦桧为参知政事，八月任尚书右仆射、同平章事兼知枢密院事。自此南宋王朝中主战派与主和派争议遂暂加激，秦桧凭借丞相权势，大树同党，排斥主战派。谢克家数次迁外任，可能与“忤和”有关；很快又调职入都，可能是经内翰綦崇礼（姻亲）极力干旋。

乾隆《泉州府志·职官》（同治九年重刻本）卷二十六记载：谢克家建炎三年知泉州，四年由叶份接任；绍兴元年又知泉州，二年由林之平接任；绍兴三年下半年再知泉州，由连南夭接任，绍兴四年初谢克家调任万寿宫侍读入都。朱松作《贺谢参政除万寿侍读启》祝贺，推知朱松绍兴四年（1134）初在安海。

因谢克家建炎三年（1129）与绍兴元年（1131）二次知泉州，朱松在闽北与闽东，不可能参见泉州郡守谢克家，只有绍兴三年下半年谢克家再次知泉州，其时朱松任石井镇镇官，方有机会参见谢克家，进《上谢参政书》及《上綦翰林启》。朱松的学识及政论，深得谢克家的赞赏。经泉州知州谢克家联合内翰綦宗礼（綦宗礼独女下嫁谢克家长子谢伋，綦又是朱松同年，又十分赞赏朱松的诗才）共同推荐朱松入都。由于朱松属于重新选拔而录用的人才，须经一段时间的考察与历练，其郡守谢克家的推荐，虽然说明朱松监石井镇（今安海）二年外，其政绩是大有作为的。但綦宗礼、谢克家与秦桧主和派相左，推荐“具有济世爱国之热”而又“忤和于野”的朱松，连陛数品入都为官，定需几番据理争议方可。经谢克家、綦崇礼两人极力推荐，朱松终于在绍兴四年（1134）秋初，召试馆职入都。

根据朱熹《朱松行状》“……监泉州石井镇，绍兴四年召试馆职，除秘书省正字，循左从政郎”。从“绍兴四年召试馆职”，也说明绍兴四年秋是朱松离开安海的时间；

以上论述再借鉴束景南教授、林振礼教授、陈国代教授等人有关著述，论证朱松监镇安海的时间：绍兴二年（1132）六月至绍兴四年（1134）秋，为朱松监镇泉州石井镇（今安海）的时间。

## 三、试论朱熹“过化”安海（时为石井镇）的时间

1. 朱熹《一经堂记》：“绍兴二十三年（1153）秋七月，予来同安。明年乃得柯君而与之游相乐也。……绍兴二十六年闰月辛丑，新安朱熹记。”该记是朱熹在绍兴二十六年，于泉州为安海人柯翰（字国材）所撰之记。从“绍兴二十三年秋七月，予来同安”“绍兴二十六年闰月辛丑，新安朱熹记”中可见朱熹这段时间在泉州，也是“过化”泉州及安海的时间。

2. 《安平志·书院》：“石井书院在府城西南安平镇，旧名鳌头精舍。宋绍兴初，吏部郎朱松尝为镇官，公余进民之秀者，迪以义理之学。后二十余年，其子熹来官同安，常至镇与父友耆士论经义，镇人益勤于学。”从“宋绍兴初，吏部郎朱松尝为镇官”至“后二十余年，其子熹来官同安”，即为绍兴二十三年（1153）秋。

3. 高令印《朱熹事迹考·闽学开宗之地》：“后文公来簿同安，屡过此，见其父考老与其长者，论说经义且详，并访父时事，厥后，集千圣之大成（清乾隆《泉州府志》卷一三《学校》）。因此，后来有人称朱熹的理学思想

起点于安海，安海被称‘闽学开宗’之地。”①

4. 林振礼《朱熹新探》第十章《朱熹与泉州古代教育：朱氏三代与闽学开宗》：“泉州文庙明伦堂旧有一联云：‘圣域津梁，理学渊源开石井；海滨邹鲁，诗书弦诵遍桐城。’联中‘石井’即泉州安海镇在宋元及明中叶前的行政地名，‘桐城’即‘刺桐城’——泉州别称。联语追怀‘二朱过化’的历史作用，称赞泉州的文风之盛。安海还被称为‘闽学开宗’之地，朱松、朱熹、朱在三代都与之结下了不解之缘。所以后有安海人柯敦圃诗《石井书香》‘温陵理学开安海，泉郡黉宫铁券题’，均在讴歌安海是‘二朱过化’‘闽学开宗’之地。”②

5. 颜立水《朱熹首仕同安·首仕同安、遗泽银邑》：“朱熹十九岁中王佐榜五甲第九十名进士，绍兴二十一年（1151）春授左迪功郎，授官泉州同安县主簿（兼管学事），二十三年七月走马上任，二十六年秋三年任满。但代者未至，同年冬‘奉檄走旁郡’（即奉泉州府之令到省内各地调研），‘因得并载其老幼，身送之东归（崇安）’。翌年春又返同安，因已不视簿事，便暂住名医陈良杰馆舍。……故于绍兴二十七年十月离开同安。”③ 以上记述说明，朱熹在绍兴二十三年至二十七年（1153 至 1157）十月这段时间在泉州，也是朱熹“过化”泉州及安海的时间。

6. 清柯琮璜《奎光阁题名匾大略·序言》记载：“查，安海宋朝科甲始榜眼石起宗登进士，府志可稽。柯姓因理学乡贤翰公字国材，自同安鼎美乡从朱夫子讲学于石井书院（鳌头精舍）。”说明朱熹来安海访父执时并讲学于安海石井书院前身“鳌头精舍”。

查朱熹《举柯翰状》记载：“照对县学见缺直学一员，窃见进士柯翰守道恬退，不随流俗，专以讲究经旨为务，行年五十，亹亹不倦。置之学校，必

---

① 高令印：《朱熹事迹考》，上海人民出版社，1987 年，第 110 页。

② 林振礼：《朱熹新探》，中国广播电视出版社，2004 年，第 292 页。

③ 颜应水：《朱熹首仕同安》，中共厦门市同安区委宣传部、同安区社科联编印，第 4 页。

能率励生徒，兴于义理之学，少变奔竞薄恶之风。欲乞备申使府，差补施行。”说明朱熹与柯翰（字国材）均是南宋绍兴时人。

朱熹《一经堂记》记载：“时君以避地邑居，教授常百余人”，说明柯国材原不是同安人；“又明年，君将反其先人之卢”，然而纵观柯国材生平，出生于泉州晋江县元妙观西水沟巷，受业于安平（今安海），那柯国材的“先人之卢”就在泉州或安海①。

以上论述再借鉴高令印教授、林振礼教授、陈国代教授、颜立水先生等人有关著述。论证：绍兴二十三年七月至绍兴二十七年十月，是朱熹“屡过此（安海），见其父友与其长者，论说经义且详，并访父时事，厥后，集千圣之大成”的时间。

---

① 参见陈咏民《宋理学名儒柯国材见证安海二朱过化》及柯朝硕《宋理学名儒柯国材资料汇编·出生于泉州》，俱见福建省济阳柯蔡委员会、泉州姓氏文化交流协会编：《宋理学名儒柯国材学术研讨会专辑》，2016 年。

# 秉承朱子教育思想　凝炼松熹育人理念

颜国镇

朱熹是继孔子之后较为活跃、重要的教育家之一。他热衷教育事业，每到一处，都会着手整顿官学，创办、修复精舍、书院，整顿伦理道德，制定学规，编撰教材，并坚持亲自讲论义理。朱熹的治学理念广博精深，对后世的影响巨大。

1996年学校藉取朱松、朱熹父子之贤名，爰命校名为“松熹中学”。学校秉承“二朱过化”的古镇遗风，以“传承古镇优秀文明，创新朱子传统文化”为主线，以“儒风雅韵、人和物谐”为办学理念。“儒风雅韵”即构建儒雅的校园文化，培养雅韵气质的松熹学子；“人和物谐”表现在创建环境好、制度全、行为正、精神美的和谐校园，让学校的环境文化、制度文化、行为文化、精神文化和谐发展。提炼朱子治学理念精华“居敬、存养、省察、力行”为校训，以创建“绿色校园”“书香校园”“人文校园”“和谐校园”，培养儒雅的松熹学子，办老百姓身边的好学校为目标。确立“合格＋扬长→幸福”的办学思路，通过夯基础、扬特长、涵素养，奠基幸福人生用心成就所有松熹师生。松熹中学秉承朱熹治学理念精髓，从小处入手，努力构建“松熹”主题文化体系，涵养松熹学子的文化自信，润泽松熹教育乐园。

## 一、厘清教育之本，实抓思想道德建设

教育之本在于明伦。朱熹认为创办教育最重要的目的是拯救当时混乱的世风习气，整顿天理、人伦。他期望“圣学留传，世之为士者，皆能知学之

有本，人之有道，国之有序，天下井然”。这种期望对以天下为己任的朱熹来说是迫切的。“福州之学，在东南为最盛，弟子员常数百人。比年以来，教养无法，师生相视，漠然如路人。以故风俗日衰，士气不作，长老忧之而不能有以救也。”[①] 在为学之风最盛的福州尚且如此，其他的就更不用说了，况且这种不良之风自秦汉以来就已有之。朱熹知道如果让这种长幼无序，忘本逐末，存利去义之风继续漫延的话，教育将形同虚设。因此重树道德标杆，遵古圣贤之遗意，明人伦之为本即为当务之急。“古者圣王设为学校，以教其民。……以开导而劝勉之，使其明诸心、修诸身，行于父子、兄弟、夫妇、朋友之间，而推之以达乎君臣上下、人民事物之际，必无不尽其分焉者。……此先王学校之官所以为政事之本、道德之归而不可以一日废焉者也。”[②] 可见，先王设学校的目的就是使人明心修身，事君、事父、事母、事兄并推行于五伦。如此义理分明，合乎学道。在这样的基础上，朱熹进一步确定先王之学就是“明人伦”。由于人们在日常生活中每天都离不开父子、君臣、夫妇、长幼、朋友此五者之间的关系，也离不开亲、义、别、序、信此五者之理。所以朱熹把“父子有亲，君臣有义，夫妇有别，长幼有序，朋友有信”此五伦之关系作为《白鹿洞书院学规》揭示出来，以醒天下士。教育的根本目的确定以后，在运用的范围上朱熹也作了明确的说明。他认为全国各类学校都应以“明人伦”为共同的教育目标。只有人人都接受了“人伦”教育，才能“恢复其天命之性”，做到尽人伦，才能使人去物欲之蔽而养气质之全，才能使“天下国家所以治日常多，而乱日常少也”。此所道德存养之真也。

当下，受各种利益因素冲击，各种审美异化以及人心不古等问题常见诸网络。其根源在于人们的思想道德品质出了问题。今天，中学的教育和青少年的成长关系到祖国的未来。为切实加强中小学生思想道德建设，中央文明

---

① 〔宋〕朱熹：《朱熹集》卷八十《福州州学经史阁记》，郭齐、尹波点校，四川教育出版社，1996 年，第 4153 页。

② 〔宋〕朱熹：《朱熹集》卷七十八《静江府学记》，郭齐、尹波点校，四川教育出版社，1996 年，第 4076 页。

委贯彻落实《中共中央国务院关于进一步加强和改进未成年人思想道德建设的若干意见》的目标任务分工明确要求“调查研究中小学生思想道德建设的现状、存在的突出问题，提出针对性的措施”。松熹中学在教育培养学生的过程中，将学生人格完善作为育人的最高目标，培养学生的爱国、为民、敬畏、勤奋、勇气、信仰等良好习性。学校教育的首要目标是“立德”，强调的是个人修养的问题，与朱熹重“人伦道德”的明伦教育观念在本质上是一致的。它绝不是历史的偶然，而是历史文化的有机传承。传承建构的以朱子文化为核心的“松熹”主题文化，为松熹中学的育人工作提供了源头活水。学校重视德育活动课程。以入校课程、离校课程、升旗课程、班会课程、主题教育课程、团队课程、人生规划课程等为依托，让学生在德育课程活动中，培养学生良好行为习惯和健康生活方式，把真善美内化于心，外化于行，不断增强学生的爱国、感恩、责任、文明、诚信、守法等意识。

学校编撰并开设了《松熹——朱子文化读本》校本课程，组织学生较为系统地学习朱熹的诗词、传说典故和由其组织制定的学规，引导学生树立科学的三观，共同营造松熹中学的淑女风和君子范。授课过程中，我们发现《朱子问天》故事能激发学生的探究欲，培养学生热爱科学，探索科学的欲求。学习朱子励志的相关故事，可以帮助学生树立远大的志向，做一个善于规划，做事有条理又执着进取的人。组织学生研习朱子语录，更进一步领略朱子在治学、修身、齐家、平天下等方面的人格魅力，让学生听其言，信其道，仿其行。学校每年开展弘扬朱子文化经典诵读展演活动，学生踊跃参与诵读《朱子家训》、朱子语录、朱子学规和朱子诗词等，宣传推动松熹朱子文化，均取得良好的效果。把朱子文化引入校园，引进课堂，在潜移默化中实现对松熹学子的明伦教育，贯彻国家要求，持续推进中学生的思想道德建设。

## 二、穷理致知，因材施教

朱熹继承了孔子的“有教无类，因材施教”的教育观，针对不同个体的情况诸如“中人”“富人”“懒人”“圣人”“贤人”和“全人”，朱熹提出了不同的培养目标。

在朱熹看来，对“中人”的教育是至关重要的。它关系到教育的成败以及生命力的问题。所谓中人就是处于君子与小人之间的人，这类人最不稳定。教化的成功就是把“中人”挽救成为品德高尚的人，教化的失败在于把“中人”推向罪恶的深渊，成为恶人。可见对这种人来说，教育点化是相当重要的。目前松熹中学的“中人”式学生是常态，在对他们的教育过程中，我们很好地引进朱熹的这一教育观点。

每个学生都存在着智力的差异，认知的差异，审美的差异，需求的差异。“学神”“学霸”“学困生”都客观存在，他们有先天智力上的差别，有后天教育的差别，也有品性上的差异。这为实施因材施教提供了客观土壤。再者，朱熹认为还应充分考虑到每个学生的不同特点，分别科目，取其所长，进行不同的教育。根据材的不同，努力使小成小材，大成大材，都能成材，达到因材施教的目的。像尊重学生的个性发展，拔优辅差，分层次教学，都是因材施教理念的延续。学校根据安海镇教育形势和生源结构的变化，结合“松熹”主题文化，因势利导，大胆开展国学班教育和社团课程教育教学活动。经过几年的实践探索，国学班教育方面，开展丰富多彩的国学教育活动，大大提高了学生的文化成绩和综合素养。为进一步做好朱子文化传承工作，学校将完善以“朱子文化”为核心的国学艺术教育，打破传统文化只依靠简单的学习模式，通过经典礼仪、书法绘画、音乐体育等全面教育实践，为学生提供更广阔的成长空间。社团教育方面，学校树立大课程观，致力于建设学生喜欢的课程体系，用课程的体系、目标、内容、实施、管理和评价等要素来规范学校的一切教育、教学活动，把学校的一件件事情和活动都变成可供学生选择的个性化课程，提升学生在活动中的穷理求知意识，为学生的发展创造充足的机会，助推学生特长发展和快乐学习，支撑学校育人目标，培养儒雅的松熹学子。

要实施因材施教，必须非常讲究教学方法。朱熹在长期讲学中，总结积累，对教与学的方法也有着自己独到的见解。他认为教必有法。教师应当善于总结，懂得融会贯通，而不能以偏概全。朱熹说："君子教人，但授以学之之法，而不告以得之之妙，如射者之引弓而不发矢，然其所不告者，已如踊跃而见于前矣。"[①] 针对具体的教学，朱熹说："某此间讲说时少，践履时多，事事都用你自去理会，自去体察，自去涵养。书用你自去读，道理用你自去究索。某只是做得个引路底人，做得个证明底人，有疑难处同商量而已。"[②] 可见强调独立思考，反对填鸭式、灌输式的自觉商讨是朱熹教育方法的精华。松熹中学教师深入研究与借鉴朱子的教法，并将其贯穿于日常的教育教学过程中。学校倡导以学定教，课堂是学生的舞台，教是为了不教，学得好才是真的好，讲得天花乱坠，不如学得扎扎实实，要增加学生的思、说和做。关注学生的学，研究学生的学习兴趣、动机和个性化学习需要，把备内容和备学生结合起来，备学生是备课的重要内容，教师要知道学生哪些能自己学习、哪些需要讨论解决、哪些需要教师讲解，以学习为主线设计教学案，给学生自主学习的时间，培养学生自主学习能力。

## 三、积累传承，始"小学"成"大学"

朱熹提倡因材施教除要关注教育对象的不同特点和需求外，还细划人在不同年龄阶段的接受特征。根据人的年龄、心理、理解能力与接受力，朱熹主张设"小学"和"大学"两类进行不同的教化。这样有利于义理、五教（父子有亲，君臣有义，夫妇有别，长幼有序，朋友有信）人伦的普及，又有利于人才的选拔，合理地运用了教育资源。此教育之观念与现代初级、高等教育之说是不谋而合的。

按照朱熹的划分，八到十五岁是属于"小学"教育时期。在此阶段主要是宣传孔孟之道，让孩子们都知道立教、敬身目的都是为明人伦。对朱熹的教育主张，从"小学"开始我们就应注意其两重性，毕竟朱熹生活在阶级观

① 〔宋〕朱熹：《孟子集注》卷十三《尽心章句上》，《四书章句集注》，中华书局，2015 年，第 369 页。

② 〔宋〕黎靖德编：《朱子语类》卷十三，王星贤点校，中华书局，1986 年，第 223 页。

念很强的封建社会，有些束缚人们身心发展的糟粕应该摒弃批判，但教育的精华却是不受时间和空间的限制的，我们应该继承和发扬。比如朱熹所开展的讲究节气，重视品德，强调自我节制、发奋立志等教育活动，对松熹学子的主体意识的完善具有深远的影响。

在小学的教育内容方面，朱熹提到“小子之学，洒扫、应对、进退之节，诗、书、礼、乐、射、御、书、数之文是也”①。其核心在于对伦理道德作出规范，教育学生遵照仁、义、礼、智之道学及亲、义、忠、信、孝之伦理。而现实情况是很多学生和家长都被分数绑架了，以致只求成绩而忽略了对孩子的品性教育。针对这种情况，松熹中学及时补上“小学”教育内容，实现培养“合格+扬长”的学生目标。

十五岁以后就是朱熹认为读“大学”的时期。有关大学的年龄，朱熹没有做出上限，即只要超过十五岁，不管你年纪多大，都可以学习大学的内容，这其实为广大士人树立终身学习的观念，影响巨大。今天在松熹中学，在整个社会，终身学习的观念正逐步演变成一种思潮。就朱熹的教育思想和治学理念而言，其影响旷日持久。当代中国的初高等教育的模式亦可追溯到朱熹。朱熹的始于“小学”成于“大学”之说，在今天看来就是初级教育到高等教育的跨越。现在的初级教育主要是指九年制义务教育，学生的年龄大体是六到十五岁，与朱熹认为八到十五岁是“小学”的教育没什么差别。义务教育阶段的学生们大都处在较为感性的认知阶段，在教学时也是以基础教育为主。优秀的初中毕业生才能升入高一级的高中求学，然后再通过高考的选拔择优录取于大学，这与朱熹始于“小学”成于“大学”不是一样的道理吗?

学校积极传承朱子文化，不断丰富朱子文化课程体系。1999 年，学校教师创作了校歌《熹韵》，并组织合唱队参加晋江市校歌演唱比赛荣获二等奖，拉开了师生传唱校歌的序幕；2002 年，学校编创校刊，《松风》以其内涵凸显学校文化而当选为刊名；2003 年，学校首届校董会集资捐建校园景观“敬松

① 〔宋〕朱熹：《朱熹集》卷十五《经筵讲义》，郭齐、尹波点校，四川教育出版社，1996 年，第 572 页。

桥”和“崇熹亭”，意在倡导松熹学子学习朱松、朱熹崇文尚理的风范；2008年，学校组织人员编写了校本教材《松熹——朱子文化读本》，并投入使用，让松熹师生进一步了解朱子文化，培养儒雅气质；2009年，学校提炼朱子治学理念精华“居敬、存养、省察、力行”为新校训，引导学生居敬以治学，存养以治身，省察以治品，力行以治新；2015年，在校园里建设多处朱子文化景观石刻，让这些名言警句时刻提醒学生要端正学习态度，培养良好的道德情操；2016年省级朱子文化课程顺利结师，较系统地梳理学校文化体系；2018年，《松熹国学经典诵读三百篇》投入使用，扩大学生的经典诵读量，进一步推进松熹国学教育。

学校是教育的主阵地，是传承和发扬优秀传统文化的重要场所。松熹中学因其校名的特殊历史内涵，在今后朱子文化进校园的推广活动中，还有很长的路要走，也理应承担起更重大的责任。

朱子学说作为传统文化的精华，值得我们返顾和揣摩，这些思想和现代教育教学理念都有着相通相近之处，学校秉承朱子教育思想，凝炼松熹育人理念，指导学校的教育工作。松熹中学以朱子文化课程涵养学生的人文底蕴，帮学生打好人生底色，走出校门的松熹人，将以“儒雅、书香、进取、自律”的姿态展现在世人的面前。相信不久的将来，松熹中学的朱子文化品牌将成为松熹中学的一张名片。

# 跋

从2017至2019年，每年9月，连续三届的朱子文化研讨会均在晋江安海古镇举行。与会的专家学除了来自省炎黄文化研究会、闽学研究会、省社科院，以及全省包括厦门大学、福州大学、福建师大在内的十几所高校和研究机构外，一批来自安海本地的文史工作者和中小学教师也精神饱满地参加了研讨。应该说，由一个乡镇一级的政府主办这种具有较高理论性、有一定难度的有关朱子学的高端研讨，且一办就是连续三届，的确不容易。因此，将会议的研究成果结集出版，以便与全国各地、海内外的朱子学者分享，就显得十分必要。

安海，古称石井。历史上，因海外贸易发展而经济发达；又因朱松、朱熹、朱在祖孙三代在此或从政、或讲学而文风鼎盛，教育事业繁荣。应该说，朱子祖孙三代都与安海古镇结缘，这在中国文化史上也是十分罕见的文化现象。

其中，与朱子三代关系最为密切的，且对安海、闽南、福建全省，乃至全国的书院教育文化均有重要影响的，是石井书院。

此书院原名鳌头精舍。宋建炎三年（1129）八月，朱松任本镇监税，绅士黄护为之建书院，作为课业讲学之所。绍兴二十三年（1153），朱熹官同安主簿，曾数次往来于石井，访求其父遗迹，并与士绅在此讲论义理。嘉定四年（1211），镇官建安游绛上书给知州，请求修复。其时，朱熹三子朱在正官泉州通判，因受命掌管其事。书院规模如州县学之制，建有大殿、尊德堂，富文、敏行、移忠、立信四斋。数百年来，书院建筑代有兴废，但主体建筑仍保存完好，是一所历史悠久、规模宏大、影响深远，在朱子理学史和福建书院发展史，均具有代表性的书院。

明白了朱子学、朱子祖孙三代与安海的密切关系，加上一批朱门弟子、后学如黄榦、真德秀、李光地，以及一批闽南弟子在各地的推动和广泛传播朱子的学说，也就不难理解，安海为何连续数年召开研讨会，也就大体明白了来自各地的专家学者踊跃参加研讨会的原因。

从与会学者提交的论文来看，论题主要集中在朱子家国情怀研究、朱门后学家国情怀研究、朱子理学研究、朱子教育思想研究、朱子与闽南安海文化研究等方面。其特点，既有朱子理学理论方面的深入研讨，也有朱子祖孙三代与安海的史实方面的细致辨析。诸如，何谓家国情怀？朱子天道天理的哲学理念，生生大德、亲亲仁民，家国同构、忠孝一体的理论建构，与家国情怀有何关联？什么是朱子文化的基本精神，其门人、其后学，又是如何接续朱子传承家国天下的文化基因，在朱子所建构的理学思想体系中，进一步开辟中华民族家国文化、家国情怀的新境界？朱子文化对现代社会和现代生活有什么意义？今天的我们，应如何传承和发展朱子文化精神？

朱熹的教育思想博大精深，是中华民族宝贵的历史文化遗产。朱熹的教育思想不仅对其后的历朝有着重要的影响，在当代又有哪些重要意义？石井书院的历史文化特征是什么，如何在新时代发挥其传承传统文化的作用？如何建设以朱子文化为脉络，以“松熹”为主题的校园文化？等等。

以上这些，学者们均进行了深入地思考和广泛地研讨，并形成一批颇具分量的论文。经过认真遴选、编辑，形成此集。希望对广大读者，能提供有价值的参考。

方彦寿

2022 年 7 月